文物学

李晓东 著

学苑出版社

图书在版编目（CIP）数据

文物学 / 李晓东著. — 北京：学苑出版社，
2005.10（2022.2重印）
　　ISBN 978-7-5077-2609-1

　　Ⅰ．文… Ⅱ．李… Ⅲ．文物工作-概论
Ⅳ．K85

中国版本图书馆CIP数据核字（2009）第113613号

责任编辑：潘占伟
印制总监：张　翔
出版发行：学苑出版社
社　　址：北京市丰台区南方庄2号院1号楼
邮政编码：100079
网　　址：www.book001.com
电子信箱：xueyuanpress@163.com
销售电话：010—67601101（销售部）　　67603091（总编室）
印　刷　厂：三河市灵山芝兰印刷有限公司
开　　本：720×980　1/16
印　　张：21.75
字　　数：340千字
印　　数：40501—43500
版　　次：2005年10月第1版
印　　次：2022年2月第14次印刷
定　　价：58.00元

前　言

　　文物是重要的历史文化遗产,是历史的见证。中国是文明古国,历史悠久,文化灿烂,文物丰富多彩。自古以来,中国就十分重视对文物的研究,以不同种类的文物为研究对象,逐渐形成了金石学、古器物学、甲骨学、敦煌学等。从这个意义上说,文物学在中国是一门古老的学科。然而,从现代意义上讲,文物学在中国又是一门年轻的学科,它的研究起步较晚。20世纪70年代末,我和一些专家就建立文物学科问题进行了探讨。在长期的文物考古专业工作,以及文物保护、管理工作中,我有机会接触各类文物,并在此过程中积极主动地向专家学者和广大文物考古工作者学习,从而更迫切地感到应该建立文物学科,以指导文物研究、文物工作和文物事业的发展,充分发挥文物的作用。

　　20世纪80年代以来,我继续收集资料,并系统地研究、探讨文物学各方面的问题。在这一过程中,许多专家学者给予了热情的支持和帮助。经过多年的努力,1990年于河北人民出版社出版了我撰写的《中国文物学概论》一书。尽管它是研究文物学的第一部抛砖引玉之作,却出乎意料地受到专家学者和广大文物工作者的充分支持和肯定。《文物天地》编辑部借《中国文物学概论》出版之机,邀请著名学者苏秉琦、黄景略、李学勤、李伯谦、史树青、孙机、王士伦等先生进行笔谈(参见《文物天地》1991年第3期《〈中国文物学概论〉笔谈》),蒋若是先生在《中原文物》1991年第2期发表《〈中国文物学概论〉评述》,朱启新先生撰写了书评,他们都对《中国文物学概论》给予了肯定,并对文物学学科建设寄予厚望。2001年,在《中国文物报》举办的"20世纪中国文博考古最佳图书评选"活动中,《中国文物学概论》被读者评选为最佳图书。

在专家学者和同志们的鼓励和支持下，自己不断学习，继续对文物学科进行研究探讨。

此次撰写《文物学》，是以《中国文物学概论》一书为基础的。首先，对《中国文物学概论》框架作了调整和补充，形成《文物学》新的架构体系；其次，新增加了五章（文物定名、古书画、古文献、近代现代文物和21世纪的文物学）共十七节，在原有章节中增加了四节及一些小节（如文物特性、现代的文物研究与保护、不可移动文物防范技术等）；再次，对《中国文物学概论》内容作了修订，如"文物管理"一章，涉及文物保护法律的，都以2002年10月28日九届全国人大常委会修订的《中华人民共和国文物保护法》为准予以修订。可以说，《文物学》是在《中国文物学概论》基础上的进一步扩充、深入和完善，使《文物学》结构体系进一步合理、完整，内容进一步充实。

《文物学》之所以得以问世，是由一代又一代专家学者研究、探索的成果作基础的。在撰写中，本书还综合采用了文物界和有关方面专家学者的一些研究成果，恕未能一一注明。在此，向他们致以诚挚的谢忱；对所有以不同方式给予热情支持和帮助的专家学者和广大文物工作者致以衷心的感谢。此外，还要感谢学苑出版社和编辑潘占伟的大力支持，使本书得以顺利出版。

由于自己水平和条件所限，书中疏漏或不妥之处，请大家予以批评指正。

作　者

2005年5月5日于北京安贞里

目 录

第一章 文物学概述 …………………………………………………（1）
第一节 文物学研究对象 …………………………………………（2）
一、"文物"一词的渊源和概念演变 …………………………（2）
二、文物及其范围 ……………………………………………（3）
三、文物特性 …………………………………………………（6）
第二节 文物学的任务 ……………………………………………（9）
一、研究文物的基本要素 ……………………………………（10）
二、研究文物的分类 …………………………………………（10）
三、研究文物的鉴定 …………………………………………（11）
四、研究文物的价值与作用 …………………………………（12）
五、研究古器物 ………………………………………………（12）
六、研究古书画 ………………………………………………（13）
七、研究古文献 ………………………………………………（13）
八、研究古代文化史迹 ………………………………………（14）
九、研究近代现代文物 ………………………………………（14）
十、研究文物保护管理 ………………………………………（15）
十一、研究文物保护技术 ……………………………………（16）
第三节 文物学研究的基本方法 …………………………………（17）
一、分类法 ……………………………………………………（17）
二、排比法 ……………………………………………………（17）
三、历史分析法 ………………………………………………（18）
四、逻辑分析法 ………………………………………………（18）
五、年代测定法 ………………………………………………（19）

第二章 文物研究与文物学的历史发展 ……………………………（21）
第一节 古代的文物研究 …………………………………………（22）
一、金石收藏研究与金石学 …………………………………（22）
二、书画的收藏与研究 ………………………………………（25）

1

三、古文献的整理与研究 …………………………………………（27）
   四、文化史迹的调查与研究 ………………………………………（28）
   五、古物和古迹的保护 ……………………………………………（29）
 第二节　近代的文物研究与保护 ………………………………………（31）
   一、甲骨的收藏与研究 ……………………………………………（31）
   二、简牍和古文书的发现与研究 …………………………………（33）
   三、古遗址和古墓葬的科学发掘与研究 …………………………（36）
   四、古建筑和石窟寺的调查与研究 ………………………………（39）
   五、博物馆文物收藏与研究 ………………………………………（42）
   六、文物保护法规 …………………………………………………（44）
 第三节　现代的文物研究与保护 ………………………………………（47）
   一、文物研究机构与队伍 …………………………………………（47）
   二、文物调查、研究与保护成果 …………………………………（49）
   三、文物保护科学技术研究成果 …………………………………（49）
   四、文物保护与管理 ………………………………………………（51）

第三章　文物学与相关学科 ……………………………………………（53）
 第一节　学科的分化与文物研究的基本特点 …………………………（54）
   一、学科的分化 ……………………………………………………（54）
   二、文物学研究的特点 ……………………………………………（54）
 第二节　文物学与历史学 ………………………………………………（55）
   一、文物学与历史学的区别 ………………………………………（55）
   二、文物学与历史学的联系 ………………………………………（56）
 第三节　文物学与考古学 ………………………………………………（57）
   一、研究的年代范围 ………………………………………………（57）
   二、研究的对象 ……………………………………………………（57）
   三、研究的方法 ……………………………………………………（58）
   四、研究的目的 ……………………………………………………（59）
 第四节　文物学与博物馆学 ……………………………………………（59）
   一、博物馆学研究的范围 …………………………………………（59）
   二、博物馆是文物收藏机构 ………………………………………（60）
   三、博物馆是科学研究和教育机构 ………………………………（60）
   四、两个学科研究的交叉 …………………………………………（61）

目　录

　　第五节　文物学与其他相关学科 …………………………………（61）
　　　　一、文物学与地理学 ………………………………………（62）
　　　　二、文物学与方志学 ………………………………………（62）
　　　　三、文物学与宗教学 ………………………………………（63）
　　　　四、文物学与建筑学 ………………………………………（64）
　　　　五、文物学与法学 …………………………………………（65）
　　　　六、文物学与相关的自然科学和工程技术科学 …………（65）

第四章　文物定名 ……………………………………………………（67）
　　第一节　不可移动文物定名 ………………………………………（68）
　　第二节　可移动文物定名 …………………………………………（70）

第五章　文物分类 ……………………………………………………（73）
　　第一节　文物分类的原则 …………………………………………（74）
　　　　一、文物的复杂性与可分性 ………………………………（74）
　　　　二、"物以类聚" ……………………………………………（75）
　　　　三、一个标准与一种方法 …………………………………（75）
　　　　四、复合体文物归类与约定俗成 …………………………（77）
　　第二节　文物分类的方法 …………………………………………（78）
　　　　一、时代分类法 ……………………………………………（78）
　　　　二、区域分类法 ……………………………………………（79）
　　　　三、存在形态分类法 ………………………………………（80）
　　　　四、质地分类法 ……………………………………………（81）
　　　　五、功用分类法 ……………………………………………（82）
　　　　六、属性（性质）分类法 …………………………………（84）
　　　　七、来源分类法 ……………………………………………（85）
　　　　八、价值分类法 ……………………………………………（86）
　　第三节　文物分类法的局限性与发展 ……………………………（87）
　　　　一、某些分类法的局限性 …………………………………（87）
　　　　二、文物分类法的发展 ……………………………………（88）
　　第四节　文物分类与文物保管 ……………………………………（89）
　　　　一、有利于文物藏品的保管 ………………………………（89）
　　　　二、有利于分级保管 ………………………………………（90）

3

第六章 文物鉴定 …………………………………………………… (91)
第一节 文物鉴定的必要性 ……………………………………… (92)
一、作伪使文物真假难辨 ……………………………………… (92)
二、判明年代与揭示价值之必须 ……………………………… (93)
三、文物鉴定与文物定级和保管 ……………………………… (93)
第二节 文物鉴定的内容与要求 ………………………………… (94)
一、文物鉴定的主要对象 ……………………………………… (94)
二、文物鉴定的主要内容 ……………………………………… (96)
三、文物鉴定的基本要求 ……………………………………… (97)
第三节 文物鉴定方法 …………………………………………… (98)
一、传统鉴定方法 ……………………………………………… (98)
二、传统鉴定举要 ……………………………………………… (99)
二、现代科学技术鉴定方法 ………………………………… (105)

第七章 文物价值与作用 …………………………………………… (107)
第一节 文物价值 ………………………………………………… (108)
一、文物价值的客观性 ……………………………………… (108)
二、历史价值 ………………………………………………… (109)
三、艺术价值 ………………………………………………… (111)
四、科学价值 ………………………………………………… (112)
五、对文物价值认识的深化 ………………………………… (115)
第二节 文物的史料作用 ………………………………………… (116)
一、文物的证史作用 ………………………………………… (116)
二、文物的正史作用 ………………………………………… (118)
三、文物的补史作用 ………………………………………… (119)
四、文物史料的功能 ………………………………………… (122)
第三节 文物的借鉴作用 ………………………………………… (122)
一、借鉴与发展的见证 ……………………………………… (123)
二、借鉴与促进文化艺术发展 ……………………………… (124)
三、借鉴与发展科学技术 …………………………………… (125)
第四节 文物的教育作用 ………………………………………… (126)
一、文物教育的特点 ………………………………………… (126)
二、文物教育的凝聚力 ……………………………………… (127)

三、文物教育的场所与形式……………………………………(127)

第八章　古器物……………………………………………………(131)
　第一节　古器物的范围与种类……………………………………(132)
　　一、古器物的范围………………………………………………(132)
　　二、古器物的种类………………………………………………(132)
　第二节　古器物的基本要素………………………………………(134)
　　一、年代…………………………………………………………(134)
　　二、物质材料……………………………………………………(134)
　　三、形状或造型…………………………………………………(134)
　　四、纹饰或装饰…………………………………………………(135)
　　五、制作技术与工艺……………………………………………(136)
　　六、用途或功用…………………………………………………(138)
　第三节　古器物与专门史…………………………………………(138)
　　一、铜器…………………………………………………………(139)
　　二、铁器…………………………………………………………(141)
　　三、瓷器…………………………………………………………(143)
　　四、漆器…………………………………………………………(145)
　　五、纺织品………………………………………………………(148)
　　六、钱币…………………………………………………………(150)

第九章　古书画……………………………………………………(153)
　第一节　古书画的范围与种类……………………………………(154)
　　一、古绘画的范围………………………………………………(154)
　　二、古法书的范围………………………………………………(155)
　　三、古书画的种类………………………………………………(156)
　第二节　古绘画……………………………………………………(156)
　　一、魏晋南北朝绘画……………………………………………(156)
　　二、隋唐绘画……………………………………………………(157)
　　三、五代与宋辽金绘画…………………………………………(159)
　　四、元明清绘画…………………………………………………(162)
　第三节　古法书……………………………………………………(166)
　　一、魏晋南北朝法书……………………………………………(166)

二、隋唐法书 …………………………………………………… (168)
　　三、五代和宋金法书 …………………………………………… (169)
　　四、元明清法书 ………………………………………………… (171)
第四节　碑帖拓本 ………………………………………………… (173)
　　一、碑刻拓本 …………………………………………………… (173)
　　二、法帖 ………………………………………………………… (173)

第十章　古文献 ……………………………………………………… (175)
　第一节　古文献的范围与种类 …………………………………… (176)
　　一、古文献的范围 ……………………………………………… (176)
　　二、古文献的种类 ……………………………………………… (176)
　第二节　甲骨文 …………………………………………………… (177)
　　一、殷墟甲骨文 ………………………………………………… (177)
　　二、周原甲骨文 ………………………………………………… (179)
　第三节　简牍 ……………………………………………………… (179)
　　一、春秋战国简牍 ……………………………………………… (180)
　　二、秦代简牍 …………………………………………………… (181)
　　三、汉代简牍 …………………………………………………… (182)
　　四、三国吴与西晋简牍 ………………………………………… (185)
　第四节　帛书与文书 ……………………………………………… (186)
　　一、出土帛书 …………………………………………………… (186)
　　二、出土文书 …………………………………………………… (187)
　第五节　古写本与古印本 ………………………………………… (188)
　　一、古写本 ……………………………………………………… (188)
　　二、古印本 ……………………………………………………… (189)

第十一章　古代文化史迹 …………………………………………… (191)
　第一节　文化史迹的范围与种类 ………………………………… (192)
　　一、古代文化史迹的范围 ……………………………………… (192)
　　二、古代文化史迹的种类 ……………………………………… (193)
　第二节　古代建筑 ………………………………………………… (194)
　　一、春秋战国时期建筑 ………………………………………… (195)
　　二、秦代建筑 …………………………………………………… (195)

三、汉代建筑……………………………………………（196）
　　　四、魏晋南北朝建筑……………………………………（196）
　　　五、隋唐建筑……………………………………………（197）
　　　六、宋辽金元建筑………………………………………（198）
　　　七、明清建筑……………………………………………（203）
　第三节　石窟寺与古石刻……………………………………（206）
　　　一、新疆地区石窟………………………………………（206）
　　　二、中原北方地区石窟…………………………………（207）
　　　三、南方地区石窟………………………………………（210）
　第四节　古遗址………………………………………………（212）
　　　一、旧石器时代遗址……………………………………（212）
　　　二、新石器时代遗址……………………………………（214）
　　　三、夏商周遗址…………………………………………（216）
　　　四、秦汉遗址……………………………………………（220）
　　　五、魏晋南北朝遗址……………………………………（222）
　　　六、隋唐遗址……………………………………………（223）
　　　七、宋至明遗址…………………………………………（225）
　第五节　古墓葬………………………………………………（226）
　　　一、石器时代墓葬………………………………………（227）
　　　二、夏商周墓葬…………………………………………（227）
　　　三、秦汉墓葬……………………………………………（228）
　　　四、魏晋南北朝墓葬……………………………………（230）
　　　五、隋唐五代墓葬………………………………………（230）
　　　六、宋至清墓葬…………………………………………（231）
　第六节　文化史迹网…………………………………………（232）
　　　一、文化史迹网的基本内涵……………………………（233）
　　　二、文化史迹网的形成…………………………………（233）

第十二章　近代现代文物………………………………………（235）
　第一节　近代现代文物范围与种类…………………………（236）
　　　一、近代现代文物的范围………………………………（236）
　　　二、近代现代文物的种类………………………………（236）
　第二节　近代现代不可移动文物……………………………（237）

7

一、遗址或旧址…………………………………………………（237）
　　二、故居或旧居…………………………………………………（238）
　　三、墓葬…………………………………………………………（239）
　　四、纪念建筑……………………………………………………（239）
　　五、民族风格建筑………………………………………………（240）
　　六、外国风格建筑或中外结合风格建筑………………………（240）
　第三节　近代现代可移动文物……………………………………（241）
　第四节　少数民族文物与民俗文物………………………………（241）
　　一、少数民族文物………………………………………………（242）
　　二、民俗文物……………………………………………………（242）

第十三章　文物保护管理……………………………………………（245）
　第一节　文物管理的内容与手段…………………………………（246）
　　一、文物管理的内容……………………………………………（246）
　　二、文物管理的手段……………………………………………（249）
　第二节　文物法律法规……………………………………………（251）
　　一、法律…………………………………………………………（252）
　　二、行政法规……………………………………………………（255）
　　三、地方性法规…………………………………………………（255）
　　四、规章…………………………………………………………（256）
　第三节　文物调查与普查…………………………………………（256）
　　一、文物调查对象………………………………………………（257）
　　二、文物调查形式………………………………………………（258）
　　三、文物调查的准备工作………………………………………（259）
　　四、文物调查的基本要求………………………………………（260）
　　五、文物调查的管理……………………………………………（261）
　第四节　文物保护单位管理………………………………………（261）
　　一、公布文物保护单位…………………………………………（262）
　　二、划定保护范围………………………………………………（263）
　　三、树立保护标志和说明牌……………………………………（264）
　　四、建立记录档案………………………………………………（265）
　　五、设立保管机构………………………………………………（266）
　　六、划出建设控制地带…………………………………………（266）

目　录

　　七、文物保护单位的保护…………………………………（267）
　　八、文物保护单位分级管理………………………………（269）
第五节　古建筑和纪念建筑物保护管理………………………（270）
　　一、修缮工程审批…………………………………………（270）
　　二、施工和竣工要求………………………………………（271）
　　三、古建筑和纪念建筑物利用的原则……………………（272）
　　四、必须作其他用途的批准………………………………（273）
　　五、保护的责任和原则……………………………………（274）
第六节　历史文化名城管理……………………………………（275）
　　一、突出名城特点…………………………………………（275）
　　二、规划的基本内容………………………………………（276）
　　三、做好规划，加强管理…………………………………（277）
第七节　考古发掘管理…………………………………………（278）
　　一、考古发掘资格认定……………………………………（279）
　　二、考古发掘项目申请与审批……………………………（280）
　　三、田野考古发掘工作……………………………………（281）
　　四、出土文物的保管与调用………………………………（284）
　　五、中外合作考古…………………………………………（286）
第八节　馆藏文物管理…………………………………………（288）
　　一、文物藏品分级与保管…………………………………（289）
　　二、文物藏品库房管理……………………………………（289）
　　三、文物藏品的调拨与交换………………………………（290）
　　四、文物藏品禁止出售和私自馈赠………………………（291）
第九节　民间收藏文物管理……………………………………（291）
　　一、民间收藏文物的来源…………………………………（292）
　　二、民间收藏文物的保管与利用…………………………（293）
　　三、公民个人收藏文物所有权的转移……………………（293）
第十节　文物出境进境管理……………………………………（294）
　　一、文物出境审核机构与鉴定标准………………………（295）
　　二、文物出境鉴定审核……………………………………（296）
　　三、出境文物核查与监管…………………………………（298）

第十四章　文物保护技术………………………………………（299）

第一节　文物保护技术门类和保护原则 (300)
一、传统技术 (300)
二、现代科学技术 (302)
三、专门技术 (302)
四、保护与维修的原则 (303)

第二节　古器物保护与维修技术 (304)
一、保护古器物传统技术举要 (304)
二、现代科学技术应用于古器物保护 (306)

第三节　文物分析鉴定技术与年代测定技术 (307)
一、分析鉴定技术 (307)
二、文物年代测定技术 (309)

第四节　古建筑保护与维修技术 (309)
一、保护、维修工程分类 (310)
二、修缮工程设计 (311)
三、木构古建筑维修技术 (311)
四、古建筑维修中新技术的应用 (316)
五、古建筑的防护技术 (316)

第五节　不可移动文物防范技术 (317)
一、文物保护单位防范原则 (317)
二、文物保护单位防范技术系统 (318)
三、防范技术应用 (319)

第十五章　21世纪的文物学 (321)

第一节　文物的系统研究 (322)
一、各类文物的系统研究 (322)
二、文物保护技术的系统研究 (322)
三、对文物进行多学科系统研究 (323)

第二节　文物学科体系的发展与完善 (323)
一、文物学科体系的完善 (323)
二、文物学发展为边缘学科 (324)

参考文献 (325)

附录：文物藏品定级标准 (326)

第一章
文物学概述

第一节 文物学研究对象

中国是历史悠久的文明古国,有着光辉灿烂的古代文化。近代以来,中华民族为了国家独立和富强进行了艰苦卓绝的奋斗。自古代以迄现代遗留下来作为文化遗产的文物异常丰富,是我国乃至世界文化宝库的珍贵财产。

文化遗产分为物质文化遗产(或称有形文化遗产)和非物质文化遗产(或称无形文化遗产)。中国把物质文化遗产称为文物,是对我国传统文化的继承和发展。它是我国的独特称谓,具有中国传统文化的特色。

一、"文物"一词的渊源和概念演变

"文物"一词在我国源远流长。它的出现,最早见于战国初期成书的《左传》。《左传·桓公二年》记载:"夫德,俭而有度,登降有数,文物以纪之,声明以发之;以临照百官,百官于是乎戒惧,而不敢易纪律。"之后,《后汉书·南匈奴传》有"制衣裳,备文物"的记载。《隋书·礼仪志》云:"梁元会之礼,未明,庭燎设,文物充庭","隋制,正旦及冬至,文物充庭,皇帝出西房即御座"。唐代诗人骆宾王在《夕次旧吴》诗中有"文物俄迁谢,英灵有盛衰"的诗句。从这些文献记载中可以看出,"文物"当时主要是指礼乐典章制度的礼器和祭器,与现今所说的"文物"虽然有联系,但基本属于两种不同的概念。但是,唐代文学家杜牧在《题宣州开元寺水阁,阁下宛溪,夹溪居人》诗"六朝文物草连空,天淡云闲今古同"所用之"文物",其含义已与现代的"文物"概念约略相近。

我国古代金石学研究的对象:"以钟鼎彝器为大宗,旁及兵器、度量衡器、符玺、钱币、镜鉴等物"和"以碑碣墓志为大宗,旁及摩崖、造像、经幢、柱础、石阙等物"[①]。我们今天所说的"传世文物"或"流散文物",在古代称作古器、骨董、古董、古玩。

---

① 朱剑心:《金石学》,文物出版社,1981年(1940年初版)。

民国时期,"古物"的概念有了发展,它所包含的内容也增多了。1930年(民国19年),国民政府公布了《古物保存法》,在第一条明确规定:"本法所称古物指与考古学历史学古生物学及其他文化有关之一切古物而言。"1935年(民国24年),行政院公布了《采掘古物规则》。这些法规的内容,都说明"古物"的内涵远远超过了古代所谓"古器"、"古物"的范围。

20世纪30年代,"文物"一词已在使用。1935年,北平市政府秘书处编辑的《旧都文物略》出版,从其内容看,其所指已不仅是古代的礼器和祭器,而且已包括古代建筑等文化史迹了。1935年成立的"北平文物整理委员会",其任务就是研究、整修古代建筑。

20世纪40年代后期,在解放区,成立了文物管理委员会,如1947年1月5日,山东民主政府成立了第一个文物保护管理机构胶东文物管理委员会;1948年4月,东北解放区在哈尔滨成立东北文物管理委员会,同年9月10日,山东省人民政府成立山东古代文物管理委员会。这时所说的"文物",既包括古代的礼器、祭器、古建筑,又包括古代的生产工具、生活用具、工艺品等。总之,这时把古代遗存即文化遗迹和文化遗物统称为文物。

中华人民共和国成立后,继续使用"文物"一词,其内容非常广泛,并用法律法规把"文物"一词及其所包含的内容固定下来。

二、文物及其范围

中华人民共和国成立以来,我国政府发布了一系列文物方针、政策和法规;1982年11月19日,第五届全国人民代表大会常务委员会第25次会议通过并公布了《中华人民共和国文物保护法》;2002年10月28日,第九届全国人大常委会第30次会议通过修订的《中华人民共和国文物保护法》(以下简称《文物保护法》),对文物的内容或文物的范围作出了明确规定。

2002年《文物保护法》第二条规定:

在中华人民共和国境内,下列文物受国家保护:

(一)具有历史、艺术、科学价值的古文化遗址、古墓葬、古建筑、石窟寺和石刻、壁画;

(二)与重大历史事件、革命运动或者著名人物有关的以及具有重要纪念意义、教育意义或者史料价值的近代现代重要史迹、实物、代表性建筑;

(三)历史上各时代珍贵的艺术品、工艺美术品;

(四)历史上各时代重要的文献资料以及具有历史、艺术、科学价值的手稿和图书资料等;

（五）反映历史上各时代、各民族社会制度、社会生产、社会生活的代表性实物。

同时还规定："具有科学价值的古脊椎动物化石和古人类化石同文物一样受国家保护。"

在《文物保护法》上述规定中，十分明确地指出了国家保护文物的范围。我们认为，国家保护文物的范围，实际上就是文物所包括的内容，也是文物的范围。

由是，我们可以明确以下几点：

第一，文物一般具有历史、艺术、科学三个方面的价值。具体到每一件文物，不一定都具有三个方面的价值，但至少要具有其中一方面的价值，否则就不能称其为文物。

第二，文物应是重要的、有代表性的实物。不具备这一点，也不宜作为文物保护。

第三，国家保护的文物具有广泛性，应是反映历代社会制度、社会生产、社会生活、科学技术、文化艺术等方面的有代表性的实物。各个方面的文物之间，具有广泛和密切的联系。只有全面保护各个方面的文物，才能使文物的价值不受到损害。

至此，我们可以对什么是文物作出回答。文物是人类在社会活动中遗留下来的具有历史、艺术、科学价值的遗迹和遗物。也可以说，文物是历史上人们创造的或与创造活动有关的物质文化和精神文化的遗存，具有历史、艺术、科学价值，是重要的物质文化遗产。

在世界上，另一个文明古国埃及对文化遗存的称谓近似于文物。不同的国家或国际组织，对文化遗存的称谓也不同，所包括的内容也不尽相同，有的出入甚大，如希腊称为"古物"，日本称为"文化财"，联合国教科文组织称为"文化遗产"或"文化财产"。

联合国教科文组织大会第十六届会议1970年11月14日于巴黎通过的《关于禁止和防止非法进出口文化财产和非法转让其所有权的方法的公约》第一条规定，"'文化财产'一词系指每个国家，根据宗教的或世俗的理由，明确指定为具有重要考古、史前史、历史、文学、艺术或科学价值的财产"，同时明确规定下列各类都是文化财产：

1. 动物群落、植物群落、矿物和解剖以及具有古生物学意义的物品的稀有收藏品和标本；

2. 有关历史，包括科学、技术、军事及社会史，有关国家领袖、思想家、科学家、艺术家之生平以及有关国家重大事件的财产；

3. 考古发掘（包括正常的和秘密的）或考古发现的成果；

4. 业已肢解的艺术或历史古迹或考古遗址之构成部分；

5. 一百年以前的古物，如铭文、钱币和印章；

6. 具有人种学意义的实物；

7. 有艺术价值的财产，如：

（1）全部是手工完成的图画、绘画和绘图，不论其装帧框座如何，也不论所用的是何种材料（不包括工业设计图及手工装饰的工业产品）；

（2）用任何材料制成的雕塑艺术和雕刻的原作；

（3）版画、印片和平版画的原件；

（4）用任何材料组集或拼集的艺术品原件；

8. 稀有手稿和古版书籍，有特殊意义的（历史、艺术、科学、文学等）古书、文件和出版物，不论是单本的或整套的；

9. 邮票、印花税票及类似的票证，不论是单张的或成套的；

10. 档案，包括有声、照相和电影档案；

11. 一百年以前的家具物品和古乐器。

1972年11月16日，联合国教科文组织第十七届会议于巴黎通过的《保护世界文化和自然遗产公约》中，第一条明确规定"文化遗产"为：

从历史、艺术或科学角度看具有突出的普遍价值的建筑物、碑雕和碑画，具有考古成分或结构，铭文、窟洞以及联合体；

从历史、艺术或科学角度看，在建筑式样、分布均匀或与环境景色结合方面，具有突出的普遍价值的单立或连接的建筑群；

从历史、审美、人种学或人类学角度看具有突出的普遍价值的人类工程或自然与人联合工程以及考古地址等地方。

1995年6月24日，在罗马通过的国际统一私法协会《关于被盗或者非法出口文物的公约》第二条明确规定："文物系指因宗教或者世俗的原因，具有考古、史前史、历史、文学、艺术或者科学方面重要性，并属于本公约附件所列分类之一的物品。"附件所列物品即联合国教科文组织1970年公约所列11项物品。

从上述联合国教科文组织大会通过的两个国际公约看，1970年公约称"文化财产"，是指可移动的文化遗产（可移动文物）；1972年公约称"文化遗产"，其内容是指不可移动的文化遗产（不可移动文物），都是指物质文化遗产。如果把两者合在一起，其内容和我国所称的"文物"所包括的内容大体相当。

可以这样说，我国文物的概念内涵极其丰富。把文化遗存统称为文物具有中国的传统文化特色。这是中国国情在文化领域的体现,是我们建立具有中国特色文物学的基础。

三、文物特性

在文物工作中,人们经常谈论文物的特点,而往往有些人在谈到文物特点时,只简单地说其不可再生性。这只是其一,进一步研究和认识文物的特点,对揭示文物博大精深的内涵,对文物学科建设和文物工作的健康发展,都有十分重要的意义。

(一) 文物的物质性

文物是有形的历史文化载体。它是人类历史发展的见证,内涵丰富。无论是不可移动文物,还是可移动文物,都是用一定的物质材料建造、制作的。如用金属材料和非金属材料制作的古器物有:青铜器、金器、银器、铅锌器、铁器、石器、骨器、角器、牙器、蚌器、陶器、玉器、漆器、木器、竹器、珐琅器、纺织品等。在古建筑中,大多古建筑物使用多种建筑材料;某一种古建筑物,又会用不同建筑材料建造而成,如古塔,有木塔、砖塔、石塔、铁塔、琉璃塔等。这是文物的物质性,离开了物质材料,文物也就不复存在。

文物的物质性又以一定的形态(形制、形式)存在。也就是说,文物都是有形的。文物的形态是多种多样的。文物形态不同,是由人们建设、制作、生产的用途、目的与所用物质材料和文化、科技水平不同所决定的,最终是由社会发展,政治、经济、文化的发展所决定的。用途、目的在不同的时代和地区不尽相同,随着社会的发展,文化和科学技术又在不断进步,文物的形态(造型、形式)或风格也随之不断发展变化,或者消亡。所有这一切,在各类文物中都有反映。

古代和近代现代文物,是表征中国历史文化的一种象征物和符号系统。文物的物质性和形态(造型、形式),使文物具有形象性和直观性,而文化内涵则深藏于文物载体之中。

(二) 文物的时代性(历史性)

文物的时代性即文物的时代特点。任何文物(不可移动文物或可移动文物)都是一定时代(或年代)的产物。人类的活动都是社会活动,任何历史遗迹和遗物都是一定历史时期人类社会活动的产物,无不打上时代的烙印,蕴涵着当时政治、经济、军事、科学技术、文化艺术等诸多内容和信息。因此,没有时代(或年代)的遗迹和遗物是不存在的。一般所说的文物的时代特点,基本上是时代性和时代内容在历史遗迹和遗物上的统一。从其时代特点中,可以看出它在其产生的时代所处的位置、它的地位和作用。如商周青铜器，充分反映了它在当时政治、经济、军事、文化等生活中所占的重要位置，进而从其产生、发展变化中，进一步了解它在社会发展进程中的地位和作用的变化，以及变化的原因。

从另一个角度讲，文物（历史遗迹和遗物）是某个时代（或年代）人们的社会活动遗存，是由产生它的那个时代（或年代）的一定人群，根据当时政治、经济、军事、文化等需要，运用当时所能得到的物质材料和掌握的技术创造（制作）出来的。因此，它从不同侧面，反映了当时政治、经济、军事、科学技术、文化艺术、宗教信仰、风情习俗等。这些则是构成文物时代性的主要内容。这种时代特点，亦即历史性，是文物最重要的特点。

（三）文物的不可再生性

文物的时代特点，决定了文物不能再生产、制作、建设。它在产生它的时代的地位是客观存在的，不以后人的意志为转移。历史的人做历史的事，后人不能制作出历史上的遗物，即不能制作出文化内涵和历史信息完全相同的遗物，这是不言而喻的。至于人们出于某种需要，制作的文物复制品，即使形状、大小相同，所用材料和色调、纹饰基本相同，技艺精湛，也只是复制品，只能反映制作复制品时代（或年代）的社会条件、技术水平及工艺，与文物所包含的产生它的那个时代（或年代）的文化内涵和历史信息仍有区别。古建筑的复建也同样如此。至于文物仿制品和仿建的古建筑物等，则是另一范畴的问题。

（四）文物的不可替代性

文物的不可替代性是文物时代性和不可再生性逻辑发展的结果。文物是历史文化遗产，是一定时代（或年代）的产物，每一件文物或每一处文物，都有它自己的历史上的地位和作用，都具有自己所处时代的文化内涵和历史信息，彼此不能代替；人们制作的复制品也不能替代，也不可能有其他代替品。

文物不可替代的特点，是与某些自然资源不可再生而可替代的根本区别所在。如某种燃料，甲地埋藏的开采、使用完了，可开采、使用乙地的，甚至地球上储藏的该种燃料全部开采、使用完了，仍可以用别的替代。如上所述，文物则无可替代之物。不同历史时代（或年代）制作或建造的各类各种文物，其历史内涵和信息，是产生它们的那个时代（或年代）的历史的各个方面的实物见证，毁坏一件或一处，就永远失去一件或一处，就永远失去一件或一处历史见证物和象征物，少了一个历史符号。

（五）文物价值的客观性

文物是历史文化遗产，具有历史、艺术和科学价值，包含着政治、经济、军事、科学技术、文化艺术等丰富内涵，博大精深。它的价值是凝结在历史文化遗迹和遗物（包括精神的和物质的遗物）中的一般人类劳动，是人类智慧的结晶和历史发展、进步的标志。它具有双重的特征，即有形价值和无形价值。文物既是有形的物质形体，又是有隐形的即无形的文化或文明内涵的载体，即具有历史、艺术和科学价值。历史唯物主义和辩证唯物主义告诉我们，人类社会的发展、进步，是生产力发展和生产关系变革的结果。换言之，文物是生产力和生产关系不断发展、变革的历史见证或标记。因此，文物价值是客观存在。

文物价值是客观存在的，但对文物价值的认识则是不断深化的。人们对文物博大精深的内涵的认识，和获取它内含的各种信息，既要靠知识的积累和深入研究，又要靠知识的更新和科技的进步。在认识和评价值文物的具体过程中，人们受到科学文化知识、研究水平和科学技术发展水平的限制或制约，不包括人们价值取向不同；同时，也有一些类别的文物的价值需要有一个显露的过程，如古遗址和古墓葬，未进行考古发掘之前，对其价值的认识和评价，就有局限性。特别需要指出的是，在许多新的自然科学技术未引入文物研究领域之前，对文物价值的认识和评价只能按一般方法或传统方法进行，一旦将新的科学技术如断代技术、分析鉴定技术等引入文物研究领域，文化研究中的文物断代、物质成分、制作工艺等问题就容易解决。如古代铁质器物，过去笼统称为铁器，但经检测，在春秋晚期已有"退火中碳钢"制品，有"白口铸铁"、"亚共晶铸铁"和"展性铸铁"等制品。燕下都第44号墓出土的铁兵器，经对其中7种9件进行科学研究，发现有6件为纯铁或钢制品，3件为经过柔化处理或未经处理的生铁制品。同时，从工艺上也证明了战国后期已掌握将块炼铁增碳制造高碳钢工艺及淬火技术；汉代以前已掌握了炒钢、百炼钢和铸铁脱碳钢等制钢工艺。又如瓷器，过去称其原料为瓷土或瓷石，经分析鉴定为硅酸盐材料。

文物本身储存着大量信息，对其文化内涵和信息的揭示与对其价值的认识，不是一次（或一时）可以完成的，随着研究的深入，科学技术迅速发展所提供的技术手段愈多，人们对文物价值深层次的认识也就会愈益深入，获得的历史信息也就愈多。这是需要一代又一代人不断努力的科学事业。因此，在对文物价值的认识和评价过程中，不能企求一次定音（一次完成），或以目前对某一文物价值的认识水平作为标准，作出该文物不予保护的决定，从而造成不可弥补的损失。

（六）文物作用的永续性

文物是不同历史时期产生的物质文化遗存，是研究不同历史时期政治、经济、军事、科学技术、文化艺术等的实物史料。它是历史的见证，可证实文献记载的历史；可以校正古籍记载之谬误，订正史传，纠正错讹；对有文字记载的历史，可补文献记载的缺佚。文物是研究历史及专门史（包括科技史）的重要实物史料，对史学的研究，特别是对重建上古史有着特殊重要的价值和作用。

人类社会的发展，科学技术和文化艺术的发展、进步，都需要借鉴。割断历史，空谈发展，不在人类创造的文化财富的基础上发展，不继承中华民族优秀传统文化去创新，那样的发展和创新就成了空中楼阁。我国古代文物中包含的科技信息和文化艺术内涵博大精深，要发展科学技术和文化艺术，就需要继承，需要借鉴，事实也证明了这一点。文物的内涵是取之不尽的精神文化财富。

文物作为教材，有自己的特点。任何一种文化载体，同时也都是一种精神文明的表现。它作为历史见证，真实性强，具有很强的说服力。百闻不如一见，它以具体、形象、生动的物质形态（造型、形式）展现在人们面前，具有极强的感染力。这种直观的感染力和说服力，是任何别的教育手段所不能替代的。通过文物所展现的中华民族所具有的很强的生命力，成为凝聚中华民族的重要因素，成为团结各族人民的自聚力量。

文物对研究者和人民群众，对一代又一代人，对民族和国家以至人类，对已往的历史和未来，都将发挥永续的作用。

第二节 文物学的任务

任何一门独立的学科，都有它独自的研究对象。文物学研究的对象，不言而喻，是文物，即历史遗留下来的文化遗存。

在第一节，我们叙述了什么是文物及其范围，并原文引用中国《文物保护法》关于文物范围的规定，规定中的文物范围，即是文物学首先要研究的对象。

但是，文物学研究的领域，不仅仅是文物本身，对于不可移动文物如古文化遗址、古墓葬、古建筑、纪念建筑、石窟寺等，还要研究其周围环境，包括人文环境和自然环境。它的总体任务，是调查、研究、保护和宣传文物，通过对文物的研究，从不同侧面进而研究不同历史时期的政治、经济、军事、文化艺术和科学技术的发展状况，阐述人类社会发展的具体过程及其规律，向人民群众进行历史唯物主义和辩证唯物主义、爱国主义和革命传统的教育，增强民族自信心和自豪感；批判地继承历史文化遗产，创造具有民族特色的新文化。

文物学研究的范围，随着文物范围的广泛，其领域也十分宽广。这里仅列举一些主要方面。

一、研究文物的基本要素

文物（不可移动文物和可移动文物）范围十分广泛，文物学的基础研究之一，是研究文物的基本要素，即研究文物的定名、时代或年代、质地（材质）、制作工艺或建造技术、形制或类型、功用或功能等。

文物定名：任何一处或一件文物，都应有自己的名称。通过对其进行研究，规范它们的名称，对文物研究、保护、宣传、信息储存与交流等都有十分重要的意义。

文物时代或年代：任何一处或一件文物，都产生于一定的时代或年代，没有时代或年代的文物是不存在的。对其进行研究，确定其时代或年代，以究明产生它的时代的社会和经济等情况。

文物质地或材料：文物是物质文化遗产，任何一处或一件文物都是由某种或某些物质材料制作、建造的。对其质地或材质进行研究，以究明材料属性、来源，从而了解当时社会经济、贸易等情况。

文物制作工艺或建造技术：任何一处或一件文物建造或制作，都有其技术或工艺。对其进行研究，以究明当时工艺技能或技术发展水平。

文物形制或类型：文物作为物质文化遗产，都是有形的，都有其一定的形制。研究其空间存在的形制，可进行比较研究，究明不同类型文物的形制特点和规律，以及与其功能的关系。

文物装饰：不可移动文物的装饰如彩画、雕刻等，可移动文物的装饰如花纹、图案、纹饰等，对它们进行研究，以究明内涵、时代风格与作用等。

文物功用或功能：任何一处或一件文物，建造、制作时都有其目的，都有其用途，对其进行研究，以究明它们各自的功能，及在社会生产、生活，或在政治、经济、军事、科技、文化艺术、宗教等方面的作用，进而研究如何保护与合理利用。

二、研究文物的分类

文物种类十分庞杂，不分类，难以进行科学研究。因此，分类是文物学研究的前提之一。

文物分类的研究，主要是研究文物分类的原则和方法，同时对丰富、庞杂的文物进行科学分类，以便对文物从个体到群体，从微观到宏观，进行深入的科学研究，探讨它的发展规律，认识它的价值，充分发挥它的作用。

文物是历史文化的物质遗存，具有物质属性。根据其物质属性进行分类，是文物分类的最基本的方法之一。但是，有许多文物的物质构成，并不是单一的，有的有两三种，甚至多种物质构成。对这些文物的分类，需要对其物质构成做科学的分析，通过对其特有矛盾的研究，以确定它的基本分类。

文物是一定历史时代的产物，因而都具有时间属性。在文物分类中，根据其产生的时代分类，也是最常使用的方法。但有些文物，如古建筑中的木构建筑，始建之后，连续使用，延续时间有的达几百年，甚至上千年，其间由于使用的需要，必然屡次进行维修，甚至落架重修。每逢维修时，不可避免地要更换一些已残坏的构件，至于落架重修，替换的构件就更多。更换过的构件，必然带有当时工艺的特点，打上新的时代烙印。对这些古建筑的时代的确定，要研究它特有的矛盾，研究它的主要构件的时代特征，在此基础上确定它的时代。

文物分类方法不止于上述两种，还有其他分类方法。总之，由于文物的庞杂，文物分类的研究任务也是十分艰巨的。

三、研究文物的鉴定

文物鉴定，是研究文物的基本手段和方法之一。它主要的任务，是研究和辨识文物的真伪、年代和价值。如果对文物的真伪莫辨，时代不清，就无从对它进行科学研究；或者真假错置，时代错讹，研究的结果必然是错误的，贻害无穷。从保护工作来讲，也失去科学依据，保了假古董。因此，文物鉴定也是文物保护和发挥其作用的基础之一。

文物鉴定研究中，首先要明确文物鉴定的任务和意义，文物鉴定的原则和方法。没有正确的指导思想和科学的方法，鉴定工作也难以做好。

文物鉴定方法中，既有金石学家、文物专家及文物工作者使用和总结的传统方法，又有现代科学技术提供的鉴定技术。我们应该不断总结传统方法的经验，把它加以提高，使之科学化。同时应该大力研究、开发和推广现代科学技术在鉴定文物方面的广泛应用，不仅对文物的真伪、年代作出准确的测定，而且对文物的物质成分也有科学的分析，这样文物研究就会不断突破，取得难以预料的成果。在此，必须指出，在文物鉴定中，应当特别注意把传统方法和现代技术很好地结合起来，相互补充，相互促进。

不同种类文物，有不同的特点。文物鉴定人员应掌握不同种类文物的物质属性、制作方法和工艺、时代风格特点，以及某件（处）文物产生的历史时代的政治、经济、文化、科技等知识，在进行综合考察的基础上，一项项地进行分析比较，去粗取精，去伪存真，作出科学的判断。

四、研究文物的价值与作用

文物是具有历史、艺术和科学价值的文化遗存。人类社会历代遗存很多,特别是距今年代愈近,遗存愈丰富。这些遗存是否都是文物,是我们首先要弄清的。要确定它是不是文物,首先就要对它进行调查研究,根据已掌握的材料,分析它是否具有历史、艺术和科学价值,有则是文物,无则不是文物。当然,这绝不是说,任何一处(件)遗存都具有三方面的价值才能确定为文物。有些规模较大的文化史迹,如古建筑、石窟寺等,具有历史、艺术和科学三方面的价值;而一件具体的器物,如一件生产工具,可能只具有历史和科学价值,不一定有艺术价值。但是,不具备任何一方面价值的遗存,是不能确定为文物的。

其次,要对文物价值的大小进行研究。进行这方面的研究,就需要有丰富的历史以及相关学科的知识(详见第三章)。在研究时,把一处(件)文物放在产生它的历史环境中,对它特有的矛盾,对它在当时的地位、作用等进行比较、分析研究,从而得出科学的结论。

文物的价值和作用是紧密不可分的。价值大的文物,它所发挥的作用必然大,相反亦然。我们研究文物价值,不仅是为保护工作提供科学依据,也是为了充分发挥它的作用。

五、研究古器物

古器物是古代文化遗物,在文物中占有很大比重。它的种类繁多,形制多样。古器物既有经科学发掘出土的,也有古代出土流传至今的,还有经封建王朝内府收藏,或者鉴藏家收藏而辗转、流传下来的。这些古器物(文物),大都收藏在各类博物馆内,有些收藏于其他文化教育和科学研究机构;私人收藏也是不可忽视的一个方面。

研究古器物,主要是对不同种类的器物的产生、发展、演变(有的甚至消亡)的规律进行研究,还要研究古器物的产地(或出土地)、质地、花纹、制作方法和工艺、形制、功用,以及它的价值和作用。如瓷器,对其产地(或窑口)、窑系的研究即不可缺少,同时还要利用现代科学技术,研究瓷器的硅酸盐成分,从而更科学的确定它的产地等有关问题。

古器物的种类不同,所采用的研究方法也不尽相同。器物型式分类是研究古器物的重要方法之一。它主要是从器物的形态(形制、花纹)去研究器物的特征及其相互关系;采用的方法是归类分析法。可以先把复杂多样的个体器物,"按其特征比较其异同,分别归类,并用适当的型式符号表示其类别,然后根据各类器物之间的相互关系排列成谱系，以找出其产生、演变和灭绝的规律"。①

六、研究古书画

古书画是古代文化遗物，是文化遗产的重要组成部分。古书画分为古法书和古绘画两部分。

古绘画和法书按照不同的标准可分为若干类。以古绘画而言，按照绘画的质地区分，则有刻（绘）于岩石上的岩画，有绘于陶器上的陶画，有绘于漆器上的漆画，有绘于瓷器上的瓷画，有绘于绢帛上的帛画，有绘于壁上的壁画等。再以壁画而言，按不同功用建筑区分，又可分为宫殿壁画、寺观壁画和墓葬壁画等。

以上是从古代绘画的广义而言。我们在本书专指或界定的古书画，基本上是指书写、绘画于绢帛和纸类的法书和绘画艺术品，也包括碑帖拓本之类。它们是中华民族传统艺术门类之一。这些传世古书画，大都收藏于各类博物馆、图书馆，有些为私人收藏家所收藏。

作为文物学分支学科的古书画研究，是对古书画的产生、发展、演变、繁荣的规律进行研究，重点是研究古书画作品的时代背景、时代精神、时代风格和个人风格，古书画作者师承传授与画风、画派或书派，古书画作品内涵和技法与艺术水平，古书画作品辗转、流传、鉴藏、装潢、印记、材质、著录和保护情况，古书画作品的价值与作用。

古书画种类繁多，对其进行研究，应区别对待，采取相应的方法。其中须做的首先是对书画作品进行分类和鉴别、鉴定。

七、研究古文献

中国是一个具有悠久历史和优秀文化传统的文明古国，保存下来的古代文献种类繁多，内容丰富，是一份极其重要的文化财富。作为文物学分支之一的古文献，是特指出土的甲骨、金文、帛书、简牍、文书与传世的古写本和古印本等。它们是文化遗产的重要组成部分。

国外不同地区或国家有不同的古文献，书写的文字及材料也不尽相同。它们都记载了有关历史史实。如在埃及以及地中海沿岸其他国家，以纸草作为书写材料，涉及文字主要有希腊文、拉丁文、古埃及象形文字后期世俗体和科普特文。自18世纪中期以来发现的纸草文献，其时代大多属于公元前4世纪至公

---

① 邹衡：《论古代器物的型式分类》，《中国文物报》，1988年5月13日。

元6世纪，其内容包括房地产契约、合同书、财产清单、公务决议、公私信函，以及古典作品和著述等。对纸草文献的收集、整理、翻译、研究和编辑出版等，已取得重要成果，并形成一门独立的纸草学。

中国古文献中甲骨、简牍的收集、整理、释读、研究、出版等，已取得世人瞩目的成绩，已经或正在形成甲骨学与简牍学。

古文献的种类不同，研究的内容和方法也不同。不同文字的古文献，应采取不同的方法进行研究。如对甲骨的研究，即对有刻辞的龟甲和兽骨（牛肩胛骨）的研究，包括甲骨的整治、缀合、占卜方法、刻辞辨伪、文字释读、卜辞文例、分期断代、卜辞内容、墨拓著录，以及社会历史考证和综合研究。

古写本和古印本是善本古籍，对其进行研究，既要研究古籍的作者、注者、内容、年代、版本，又要研究善本古籍的鉴藏、辗转、流传、收藏保护等。同时，研究古印本，对研究中国发明印刷术及印刷史有重要意义。

八、研究古代文化史迹

古代文化史迹（不可移动文物）是指保存在地上、地下、水下的，不可整体移动或不宜整体移动的，特别是不能将其与周围环境一起移动的文化遗存。如古建筑、历史纪念建筑、石窟寺、石刻、古遗址、古墓葬，还有历史文化名城等。这些遗存在文化遗产中占有极为重要的地位。其中许多光辉灿烂的古建筑、石窟寺等，是一个时代文化发展的重要代表，现今不仅在发展民族新文化中发挥着重要作用，而且成为群众文化活动（参观、游览）的场所，人们在这里领略古代文化的风采，欣赏古代文化艺术，在心灵上受到启迪，情操上得到陶冶。

当然，文化史迹的价值不仅如此。对文化史迹的研究，首先要进行深入的实地调查，了解每一处文化史迹的现状和历史，也就是它的历史沿革；研究确定它的年代、内容和价值。在普遍调查的基础上，掌握文化史迹的分布情况及其规律。根据文化史迹价值的大小，推荐文物保护单位，通过国家机关（人民政府）公布为文物保护单位，进而研究制订保护规划和措施，使其置于国家法律保护之下。

研究文化史迹，还要研究文化史迹网的构成，在上述一系列工作的基础上，建立起文化史迹网。对历史文化名城，要研究它的创建、布局与发展，及其同一定时代的政治、经济、文化发展的关系，制订保护规划和措施等。

九、研究近代现代文物

研究近代现代文物（文化遗迹和遗物）是文物学的重要任务之一。

近代现代文化史迹，包括遗址或旧址、故居或旧居、墓葬、纪念性建筑、民族风格建筑、外国风格建筑或中外结合风格建筑等。它们是近代现代历史发展的重要见证。研究这些史迹的年代、形式、内容和价值等，对研究近现代史，对人民群众进行国情教育、爱国主义和革命传统教育都有着重要意义。

近代现代文化遗物，包括社会生产和生活用具，政治、经济、军事、文化等方面的遗物。对它们的研究，主要是揭示其时代特点、内涵和价值等，充分发挥其物证和教育等作用。

近代现代文物，包括少数民族文物和民俗文物。对它们的调查、收集、整理、研究，揭示少数民族的创造力和智慧，对研究少数民族历史，对加强民族团结，促进民族经济、文化发展有着重要意义。

十、研究文物保护管理

研究文物管理，建立有效的管理体系，对保护文物不遭破坏，使其长久地保存、传留给子孙后代，不断发挥其作用，有着重要的意义。美国哈罗德·孔茨等著的《管理学》一书中说："第二次世界大战以来，人们日益认识到管理工作的好坏对现代生活的重要性，从而导致了对管理的过程、管理的环境和管理的技术进行广泛的分析与研究。"管理学的任务在于："采取各种有效的行动，设计和维护一种环境，使处身其间的人们能够在集体内一道工作，以完成预定的使命和目标。"[①] 哈罗德·孔茨等在这里讲的虽是管理工作对现代生活的意义，但对我们认识、研究文物管理工作的重要性，同样是适用的。

文物管理研究的任务是了解我国文物的基本状况和特点，根据我国处于社会主义初级阶段的现实，在总结经验的基础上，制定保护管理文物的法规，改革和完善文物管理体制，研究制订文物保护（其中包括运用现代科学技术保护）和事业发展的规划及措施，不断提高文物干部队伍的素质，向人民群众进行保护文物的宣传教育，建立和健全群众性的文物保护网，切实保护管理好各类文物，充分发挥文物的作用。

文物管理的手段，概括地说，主要有：法律手段、行政手段、经济手段、科技手段和教育手段。运用这些手段，使文物处于一个良好的社会与自然环境之中。

---

① （美）哈罗德·孔茨和西里尔·岙唐奈：《管理学》，第1版，贵州人民出版社，1982年。

十一、研究文物保护技术

文物保护技术分为传统技术和现代科学技术两种。研究和采用保护技术,旨在修复已残坏的文物,保护有可能缓慢损坏的文物,使它们在一定的条件下免遭自然损坏,或延缓损坏的时间,延长其"寿命",尽可能长久地发挥它的作用。

采用技术手段保护文物,在文物保护工作中有着极为重要的作用。应制定研究规划,确定课题,加强力量,相互协作,把文物保护技术研究在更大的范围内展开。

中国有保护文物的悠久历史,积累了非常丰富的传统保护技术,有一批技术工人,在实践中也积累了丰富的保护经验。对此,有的专家已作了一些搜集整理工作。但总的来说,对经验的总结,对传统技术有计划的科学研究和探索,弄清这些传统技术的科学依据,做的工作尚少,有的甚至急需抢救。这方面的任务还十分繁重。

现代科学技术的飞速发展,为我们保护文物提供了十分有利的条件,例如采用以苯骈三氮唑法为主的综合保护法处理患有"青铜病"的腐蚀青铜器,是目前较为理想的保护方法,此外还有倍半酸碳钠法、局部电解还原法、电化学法等。采用电化还原法、电解法、脆弱铁器加固法和利用金属缓蚀剂保护铁质文物等,都收得了非常可喜的成果。但是,也应看到,我们在这方面的起步较晚,条件较差,许多现代科学技术尚需我们去研究利用,不断拓宽现代科学技术应用于文物保护的领域,前景是十分光明的。

中国是发展中国家,在我们采用技术手段保护文物时,应特别注意,在保护文物原状的前提下,要把采用传统技术和现代科学技术很好地结合起来,防止片面性。在采用现代科学技术保护文物时,也要特别注意中国文物的特点,注意效果。有些文物采用传统保护技术效果很好,就不必勉强改用现代科学技术。中国对外翻译出版公司和联合国教科文组织出版办公室出版的《文物保护工作中的适用技术》一书(联合国教科文组织的《博物馆与文物技术手册》之七)前言中有两段话,对我们或许有所启示:"从工业发达的国家照搬最先进的保护技术,对于发展中的国家往往并无必要,或不甚理想。在能源和器具耗资甚巨、难以为继的情况下(而这种情况又是屡见不鲜的),甚至会自拆台脚","采用先进技术,还可能需要调整劳动组织方式和工作关系,而这样一来,或许会同传统的(但在变化中的)社会发生冲突。但并不是说,现代化的技术一概不能采用,这是违反保护工作常识的。但是,一味指望最新式的设备和材料,往往降低了人们创造性地使用传统技术的自觉性。一种理想的'混合'技术,还是能够找到的，它能使新旧技术之间达到合理的平衡"。

以上所列，仅只是文物学研究的部分重要内容。"科学研究的区分，就是根据科学对象所具有的特殊的矛盾性。因此，对于某一现象的领域所特有的某一种矛盾的研究，就构成某一门科学的对象。"[①] 从这一观点出发，上述所列文物学研究，大都可构成独立的学科，即文物学的分支学科。此外，对某一类文物的专门研究，也可构成专门学科，如对陶瓷器、古钱、甲骨的研究，即形成陶瓷学、古钱学、甲骨学等。

文物学研究的对象和范围极其广阔，不仅有与之相关的学科，而且还有与之交叉的学科，从这个意义说，文物学也可称为一门综合性学科。

第三节 文物学研究的基本方法

从根本上来说，文物学研究应同其他学科一样，以历史唯物主义和辩证唯物主义为指导原则，但在具体研究中，由于文物自身的特点所决定，多年来还逐步形成了一些基本的研究方法。其中有些基本方法对研究不同种类的文物，都是普遍适用的。

文物学研究的基本方法：

一、分类法

文物的范围广，种类繁多。文物分类，对研究文物来说，是第一步工作。把各种不同的文物，根据一定的标准，分成不同的类群，从而找出文物之间的差异和共同点，获得规律性的认识，这对文物研究工作是必不可少的。在这个基础上，才能进一步研究和认识不同种类文物的产生、发展或消亡的轨迹。

所谓按照一定标准进行分类，即在同一种分类中，不能同时运用两个分类标准，否则将会造成逻辑上的混乱，对文物研究不但无益，反而有害。

文物分类既是研究文物的首要的基本方法，其本身又是一门科学，因此，建立科学的分类学，研究文物分类中的各种问题，是非常必要的。

二、排比法

有比较才有鉴别。对同一种类的文物，进行排队和比较，以认识和掌握文物之间的差异和联系。比如把某一类或某一种文物按时代（或年代）进行排列，

---

① 毛泽东：《矛盾论》，《毛泽东选集》第一卷，第2版，人民出版社，1991年。

就可以了解它们从产生到消亡（或演变）的发展过程，以及在这个过程中，该类（或某种）文物是如何发展、演变的，它在不同时期的特点，及所反映的该时期的制作工艺及科学技术水平，等等。

对某一件文物（古器物）进行研究时，首先要确定它的年代。一般是根据与有明确纪年或有明确年代及确切地层出土的同类文物，即所谓标准器进行器形（形制）、纹饰、制作方法等方面的比较，确定与标准器的异同，从而作出比较确切的判断。

对古建筑、石窟及造像进行研究，可以其平面布局、形制、结构以及造像造型、纹饰等方面与已知年代（或时代）的古建筑、石窟及造像进行排比，研究它们的异同与风格，从而对其年代作出判断。

在对文物进行排队或比较时，要遵循同类同种文物才能排比的原则。如陶器类不同时代的鼎、豆、壶可进行排比。不同类不同种的文物不能进行排比。在对同类同种文物进行排比过程中，同时代不同类而同种的文物，也可以作为参考，但不能作为依据，比如对战国时代陶器的鼎、豆、壶进行排比时，可以参考战国铜器的鼎、豆、壶的排比情况，这样有利于作出正确的结论。

三、历史分析法

运用历史分析的方法研究文物，是文物学研究中极为重要的方法。文物是一定历史时期的产物，对它进行研究时，必须把它放到特定的历史条件下进行分析，放到一定的历史范围和环境（即产生它的那个历史时代）内进行考察、研究，也就是说要把文物作为运动的特定的历史发展过程中的产物，分析其产生的历史条件、产生的过程和产生的必然性，进而从不同的侧面揭示和认识历史发展的过程。同时，还要把文物作为产生它的社会的有机组成部分，即对与整个社会的政治、经济、文化进行分析，这对认识社会发展过程及其规律是十分有益的。

历史分析是唯物史观的方法。它主要是在文物排比的基础上，辨明因果，论定是非。在文物研究中，推广、运用历史分析的方法，能不断提高文物研究的科学水平，取得丰硕的成果。

四、逻辑分析法

逻辑分析法对文物学研究及文物学科体系的建立也是十分重要的方法。它与历史分析方法的不同之处，是在排比文物的基础上，形成概念，进行判断和推理，并通过概念、判断和推理，揭示文物的本质和规律，使丰富纷繁的文物材料，上升为理论的认识，构成逻辑体系。对文物的研究如此，对文物学科的研究也如此。逻辑分析法的研究和运用，必将进一步促进文物学科的发展与繁荣。

五、年代测定法

这里所说的年代测定法，主要是指运用现代科学技术对文物年代进行测定的方法。在文物研究中，利用现代科学技术测定文物年代，或分析鉴定文物成分，是认识文物、研究文物的重要手段。目前，广泛应用于测定文物年代（或断代）的方法，主要有：碳十四法、热释光法、古地磁法、钾—氩法、裂变径迹法、树木年轮法、黑曜岩水合法等。利用这些方法，已取得了重要的科学成果。只有比较准确地确定了文物的年代，才能更好地把文物放到一定的历史环境中进行研究，这对于认识和揭示文物的历史、艺术和科学价值，更好地发挥其作用，有着重要的意义。

第二章
文物研究与文物学的历史发展

第一节 古代的文物研究

中国对文物收藏、研究，已有数千年的历史。在考古发掘中，曾在河南安阳殷墟，发现了殷人保藏典册的府库。在古代文献记载中有：《周礼》记载"凡国之玉镇大宝藏焉"，说周代春官之职，掌祖庙之收藏；《春秋·桓公二年》记载"夏四月，取诰大鼎于宋，戊申，纳于太庙"；《史记·孔子世家》记有孔子"故所居堂、弟子内，后世因庙，藏孔子衣冠琴车书"，等等。

在中国漫长的封建社会里，统治者对收集、研究古物十分重视。在封建王朝的宫室、祖庙和府库里，都收藏了许多祭器、法器和珍宝；在不同园囿、寺庙道观、行宫别院、楼堂殿阁、帝王陵寝和洞窟等，也都藏有珍宝。同时，历代都对古物及其他古迹进行研究和著录。

一、金石收藏研究与金石学

在古代，对文物即古物的研究，是从收藏和研究金石开始的。

"金石"二字连用，最早见于《墨子》："古之圣王，……书于竹帛，镂于金石，琢于盘盂，传遗后世子孙。"之后，在秦《琅琊刻石》和《峄山刻石》中，有五处用"金石"一词。汉代以后，碑刻中并称"金石"者尤多，不胜枚举。

"金"，即古铜器；"石"，即古碑刻一类。金石学从孕育产生、发展到兴盛，经历了中国整个封建社会，长达两千多年，可谓历史悠久。它研究的主要对象，是零星出土的铜器、传世铜器、石刻等。研究的方法，总的来说偏重于著录和考证，用来达到证经补史的目的。通过研究、著录，积累、保存了大量古代有价值的金、石资料，成为我国文化宝库中一份珍贵的财富。它的不足之处是对器物的制作、形制、花纹等未能进行深入研究，基本上未研究断代等问题，因此终未能形成完整的科学体系。

先秦至宋以前，金石研究可分为两个阶段。在汉代主要限于对金石时代鉴定、文字考释、文字互证与存录。这些在我国《史记》、《汉书》和《后汉书》等古籍中，均有一些记载。许慎撰《说文解字》，收录了郡国山川所出鼎彝等"前

第二章 文物研究与文物学的历史发展

代之古文"。

从魏至唐代，对金石的研究主要是：订史正俗，撰述引用，著录石经等。如北魏郦道元在《水经注》四十卷中，"引汉碑百，魏碑二十，晋及宋、魏称是"。杨衒之著《洛阳伽蓝记》五卷，"引寺中所有碑志，约二十条"[①]。唐代初期，石鼓（石鼓文）在陕西凤翔出土，当时金石研究多有称述，但谬误亦多。

此间，还有对其他古迹的研究，已超出金石研究的范围。如对汲冢出土竹简的整理编校和郦道元注《水经》对古迹的调查等。

宋代，金石学发展到了一个新的阶段，可以说是金石学的兴盛时期。宋王朝是在唐末五代割据、混乱之后建立的，急需巩固政权，建立纲常伦理秩序，因此大力提倡、奖励经学。在这一形势下，从朝廷帝王到士大夫都非常热衷于对古代礼乐器物的搜集、整理、研究和著录。当时，促进金石学形成发展以至兴盛的还有历史学、古文字学的进步，追求新的资料；墨拓和印刷术的进步也是金石学兴盛的重要条件。

宋代研究金石的方法，"大约不出于著录、摹写、考释、评述四端。有存其目者，有录其文者，有图其形者，有摹其字者，有分地记载者，有分类编纂者，或考其时代，或述其制度，或释其文字，或评其书迹，至为详备。此北宋以后研究之大概也"[②]。这是颇有见地的分析与概括。

在宋代金石学研究有开创之功的，首推宋仁宗时的刘敞。他开私人收藏著录之先例，把家藏的十一件古器物，使人摹其铭文，绘其图像，刻之于石，名为《先秦古器图碑》（已佚）。他还在《先秦古器记》一书自序中，总结了自己研究古器的方法："礼家，明其制度；小学，正其文字；谱牒，次其世谥，乃为能尽之。"寥寥数语，对研究古器的方法作了精辟的概括。

在这个时期，出现了许多有影响的重要著录，现存时代最早、较有系统的古器物图录，有吕大临撰的《考古图》，王黼撰的《宣和博古图》，其特点是有摹录较准确的图像、铭文，记载了尺寸、容量和重量，进而考证并尽可能注明了收藏地和出土地，对后代有较大影响。之后，有薛尚功《历代钟鼎彝器款识法帖》、欧阳修《集古录》、赵明诚《金石录》、洪适《隶释》等。除金石著作外，还有洪遵的《泉志》等书传世。这个时期，玉器、铜镜、画像石、砖瓦等只有个别著录，为数极少。

元明时期，金石学研究处于低谷阶段。这个时期成就甚少，几乎难以为继。

---

① 朱剑心：《金石学》，文物出版社，1981年（1940年初版）。
② 同上。

23

比较重要的有元朱德润撰《古玉图》，是现存年代最早的一部鉴赏古物（文物）的论著。此外，还有元潘昂霄《金石例》、明赵崡《石墨镌华》、陶宗仪《古刻丛钞》、都穆《金薤琳琅》、来濬《金石备考》等。

清代，金石学在乾隆以后，发展很快，达到了鼎盛时期。有人据容媛所辑《金石书录目》统计，在现存金石学著作中，乾隆以后约200年间竟达906种之多，而北宋至清乾隆之前700年仅有67种（其中宋人著作22种），由此可见清代金石研究之盛况和累累硕果。

乾隆以前的金石研究偏重于石刻，主要有顾炎武的《金石文字记》、朱彝尊的《曝书亭金石文字跋尾》。乾隆年间，"御纂"的《西清古鉴》、《宁寿鉴古》、《西清续鉴甲编》和《西清续鉴乙编》四部书，其收录清宫所藏铜器总计4000余种。这对元明时期古器物研究衰落后的复兴，起了重大推动作用。此后，在乾嘉学派的影响下，金石学迅速发展。清代金石学研究的特点，在于精鉴别，详考证，范围广，并进行了一定的集成性和综合性的工作。

如上所述，此间研究著作甚众。在铜器和金文方面，主要有钱坫《十六长乐堂古器款识考》、阮元《积古斋钟鼎彝器款识》，均有图像、铭文摹本，并进行释文与考证。此后的著录一分为二，图像与铭文分别著录。收图像的著录主要有刘喜海《长安获古编》、吴大澂《恒轩所见所藏吉金录》、端方《陶斋吉金录》及《续录》。收录铭文的著作主要有吴式芬《捃古录金文》、吴大澂《愙斋集古录》、方濬益《缀遗斋彝器款识考释》，收器铭众多，资料丰富，摹写精细，考释颇详。

在石刻方面，著作甚多，主要有钱大昕《潜研堂金石文字目录》及《跋尾》、吴式芬《捃古录》、缪荃孙《艺风堂金石文字目》、端方《陶斋藏石记》，吴、缪、端著录所藏金石拓本达一两万种。孙星衍、邢澍合著《寰宇访碑录》，自周、秦迄元按地区列举历代石刻目录计8000余种。其后续补之书，有赵之谦、罗振玉、刘声木三家，所增倍而过之。王昶《金石萃编》、陆增祥《八琼室金石补正》，则为集成性资料汇编。此外，还有以断代、地域，以及墓志、造像、画像石等方面的专门石刻著作。叶昌炽《语石》是通论性著作。

在清代，钱币、玺印、古玉器等方面的研究也有所发展，重要的著作有：李佐贤《古泉汇》六十四卷，后又屡补三十二卷，著录历代钱币达6000枚，可谓泉谱之巨著；陈介祺《十钟山房印举》，存录盈万，世称"万印楼"；吴大澂《古玉图考》，"辨订源流，引证经传，图说详明，至为精核"。还有钱坫《浣花拜石轩镜铭集录》、瞿中溶《集古虎符鱼符考》等。

清末至民国，金石学研究走向衰落，有人提出古器物学，并进一步扩大了

第二章 文物研究与文物学的历史发展

它的研究范围。在清末和民国初年，罗振玉和王国维是这方面研究集大成者，著作颇多（详见本章第二节）。

二、书画的收藏与研究

中国书法、绘画有悠久的历史。早在旧石器时代末和新石器时代，人们就用矿物颜料绘制岩画。目前已在云南、广西、贵州、福建、江苏、四川、山西、内蒙、黑龙江、宁夏、甘肃、青海、新疆、西藏等省、自治区发现岩画，其年代上下限，不同地区也有所不同。新石器时代的人们还在陶器上彩绘人物、动物和植物。人类进入文明时期之后，绘画的领域不断扩大，题材不断丰富多样，并取得新的成就。而书写、绘制在绢帛上的绘画、法书，在战国时期已经出现。1942年，在湖南长沙东郊子弹库楚墓中，出土了战国中期帛书，分甲、乙两篇。甲篇13行，乙篇8行，方向相反，四周有十二神，边文记十二月，共948字，其中缺94字。帛书于1945年流入美国。1949年2月，在湖南长沙陈家大山一座战国中期的单棺单椁楚墓中，发现一幅人物龙凤帛画，长31厘米，宽22.5厘米。在汉代，绘画书法进一步发展，本世纪70年代初，在长沙马王堆西汉墓中，又出土了帛画，以及法书材料。

所谓书画收藏与研究，是指对书写、绘制于绢帛和纸质的绘画、法书的收藏与研究。中国书画收藏、鉴赏历史悠久。唐代已有多种书画理论著作和书画著录问世，其中如裴孝源《贞观公私画史》、张彦远《历代名画记》和朱景玄《唐朝名画录》，全文保留下来，至为珍贵。自五代至清，宫廷内府及私人收藏颇多，特别是宋朝和清朝内府的收藏十分丰富，这与宋徽宗、清乾隆帝对书画的鉴赏、爱好是分不开的。

（一）宋代鉴藏与著录

宋徽宗赵佶（1082~1135）在位35年，"怠于政治，任用奸邪，国事大坏，终于身虏国亡。惟好书、画，山水、人物、花鸟、墨竹，无不精工极妍，刻画入细，而又善体物情，精于鉴别。工书，初学黄庭坚，后自成一体，号'瘦金书'"。[①] 他利用自己至高无上的权力，通过各种途径，采取各种手段广搜天下名贵绘画、法书，内府收藏因之百倍于先朝。收藏的名画，上自三国吴曹不兴，下迄宋初黄居寀，范围极广。在广为鉴藏的基础上，他主持编撰了收藏绘画目录《宣和画谱》，包括了230余位画家的6390余件作品，分为道释、人物、宫室、番族、龙鱼、山水、畜兽、花鸟、墨竹、蔬果等10个门类，其中包括著名画家

---

① 俞剑华：《中国美术家人名辞典》，第1版，上海人民美术出版社，1981年。

张萱、韩滉、王维、张洵、韩幹、黄荃、黄居寀、范宽等人的作品。同时，他还主持编撰《宣和书谱》，著录内府所藏法书墨迹，包括上自汉下迄宋初190多位书法家的作品1198件，分为历代帝王书、篆书、隶书、行书、草书和八分书等。其中有著名书法家王羲之、王献之、褚遂良、柳公权、苏灵之、米芾、蔡京等人的墨迹。《画谱》和《书谱》是研究书法绘画鉴藏史的重要著作。

宋代私人收藏书画者甚多，这种注重收藏的风气，与赵宋王朝广为收藏的影响是密不可分的。周密《云烟过眼录》比较详细地著录了私人收藏书画的状况。

两宋的书画著录十分丰富，著述范围和内容广泛。如刘道醇《圣朝名画评》、《五代名画补遗》，邓椿《画继》，陈思《书小史》、《书苑精华》，郭熙《林泉高致集》和韩拙《山水纯全集》等。

（二）元明鉴藏与著录

元代书画著录较少，其中有：李衎撰《竹谱》、汤垕《画论》、《画鉴》等，大都内容简单。元代私人收藏在汤允谟《云烟过眼录》中记有：总管太中溧阳赵伯仁举家收藏，祝君祥永昌收藏，杨元城家所藏和山居太史杨瑀所藏等。

明代对书画的收藏、鉴赏、著录，走出了元代的低谷，并有很大发展。从著作来看，基本上反映的是私人收藏与研究的情况。如都穆《寓意编》、赵琦美编《铁网珊瑚》、王世懋《澹圃画品》、何良俊《书画铭心录》、詹景凤《东图玄览》、张丑《清河书画舫》和董其昌《画禅室随笔》等。

王世贞尔雅楼所藏名画众多，收藏绘画图卷册共312幅，其中有张择端《清明上河图》卷、宋徽宗《雪江归棹图》卷等；所藏法书有帖册、碑铭等33幅。王世懋《澹圃画品》收录图卷册68幅，其中有阎立本五星二十八宿粉本。何良俊《书画铭心录》记载了在张双鹤、项墨林、华补庵、彭谢湖等家所见书画。詹景凤《东图玄览》画册两部约40册，是马和之、马远、马麟、夏圭、刘松年、李唐、李嵩、赵千里、赵大年等诸名人作，极为精妙。

（三）清代鉴藏与著录

清代是宋以后对书画收藏、鉴赏、研究和著录的又一个兴盛时期。其中最重要的有《佩文斋书画谱》、《石渠宝笈》和《秘殿珠林》等。

康熙四十四年（1705），礼部侍郎仍管国子监祭酒事孙岳颁等奉旨编纂《佩文斋书画谱》，历时两年多完成。康熙皇帝为书画谱写了序。其内容分论书论画、历代帝王书画、书画家传、历代无名氏书画、历代帝王与名书画跋、书辩证、历代书画鉴藏等，共100卷。该书特点是：书画同谱，以改古代集录书画者如书断画断书史画史等各自成篇的不足，汇集历代书画著录（作），洵称大观；内容资料丰富，一部书画谱在手，即可了解历代书画收藏、研究、著录的概况；宫廷内府和私人收藏俱录，使人对当时社会收藏、鉴赏、研究和著录情况有一个较全面的了解；无名氏书画，不使其遗佚，与有名者并传不朽。

三、古文献的整理与研究

中国历朝有整理古文献的传统。从现代观点看，传世古写本、古印本的精华（即善本）都是文物，出土的简牍、帛书也是文物，还有出土的甲骨、文书等，统称古文献。

西汉时，景帝封其子刘余为鲁恭王。刘余在建造宫殿时，拆除孔子故居，无意中在夹墙里发现大批古文写成的古书，有《尚书》、《礼》、《论语》、《孝经》等几十部。这是一次重要发现。这些书是在秦始皇焚书坑儒时，由孔子八世孙孔鲋掩藏的祖传典籍。后孔鲋参加陈胜、吴广领导的农民起义战死，这批典籍再无人知其下落。刘余把这些典籍交还给孔子十二世孙孔安国。将其献给朝廷，希望在官学广为流传的愿望落空后，孔安国即自己整理，私下传授弟子。

晋武帝咸宁五年（279）十月，汲郡汲县（今河南汲县）一座魏国国王墓被盗掘，出土一批竹简。每简长约合晋尺 2 尺，一简 40 字，分两行，每行 20 字。简文为科斗文（古文）。这是我国古文献的又一次重要发现。晋武帝对此十分重视，命将全部出土物"藏于秘府"。至太康二年（281）春，西晋王朝完成了统一大业后，即令人整理校编出土的竹简，并把古文写定为隶字。荀勖等人从太康二年至惠帝永康元年（300），经二十年的艰苦寻检、整理，校编工作才告完毕。共编校写定古书 16 种 75 篇，包括《易经》、《穆天子传》、《周书》、《国语》及各种杂书，总字数 10 余万。其中引人注目的是 13 篇编年体史书《竹书纪年》，它记载夏商周之事，接以晋国纪年，至战国三家分晋，则用魏国纪年记事，至"今王二十九年而止"（即魏襄王二十年）。

中国历史上对古籍的整理、保护十分重视。在清代，乾隆四十七年（1782）《四库全书》编纂告成。全书 3.6 万册，分抄 7 部，藏于文渊、文溯、文源、文津"内廷内阁"和扬州文汇、镇江文淙、杭州文澜"江南三阁"（七阁现存四阁，其中江南三阁仅存文澜一阁）。《四库全书》数遭劫难，至今仅存四部，分藏于国家图书馆、甘肃省图书馆、台北、杭州（补全）。

古代不仅宫廷、官府收藏、保管古籍，而且私人收藏也很盛行。自宋代以来，出现了为数众多的藏书家。清代光绪年间，叶昌炽编撰的《藏书纪事诗》六卷，对历代藏书家作了比较详细的记载。自北宋初年迄清代，著录 750 余人。对研究我国收藏、保管古籍的历史有重要价值。

私人藏书家对收藏古籍的建筑十分注意,许多藏书家修建了专门的藏书楼。

在明代,以浙江宁波天一阁藏书楼最为著名。它建于明嘉靖四十五年(1566),是明朝兵部右侍郎范钦的藏书处。原有藏书7万余卷,后屡遭盗窃,散佚甚多。至解放时,除清代《古今图书集成》外,阁内存书仅剩1.3万余卷。存书大都是明代刻本和抄本,其中地方志和科举题名录甚多,是研究明史的珍贵文献。

在清代私人藏书家中,有"南瞿北杨"之称。南瞿即江苏常熟瞿绍基,北杨即山东聊城杨以增。瞿氏建有"铁琴铜剑楼",杨氏建有"海源楼"。此二楼与杭州丁丙的"八千卷楼"、浙江吴兴陆心源的"皕宋楼",合称为晚清四大藏书楼。

四、文化史迹的调查与研究

所谓文化史迹(不可移动文物),是指不可整体移动或不宜整体移动的历史遗迹,或称为古迹。我国古籍中对古迹的记述颇多。

北魏郦道元在注《水经》过程中,对河流附近的古迹作了考察。他在《水经注》中记述了各地古城址、陵墓、寺庙、碑碣、岩画及其他史迹,影响深远,至今仍是文物考古调查的重要参考资料。郦道元在研究工作中,亲赴实地,对古迹进行实地考察,取得了重要成果。从亲自赴现场考察这一点讲,郦道元可谓是中国实地调查文物古迹的开山者。

元代葛逻禄乃贤,从浙江出发,渡过江淮,亲赴黄河流域及北方各地访古。他在各地调查中,特别对古代城郭、宫苑、寺观、陵墓等遗迹的考察,同时注意搜求古代名碑。他还进而检核文献记载,与实地考察的情况结合起来,进行研究考订。在此基础上,撰写了《河朔访古记》。他的研究方法,突破了宋代以来金石学家专门考订铭刻文字的学风,为后代的文物考古调查开了先河。

清代乾隆庚辰进士毕沅,在任陕西巡抚期间,十分重视对古迹的调查、访求。他很注意亲自实地调查,停车驻节,凭吊遗墟,"自莅任以后,每因公经过各州府县,凡有陵墓所在,必为下车瞻拜咨访"[①]。对古迹名胜、名山大川、地理沿革等,进行全面考察和记载,对州府的重要名胜古迹均绘制了图,在广泛调查研究的基础上,编撰了《关中胜迹图志》三十卷,六七十万字。它收录了西安、同州、凤翔、汉中、延安、榆林、商州、乾州、邠州、兴安、鄜州、绥德等十二个州府的地理沿革、名山大川和古迹名胜。与此同时,他还着力收藏、

---

① 毕沅:《关中胜迹图志》。

研究金石、书画。先后收集了上自秦汉，下迄金元的陕西金石 700 余种，经编年撰记，辑成《关中金石志》八卷。不仅如此，还十分重视古迹的保护工作，成绩颇多。

以上是古代对文化史迹进行有目的的调查的三位代表人物及其成果。我国古代对文化史迹进行实地调查的不乏其人，有的是单项的，有的规模较小，不可能详述。如清代嘉庆时，徐松谪戍伊犁，此间他考查了位于拜城县东南六十余公里处的克孜尔石窟，在他后来著成的《西域水道记》一书中，考明了建窟年代，详细记录碑碣，并称颂："佛像庄严，斑斓金碧者，尤粲然盈目。"他在嘉庆二十五年（1820）首先对新疆吉木萨尔北的唐北庭都护府城址进行调查，发现了唐金满县残碑等文物。他游历敦煌莫高窟，在《西域水道记》中记录了莫高窟有关资料，并探讨其创建年代和有关历史。

五、古物和古迹的保护

历代对古物和古迹保护的重视程度不同，保护情况也不一样。在漫长的封建社会中，宋代是重视保护古物的朝代之一，以宫廷、官府保护为主，辅之以私人保护。上面我们概述了对金石、书画、古文献的收藏，以及对古迹的调查。收藏就是保护，调查从广义上讲，也是保护。这里我们再作一些概述与补充。

古物保护。自商周以来，历朝大都在宫廷设有古物正式收藏之所，设有专人保藏国家典册、庙堂重器。收藏处所大体为：宫室、祖庙、府库及苑囿、寺观、别馆、殿堂、楼阁、陵寝等。宋代皇室收藏丰富，曾建有稽古阁、博古阁、尚古阁等，以储藏铜器、玉器、印玺、法书、绘画等古物、珍品。清代为保护《四库全书》，专门修建了"内廷四阁"（文渊、文溯、文源、文津）和"江南三阁"（文汇、文淙、文澜）。

私人收藏古物之所，因人而异。收藏益丰者，设有专门的收藏所，往往命名为某斋、某楼、某阁等，如明代王世贞的尔雅楼，范氏天一阁即是。

古迹保护。对古迹的保护包括对其调查研究和采取保护措施两个方面。这里主要讲保护措施。第一，对古迹的维修。维修古迹是我国的一个传统，有关方面的文献和碑刻记载十分丰富。清代陕西巡抚毕沅，在《关中胜迹图志》中记载了他整修华岳庙、凤翔东湖胜迹等事迹。康熙年间的华岳庙，正殿六间，寝殿四间。在修缮时各扩出二间；在万寿堂前，增建碑楼一座。两翼司房以及穿堂、配殿、牌坊、钟楼、鼓楼、香亭、碑亭、石栏、界墙等处，均相继整修。整个工程三年竣工，毕沅奏请乾隆皇帝写了"碑记"和"岳莲灵澍"联额。寺庙中大都立有不同时代的一些碑石，有的是始建时所立，也有后代维修或重修时竖立的。这些碑石，有的记载了该寺庙的历史，有的记述了维修或重建寺庙的情况，还有的记录了维修等费用捐赠者，等等。碑石内容涉及的方面很广，仅就保护而言，它是最好的物证。

第二，对古迹增建保护性设施。自三世纪以来，中国开凿了许多石窟。这些石窟大都见录于明清地方志和游记中。石窟开凿以后，因保护的需要，有的被后代人们加修了窟檐。如宋乾德八年（970），曹元忠修建敦煌莫高窟敦编第427号窟（伯编号136）窟前的窟檐；宋太平兴国五年（980），阎员清兴建莫高窟敦编第431号窟（伯编号130）窟前的窟檐等。

我国碑石众多，古代金石研究者十分重视对碑石的查访，如清代金石学家孙星衍和刑澍，查访、采集分布于各地的自周秦迄元的碑刻8000余种，撰为《寰宇访碑录》十二卷。古代对有些重要的碑刻，为了免遭自然或人为的破坏，加修了保护亭。如清嘉庆年间进士张澍，甘肃武威人，由贵州回乡闲居，在清应寺发现一座碑亭，拆去前墙，即发现一通《凉州重修护国寺感应塔碑铭》，刻于西夏天祐民安五年（1094），即后来习惯简称的"西夏碑"。碑身高2.5米，宽0.90米，正面刻西夏文，碑阴刻汉文，共860字左右。很显然，建碑亭使"西夏碑"得到了较好的保护。迄今，它仍是所见最完整、内容最丰富的西夏碑刻。

第三，集中保护碑刻。这是保护碑刻的一种措施。分布于各地寺观、陵墓等处的碑刻，是这些古迹的组成部分，不宜迁走，如迁离原来的环境，其价值就要受到影响。但是，如果它依附的古迹无存，在原址不能确保其安全时，亦可考虑迁往他处保护。在古代已有集中保护碑刻的实例。早在北宋元祐二年（1087）冬，即迁一些重要碑刻，集中于长安（今西安）。这就是今陕西西安碑林创建之始。自北宋迄今，已有900多年的历史。其间，陆续有许多十分重要的碑刻被搬迁保存，如唐代《大秦景教流行中国碑》、《集王书圣教序》、《多宝塔感应碑》、《玄秘塔》碑等。现在，这里共收藏汉、魏、晋、隋、唐、宋、元、明、清及民国的碑石、墓志2300余件，石刻艺术作品700多件，是我国石刻类文物的收藏中心和书法艺术的宝库。对碑林的整修，曾进行过多次，重要的如明成化年间，对这里收藏的石经等进行了整理修葺，并始称碑林。清代毕沅对碑林进行了大规模的整修。他与同僚亲访碑林，发现房屋倒塌，碑石倒卧于荆榛瓦砾之间，甚为荒凉，十分痛心、震惊。遂与同僚集议，决定重建碑林。他说："自莅任以后，每饬有司增亭建立，凡为风雨所侵，亦勿令有颠仆之患，回廊曲榭，挨次比肩，庶考古者，得以有所观览也。"[①] 当时主要措施有：整修房

---

① 毕沅：《关中胜迹图志》。

屋，复原前后殿庑，并作油饰；将几十块巨大石刻从瓦砾、泥土中掘出，除去污垢；陈列石刻等。对于唐碑的排列，复原宋代吕大忠的排列形式；宋元以前石刻，编排为甲乙两部分，并用栏杆围护。建立保管机构和保护制度，并亲自规定：碑林由巡抚衙门直接管理，设置专职保管人员，在冬季三个月内不许捶拓碑刻。同时，整理编目，研究著录。

第四，对古迹划范围、立界石，设专人保管。古迹不同于一件古器物，一般都有一定的规模，涉及面又较广，这给保护带来了许多困难。清代陕西巡抚毕沅，在调查了解古迹之后，提出了保护陕西古迹的一套办法。他与同僚集议保护位于陕西境内的古陵园和重要历史建筑办法。他要求："令各守土者，即其邱陇茔兆，料量四至，先定封域，安立界石，并筑券墙，墙外各拓余地，守陵人照户给单，资其口食，春秋享祀，互相稽核，庶古迹不就湮芜。"① 主要是划封域（范围），安立界石，设专人保护管理，以期达到古迹不被湮没的目的。为此，他还亲自为陕西许多古墓题写并树立了碑石。

毕沅的办法是积极可行的，并影响于后代。我们今天对文物保护单位要划定保护范围、树立标志说明、设置保管机构或人员的办法，与毕沅的办法，有一定的渊源关系。

第二节　近代的文物研究与保护

中国近代的文物研究，在研究的对象即文物种类方面超过了古代，范围更加广阔；在研究方法方面，也有了长足的进步，特别是有些学者用唯物史观指导研究，取得了十分可喜的突破和成果。在保护方面，具有收藏文物职能、研究和教育职能的博物馆开始建立，并开展陈列宣传；国家政权机关颁发保护古物法等。总之，研究机构的建立，研究范围的扩大，研究方法的进步，保护古物机构的建立，保护法规的颁布等，是近代的文物研究与保护的重要特点。但同时必须指出，在近代，随着我国逐渐变为半封建半殖民地社会，帝国主义对我国珍贵文化遗产进行了野蛮的掠夺和破坏，这又是另一个特点。

一、甲骨的收藏与研究

甲骨研究是以出土刻有文字的龟甲和兽骨为对象，释读文字、卜法文例及研究分期断代、文字内容等。清光绪二十五年（1899），甲骨文首先被王懿荣认

---

① 毕沅：《关中胜迹图志》。

识并搜购。在此之前，甲骨早已为河南安阳小屯农民耕地时发现，名为龙骨，当作药材卖给药铺。后为古董商搜购，贩卖于京津一带，1899 年为王懿荣所得，始识其为古物，从而高价收购，引起世人重视。因此，把该年定为发现甲骨文的代表年代。这是中国近代学术史上的惊人发现之一。

早期的收藏与研究，成绩最著名者首推罗振玉，以及刘鹗、孙诒让、王国维、王襄等。

清光绪二十九年（1903），刘鹗（字铁云）就其所藏甲骨，选拓 1058 片，编撰为《铁云藏龟》一书。它是第一部著录甲骨的书。第一部研究甲骨的专著，为孙诒让撰的《契文举例》二卷。

在甲骨研究的初期，甲骨出土地点的考定和文字的释读十分重要。第一个考定甲骨出土地点的是罗振玉。他访知甲骨出土地点为安阳小屯殷墟。他在《殷虚古器物图录序》中说："光绪戊申，予既访知贞卜文字出土之地为洹滨之小屯，是语实得之山左估人范某。"于是，1911 年他派人亲往安阳搜购甲骨，1915 年又亲赴安阳作实地考察。罗氏搜购甲骨千方百计，不遗余力，家藏甲骨益丰。他对收藏的甲骨进行了大量的研究工作，成果十分突出。1910 年，罗振玉撰著的《殷商贞卜文字考》出版。他在自序中写道："……又于刻辞中得殷帝王名谥十余，乃恍悟此卜辞者实为殷室王朝之遗物。"认识到小屯为殷王都所在，卜辞为殷王朝的遗物，是这个时期对甲骨研究的又一重大收获。

罗振玉收藏甲骨三万多片，对此作了大量研究、著述。他先后撰的主要著作有：《殷虚书契前编》（1912）、《殷虚书契菁华》（1914）、《殷虚书契考释》（1915）、《殷虚书契后编》（1916）、《殷虚古器物图录》（1916），以及三十年代编撰的《殷虚书契续编》（1933）等。在《殷虚书契前编》、《菁华》、《后编》和《续编》四部书内，共收录甲骨 5000 余片，是殷墟科学考古发掘之前零星出土甲骨的重要集录。在《殷虚书契考释》一书中，初版时释字 485 个，1927 年增订本释字 561 个。同时，在该书中提出"由许书以上溯金文，由古金文以上窥卜辞"的研究方法，并主张在考释文字时，应注意卜辞词句的通读与分类。这在甲骨文初期研究中，无疑是一大进步。

在甲骨文字考释方面，王襄作了大量研究工作。他撰著的《簠室殷契类纂》一书，反映了他考释文字的成果。该书 1920 年初版时，释字 873 个；1929 年增订再版时，释字 957 个，可称为最早的一部甲骨文字典。他还根据自己收藏的甲骨，撰著《簠室殷契徵文》（1925）一书，收录甲骨 1125 片，并附释文。

甲骨文的发现，为研究商代历史开辟了新纪元，其影响涉及整个古代史研究领域。利用甲骨文资料研究商代社会历史，并取得重大成绩者，早期应首推王国维。他首先突破文字考释的范围,将甲骨文内容作为原始史料,用来研究探讨商代的历史、地理和礼制等。主要著作有:《殷卜辞中所见先公先王考》、《殷卜辞中所见先公先王续考》、《殷墟卜辞中所见地名考》、《殷周制度论》以及《古史新证》等,集中反映了他的研究成果。他第一次证实司马迁在《史记·殷本纪》中记载的商王世系可靠程度,并根据出土的甲骨文辞加以订正。他还对商周之际截然不同的礼制提出独到见解。在研究方法上,他是第一个从称谓判断卜辞年代和进行甲骨缀合的学者。

科学发掘时期及其以后的研究,取得的成果主要有:

1928年,中央研究院历史语言研究所开始对安阳殷墟进行科学发掘,由董作宾主持第一次发掘工作。至1937年,共进行考古发掘15次。先后主持发掘的还有:李济、郭宝钧、梁思永、石璋如等。15次发掘中有12次出土带字甲骨,共计2.2万余片。发掘所得甲骨文,著录于《殷虚文字甲编》和《殷虚文字乙编》中。这批甲骨系经科学发掘所得,出土地点、层位明确,因此,为深入研究甲骨文和商代历史,提供了极为珍贵的史料。

1933年,董作宾撰著的《甲骨文断代研究例》一书,建立了断代研究10项标准,将商代末期273片甲骨分为5个不同时期,为后来的商史和甲骨文研究奠定了基础,是具有重大价值的研究成果。

郭沫若在马克思主义观点指导下,从1928年开始,研究甲骨文和商史,撰著《中国古代社会研究》和《甲骨文字研究》,开创了中国史学的新天地。他还编撰出版了《卜辞通纂》、《考释》和《索引》等书,于1933年在日本出版。

1937年爆发了抗日战争,殷墟发掘暂时中止。在此后至1941年,一些学者在战争年代极为困难的条件下,继续从事甲骨研究、著书。1940年,于省吾著《双剑誃殷契骈枝》出版。1944年,胡厚宣著《甲骨学商史论丛》出版。1945年,董作宾著《殷历谱》出版,继之于1948年,又出版辑录《殷虚文字甲编》。1952年,胡厚宣著《五十年甲骨学论著目》出版,为了解甲骨学五十年研究成果,提供了方便,从一个侧面对五十年甲骨学的研究作了小结。

二、简牍和古文书的发现与研究

在近代,对古文献的发现日益增多,其中重大发现有三个方面:即新疆、甘肃和内蒙古发现简牍,甘肃敦煌莫高窟石室发现大批写本经卷,新疆等地发现出土文书经卷。它们是中国文化遗产中非常宝贵的财富,在文化史上占有重要的地位,具有重大的历史、艺术和科学价值。但是这些发现,大都伴随着英、法、德、俄、日等国对我国文化遗产的掠夺,使中国文化遗产蒙受了巨大损失。

(一) 简牍的发现与研究

近代出土简牍，始于1900年。是年起，先后在新疆楼兰遗址、民丰尼雅遗址和甘肃、内蒙古汉代居延烽燧遗址中相继发现汉晋简牍，尤以敦煌汉简和1930年发现的1万余支居延汉简最为重要。

1900～1901年，A·斯坦因受英属印度政府的派遣，率考察队潜入我国西北地区活动，新疆民丰尼雅遗址是重要挖掘地点之一。几乎在同一时期，瑞典人斯文赫定率考察队挖掘新疆罗布泊附近的楼兰遗址。1906～1908年，A·斯坦因第二次来到我国，先在新疆继续挖掘尼雅等遗址，后又挖掘楼兰遗址和甘肃敦煌附近出简牍的汉代烽燧遗址。

敦煌汉简。1907年，A·斯坦因在敦煌县西北汉代烽燧遗址中挖出705支汉简。法国人E·E·沙畹在1913年发表了对这批汉简的释文和图版。之后，A·斯坦因于1913～1915年在敦煌县西北和酒泉县西北挖掘出汉简168支。中国学者夏鼐于1944年，在敦煌小方盘城等遗址发掘中，发现汉简48支。

中国近代学者罗振玉和王国维，根据沙畹提供的、斯坦因1907年在甘肃敦煌挖掘的汉简588支，进行研究，详加考释，合作撰著《流沙坠简》(1914)一书。王国维在该书撰写的长篇序言中，论述了敦煌和西域所出汉晋简牍的学术价值，考证了汉代长城和玉门关等历史地理问题，以及屯戍有关部分的考释等。该书是罗、王研究简牍的重要成果，它标志着我国近代学者研究简牍的开端。

居延汉简。1930年，西北科学考察团中的瑞典学者F·贝格曼在额济纳河流域，对汉代烽燧遗址进行调查挖掘，出土简牍1万余支，是此次挖掘的重大收获。汉简出土地点有30处，其中10处为主要出土地点，如破城子（A8），出土4422支。这批汉简现藏台湾"中央研究院"。其内容绝大部分为汉代边塞上的屯戍档案，一小部分是书籍、功谱和私人信件等。此后，对汉简研究逐渐展开，出版了释文、考证、图录等。始由马衡、向达、贺昌群、余逊、劳干等拍摄照片和考释简文。1943～1944年，劳干的石印本释文及考证出版，1949年劳干又出版了《居延汉简考释》。海峡两岸学者对汉简的研究著述不断增多。

(二) 敦煌藏经洞文书经卷的发现与研究

1900年5月27日，甘肃敦煌莫高窟发现一座极为重要的古代文化遗产宝库，即藏经洞，又称石室。当时，道士王圆箓清理洞窟主群北端一窟（今第16窟）甬道流沙和坠下的石块，无意中发现一座密封的石室（今第17窟），一丈见方，里边整整齐齐地堆满了白布包，包裹着写本经卷、文书、织绣、绘画、绘着佛像的绢幡、印文织物、拓本、写本和印本的图书丝织物、儒家经典、地理志、通俗诗歌词曲、契约、信札、账单等，总数达四五万件之多，内容极其丰富。这一发现令世界震惊。它是研究中国古代历史、文学、艺术、民族、宗教等极为珍贵的史料，对我国文化的发展与学术研究有着深远的影响，以至形成了一门专门的学科——敦煌学。

石室大约密封于宋仁宗皇祐元年（1049）以后。由于在石窒外面又筑一道墙封护，墙上绘制菩萨像，才得以掩人耳目，使之未遭破坏，保护了800多年。但是，令人十分痛心和气愤的是，石室被发现以后，却遭到了一场惊人的浩劫。

最先到敦煌莫高窟劫掠文书经卷等珍贵文物的是英国的A·斯坦因。1907年夏，他用500余两白银，买通了王道士，掠走长卷写本3000余卷，残破本6000余卷，以及一批印本古籍，共24箱，绘或绣的佛画5箱。1914年，斯坦因又从敦煌莫高窟掠走写本经卷等5箱。两次共掠走1万余件，现存于英国伦敦大英博物馆等处。

在斯坦因之后而来的是法国的伯希和。他与助手于1908年夏来到敦煌，拍摄莫高窟壁画，掠走藏经洞文书经卷中的精品5000多件，以及大批绘画。现存于法国国家图书馆和其他博物院。

在劫掠敦煌藏经洞珍贵文物方面，日本人也不甘示弱。1911年秋，日本桔瑞超和吉川小一郎窜到敦煌，从王道士那里掠走写本经卷600余件。

敦煌藏经洞丰富而珍贵的文物，经帝国主义劫掠和国内一些人的窃取，损失十分惨重。在一些有识之士呼请保护祖国珍贵文化遗产的情况下，清政府于光绪三十四年（1908）始责令敦煌知县保护经卷文书，并责令王圆箓道士对经卷文书妥为保存，不得私卖，但效果不大。于是清宣统二年（1910）清政府学部咨陕甘总督令县长陈泽藩点查经卷，全部运来北京。由于王道士藏匿，经手人沿途割裂窃取，待运至北京后，仅有8000余卷，由京师图书馆（今国家图书馆）保存，已是劫后遗宝。

中国近代学者罗振玉对敦煌遗书进行了大量整理、研究工作。他根据伯希和提供所劫掠的敦煌遗书照片，对遗书进行整理、校勘，影印出版了《鸣沙石室遗书》（1913），收书18种。之后，他继续影印出版了《鸣沙石室遗书续编》（1917），收书4种，均为宋以后所佚之书；《鸣沙石室古籍丛残》（1917），收书30种。罗氏三部著作所收录的遗书，基本上包括了敦煌石室遗书中的最重要者，为敦煌遗书的进一步研究打下了基础。

（三）挖掘古代遗址发现的文书经卷

19世纪末（1898～1899），俄国探险队由D·A·克列缅茨率领，来到中国新疆吐鲁番进行考察挖掘，从而首开帝国主义国家对我国古遗址进行掠夺性挖掘、窃取出土文物的恶劣先例。相继而来的是德国、英国、日本等。它们挖掘的地点主要在新疆和甘肃,有的也到内蒙古西部调查挖掘。他们把挖掘出的文物囊括而去,只留下遭到破坏的古代文化遗址,使我国的文化遗产受到极大的损失。

在一系列的挖掘中,发现古文书经卷的有:1900年,瑞典人斯文赫定率领考察队在新疆调查挖掘楼兰古城,发现汉文文书150多件。之后,他又挖掘米兰古城,也获得了汉文及佉卢文等文书资料。1903年,日本人大谷光瑞率领考察队在我国新疆掠取石窟壁画,挖掘了苏巴什古城(即昭怙厘寺),获得一批婆罗谜文经卷。1904年,德国人A·VON 勒科克率领的考察队第二次来到新疆,在吐鲁番、哈密调查挖掘,在八九个月时间里,挖掘了高昌古城和交河古城及其附近的古遗址,获得了一批各种文字经卷抄本。1907年,斯坦因第二次来到新疆,挖掘楼兰古城和米兰古城等,在米兰古城发现了几座废弃的大寺庙,挖出许多古文书经卷。1908年,日本桔瑞超率大谷考察队在天山南北和吐鲁番进行调查,之后挖掘楼兰古城,发现一个完好的木柜,内盛上百份抄写的文书经卷。其内容为十六国时期前凉西域长史李柏向西域各邦国发出的安抚信的草稿,对研究西域史有重要价值;大谷考察队又在库车的苏巴什古城挖掘了一座"窣堵波"古塔,获得许多经卷文书。

帝国主义国家的考察队在我国新疆等地乱挖滥掘,在掠取文书经卷的同时,也窃掠走大批古物。可以看出,帝国主义探险家、考察队对我国文化遗址的挖掘完全是掠夺性的。许多古遗址,包括城址、古墓地,几个帝国主义国家的探险队接踵而至,名为发掘,实为挖宝,以掠夺宝物为目的,形成了乱挖滥掘,严重地破坏了中国的文化遗产。

三、古遗址和古墓葬的科学发掘与研究

本世纪20年代,中国考古机构和考古学术团体相继建立,并立即开展了科学发掘与研究工作。最早建立的是北京大学研究所国学门考古学研究室,聘请马衡为室主任兼导师。1924年,考古学研究室设立考古学会。1927年,成立了由中国学术团体协会与瑞典探险家斯文赫定合组的西北科学考察团,并于次年开展工作,至1933年终止。考察团中方团长由北京大学教授徐炳昶(旭生)担任,黄文弼代表北京大学考古学会参加该团赴新疆进行考古工作。F·贝格曼作为考察团中的瑞典学者赴额济纳河流域(即居延一带),对汉代烽燧遗址进行调查发掘。1928年,中央研究院历史语言研究所成立,在所内设考古组。与此同时,中国地质调查所新生代研究室及北平研究院史学研究会考古组分别成立。

中国考古机构建立之后,立即开始考古调查和科学发掘、研究工作。在此

第二章 文物研究与文物学的历史发展

后的 20 年里,我国考古专家发掘了西阴村、周口店、殷墟(小屯、后冈、侯家庄等)、城子崖、良渚、斗鸡台、罗布淖尔、大理、辛村、山彪镇、琉璃阁、王建墓、汉代崖墓等遗址和墓葬。在工作中摸索出一套适合于中国的田野工作方法,积累了一批科学发掘所获得的科学资料,出版了一批科学成果。这个时期的考古调查和发掘,虽多在黄河流域及长江下游,获得的资料尚未建立起比较完整的体系,但毕竟是一个良好的开端。

中国考古学者所进行的第一次考古发掘工作,是李济主持的山西夏县西阴村遗址的发掘。1926 年 10 月 15 日至 12 月初,他和袁复礼赴晋,发掘西阴村灰土岭遗址,发现了与仰韶文化相同的文化遗存,获得各种遗物 40 余箱。1927 年编撰了发掘报告《西阴村史前的遗存》。梁思永撰写了《山西西阴村史前遗址中之新石器时代的陶器》一书。西阴村的发掘工作,开创了中国学者运用近代科学方法从事田野考古研究的道路。

新生代研究室成立后,继续对周口店遗址进行发掘。1929 年,在中国考古学家裴文中独自主持下,于 12 月 2 日下午发现了一个完整的北京人头盖骨化石。这一消息公布后,震动了世界学术界。之后,又发现了石器和用火痕迹,使北京人文化遗存得以确认,从而为肯定直立人的存在,大体明确人类进化的序列,提供了极为宝贵的有力证据。1933 年,由裴文中和贾兰坡发掘了周口店山顶洞人及其文化。1934 年出版了裴文中《周口店洞穴层采掘记》。1937 年,日本帝国主义发动全面侵华战争,周口店发掘工作被迫中止。在此之前,已发现北京人头盖骨共 5 个,以及头骨碎片、面骨、下颌骨、股骨、肱骨、锁骨、月骨等以及牙齿 147 颗。由于周口店人类化石研究工作是在美国洛克菲勒基金会资助下,与北京协和医学院合作进行的,标本由该院负责人保管,因此在 1941 年 12 月太平洋战争爆发前后,全部资料在几个美国人手里弄得下落不明。

历史语言研究所考古组主要的发掘工作集中在安阳殷墟。从 1928 年至 1937 年,对殷墟进行了 15 次有组织、有计划的科学发掘,累计发掘面积 4.6 万余平方米。先后主持发掘工作的有董作宾、李济、郭宝钧、梁思永、石璋如等。发掘地点有:小屯、后冈、侯家庄、范家庄、大司空村等。这些发掘的主要收获有:获得有字甲骨 2.2 万余片,除小屯外,出土地点先后扩大到后冈、侯家庄等地;对后冈遗址的发掘,发现了仰韶文化、龙山文化与商代文化三种文化的地层上相互叠压关系,是极其重要的发现,从而从地层上解决了三种文化的相对年代问题;在小屯村一带,先后发现 50 余座夯土建筑基址,并有石柱础,其中既有宫殿建筑,又有宗庙建筑;在侯家庄一带,发现殷王陵区,发掘了 10 座规模巨大的商墓,以及上千座"人牲"祭祀坑等,出土了大量石器、蚌器、骨器、玉器、铜器、陶器等文物。这些丰富的科学资料，是研究中国古代史的极为宝贵的资料。

在此期间，历史语言研究所考古组还发掘了山东章丘县龙山镇城子崖遗址，其下层明显存在轮制漆黑光亮的黑陶和蛋壳黑陶，故始称"黑陶文化"，这是起源于山东的文化遗存，与仰韶文化不是一个系统，不久即被命名为龙山文化。1934年出版了梁思永等编撰的报告《城子崖》。

北平研究院史学研究会考古组1930年与北京大学考古学会等单位合作，对河北易县燕下都遗址进行了调查，在老姆台等处进行了小规模的发掘。之后，1933～1935年，在陕西渭水流域进行调查和发掘，其中主要有徐炳昶领导的对宝鸡斗鸡台附近遗址和墓葬的发掘，发现仰韶文化遗址、周秦和汉代墓葬。发掘地点主要在戴家沟东侧，共清理墓葬56座，这是在周人发祥地进行的最早的工作，它揭示了周人、秦人物质文化的若干特点。后由考古学家苏秉琦对发掘材料进行整理和分期研究，通过对陶鬲形制变化的排比分析，提出了探讨周文化渊源的线索问题。1948年出版了他编撰的《斗鸡台沟东区墓葬》一书。

西湖博物馆于1933～1936年，在浙江一些地方调查了新石器时代遗址。1934年发现吴兴钱山漾遗址。1936年在余杭县发现具有代表性的良渚遗址。其文化特征是：陶器以夹细砂灰黑陶和泥质灰胎黑皮陶为主，普遍轮制，器壁一般较薄，器表以素面磨光者为多，少数有精细的刻画花纹和镂孔，圈足器和三足器较盛行。因此，当时也称为龙山文化，1959年命名为良渚文化。1938年出版了施更昕编撰的《良渚》一书。

西北科学考察团的中国学者黄文弼等，在新疆吐鲁番调查发掘高昌古城、交河古城及麴氏高昌墓地，在塔里木盆地周围调查汉唐时代的城堡、寺庙、屯戍遗址，在罗布淖尔附近调查发掘史前遗址和汉代烽燧遗址；袁复礼在吉木萨尔附近，勘察、实测唐北庭都护府遗址。1948年，出版的黄文弼《罗布淖尔考古记》，是这次考古调查发掘的成果之一。

1932～1933年，河南古迹研究会先后四次发掘浚县辛村西周时期卫国贵族墓地，发掘工作由郭宝钧主持，共发掘墓葬82座。其年代从康叔受封到卫国灭亡（约当公元前11世纪～前8世纪），是研究卫国历史、葬制、车制等方面的重要资料。经整理、研究，于1964年出版《浚县新村》。

抗日战争时期，学术机构内迁，考古学家在极为困难的条件下，在内地继续开展一些考古调查和发掘工作。其中主要的有：1939～1940年，历史语言研究所考古组与中央博物院筹备处合作，由吴金鼎、曾昭燏等调查发掘云南大理附近的马龙、龙泉等5处遗址。发掘收获于1942年编撰为《云南苍洱区考古报

第二章 文物研究与文物学的历史发展

告》，为研究云南历史提供了有价值的资料，是我国边疆考古的重要著作。1942~1943年，历史语言研究所考古组又与中央博物院筹备处和四川省立博物馆合作，由冯汉骥主持发掘了成都前蜀王建墓。该墓称永陵，出土一批珍贵文物，其中有墓主石雕像。与此同时，完全由中国学者参加的西北科学考察团组成，参加单位有历史语言研究所、中央博物院筹备处、中国地理研究所和北京大学文科研究所。考古方面的工作由向达、夏鼐、阎文儒负责，在甘肃敦煌附近发掘魏晋和唐代墓葬，考察阳关、玉门关和长城，调查发掘史前遗址等。夏鼐在宁定县阳洼湾发掘齐家文化墓葬，第一次发现该文化晚于仰韶文化的证纠正了安特生的错误。

在此必须指出，在20世纪三四十年代，在日本帝国主义侵占的中国领土范围内，一些日本考古团体与个人随之而来，进行考古调查、发掘活动，有的挖掘也是在日军的直接保护下进行的。他们先后在黑龙江、内蒙古、吉林、河北、山东、河南、辽宁等地，大肆挖掘古遗址和古墓葬，掠夺走中国大批珍贵文物，使我国文化遗产遭受到严重破坏，造成了重大损失。

四、古建筑和石窟寺的调查与研究

中国丰富多彩的古建筑和石窟寺等文化史迹，是文化遗产的重要组成部分。中国学术机构和团体对古代建筑、石窟寺等进行科学调查、实测、研究之前，帝国主义探险家、探险队曾相继来到我国边疆省份，对一些古建筑、石窟寺内的壁画、塑像、雕像等文物进行肆意劫掠，在日本帝国主义侵略我国期间，这种掠夺曾深入到我国内地，从而对中国文物造成了巨大的破坏。

（一）外国一些探险家（队）的调查与劫掠

20世纪初，一些外国人根据我国地方志或游记的记载，调查我国的一些石窟。最先来的是日本人，1902年伊东忠太调查山西大同云冈石窟。之后，1907年，法国人E·E·沙畹调查河南洛阳龙门石窟，等等。

外国人的调查，往往伴随着对石窟的破坏和对石窟文物的掠夺。如1904~1912年，德国人A·VON·勒科克在新疆拜城、库车、吐鲁番，对一些石窟进行盗掘，掠取遗物，同时剥离石窟壁画。1914~1915年，俄国人C·Φ·奥尔登堡率领考察队对甘肃敦煌莫高窟进行测绘，并掠走第263窟壁画等物。1907~1914年，英国人斯坦因、法国人伯希和、日本大谷考察队等，对敦煌藏经洞文书经卷的掠夺。河北邯郸响堂山石窟遭到极其严重的破坏，佛像头部大都被凿盗走，许多雕刻精品散失在日本和欧美国家。1924年，美国哈佛大学佛格博物馆华尔纳来到敦煌莫高窟，用上胶竹布粘贴的方法，劫走壁画几十幅和唐代观音塑像1尊。1933年，日本人对山西天龙山石窟的石雕进行肢解、夺取，凿毁造像。1934年，美国人普爱·伦与奸商勾结，把河南洛阳龙门石窟宾阳洞两壁浮雕帝后出巡及回銮的礼佛图（即《帝后礼佛图》）凿下，运往美国，分别陈列于纽约大都会艺术博物馆和堪萨斯城纳尔逊艺术馆。1937～1944年，日本水野清一等对大同云冈石窟强行进行调查、摄影、测绘，掠走大批珍贵资料。

（二）中国学术机构和学术团体的调查与研究

在中国学术机构和学术团体调查、研究古建筑、石窟寺之前，个人的调查与研究已在进行。如辛亥革命前夕，罗振常到洛阳调查了龙门石窟、邙山帝陵、白马寺等。在他的《洹洛访古游记》下卷中均有较详记载。我国调查研究古建筑的学术机构有中国营造学社，调查整修古建筑的学术机构旧都文物整理委员会，以及专门保护、研究敦煌莫高窟的敦煌艺术研究所等。它们自成立之日起，在极为艰难的条件下，开展调查、研究工作，并取得了十分可喜的成绩。

1929年，中国营造学社成立。它是研究古代建筑的专业学术机构，设法式组和文献组，分别进行古建筑的实地调查研究和文献资料的收集整理工作。

中国营造学社开展的主要工作有：调查研究云冈石窟、应县木塔，调查发现佛光寺大殿。

1932年科学调查山西大同云冈石窟。这座石窟位于大同城西武州山南麓，依山凿窟，东西绵延1公里余，现存主要洞窟53个，小龛1100多个，造像5.1万余躯。大窟时代多为北魏和平初（460）至太和十八年（494），小窟龛一直延续至正光末年（524）。该窟近代以来多湮没无闻。20世纪初，平绥铁路修通后，重又引起世人注意，陈垣、叶恭绰等人曾予以报道。

1933年开始研究山西应县木塔，1935年进行测绘。该塔为木构，俗称木塔，即佛宫寺释迦塔，建于辽清宁二年（1056），是世界上现存最高大的古代木构建筑。在建筑史上，它是高层木结构的划时代的代表作。木塔位于应县城内佛宫寺中轴线中部，构成以塔为中心的寺院总体布局。塔平面为八角形，底层副阶前檐柱对边约25米，高9层，从地面至塔刹顶高67.31米。该塔保持了中国固有的楼阁特色，被称为"楼阁型"塔。

1937年，调查山西五台山古代建筑。建筑学家梁思成等在调查中发现唐大中十一年（857）佛光寺大殿。它位于五台县豆村东北、五台山西麓的佛光寺内，是现存时代最早、体量最大、技术水平最高，荟萃当时建筑、雕塑、绘画、书法等艺术菁华于一堂的重要的木构建筑。坐东向西，面宽七间（长34米），进深四间（宽17.66米）；正面开5门2窗，上覆单檐庑殿顶。此外，寺内尚有北朝末年修建的祖师塔，与大殿同时建造的经幢，以及金天会十五年（1137）修

第二章 文物研究与文物学的历史发展

建的文殊殿等重要建筑。

1935年，旧都文物整理委员会成立。会址设于北平。它是从事古建筑维修保护与调查研究的专门机构。该会自1935~1937年，共修缮重要古建筑20余处，如天坛祈年殿、国子监、中南海紫光阁、西直门箭楼、五塔寺、碧云寺罗汉堂等。

1937~1938年，成立了整修碑林的西安办事处。它是中央古物保管委员会直接领导的机构。黄文弼为主任。该会拨款5万元，陕西政府捐资2万元，对碑林进行了整修和调整。为了保证工程进度和质量，还成立监修委员会，张继为会长，另设顾问。开工时，杨森题了"奠基"二字，邵力子题词。这一次对碑林进行了全面整修，建立了一座陈列室，修建了走廊，调整了陈列，修筑了围墙。竣工后，于右任题名"西京碑林"。至此，西安碑林的规模基本形成。

敦煌艺术研究所的主要工作。1943年3月，在敦煌莫高窟文物屡遭盗窃、抢掠、破坏和我国学术界广大学者强烈要求的情况下，国民政府采纳于右任关于设立敦煌学院的建议，教育部遂委派高一涵为主任，常书鸿为副主任，负责筹备敦煌艺术研究所。经过近一年的筹备，于1944年2月1日正式成立，常书鸿任所长。他从重庆征聘了20多位专业人员，赴莫高窟进行有计划的调查、临摹等工作。抗战胜利后机构和人员曾有变化，在向达、傅斯年和常书鸿等努力下，国民政府决定保留研究所，又有一些献身敦煌学事业的专业人员相继来到敦煌，从事对莫高窟调查、临摹、研究及保护工作。前后两次，共临摹壁画1172幅，346.72平方米。虽有的临摹品质量不高，但却是最早的一批成果。1948年，在南京、上海举办了"敦煌艺展"，展出全部摹本，介绍了壁画内容。

此外，还有一些学者、美术家对一些石窟进行了调查。如：张大千对莫高窟的调查和临摹。1941年春，他率夫人杨宛君、次子张心智及徐悲鸿学生孙宗慰等人，从四川赴敦煌，在两年多的时间里，克服种种困难，调查了敦煌文物分布情况，为莫高窟、党河北岸的西千佛洞，安西县的榆林窟、水峡口等石窟编了号，临摹了各处石窟中的十六国、北魏、西魏、隋唐、五代、宋、西夏时期的壁画精品共300幅，其中大者逾12丈，小者亦2尺有余。与此同时，他还完成了《敦煌石室记》学术著作，约20万字，对莫高窟各洞内容作了详细记载与考证。他还多次向当地政府及有关部门提出保护、研究莫高窟的建议。又如，韩乐然带领几名青年画家，从甘肃兰州来到新疆拜城克孜尔石窟，对洞窟一一调查记录，临摹壁画。他们找出75个有壁画的洞窟，逐一编号。在调查、临摹的同时，还拍摄了许多照片。后来在兰州举办了该石窟的壁画展览。

五、博物馆文物收藏与研究

中国近代第一个公共博物馆是1905年张謇创办的南通博物苑。有关外国博物馆的情况,是在我国逐渐沦为半封建半殖民地的情况下,随着资本主义科学、文化的传入,而逐渐介绍到我国来的。

19世纪末,中国一些资产阶级改良主义者,出于推行"新政"的需要,把创办博物馆和其他"新政"内容一起宣传。1895年,上海强学会最早提出了办博物馆的主张,把办报、译书,开图书馆、博物馆,研究中国的自强道路作为该会的宗旨,并通过其章程提出了具体主张,为中国博物馆的建立作了舆论准备。

近代早期的博物馆,带有浓厚的半封建半殖民地色彩。这是由当时中国的社会性质所决定的。当时的博物馆,特别是19世纪末至20世纪初的一些博物馆,是帝国主义借以奴化中国人民思想、掠夺中国文化和自然资源的工具。如1868年,法国神父韩伯禄在上海徐家汇建立的震旦博物院,主要收藏中国的植物标本,不对外展览开放;1874年,英国皇家亚洲文会华北分会在上海建立亚洲文会博物院,长期搜掠我国动植物、矿石标本,搜掠甲骨和秦汉古物等;1922年,法国传教士桑志华在天津建立北疆博物院,收藏范围甚广,不仅搜掠我国北方各省及西藏东部等地的动植物、矿石、化石等标本,而且还大量收藏有关考古学和民俗学方面的文物与资料,对部分藏品进行了研究,并开馆展览。该馆工作一直延续到1947年才告结束。此外,还有1914年美国人在四川成都筹办并于1919年正式成立的华西大学博物馆;1915年日本人在台湾省台北市建立的"台湾总督府民政部殖产局附属纪念博物馆"及1916年在旅顺建立的满蒙博物馆等。

中国人自己创办博物馆,最早的创办者是两广总督张之洞。1884年他在广州实学馆的基础上建立了博物馆,但不久即改为广东水陆师学堂。

张謇创办南通博物苑。该院创办于1905年。张謇本来是奏请清政府建设"帝国博物馆"的,但他的建议未被清政府采纳。于是,他自己便在南通筹建博物苑。先后建立了北馆、中馆、南馆和园圃。经10年搜集,收藏自然、历史、美术等藏品2900余件。它是中国人创办综合性博物馆的开端,在我国博物馆发展史上具有开创性意义。同时,博物馆在宣传自然科学知识,弘扬祖国优秀文化遗产方面,起过积极作用,具有一定的进步意义。

1911年,孙中山领导的辛亥革命推翻了清朝政府,结束了封建帝制,建立了中华民国。博物馆的社会作用愈来愈受到重视,博物馆相继建立。1912年,教

第二章 文物研究与文物学的历史发展

育部在北京安定门内清代国子监成立博物馆筹备处。1926年10月，历史博物馆以故宫端门至午门一带的房舍为馆址，正式开馆。它是民国政府建立以来，第一个由国家开办的博物馆，是我国收藏、研究、宣传文物的重要机构之一，在中国博物馆发展中卜具有重要的意义。

1914年，内务部成立北平古物陈列所，在故宫文华殿、武英殿等处陈列接收清内府所藏奉天（沈阳）、热河行宫（承德）的各种文物，如三代铜器、陶瓷、金玉、书画、丝绣、文玩等。1915年，江苏省在南京设立古物保护所，陈列明故宫文物。1925年10月，故宫博物院正式成立。它是以古建筑及清宫原有珍藏为中心的一座博物馆，下设古物馆、图书馆、文献馆。就古物收藏来讲，包括青铜器、瓷器、玉器、书画、纺织品、明清工艺品，等等，藏品极为丰富，是中国文物收藏、研究和宣传的又一重要机构。

故宫博物院成立之后，即对所藏古物进行清点，制定了有关规章制度，加强保护工作。故宫博物院收藏之富，当时和现在，在全国博物馆中均名列榜首。九一八事变后，日本帝国主义对中国加紧侵略活动，华北形势日趋紧张，为了保护我国文化遗产的精粹，故宫博物院对其藏品装箱，分批南迁。从1933年2月开始，共迁往南京古物19557箱。它反映出故宫博物院文物收藏之丰富。在日军向华北、平津进攻的形势下，故宫收藏的文物南运，使我国重要文化遗产免遭日军掠夺和破坏。1937年七七事变后，日军向中国发动全面进攻，为确保故宫运往南京文物的安全，又分三路将其陆续运往四川巴县、乐山、峨眉等地。不少押运文物的工作人员，为保护祖国文化珍品，历尽艰险，甚至有的献出了宝贵生命。抗日战争胜利以后，其中2972箱于1948年分批运往台湾省，现存台北故宫博物院。

故宫博物院自成立起，在加强对藏品保管的同时，不断开展对藏品的研究、宣传工作，1929年创办了故宫周刊。它以图片为主，兼以文字，介绍故宫博物院所藏历代帝王后妃像，著名书画家书法、绘画、扇面、碑帖、印章，铜器、瓷器、玉器、景泰蓝、织绣，以及古代钱币、古籍版本，还介绍古建筑等。至1937年，共出版周刊510期，旬刊32期，纪念刊6期。

中国博物馆事业的不断发展，与社会的发展和变革是分不开的。国立历史博物馆和故宫博物院的建立是最为突出的例证。它们是辛亥革命推翻清王朝、社会发展发生重大变革的历史产物。在这个时期，兴起了提倡"科学、民主"的新文化运动,特别是1919年爆发了彻底的不妥协的反帝反封建的五四运动和马列主义在中国的传播，促进了科学、文化、教育事业的发展。在这个形势下，博物馆事业比以前有了较快的发展，许多省、市和部门，相继建立了博物馆。据统计，1921年全国有13所博物馆，到20世纪30年代初，全国已有十七八个省市建立了博物馆。20世纪30年代，博物馆有了显著发展，1936年，《中国博物馆一览》书中所列的博物馆即达63个。这些博物馆收藏文物或自然标本，其中属于人文方面的博物馆，已成为收藏文物的重要场所，在保护和研究文物方面，做了大量工作，取得了可喜的成绩。但在日本帝国主义发动侵华战争的期间，我国博物馆事业不仅得不到发展，而且遭受到摧残和破坏。

六、文物保护法规

（一）国民政府保护文物的法规

民国年间，特别是1937年以前，我国文物考古和博物馆事业有较显著的发展，在这种形势下，国民政府为促进其进一步发展，并加强保护管理，制订了一些古物法规。

最先是1913年12月24日制定的《古物陈列所章程》[①]，内务部在计划建立北平古物陈列所时，先制定了这个章程，共17条，对古物陈列所的性质、任务、内部机构设置及职责等均做了规定。如第一条规定："古物陈列所掌古物保管事项，隶属于内务部。"第八条对所内机构设置规定为："所内分设三课"，即："文书课"、"陈设课"、"庶务课"。第十四条对搜集工作规定："本所如有应行调查搜集之事，所长得向保存古物协进会征集意见。"1914年成立的北平古物陈列所，即实行上述章程。同时还制定了该所各库储存古物保管程序，以及各殿陈列古物保管程序。

民国19年（1930）6月7日，国民政府公布《古物保存法》，民国22年1933年6月15日施行。这是民国年间制定、公布、实施的一个重要的保护古物的法规。《古物保存法》共14条[②]，对古物范围、所有权、保存要求、发现后的处理、发掘古物学术机构及发掘核准、发掘古物的研究、古物流通等项做出了明确规定。

对古物的范围和所有权，在第一条规定："本法所称古物指与考古学历史学生物学及其他文化有关之一切古物而言，前项古物之范围及种类由中央古物保管委员会定之"；第二条规定："古物除私有者外应由中央古物保管委员会责成保存处所保存之"；第七条规定："埋藏地下及由地下暴露地面之古物概归国有"。

[①] 文化部文物局教育处、南开大学历史系编：《博物馆参考资料》（上），内部。
[②] 卫聚贤：《中国考古学史》，影印第1版，商务印书馆，1998年。

第二章　文物研究与文物学的历史发展

对古物保管的要求，在第三条规定：保存于直属中央机关、省市县或其他地方机关及寺庙或古迹所在地等处所的古物，"应由保存者制成可垂久远之照片分存教育部内政部中央古物保管委员会及地方主管行政官署"。

对私人所有古物的登记、转移的要求，在第五条规定："私人之重要古物应向地方主管行政官署登记并由该主管官署汇报教育部内政部及中央古物保管委员会"。重要古物的标准，由中央古物保管委员会确定。在第六条还规定："前条应登记之私有古物不得转移于外人，违者没收其古物，不能没收者追缴其价款"。

对地下古物保管的要求，在第七条规定："发现人应立即报告当地主管行政官署呈上级机关咨明教育部内政部两部及中央古物保管委员会收存其古物并酌给相当奖金其有不报而隐匿者以窃盗论"。

对发掘古物机关、发掘申请及核审、发掘古物之研究等，也分别做了规定。在第八条规定："采掘古物应由中央或地方政府直辖之学术机构为之"。发掘古物"应呈请中央古物保管委员会审核转请教育内政两部会同发给采取执照无前项执照而采掘古物者以窃盗论"。在第十条对外国人参加发掘问题做了规定："中央或地方政府直辖之学术机关采掘古物有须外国学术团体或专门人才参加协助之必要时应先呈请中央古物保管委员会核准"，并在第十一条规定："采掘古物应由中央古物保管委员会派员监察"。对发掘所获古物，由发掘单位"呈请中央古物保管委员会核准，于一定期内负责保存以供学术上之研究"（第十二条）。

对古物流通，在第十三条规定："以国内为限但中央或地方政府直辖之学术机关因研究之必要须派员携往国外研究时应呈经中央古物保管委员会核准转请教育内政两部会同发给出境护照"。同时还规定"携往国外之古物至迟须于二年内归还保存之所"。这些规定亦适用于应登记之私有古物。

对中央保管委员会的组成，在第九条规定："由行政院聘请古物专家六人至十一人教育部内政部代表各二人国立各研究院国立博物院代表各一人为委员组织之"。

《古物保存法》公布、实施之后，为了进一步贯彻实施，自民国 20 年（1931）至 24 年（1935）还相继制定了一系列细则。其中主要的有《古物保存法实行细则》、《中央古物保管委员会组织条例》、《采掘古物规则》、《外国学术团体或私人参加采掘古物规则》、《古物出国护照规则》等[①]。《古物保存法》及

---

① 卫聚贤：《中国考古学史》，影印第 1 版，商务印书馆，1998 年。

其一系列实施细则、规则的公布，可以说，民国时期我国已初步形成了一套保存古物的法规。保护的古物，不再局限于古器物，而是扩大到地下古物遗存、古代建筑、名胜古迹等，并用法规形式固定下来，这无疑是一大进步。但是，由于当时的社会是半封建半殖民地社会，帝国主义对中国进行着政治、经济、文化和军事侵略，在这种状况下，要实行国民政府公布的古物法规是极其困难的。

比如，"凡外国人民无论用何种名义不得在中国境内采掘古物"的规定，就是空的。自民国20年（1931）之后，日本帝国主义的一些学术团体或个人，在其侵占的中国领土范围内，进行了一系列考古挖掘工作，掠夺走我国大批珍贵文物，这是有目共睹的事实。

（二）边区人民政府保护文物的法规

中国共产党在领导中国人民进行革命斗争，创建苏区、革命根据地、边区的时候，就十分注意和保护祖国文化遗产，颁发了有关规定。

1939年11月23日，陕甘宁边区政府"为调查古物、文献及古迹事"颁发《给各分区行政专员各县县长的训令》[①]，全文如下：

查我国西北一带，原系祖先发祥之地，而边区又为西北之要地，历代所遗文物胜迹之多，自不待言。此项古物古迹，或已被发现而尚无适当保管，或保存未尽妥善，或有经发现即为私人收存，未被社会所晓，更有埋没未经发现者，当不在少数。而历代古物、文献与古迹实为研究过去社会历史与文化之发展的必要参考材料。我边区既有丰富之历代文物胜迹，乃过去未加注意，任其弃置散失或深藏，不惟足以抱憾，实亦文化上之损失。本政府现在决定对边区内所有古物、文献与古迹加以整理发扬，并妥予保存。为达到此任务，先在各县进行调查。兹制定古物、文献、名胜古迹调查表三种，印发各县，仰该专员、县长转发所属各区、乡政府机关，着手调查，依表填记，统限于本年底查填完竣，汇集呈送教育厅。

调查方可参照下列办法：

（一）向各县、区、乡政府指定专人负责调查；
（二）广泛访问民众；
（三）向老学者访问；
（四）县、区、乡负责人亲自调查；
（五）其他办法。

---

① 陕西省档案馆、陕西省社会科学院合编《陕甘宁边区政府文件选编》，第一辑，档案出版社，1986年。

调查所得之古物、文献及古迹暂由各该区、乡政府或县政府设法保管，群众自愿将所收存之古物、文献送政府或出卖于政府保管者酌情奖励。而各级政府人员在进行调查中办事出力或发现出重大价值之古物、文献、古迹者，亦当酌予奖励。所有各该奖励办法及将来保存古物、文献、古迹之具体办法，另行规定。

此令。

陕甘宁边区政府上述训令，全面、具体地规定了调查古物、文献、古迹的指导思想、重要性、调查办法，所获各类古物的保存及奖励等。在抗日战争极为艰苦的条件下，训令要求各级领导亲自动手，进行古物、文献和古迹调查，充分体现了边区政府和人民对祖国文化遗产的高度重视。这也是边区政府领导的第一次全面的文物普查，具有重大影响和深远意义。

1947年9月13日，中国共产党全国土地工作会议通过了《中国土地法大纲》，在第九条丙款规定：名胜古迹，应妥为保护。被接收的有历史价值或艺术价值的特殊的图书、古物、美术品等，应开具清单，呈交各级政府处理。

1948年，华北人民政府颁发《关于文物古迹征集保管问题的规定》。1949年5月17日，又颁布《为古玩经审查鉴别后可准出口令》。这是在中华人民共和国成立前夕，对保护我国文物不致大量外流起了重要作用。

1948年4月，东北行政委员会根据《中国土地法大纲》成立了东北文物管理委员会，省、市成立分会，负责收集土改中所接收的文物。同时颁布《东北解放区文物古迹保管办法》和《文物奖励规则》等法令。

文物管理委员会是保护管理文物的较好的组织形式，在中华人民共和国成立后得到了继承与发展。

第三节　现代的文物研究与保护

1949年10月1日，中华人民共和国成立，为文物事业的发展提供了前所未有的机遇。半个世纪以来，文物事业蓬勃发展，蒸蒸日上。

一、文物研究机构与队伍

中国近代只有个别的文物研究与保护机构。中华人民共和国成立初期，国家即抓紧创办文物研究与保护机构。1950年4月，将敦煌艺术研究所改为敦煌研究所，后又改为敦煌研究院。1950年5月，成立中国科学院考古研究所，现为中国社会科学院考古研究所。1956年将北京文物整理委员会改为文化部所属古代建筑修整所,之后,又成立文物博物馆研究所,1973年将两所合并为文物保护科学技术研究所。20世纪90年代初,又将其与1978年成立的古文献研究室合并,成立中国文物研究所。自20世纪50年代以来,文物研究与保护机构随着文物事业的发展逐步建立、发展和壮大,至1997年,文物研究和保护管理机构等已达3400多个。文物研究机构主要有中央和省、自治区、直辖市两级,分综合性和专门性两类。综合性机构如文物研究所、文物考古研究所等;专门性机构如文物保护技术、古代建筑保护技术和石窟寺研究机构。历史类博物馆是文物收藏、研究和宣传教育的重要机构。市、县和专门文物保护管理机构,是文物保护与研究的重要部门。

据统计,2003年,全国文物系统机构为3882个;文物行业(含文物系统外)机构为3903个,分别比2002年增加35个和36个。

人才是文物事业发展的重要条件之一。文物研究与保护涉及的科学门类较多,需要有关学科的大批专门人才。中国对文物人才的培养,采取多层次、多规格、多形式的途径与方法,逐步做到了制度化和正规化。

培养人才的途径和方法主要有学校培养和办培训班两种。高等院校,截至目前,已有北京大学、吉林大学和西北大学等10余所高等院校设立了考古学系(或人类学系)、文物保护专业、博物馆等专业,为我国培养了大批文物、考古、博物馆等专门人才,包括硕士和博士。其中,北京大学考古学系45年来,已培养出各类毕业生1500余人。有些大学还与省级文物行政管理部门合作,开设了文物博物馆专修科,或文物博物馆专业证书班,培养本省区文物事业急需人才。

举办培训班或研究班是培养、提高文物干部的途径和方法之一。20世纪50年代初,为适应文物事业发展和配合经济建设保护文物之急需,文化部、中国科学院和北京大学联合举办了四期考古工作人员培训班,培训学员341人;文化部有关单位举办了第一期古建筑工作人员培训班。1966年,文化部举办了文物鉴定人员培训班。20世纪80年代以来,国家文物局直接或委托举办了一系列不同类型和专业的培训班、研究班,如陶瓷、玉器、铜器鉴定培训班,古建筑保护维修培训班,考古发掘项目领队人员培训班,青铜器修复、书画装裱、文物摄影、文物保护技术培训班,文物保护管理培训班等,培训文物博物馆业务干部等6000余人次。各省、自治区、直辖市培训文物干部约3万多人次。

全国文物系统干部职工等从业人员,据2003年统计,共64214人,比2002年略有增加。其中具有文物博物馆专业及相关专业高级专业职称的共3546人,比2002年增加224人,形成了一支文物研究与保护多层次、高水平的专业干部队伍。他们是文物研究与保护的重要力量,并已作出了重要贡献。

第二章　文物研究与文物学的历史发展

二、文物调查、研究与保护成果

中华人民共和国成立以来，为了解现存的不可移动文物现状，各地都进行了各种形式的文物调查工作。根据国务院通知，全国性的文物普查进行了两次，第一次始于1956年，第二次始于1981年。第二次全国文物普查规模大、时间长、内容广泛，取得了前所未有的成绩，据不完全统计，普查登记的各时代不可移动文物35万处以上。为了对文物普查成果进行系统整理和科学总结，国家文物局决定编辑出版一套《中国文物地图集》，力图运用地图形式，对历次文物调查和普查所获大量资料进行科学概括，综合反映中国文物调查、研究与保护工作中已有的学术成果和重大发现，全面记录已知的不可移动文物的状况，以充分发挥它们的作用。《中国文物地图集》包括省、自治区、直辖市分册和全国综合分册。已出版的有广东、河南、吉林、青海、湖南、陕西、天津、云南、湖北、内蒙古等分册，甘肃、辽宁、山东、山西、福建、安徽、江苏等分册也即将出版。

20世纪50年代以来，文物研究硕果累累，出版研究与文物保护成果众多。文物图书是文物研究与保护成果的重要载体，也是宣传文化遗产，充分发挥文物作用的主要形式之一。1957年1月，国家设立了出版文物考古书籍的专业出版机构文物出版社，1983年又成立了故宫博物院所属的紫禁城出版社。科学出版社、人民美术出版社等和一些地方出版社，也出版了一些文物考古方面的书籍。与此同时，先后创办了《文物》、《考古》等文物考古方面的刊物30余种，还创办了《中国文物报》。它们在文物书籍出版、刊登文物考古资料及研究成果、传播文物考古知识、提高和培养文物考古人才、促进文物考古学术研究和文物事业发展等方面都取得了重大成绩，发挥了重要作用。

50多年来，反映文物研究成果和专业工作成绩的各类文物考古书籍出版取得了辉煌成绩。仅文物出版社成立40多年来出版的各类文物考古书籍就有3000多种，其中包括近代现代文物图书、文物考古调查发掘报告、文物综合性图录、文物考古专著和论文集、文物考古资料集、工具书、文博教材以及文物普及读物等[①]。

三、文物保护科学技术研究成果

科技手段是保护文物的重要手段之一。国内外文物保护组织，在重视运用

---

① 《文物出版社图书总目（1957～1987）》和《文物出版社四十年（1957～1977）》，内部。

传统技术保护文物的同时，都十分重视运用现代科技保护文物。联合国教科文组织在意大利罗马设立国际文化财产保护与修复研究中心，其职责为：

1. 收集、研究和传播有关保护和修复文化财产的科技资料；

2. 在这一领域协调、鼓励和开展研究，尤其是通过委托团体和专家、国际会议、出版物和专业人员的交流来开展上述工作；

3. 在有关文化财产保护和修复的普遍或专门问题上提出建议或忠告；

4. 在培训研究人员和技术人员及提高修复工作水准方面提供援助。[①]

意大利政府也建立有类似的中心，还援助中国建立了西安文物保护修复中心。美国盖蒂保护研究所也是从事文物科技研究与保护的组织，该所长期与中国合作从事现代科技保护文物的工作，如与敦煌研究院合作采用现代科技开展对莫高窟的保护。中国文物研究所、故宫博物院、中国历史博物馆、上海博物馆等都建立有文物保护技术研究部门，从事现代科技研究和文物修复保护工作。

自20世纪50年代以来，文物保护科技研究取得了一批令世人瞩目的成果。早在50年代末60年代初，壁画揭取技术研究即取得了重大成果，并在山西芮城永乐宫搬迁中，成功地揭取了元代壁画，又在永乐宫新址予以复位。此后，壁画揭取技术不断改进，在河北正定摩尼殿修缮中，采取新的方法，成功的揭取、加固了殿内壁画。据统计，55年来，有8项科技成果获得国家科技进步奖，118项科技成果获得文化部、国家文物局科技进步奖、文物保护科学和技术创新奖。许多成果已陆续转化为保护文物的技术措施，并取得了可喜的效果。

上述文物保护科技成果涉及十一个方面。它们是[②]：

金属文物保护科技成果，如浸渗处理青铜器有害锈的研究；

纺织品、纸张文物保护科技成果，如纸张气相二乙基锌脱酸、3号中药气相防霉剂的研制和在书画保护中的应用、环氧乙烷安全气体在文物消毒中的应用、文物微波杀虫；

竹器木器漆器文物保护科技成果，如乙二醛脱水加固定型古代饱水漆木器、饱水漆木器大分子—水非渗透压式交换填充脱水定型法；

壁画文物保护科技成果，如敦煌莫高窟起甲壁画修复技术、壁画揭取复原保护技术、出土彩绘陶俑的保护处理方法；

石质文物保护科技成果，如潮湿环境下石窟围岩裂隙灌浆补强材料的研究、MSG—8风化岩石雕刻品封护加固材料的研究、应用PS—C加固风化砂岩石雕

---

① 《国际文化财产保护与修复研究中心章程》，国家文物局法制处：《国际保护文化遗产法律文件选编》，第1版，紫禁城出版社，1993年。

② 国家文物局文物一处编：《文物科学技术成果应用指南》，内部，1993年。

的研究；

古建筑保护科技成果，如聚乙烯醇水泥压力灌浆法加固砖塔、考古发掘泥土质遗址现场加固、全国重点文物保护单位——原北大红楼抢险抗震加固工程；

文物环境保护科技成果，如AC—1型防紫外线胶片的研制及应用、BMC湿度调节剂；

文物探测、检测科技成果，如软X射线对书画、漆木器等文物的无损检测、应用直流电阻率法等综合方法勘探地下文物、中子活化综合鉴定技术；

计算机应用技术成果，如微机在热释光测定年代中的应用、计算机考古序列分析系统、藏品编目图像管理系统；

文物复制研究成果，如曾侯乙编钟的研究与复制、古代纺织品复制研究；

其他研究成果，如SMB—4多功能文物防盗报警系统。

在上述十一个方面之外，还有大型遗址保护规划等成果。

四、文物保护与管理

运用法律、行政、经济、教育和技术手段保护文物，是我国和国际普遍采用的有效手段。有关内容已专设一章即第十三章文物保护管理，基本是现代的文物管理内容，在此不再赘述。

第三章
文物学与相关学科

文 物 学

第一节 学科的分化与文物研究的基本特点

学科的分化,是学科发展的结果。随着学科的不断分化,我们探讨文物学研究的特点,对于了解它和相关学科的关系,揭示文物学发展过程与规律,完成文物学研究的任务,有着重要的意义。

一、学科的分化

当今的学科并非自古皆有。我们所称的社会科学和自然科学各门学科的划分,都是人们随着对社会和自然认识的发展和科学的进步,而不断分化、形成与发展的。在古代,它们之间没有严格的界限。科学地划分学科,是欧洲近代自然科学发展以后的事。

中国科学地划分学科,始于近代"西学"输入以后。梁启超在他的《新史学》第二章写道:"徒知有史学,而不知史学与他学之关系也。夫地理学也,地质学也,人种学也,言语学也,群学也,政治学也,宗教学也,法律学也,平准学也(即日本所谓经济学),皆与史学有直接之关系。其他如哲学范围所属之伦理学、心理学、论理学、文章学及天然科学范围所属天文学、物质学、化学、生理学,其理论亦常与史学有间接之关系。"

随着科学不断发展,学科也不断出现新的分化,而且一些学科的分支学科也不断分化出来。在科学飞速发展,学科迅速分化的情况下,文物学形成一门独立的学科。文物学主要分支学科有文物分类学、文物鉴定学、古器物学、古书画学、古文献学、文化史迹学、文物保护科学技术、文物法学、文物管理学、文物学史等,以及若干专门学科,如古陶瓷学、古青铜学、古玉学、敦煌学、简牍学、甲骨学、古钱学等。文物学与其他学科具有多重边缘关系,并与其他相近学科交叉形成了一些边缘学科。这些学科的形成与发展,对文物学科建设将是十分有益的。

二、文物学研究的特点

文物学研究的特点,是与文物的特点相关联的。文物的主要特点是:文物

第三章 文物学与相关学科

是有形的物质文化遗存，即物质文化遗产；文物是在一定时代（年代）及环境中产生的，因此历史发展进程中遗留下来的文物不可再生；文物包含着社会科学和自然科学的内涵，对其内容的研究和价值的认识不是一次可以完成的，是不断深化的；文物作用的发挥是多项的、永续的，因此文物不仅供一代人利用，而是"子子孙孙永宝用"。

文物学研究与其他学科的研究有着明显的不同，它是以历史遗迹和遗物为自己的研究对象，换言之，文物学研究的是文化遗迹和遗物，即不可移动文物和可移动文物。这是它的根本特点。

研究文物，必须有实实在在的"物"作为基础。作为文物，有年代（时代）、地点、形状、质地（材料）、内容等。在研究中，首先要如实叙述（或描述）文物本身的情况，揭示它所包含的各种信息，进而研究和阐述它所反映的历史问题；不能离开文物去说明历史问题以及揭示历史规律。

文物学研究的另一个特点，是跨学科研究。文物是人类历史发展过程中遗留的遗迹和遗物。人类社会的发展，离不开人与自然界的关系。因此，历代文物，既有属于社会科学范畴的，也有属于自然科学范畴的；或者说，文物既包含有社会科学信息，也包含有自然科学信息。上自天文，下至地理，乃至政治、经济、军事、科学技术、文化艺术、宗教、习俗，社会生产和社会生活方方面面的遗迹和遗物，无所不包。对内容如此丰富的文物进行研究，必须得到有关学科的支持和协助，或者联合攻关，才能完成研究的各项任务。对于文物学的综合研究，只有在这一基础上，才能进一步阐述历史问题，揭示其本质和规律性。因此，文物学研究与社会科学和自然科学的一些学科有着直接或间接的关系，有些则呈现出相互交叉的关系。

随着现代科学技术的发展，学科的继续分化，已经和将要形成与文物学交叉的学科，将发展成新的相关学科。它们运用新的研究方法，开拓新的研究领域，对于文物学的研究和建设，进一步发挥文物的作用，都是非常重要的。

第二节 文物学与历史学

文物学与历史学（狭义历史学）都属于历史科学。它们之间有着极为密切的关系。

一、文物学与历史学的区别

文物学研究文物与历史学把文物作为实物资料加以利用，有明显的区别，它们在研究方法、角度以及具体目的等方面是不同的。文物学研究文物,是要究明文物自身所具有的历史、艺术和科学价值与作用;要研究文物分类、鉴定;研究古器物、古书画、古文献、文化史迹、文物保护技术、文物管理等。同时,通过研究,向其他学科提供科学资料。此外,还要研究采用传统技术或现代科学技术保护文物,使文物延长"寿命",把文化遗产保存好,并传留子孙后代。

在历史学研究中,对文物本身,一般不作深入的研究和探讨,往往直接应用文物研究的成果。

二、文物学与历史学的联系

文物是历史学研究三大资料来源之一,而且是重要的实物资料。

过去研究历史,主要是根据文献资料。现在,文物考古事业有了很大发展,文物考古新发现不断提供鲜为人知的资料,扩大了历史学研究的空间范围,丰富了历史学研究的内容,推动了历史学的发展。

现在,要研究、撰写一部历史,特别是古代史,没有文物考古工作提供的资料,其内容的丰富多彩程度就会受到很大影响。尤其是西周以前的历史,基本上得依据文物考古资料去研究、撰写。1949年9月出版的范文澜著《中国通史简编》第一册,其中关于先秦部分,主要根据战国文献资料,由于资料缺乏,篇幅不大。而20世纪70年代出版的由郭沫若主编的《中国史稿》第一卷,基本上是以文物考古资料撰写而成的,内容便丰富得多。

安阳殷墟出土的甲骨文,记录了商代王室占卜内容,为商史的研究开辟了新纪元,其影响波及于整个古代史领域。甲骨文中关于商代先公先王名号,与《史记·殷本纪》所载基本相符,证明《殷本纪》记载的可靠性,从而商代历史才成为有文字可考的"信史"。

西周甲骨文的发现,大批文物包括带铭文的青铜器的出土,为西周历史研究提供了丰富的实物资料。东周及诸侯国都城遗址和一些王室大墓出土的文物,极大地丰富了东周历史的研究内容。杨宽著《战国史》修订本,吸收了许多新的文物考古资料,使该书内容较修订前更加丰富。

湖北云梦秦简、秦始皇陵兵马俑、辽宁绥中碣石宫遗址、河北秦皇岛秦行宫遗址等重要文物的发现,为秦代历史研究提供了前所未有的新资料。

汉唐以后的古代文物(包括古建筑、石窟寺、石刻、古遗址、古墓葬、古器物、古书画和简牍文书等),从不同角度、不同侧面、不同层次为研究古代历史提供着各种信息。

文物实物资料,对研究和撰写专门史尤为重要。运用文物资料,结合文献,可以研究、撰写出中国古代的雕塑史、美术史、音乐史、服饰史、纺织史、货币史、冶金史、陶瓷史、建筑史，等等。

第三节 文物学与考古学

文物学与考古学（现代考古学）都属于历史科学，两者的关系十分密切，但是，作为两门独立的学科，在研究的年代范围、对象、方法及具体目的等方面都存在着明显差异。

一、研究的年代范围

考古学研究的范围是古代。它与近代、现代是无关的。中国考古学研究，年代下限定在明王朝灭亡（1644），而往往只到元代；至于我国封建社会最后一个王朝清代，则不在它研究的年代范围之内。

就古代而论，考古学对于人类历史的研究，时代愈早，它的优势愈显著。对史前时代，考古学研究占有显著的优势，其理论与实践得到了最充分的发展。考古学家发现的史前文化，被称为考古学文化。探讨中国古代文化和古代文明问题，或者文明起源问题，其发言权和问题的提出，基本都在考古学界。运用考古材料，并辅之以民族志材料和文献资料，可以撰写一部丰富多彩的原始社会史。

历史时期，特别是汉唐以迄明代，文献资料愈益丰富，记载越来越详备，成为研究历史的主要依据。而考古发掘获得的遗迹和遗物资料，不论多么丰富、精粹，若不与历史文献记载相结合，就很难充分说明历史问题。历史遗迹和出土文物，愈来愈发挥它证史、正史和补史等作用。

文物学研究的年代范围，从古至今，包括古代、近代和现代；特别应当提及的是它对现代有代表性的、典型性的文化遗存，也要进行研究。《文物保护法》第二条规定的受保护的文物范围，有许多是近代和现代文物。从清代以迄于今，历史遗迹和遗物考古学均不研究，它却属于文物学研究的重要组成部分。

二、研究的对象

考古学研究的对象是实物资料，是古代的物质文化遗存，即古代的遗迹和遗物。它们须是人类社会活动的遗存，或者与人类社会活动有关的遗存。它们应是人类有意加工的，即使并非有意加工的自然物，也须与人类活动有关，或能反映人类活动的自然物。

古代遗迹内容包括村落遗址、城市遗址、居住址、宫殿址、寺庙址、作坊址、墓葬等，一般称为古遗址和古墓葬。古代遗物主要指古遗址和古墓葬中埋藏的工具、武器、生活器具和装饰品等器物。它们是考古学研究的基本对象。此外，还有反映人类活动的植物和动物遗存等，都是考古学研究的有用资料。

文物学研究的对象也是实物资料，但不限于古代的物质文化遗存，还包括近代和现代的物质文化遗存。根据两个学科研究的年代范围，清代的物质文化遗存不在考古学研究对象之内，却是文物学研究的对象。

文物学研究的对象，从不可移动文物讲；有近代现代遗址，名人墓葬、纪念建筑、民族风格建筑、外国风格建筑，古建筑、石窟寺、石刻、古遗址、古墓葬、历史文化名城等，其中古遗址和古墓葬也是考古学研究的对象；从可移动文物讲，有古器物（含传世和出土的古器物）、古书画、古文献（含出土文献和传世的古写本和古印本）、近代和现代的代表性遗物等，其中出土的古器物和古文献（如简牍）也是考古学研究的对象。

从上述叙述，不难看出，文物学研究的对象，包含的内容相当广泛，也不难看出文物学与考古学在研究对象方面的差异。

三、研究的方法

考古学研究的方法，主要是进行田野考古调查、田野考古发掘和对发掘资料的整理与分析。研究的重点，是遗迹和遗物的整个系列和类型，不是研究孤立的，单一的一件器物。

整理调查发掘中所获得的资料，首先要判断遗迹和遗物的年代。考古学的年代，分为"相对年代"和"绝对年代"。所谓"相对年代"，是指各种古代遗址和遗物在时间上的先后关系，通常是依靠地层学和类型学来断定。地层学和类型学是考古学研究范围内的两种主要的断代方法。此外，还利用某些自然科学的手段，来断定古代遗迹和遗物的相对年代。而"绝对年代"，是指古代遗迹建造和遗物制作的年代，具体到迄今有多少年。

考古学研究，从田野考古调查开始，到考古发掘、室内整理和分析资料，以至编写考古报告等，都有自己的一套工作程序和方法，形成了本学科研究的特点。

文物学研究的方法，由于研究对象十分广泛，内容极其丰富，因此研究方法也不尽相同，如对不可移动文物，主要是对文物进行调查，整理与分析调查资料，编写调查报告等；对可移动文物，如传世品，则主要是鉴定真伪与年代，对其质地、造型（或内容）、工艺（或技术）等进行分析研究，评定其价值。

作为一门独立的学科，文物学有自己研究的基本方法，如分类法、排比法、历史分析法、逻辑分析法和年代测定法等。

四、研究的目的

考古学研究的依据，是田野考古调查和发掘中所获得的第一手材料。通过对第一手材料的整理与分析，对遗迹和遗物进行分类和描述，研究年代，判明制作方法和用途等，提供系统的科学研究资料。

考古学研究的重点，是遗迹和遗物的整个系列和类型，不是孤立的单一器物，某件孤立的器物即使艺术和科学价值很高，只能作为研究某项专门史的好资料。

考古学研究要通过实物资料阐述历史发展的一般规律，同时要扩大横的和纵的研究范围，比如，通过不同地区、不同民族的历史遗迹和遗物，探索不同地区和不同民族在历史发展过程中所表现出来的差异，以及造成这些差异的原因。在史前考古中，这种研究的任务和目的表现得最为明显。史前考古学文化类型多种多样，在研究中要探究它们从发生、发展到消亡（或者与别的文化类型合并，或者演变成一支新的文化类型）的一般规律，以及反映出的共同的规律；还要探讨因自然条件和社会背景等不同，而形成的各种文化类型自身的特点和具体演变过程。

文物学与考古学研究目的的差异，在于文物学既要研究文物的不同系列，如文化史迹系列，又要研究文物本身的历史、艺术和科学价值与作用，进而分门别类地研究，形成专门史。同时，文物学还要研究文物管理和文物保护技术，保护文物安全，使之长久保存；研究如何更好地运用文物进行宣传教育，使之发挥更大的作用。

第四节 文物学与博物馆学

文物学和博物馆学有着极为密切的关系。在中国文物和博物馆事业管理中，总是把两者并列，简称"文博"。

一、博物馆学研究的范围

博物馆学研究的内容丰富，范围很广，这与博物馆种类众多不无关系。博物馆的分类，是依不同的根据，确定标准，加以区分的。比如，根据博物馆保存和陈列的材料的性质、内容及范围，可将其分为四类，即：人文科学（或社会科学）博物馆，包括历史博物馆、艺术博物馆、民族博物馆、民俗博物馆和纪念馆等；自然科学博物馆，包括自然博物馆、地质博物馆、天文博物馆、科技博物馆等；工程技术博物馆，包括古建筑博物馆、航空博物馆、航天博物馆等；综合类博物馆。

博物馆学研究博物馆理论和各种类型博物馆的一般原理、基本性质和特点等。它研究的范围主要是：博物馆实物资料（包括文物资料）搜集、分类、编目、保管、陈列、群众工作、设备等的方式、技术，各项工作的基本任务和科学方法；研究博物馆的筹备、组织、行政、建筑设计；研究博物馆事业发展史，等等。

二、博物馆是文物收藏机构

1949年以来，中国博物馆事业有了很大发展，迄今由文化（文物）行政管理部门管理的博物馆已达1500多座，主要是人文科学（或社会科学）类博物馆，也有自然博物馆、工程技术博物馆和综合类博物馆。

人文科学（或社会科学）博物馆和综合类博物馆，是文物的主要收藏机构。这里所说的文物，是指可移动文物，如石器、陶器、玉器、铜器、铁器、漆器、瓷器、书画、纺织品、文献资料，等等。

文物藏品的来源，主要是征集、捐赠、购买、拨交、交换等。征集的流散文物，或接受捐赠的传世文物，考古发掘所获得的文物（即出土文物），在博物馆文物藏品中占有重要的位置。近代和现代文物，主要依靠征集、捐赠和拨交。

文物藏品的保管，是一项科学工作。博物馆对文物藏品要登记总账和分类账，要编目、建档，要区分文物等级，建立严格的保管制度。

三、博物馆是科学研究和教育机构

博物馆的研究范围很广、课题很多。研究内容包括：文物藏品的科学保管和科技保护，文物藏品的历史、艺术和科学价值，文物陈列展览设计及群众工作，等等。围绕文物藏品保管和科技保护与陈列展览进行的研究，是博物馆学研究的重点之一。

博物馆进行宣传教育的重要形式，是举办陈列展览。博物馆的陈列，主要是以文物以及必要的辅助材料，形象、生动地反映历史发展的具体过程，揭示其本质和规律性。博物馆的陈列，有通史性的，也有专题性的；有固定的，也有临时的。无论哪一种陈列，大都由文物及辅助材料组成，离开文物等实物资料，博物馆的陈列展览就失去了自己的特点。

上述科学研究和陈列展览的内容，主要是指人文科学（或社会科学）博物馆和综合类博物馆。仅此已说明博物馆是科学研究和教育机构。但最根本的是，它是由博物馆性质所规定的。

四、两个学科研究的交叉

文物学和博物馆学在研究文物方面有着明显的相同之处。它们的关系是相互依存，相辅相成，十分密切的。主要表现在以下几点：

第一，研究文物分类。文物学研究文物分类，其中包括对可移动文物或文物藏品的分类（详见第五章）。博物馆要做好文物藏品保管，对文物藏品分类研究也是重要的一环。

第二，对文物进行鉴定，评定文物的价值和等级。文物学的文物鉴定，既包括研究、鉴定不可移动文物，又包括可移动文物（文物藏品）；评定等级亦如此。博物馆的文物鉴定，则是对文物藏品的研究。就文物藏品鉴定而论，都是要鉴别真伪，判明时代，评定价值，区别等级，为保管和宣传教育打下科学基础。

第三，研究文物藏品的科学保管。博物馆文物藏品科学保管和科技保护，是使文物免遭损坏，长久发挥其作用的基础工作。有关这方面课题的研究，是两个学科共同的任务。

第四，宣传文物，发挥文物的作用。博物馆是宣传可移动文物的重要场所，它通过对文物藏品的研究与陈列，使文物藏品通过博物馆窗口，向人们进行宣传教育。

第五，文化史迹博物馆把对文化史迹的研究和文物藏品的研究完全统一起来。中国有一些文化史迹已建成专题性博物馆，如西安半坡遗址博物馆、秦始皇陵兵马俑博物馆、定陵博物馆、冉庄地道战遗址纪念馆等。这些博物馆（纪念馆）主要由两部分组成：不可移动的文化史迹和可移动的文物藏品；对文物的研究不言而喻，也包括这两部分。

第五节 文物学与其他相关学科

文物学研究的范围极其宽广，内容极为丰富。要做好文物研究，特别是综合研究，需要有各方面的知识，不但要有丰富的历史知识、相当深厚的史料基础，而且还要具有一定的哲学、政治学、伦理学、经济学、法学、文学、地理学、方志学、宗教学、民族学、民俗学、目录学、文字学，乃至一些自然科学和技术科学的知识和素养。只有具备这些学问，才能在对文物进行研究时，触类旁通，综合分析、研究，才能从文物所反映的各个侧面认识复杂的历史全部过程及深藏的内在的本质。

在这里，我们不可能叙述与文物学相关的所有学科，以及它们之间的关系。除已叙述文物学与历史学、考古学、博物馆学的关系外，这里再叙述某些相关学科。

一、文物学与地理学

文物学与地理学有着密切关系。文物所反映的历史事实，是人们在一定的时间和空间条件下展开的；就是文物本身的形式，也是如此。任何一件（一处）文物，都有其产生（制作、创造）的时间、地点和环境。因此，我们对古遗址、古墓葬、古建筑、石窟寺、石刻、纪念建筑物等不可移动文物的调查、研究，需要有丰富的地理知识（自然地理与历史地理知识），即使对发现的可移动文物，如陶器、铜器、铁器、金银器、瓷器等，也必须调查了解它的出土地点及其环境，以至考证古地名。在文物调查中，离不开地图，编绘文物分布图，也离不开地理学知识。中国从1981年起，根据国务院的指示，又一次对全国文物进行了全面普查，正在编制《中国文物地图集》。

应用文物与地理相结合的方法，研究某些历史问题会获得显著成效。例如，研究战争史、交通史、河流变迁史等，从文物（遗迹和遗物）的分布、变化，结合地理知识和历史地图，就能取得良好的效果。

同样，应用文物与地理相结合的方法，研究自然地理和历史地理，也会获得重要成果。例如，从不同时代文物（遗迹和遗物）的分布变化，或分布地区不同，考察海岸线变迁、沙漠变迁、气候变化，考证古代城市、城堡、边防要塞位置，等等。

由于文物学与地理学关系密切，两门学科的渗透，以及与历史学的结合，从而发展成为独立的专门学科——历史地理学。

二、文物学与方志学

方志是记述一定行政区域内的历史与现实、自然与社会的综合性著作。中国编纂地方志历史悠久，自宋代以来，方志的内容和体裁基本定型。具体来讲，大至一省有通志，次为府、州、县志，小至村、镇亦有编撰志书的。据新编的《中国地方志联合目录》(1978年油印本)，著录国内180多个图书馆收藏的志书达8300多种，是我国文化遗产的重要组成部分。20世纪80年代以来，省志、县志,以及专门志等志书的编纂,在新的历史条件下有很大发展。

方志综合记述一个行政区域内的各个方面的情况,包括疆域、历史沿革、山川地貌、地质、土壤、气象、物产、矿藏、森林、建置、城镇、乡村、户口、财赋、兵事、民情、风俗、社会组织、人物、艺文、名胜、古迹、异闻、趣事,等等,莫不详备。它以人的社会活动为中心,记述各个方面,即使是记述自然,也与人们的社会活动紧密相关,也就是人们在什么样的自然环境中生存,并适应、利用和改造自然,及在这一过程中的各种关系,政治、经济、文化、习俗等如何演变和发展。因此,它不是以研究某一方面为其专门对象,而是以一定的行政区域作为整体,进行全面的综合记述。

方志中记述的一个地域的历史沿革、建置、名胜、古迹、风俗、民情等,对于调查、研究该地域范围的文物,是十分重要的资料。不少省、县还编纂了文物志。文物工作者在文物调查之前,都要查阅地方志,了解上述资料,以求在调查中有所发现,或了解现存文物的变化情况。文物调查、研究离不开地方志所记述的资料,而文物调查、发现、研究的成果,又是编写地方志的重要资料。我国文物事业发展很快,经常开展的文物普查和日常进行的文物调查,发现了大量前所未知的文物(遗迹和遗物),以往所谓的文物"空白"区已不复存在。这为编纂地方志提供了丰富多彩的新资料,

三、文物学与宗教学

宗教是社会意识形态之一,产生于原始社会后期。宗教学是以宗教为研究对象的社会科学,主要研究宗教的产生、发展和走向消亡的过程和规律。从宗教基础学科派生出来的学科有工具学科,其中有宗教考古学;有经验学科,宗教戏剧、宗教音乐、宗教美术和宗教建筑等。这些学科都是与邻近学科交叉形成的。

在古代,宗教信仰普遍存在于人类社会,各种宗教遗迹和遗物十分丰富,主要有各个时代的神殿、寺庙、祭坛、造像、壁画、经卷、符箓、法器等。这些遗迹和遗物均是文物,是研究宗教活动的重要实物资料,也是研究人类社会活动、社会历史的一个重要方面。

宗教建筑是文化史迹的重要组成部分。在中国,其中主要有佛教建筑、道教建筑、伊斯兰教建筑和天主教建筑。佛教建筑主要是寺塔。它是随着佛教的传入而发展起来的。最古老的佛教建筑是石窟寺,是根据古印度佛教造型艺术,结合中国传统建筑形式建造而成的。最著名的有敦煌石窟、云冈石窟和龙门石窟。佛塔建筑时代也很早,它的建筑形式大都与中国民族形式相结合,为楼阁

式,平面以正方形和八角形居多,一般7至9级;结构有砖塔、木塔、砖木塔、石塔、铜塔、铁塔、琉璃塔等。佛教寺庙建筑,一般都为庞大的建筑群,建筑形式和风格,既有藏族、汉族形式的寺庙,又有两者相融合的寺庙,如洛阳白马寺、杭州灵隐寺、拉萨布达拉宫、北京雍和宫、承德普宁寺等。伊斯兰教建筑主要有礼拜寺和清真寺。道教建筑为用于祀神、修道、传教以及举行斋醮等祝祷祈禳仪式的建筑物,一般由神殿、膳堂、宿舍、园林四部分组成。规模较大者称宫或称观,有的主祀民俗神之建筑称庙。道教建筑集中的名山有:泰山、衡山、华山、恒山、嵩山、青城山、武当山、崂山等,主要宫观有北京白云观、山西芮城永乐宫、陕西重阳宫、南京朝天宫等。奉祀民俗众神的庙宇建筑,虽非道教建筑主体,然而分布广,数量多,大小不一,或单独建置,或为宫观建筑群之一部分。其中最著名的有山东泰山岱庙、四川都江堰二王庙、山西解州关帝庙、陕西耀县药王庙、辽宁北镇庙等。

在宗教建筑内,或有塑像、石刻造像,或有壁画,或有经卷、法器,等等。其内容涉及面很广,展现了宗教艺术、美术、音乐等内容。

上述宗教遗迹和遗物,反映了各自宗教活动的不同方面。我们将其统称为宗教文物,它们既是研究宗教的实物资料,又是文物学研究的内容,宗教建筑遗址的调查和发掘,也是宗教考古学研究的任务。对这些文物的研究,必须具有宗教学的基本知识。以宗教文物为研究对象,构成了与宗教分支学科交叉的学科,即宗教文物学。

四、文物学与建筑学

文物学与建筑学有密切的关系。文物中有各种古代建筑遗迹,如居住址、宫殿址、城址、墓室建筑等,有各种保存至今的建筑,如石窟寺、宫殿、寺庙、塔桥、园林、衙署、民居等等。建筑学应用于对建筑遗迹和建筑物的勘察、测量、制图、设计、维修、保护和研究,也应用于对建筑遗迹的发掘,以及对发掘的建筑遗迹的复原或维修保护等。

古代各种各样的建筑遗迹和建筑物,在不可移动文物中占有很大比例。它们的形制(或造型)、风格、建筑艺术和技术等,内容异常丰富,是研究建筑史的重要实物资料。中国建筑史学著作,莫不力求应用肇始于原始社会时期,以迄于清代的各个历史时期的建筑遗迹和建筑物实例,叙述古代建筑的源流变迁,叙述建筑的风格、艺术和技术,总结各个历史时期建筑发展的过程,揭示其规律性,从而论述中国古代建筑独特的建筑体系。

五、文物学与法学

文物学与法学关系密切。历史遗迹和遗物中，有许多是历史进程中法律制度的载体，是研究法律制度史不可或缺的实物资料。其中有许多资料史无记载，或已缺佚，因而在法制史研究上十分珍贵。

周代铭文，内容丰富多彩，有记载王室政治谋划、祭典训诰、征伐方国、赏赐册命、奴隶买卖、土地转让、盟誓契约、刑事诉讼等。铭文记载训诰的有何尊铭、毛公鼎，记载册命的有康鼎铭、颂鼎铭，记载奴隶买卖和诉讼的有曶鼎铭，记载土地转让（授田变动）的有散氏盘铭、琱生簋铭、三年卫盉铭，记载律令的有兮甲盘铭（记关市之征）、子禾子釜铭和陈纯釜铭（计量值），等等。

战国、秦汉、三国吴等简牍，内容异常丰富。其中有大量关于法律制度的记载。如1975年发掘的湖北云梦睡虎地11号墓，时间为秦始皇三十年（前217）。第一次出土了1150支秦简，内容丰富，弥足珍贵，其中有《秦律十八种》、《效律》、《秦律杂抄》、《法律问答》和《为吏之道》等多种。居延汉简中官文书的诏书、律令、司法文书，私文书中的买卖契约，江陵张家山汉简中的汉初律令20余种，大通汉简中的军法、军令，等等（详见第十章第三节），都是研究汉代法律制度弥足珍贵的资料。

敦煌遗书中，有大量官私档案文书，如唐代的《律疏》、《公式令》、《神龙散颁刑部格》等，使人们对唐代法令及其实施状况获得了全新认识。

在现代文物保护管理工作中，用法律进行规范，以法进行保护管理，是以法治文的重要途径。国际组织制订的保护文物公约、中国制订的保护文物的法律法规是保护管理文物的重要法律手段。（详见第十三章）

六、文物学与相关的自然科学和工程技术科学

文物学是一门涉及面极广的科学。由于文物学研究的对象及研究的特点，使文物学与地理学、地质学、气象学、生态学、生物学（动物学和植物学）、物理学、化学、建筑学、土木工程学、采矿冶金学、染织学等，都有较密切的关系。文物学的许多研究课题，必须得到有关学科的支持和协助，否则难以圆满完成研究任务；有些研究课题还需要联合攻关，才能达到预期目的。

例如，物理学和化学，应用于对古代遗址的勘探，对古器物及其他遗物成分和性质进行分析鉴定，并测定它们的年代（详见第十四章第二节、第三节）。

例如，染织学，应用于对各种纺织品的原料、品种、工艺等进行分析与研究。

例如，采矿总冶金学，应用于对矿址、工场址等遗迹的考察，对铜器、铁器及其他金属器皿的质地、造型、纹饰、工艺技术的分析与研究，以及对某些器物的科学检验。

第四章
文物定名

第一节 不可移动文物定名

在不可移动文物中，有大量文物没有名称，需要给它一个规范名称，才便于记录和研究它的各种要素，研究其文化内涵。现在不可移动文物定名，总的来说，缺乏一个系统的规范的定名规则，给文物学科研究和文物保护工作带来了诸多问题。如有的同一种类的不可移动文物，在不同地区出现不同的名称，这种情况显然不利于对该类文物的研究与学术交流；再如有的遗址或旧址以某一大的山脉名称定名，给文物保护带来了不少困难，等等。

同时，在不可移动文物中，也有大量文物保留原有的名称，或古文献记载的名称沿用至今，如佛光寺、永乐宫、安济桥、避暑山庄、普宁寺，等等。

在对不可移动文物定名时，我们认为应该坚持以下原则：

1. 用原有名称（本名），或者约定俗成的名称；
2. 用古文献记载的沿用至今的名称；
3. 用不可移动文物所在地的名称定名；
4. 用大的历史事件名称定名；
5. 用机构或单位名称定名；
6. 用姓氏人名定名。

在运用上述第1、2项原则定名时，带有侮辱性的名称不得使用，须重新定名。

我们在编辑《中国文物地图集》时，对不可移动文物的名称作出规范，基本上是适用的，保证了《图集》收录不可移动文物定名的科学性，对今后不可移动文物定名有重要价值。

在中国文物地图集编辑委员会制订的《〈中国文物地图集〉编制细则》(1993年修订稿）中，对不可移动文物的名称作出了如下规范：

名称：应尽量以本名（学名）或约定俗成的名称定名。同一县内的文物单位名称不得相同。如关帝庙、清真寺、教堂等，应用本名或前面加地名予以区分。带有侮辱性质的名称不得使用。

第四章 文物定名

（1）本名（学名），指匾额、碑碣、文献等记载的名称。例如华阳故城、安济桥、开元寺、颐和园。

（2）同一文物有本名（学名）与俗名，采用本名（学名），俗名在说明栏内说明。

（3）同一文物有别名，应择其重要者在说明栏内加以说明。例如避暑山庄，也叫热河行宫或承德离宫。名称费解或容易误解者，在说明时首先予以解释。

（4）各级文物保护单位的名称，原则上应按照原分布名称收录，个别名称不科学的，应争取原公布机构予以正式修正。如完稿之日尚未履行正式修正手续者，则仍使用原公布名称，后面用括号注明修正的名称。

（5）古遗址、古墓葬、古建筑等，原名不详者，以所隶属的村、镇、街道或自然地名命名。某个村庄附近有数处同类文物时，可用村以下的居民点、小的自然地名命名，也可以加方位区别，不要用机关单位名称命名。

（6）古遗址、古窑址等，直接称某遗址、某窑址，不加古字。城址确知原名者称××故城，如赵邯郸故城；不知原名的用地名命名，称××城（堡、寨）址。

（7）墓主人明确的墓葬，以姓氏定名，如×××墓或×氏墓地，其他以地名命名；墓群通常称××墓群；单体墓则在墓字前冠以时代，如××汉墓。归入B类的僧人墓，用原名（法号等）命名，或在地名后加"僧人墓"。一些为考古界惯用的特殊类型的遗址和墓葬，如洞穴遗址、崖墓、悬棺葬等，可在名称中使用。

（8）历代长城（形体特殊者，如金界壕、清柳条边除外）统称长城。归A类的名称后加"遗址"二字。归C类的名称前加时代，后面加××段或××原名称写入说明栏。烽火台，南北朝以前的称烽燧，隋唐以后的称烽火台。归A类的者名称后加"遗址"二字。

（9）石刻类：用首题命名，或按内容予以简化定名。如题首为"大明创修正觉禅寺碑记并序"，可定名为"创修正觉寺碑"。

（10）近现代旧址类：应以具体的机构或事件命名，避免使用含糊不清的定名（如抗日根据地等）。某机构或事件包含几处旧址的，前面可加地名，以示区别。此类名称的简化，应根据有关文件规定。

故居一般指出生地及幼儿居住地，其他居住地称旧居。

不可移动文物从古代以迄当代都有，时间跨度大，种类繁多，数量巨大，如何对它们进行科学定名，需要作为课题进一步深入研究，在此基础上，制订出一套系统的科学定名规则，以促进文物学科研究与发展。

第二节 可移动文物定名

可移动文物或者馆藏文物，种类繁多，数量巨大。它们的时代、质地、种类、形制和用途等各不相同。其中，一部分文物在古文献上记载有它们的名称，一部分文物的自身铭文显示了自己的名称，还有一部分文物的名称在不同时期有所变化，但大部分文物没有规范的名称。因此，对可移动文物定名，对研究、保护、宣传、信息储存与交流等，就显得很迫切。

据国家文物局2003年统计，全国文物系统有馆藏文物1430多万件，如此数量巨大的文物如何规范定名，是馆藏文物设置藏品档案，加强保护、管理的重大问题。1986年文化部印发的《博物馆藏品管理办法》对定名作出规定："自然标本按照国际通行的有关动物、植物、矿物和岩石的命名法则定名；历史文物定名一般应有三个组成部分，即：年代、款式或作者；特征、纹饰或颜色；器形或用途。"这一馆藏文物定名规定，在对馆藏文物建账建档中，起了一定作用。但该规定过于原则，不易掌握和操作，也很难适用于所有馆藏文物的定名。因此，馆藏文物定名实际上存在许多不规范或者随意性等问题。

在《中国大百科全书·文物博物馆》卷文物编辑委员会编辑文物学科分支古器物、古书画和古文献时，与其主编、副主编对文物名称进行了规范，取得了很大成绩。现以古书画分支书画文物名称为例，进行简单介绍。古绘画文物名称，由作者名、作品名和绘画形制三部分组成，其规则可表述为：绘画文物名称＝作者名＋作品名＋绘画形制。举例："顾恺之《女史箴图》卷"、"展子虔《游春图》卷"、"韩滉《五牛图》卷"、"张择端《清明上河图》卷"，"范宽《溪山行旅图》轴"、"王蒙《青卞隐居图》轴"、"恽格《山水花鸟》册"。

古法书名称，由作者名、作品名和法书形制三部分组成，其规则可表述为：法书文物名称＝作者名＋作品名＋形制。举例："陆机《平复帖》卷"、"王献之《中秋帖》卷"、"王珣《伯远帖》卷"，"傅山《〈天龙禅寺〉五律诗》轴"，"王羲之《快雪时晴帖》册"、"何绍基《邓琰墓志铭》册"，"司马光《宁州帖》页"。

中国纺织品鉴定保护中心编著的《纺织品鉴定保护概论》第二章第一节"织物的基本概念"中，专门写了一部分"古代织物的命名规则"，编著者对纺织品文物（纺织品）提出的命名规则是：

1. 鉴定中必须寻找以现代科学技术方法为主的、客观的分类作为基础，而尽量避免后人的研究或个人的推测。

第四章　文物定名

2. 可以根据史学研究的结果寻找当时合适的命名，这不意味着要求与所有史实完全符合，如能发现出土遣策、传世腰封或墨书题记的明确对应名称最好，可采用原名，否则应选择最大条件相符者，即在历史最盛时期中使用的、使用时间最长的、覆盖面最广的一词。

3. 对于整个命名体系必须全面考虑，尽量避免词义的交叉性。

4. 纺织品命名的次序可根据古代纺织品名称的一般次序为：

织物：地色＋图案＋技术特征＋（用途）＋品种类别

服装：地色＋图案＋技术特征＋主要品种名称＋款式类别

其中各项内容可根据实际情况而定，可以添加，亦可以省略。

综上所述，尽管文化部对馆藏文物定名作出规定，专家学者在可移动文物定名研究方面取得了成果，但总的来说，由于可移动文物或馆藏文物种类繁多，数量巨大，现行规范远不能达到规范定名工作的要求。同时，从上述古书画文物和纺织品文物定名规范可清楚地看出一个至关重要的问题：文物类别和种类不同，各有自己的特点，从而决定了它们各自的定名规范也不会相同，从大的类别，到各个种类，决定了它们各自应有自己的定名规范。根据科学分类方法分类，各层次的文物应有自己规范的定名规则，这是一项庞大的系统工程。作为文物学学科研究的基础工作之一，可移动文物系统的定名规范，应在总的规划之下，依据不同类别和种类可移动文物的特点和情况，分别研究制定出定名规范，最终构建成一套比较完整的可移动文物定名规范。

第五章
文物分类

第一节 文物分类的原则

分类，是进行科学研究时首先要进行的工作。不同学科，由于学科研究对象不同，分类的原则和方法也不同。分类既是进行科学研究的方法，其本身也是一门科学，即分类学。

文物分类是研究文物的基本方法之一，同时也是文物学的分支学科之一：文物分类学。

一、文物的复杂性与可分性

文物是人类社会活动的物质文化遗存。由于人类社会是不断向前发展的，不同历史时期社会生产和社会生活的各个方面的物体或物品，都可能保留至今，而成为文物（文化遗迹和遗物），这就构成了文物的复杂性。

文物的复杂性表现为：时代或年代不同，地域区别，质地不一，种类众多，功能各异。如质地，既有单一的质地，又有复合的质地。又如种类，某一类文物，又会有若干种，以农具为例，有锄、铲、镐、锹、犁、镰等。不仅如此，同一种器物，往往由不同材料制作而成，如手工工具，既有铜斧、锛、凿、钻、锯等，又有铁斧、锛、凿、钻、锯。两种不同质地的手工工具，又往往表明其生产与使用的时代不同。还有因工艺、习俗、风格等的不同，也使文物呈现五花八门、千姿百态的状况，如此等等，都反映了文物的复杂性。

文物虽然十分复杂，但像世间其他事物一样，仍然是可分的。这是因为，第一，文物有其产生的时代或具体年代，也就是它的历史性；第二，文物有其产生的地点或地域；第三，文物是由一定的物质构成的，即用不同的物质材料制造或创作的；第四，文物在它产生的时代，都是为了一定的目的创制的，也就是各有自己的一定功用；第五，文物是有形的，是以一定的形态出现的，这与文物的物质性和功用是密切相连的。

因此，我们可以把复杂的文物按照不同的标准区分开来，以利于进一步研究、保护和宣传。

二、"物以类聚"

"物以类聚"是一种形象的说法。我们在文物研究中对其进行分类，就是类聚。按照一定的标准，把它们分别聚集到一起，就形成不同的类别。文物的分类也是多层次的，也就是说，文物的不同类别是分层次的。如中国文物，又可分为各个省、自治区、直辖市文物，再分为市、县文物。所有这些层次，都是按照同一标准确定的，即依据行政区域标准划分的，并把各地的文物分别集合于各个层次内，使它们各得其所。这就形成了一个宝塔形关系：

$$
中国文物\begin{cases} ××省文物\begin{cases}××市文物\\××县文物\end{cases}\\ ××自治区文物\begin{cases}××市（州）文物\\××县（旗）文物\end{cases}\\ ××直辖市文物\begin{cases}××区文物\\××县文物\end{cases}\end{cases}
$$

在文物分类中，同类相聚是一个重要原则。只有按照不同的标准，把复杂的文物分开，并又根据是否同类，分别集合，形成新的类别关系。这样，复杂的文物，就被划分为比较清楚的类群。

同类相聚的"同类"，因标准不同，其内容也不尽相同。如按质地聚类，铁器类中只有铁制作的器物，不会出现别的质地的文物；当然这里说的铁器是广义的，其中也包括了用现代科学技术检测出的钢制品。如按功用分，炊器中的鼎，就有陶鼎、铜鼎和铁鼎，分属于三种材料制作而成，是三种质地的器物，若按质地聚类时就要分别归入陶器、铜器、铁器类中。

由此，我们不难看出，无论用哪一种标准聚类，同类文物都有内在的联系。这种联系由聚类标准决定，同时又受聚类标准的制约。如果发现有的器物与其他器物在同一聚类标准内并无内在联系，就要检查一下是否采用了不同的聚类标准。如在铁兵器类中，出现了铜矛、铜刀、铜剑等，它们在质地上与铁质无干，这显然是加进了功用的聚类标准；如果因其均为兵器，有功用上的内在联系，那只能在以功用为标准聚类时加以肯定，否则是不能成立的。因此，同类文物的内在联系，其前提是同一聚类标准。

三、一个标准与一种方法

在文物分类或称归类、聚类的时候，首先要确定以什么作为分类的标准。这是因为，标准是衡量事物的准则，凡是符合该标准的文物，才可以归纳到一起；取舍均从标准出发，归类的要求不仅可以达到，而且科学性较强。

方法是伴随标准而来的。有什么样的标准，就有什么样的方法。在分类标准确定之后，用它去衡量复杂的文物，把符合该标准的文物筛选出来，集合成类，从而达到归类的目的。这种归类办法，亦称为分类法。简言之，确定标准，根据标准把相同或相异的文物分别开来，集合成类的方法，称为分类法。由此可见，标准与分类法在实质上是相通的。

在文物的分类过程中，确定一种分类标准之后，只能按它的界定筛选文物，集合文物，不属于该标准规定范围之内的文物，都要剔除出去。这是工作过程中必须遵守的规则，不能违反。

同时，需要进一步指出的是，在文物分类时，不能同时使用两个标准对文物进行归类，也不允许交叉使用两个标准。只能用一个标准、一种方法。这是文物分类中必须遵守的原则，否则就会出现混乱。

但在同一类文物中，为了保护、研究、宣传的需要，再进一步分类，即更细的归类，可根据实际需要，确定合理的方法，如按质地对馆藏文物分类，有陶器、铜器、铁器、瓷器……在铜器下边再分红铜、青铜、黄铜和白铜器，如再对青铜器细分，可分为青铜礼器、青铜乐器、青铜兵器……青铜礼器之下又可分鼎、簋、敦……，其关系如下表：

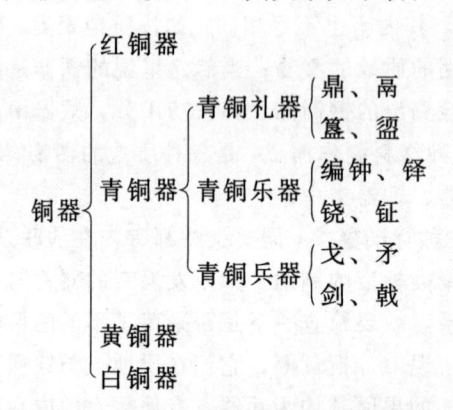

```
       ┌ 红铜器
       │                ┌ 青铜礼器 ┌ 鼎、鬲
       │                │          └ 簋、盨
       │                │
铜器 ──┤ 青铜器 ────────┤ 青铜乐器 ┌ 编钟、铎
       │                │          └ 铙、钲
       │                │
       │                └ 青铜兵器 ┌ 戈、矛
       │                           └ 剑、戟
       ├ 黄铜器
       └ 白铜器
```

这种先按质地的标准统一划分文物的大类，即归大类，在大类的范围内，再按它们的用途分小类，不致把其他质地的文物归并进去。这种分类是允许的。之所以允许，实际是对某一质地文物的再分类。它和按质地分类的同时又按功用分，即交叉分类是有区别的。

四、复合体文物归类与约定俗成

历史遗迹遗物中有大批文物不是用同一种物质材料制作的。这也是文物的复杂性之一。用不同材料制作的文物，一般称为复合体文物。所谓金、银、铜、铁、陶、瓷等质地文物，一般也是以其主要材料或决定其性质的材料制作而成，如铜中加适量锡，即为锡青铜，通称青铜；铜中加一定比例的锌，为黄铜；铜中加一定比例的镍，为白铜。用现代科学技术进行检验，绝对的或纯粹的一种物质材料制作的器物实际上是极少极少的。在可移动的文物即馆藏文物或传世文物中是如此，在不可移动的文物中更是如此。前者只要用现代科学技术进行检测，就可明显看出其成分的不同，有的甚至可以直观看出；后者大都可以观察出来。

这里所指的复合体文物，是指用不同质地材料制成的器物。如，河北平山战国中山王礐墓中，出土一件铁足铜鼎，腹壁镌刻着大量铭文，极其珍贵。像这种明显地用两种金属材料制作的鼎，即为复合体文物。又如，古代漆器，是用漆涂在各种器物的表面上，制成日用器具或工艺品、美术品等。各种器物的质地可能不同，一般有木质（木胎）、竹胎、夹纻胎等。这就是说，漆器胎骨质地是不同的，如果再加上漆器上的各种镶嵌，其材料质地更加复杂。因此，以质地而论，也应算是复合质地的文物。

对复合体文物，在根据质地标准分类时，应如何归类呢？重要的原则就是约定俗成。如：上述铁足铜鼎，其主体是铜，则归入铜器类。漆器的胎骨质地尽管各异，但之所以涂漆，是因它可耐潮、耐高温、耐腐蚀，这些特殊功能使器物价值大增，且漆又涂在器物表面；故以漆作为此类器物的质地归类，称为漆器。鎏金铜器，如鎏金铜造像、鎏金铜缸等，与漆器在以质地标准归类上却相反，一般是归入铜器类，而不归入金器类。铜器、铁器等往往镶嵌金银纹饰等，使器物更加美观，更加华贵，但这都属器物主体之附加装饰，所以仍归入铜器和铁器。这方面的例子还可列举许多，但上述例子已可说明，复合质地的文物在归类上，往往是采用约定俗成的方法。

约定俗成的方法，不是主观臆造，是在长期的分类实践中形成的，有其科学依据：其一视器物的主要质地而定；其二视复合材料中某种材料对器物功能起决定作用而定。

第二节 文物分类的方法

文物分类的标准不同,对文物归类的方法也不同。分类是根据不同标准,把文物的同与异集合成类的过程,亦称归类。其方法有所有同。

文物的分类方法较多,主要的有:时代分类法、区域分类法、存在形态分类法、质地分类法、功用分类法、属性(性质)分类法、来源分类法等。

一、时代分类法

时代分类法是以文物制作的时代为标准,对文物进行分类的方法。任何文物都制作(产生)于一定的时代(年代),没有时代的文物是不存在的。有的文物由于流传及本身原因,时代一时尚难判明,此应属对文物的研究和认识问题,和文物必产生于特定的时代是不矛盾的。

文物均有制作(产生)的时代,这是文物按时代分类的依据。把同一时代的文物集合一起,把不属于该时代的文物剔除出去,集合到与其时代相同的组内,从而可将不同时代的众多文物,以其制作(产生)的时代区别开来,达到归类的目的,为进一步研究各个时代的文物打下基础。

在按文物时代分类时,要注意各国在时代划分方面的情况。如中国历史时期的文物,在古代一般按朝代划分,不是按纪年划分;在分类中,一般只考虑它的相对年代,当然在研究某一件文物时,要尽可能了解它的绝对年代。

在历史时期之前的文物,即史前文物,一般分为旧石器时代文物和新石器时代文物。如果再细分,均可再划分出早、中、晚期文物,从研究角度来说,这自然是有利于研究工作的。

古代以降的文物,一般分为近代现代文物。

以中国为例,时代分类法对文物的归类如下表:

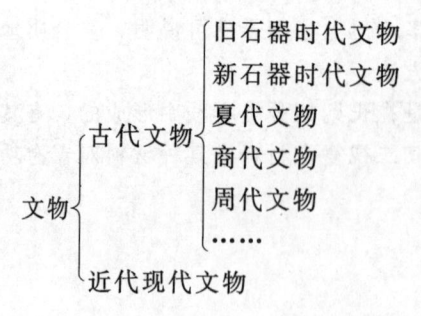

```
         ┌ 古代文物 ┬ 旧石器时代文物
         │         ├ 新石器时代文物
         │         ├ 夏代文物
文物 ┤             ├ 商代文物
         │         ├ 周代文物
         │         └ ……
         └ 近代现代文物
```

二、区域分类法

区域分类法,是以文物所在地点为标准,对文物进行分类的方法。文物有产生它的地点,或有出土地点,或有收藏地点,或有埋藏和建立的地点等。离开了具体地点,文物是无法存在的。区域分类法就是以此为根据,按照文物所在的区域实行归类。它的优点是,依据区域对文物归类,使人们对某个区域的文物有比较全面的了解,为研究该地区的历史提供比较全面的资料,特别是有利于加强对文物实行分区域的保护管理。

以区域分类法对文物进行归类,首先对区域要有个范围界定。一般来说,有以行政区划为范围的区域,它有严格的区划界线;还有以自然地理为范围的区域,即地理(自然)区域,这个区域没有严格界线,它的界线是模糊的。

行政区域以中国为例,分为省、自治区、直辖市和特别行政区。它的下边再划分市、州、区、县、旗级行政区。以此对文物进行归类,只要是省、自治区、直辖市和特别行政区范围内的文化史迹(不可移动文物)和馆藏文物及传世文物,都应分别归入各省、自治区、直辖市和特别行政区,即一般所称的河北文物、陕西文物、山西文物、内蒙古文物、北京文物、香港文物,等等。如进一步区分文化史迹与馆藏文物,可分为河北文化史迹、河北馆藏文物,内蒙古文化史迹、内蒙古藏文物,北京文化史迹、北京馆藏文物,香港文化史迹、香港馆藏文物,等等,依此类推、其他省、自治区、直辖市亦然。其关系如下表:

```
              ┌ 河北文物  ┌ 河北文化史迹
              │          └ 河北馆藏文物
              │ 内蒙古文物 ┌ 内蒙古文化史迹
              │           └ 内蒙古馆藏文物
中国文物 ─────┤
              │ 北京文物  ┌ 北京文化史迹
              │          └ 北京馆藏文物
              │ 香港文物  ┌ 香港文化史迹
              │          └ 香港馆藏文物
              └ ……
```

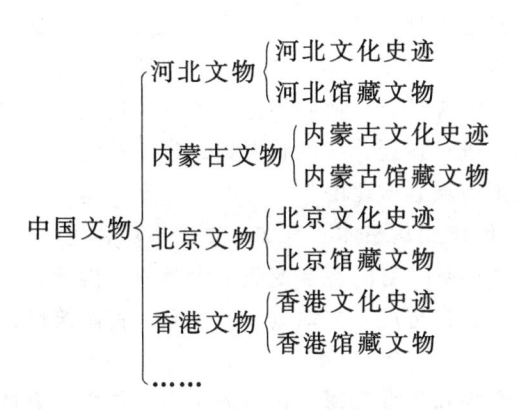

这种区域分类法在文物调查、保护、管理、研究工作中,早已存在,并不陌生。如省、市、县级文物部门编写文物志,就是根据该行政区域的文化史迹和馆藏文物等资料编写的。因此,称为××省文物志、××县文物志,等等。

还有一种依自然地理的相对位置来划分的区域,如中原与边疆,南方与北方，长江三峡地区等。因此，曾有中原文物和边疆文物之说。由于它没有明确的界线，在实际归类中很难掌握，一般并不使用它。在文物研究或考古学研究中为了对比，使用该概念是另一回事。

三、存在形态分类法

历史上遗留至今的文物，都以一定的形态存在于某个地方，这一点与文物都存在于一定的地区有相似之处。这里的所谓存在形态，是指文物的体量的动与静，直观的存在与隐蔽的存在，存在于收藏场所与散存于社会等。

根据存在形态分类法的上述含义，在对文物进行归类时，具体划分方法为依文物体量的动与静分类。据此，我们可以把文物划分为不可移动文物和可移动文物。

不可移动文物。此类文物基本上是文化史迹，如古遗址、古墓葬、古建筑、石窟寺、石刻、纪念性建筑、中国各民族风格建筑、外国风格建筑，等等。这些文化史迹一般体量大，不能或不宜于整体移动，特别是不能与其周围人文的或自然的环境一起移动。它也不像馆藏文物那样，可以收藏于馆内，并根据需要进行移动。

上述文化史迹不能或不宜于整体移动，是从文化史迹整体而言，至于个别文化史迹因特殊情况，必须迁移并已迁移的也有。如一通石碑，原处已无其他建筑物，又与周围环境无关，且在原地不便保护，迁移之后不影响它的价值，又便于保护，经批准后可以移动，迁往他处。又如，一座殿宇，独立于某地，其他建筑物已无存，不便保护，本身又有价值，亦可经批准后迁移。再如，在基本建设工程范围内，因工程建设的特殊需要，而必须把一处古建筑或纪念建筑物迁走时，同样可以用科学的办法进行拆迁，按原状复原。位于黄河三门峡水库淹没区的永乐宫，就是因此迁至芮城县城北的。

即使有个别迁移的文物，也不能改变从整体而言文化史迹不可移动的特性，如果移动了，其价值必然受到很大影响，有的甚至变成了大模型。因此，一般说来，文化史迹如古遗址、古城址、古窑址、古地道、古墓葬、古建筑群、石窟寺等，是无法整体移动的。

可移动文物。主要是指馆藏文物和传世文物。它们体量小（与文化史迹的体量无法相比），种类多。根据它的体量的大小和珍贵程度，分别收藏于文物库房，甚至文物柜或文物囊匣内。同时，可根据保管、研究、陈列的需要移动，变换地点，这对其本身的价值不仅没有影响，而且有利于保管、研究，更好地发挥其作用。

可移动文物主要有：石器、陶器、铜器、铁器、金银器、玉器、漆器、工艺品、书画、古文献、音像制品，等等。

该分类法表现的文物关系如下表：

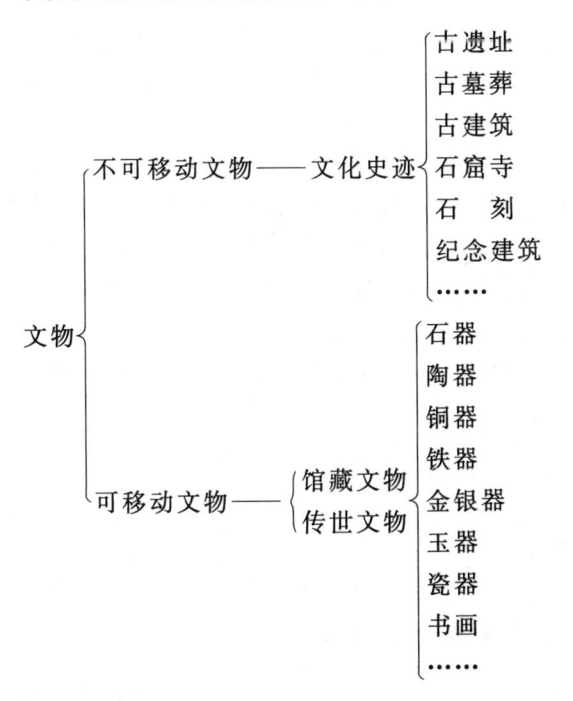

```
                    ┌ 古遗址
                    │ 古墓葬
      ┌ 不可移动文物──文化史迹 ┤ 古建筑
      │             │ 石窟寺
      │             │ 石  刻
      │             │ 纪念建筑
      │             └ ……
文物 ┤
      │             ┌ 石器
      │             │ 陶器
      │             │ 铜器
      │       ┌ 馆藏文物 │ 铁器
      └ 可移动文物──┤       ┤ 金银器
              └ 传世文物 │ 玉器
                    │ 瓷器
                    │ 书画
                    └ ……
```

四、质地分类法

质地分类法，是以制作文物的材料为标准，对文物进行归类的方法。文物是由一定的物质材料制作而成的文化遗物，由于所用物质材料的多样性，根据不同质地材料进行文物归类，是质地分类法的依据。

质地分类法主要用于对古器物的归类。这种方法有着悠久的历史。古代的金石学家，在其著录中，已开始采用。如宋代金石著作《考古图》，是现存最早的较系统的古器物图录。撰著者吕大临对古器物收录时，除铜器外，把玉器单作一卷（第八卷），就是从质地不同而分别归类，再行著录的。还有许多金石著作，专门著录某一类（某一质地）古器物，或以著录某一类（某一质地）古器物为主，附录其他质地的古器物。如《古玉图》，是元代朱德润专录玉器的金石著作。又如清代冯云鹏、冯云鹓兄弟撰著的《金石索》共12卷，其中6卷收录商周到汉和宋元的钟鼎、兵器、权量杂器，以及历代钱币、玺印和铜镜等；另

6卷收录历代石刻,以及带文字的砖和瓦当。前者为金索,后者为石索。当今我国博物馆文物藏品,大都采用按质地分类,即按制成器物的物质材料进行归类。不仅中国如此,外国博物馆(特别是西方博物馆)也大都是采用这种方法对文物藏品进行分类。

  对文物藏品按质地分类优越性很大,但也存在着许多判明质地的困难。主要是有些文物并非由单一的材料制成,金属制品往往是合金的,成分不纯的金属制品为数众多;还有复合质地(复合体)的文物。遇到这种情况,在用直观的方法可以确定其主要材料时,即按约定俗成的办法进行分类。随着现代科学技术引入文物鉴定、检测,对古器物进行物理鉴定或化学定量定性分析,对文物质地的判定将更加科学,为按质地对文物藏品进行分类提供更加科学的依据。

  文物藏品中的古文物,是古代社会生产和社会生活,政治、经济、军事、科学技术、文化艺术,以及随葬的遗物,对其主要种类依质地分类如下表:

文物
- 石器
- 玉器
- 陶器
- 骨器(含角器、牙器)
- 竹木器(竹器、木器)
- 铜器(含红铜、青铜、黄铜、白铜器)
- 铁器(含钢制品)
- 金银器(金器、银器)
- 铅、锌器
- 瓷器
- 漆器
- 玻璃器
- 珐琅器
- 纺织品(包括罗类织物、绫类织物、锦类织物等)
- 纸质文物

五、功用分类法

  功用分类法,是以文物的功用为标准,对文物进行归类的方法。文物作为社会生产和社会生活等的历史遗存,在制作时,是为了达到一定的目的,或者说,任何一种文物,都有它的用途。人们不会去制作毫无用处的物品,不会去

第五章 文物分类

建造没有具体用途的建筑物或构筑物，这是显而易见的。正由于此，在对文物分类时，通过对其功用的研究，可以把功用相同或基本相同的文物聚为一类，形成不同的类别。

文物的功用与其形制是分不开的。形制是文物的外形，可以看得见，摸得着，形象、具体。而功用是内涵，附着于文物的形体中，并通过形体发挥其作用。

这种以功用对文物分类的方法，在古代业已萌生。金石学家在研究和著录古器物时，已从器物的器用出发，按不同的器用归类。如宋代金石著作《宣和博古图》，著录了当时皇室在宣和殿所藏的自商至唐的铜器839件，集中了宋代所藏青铜器的精华。全书共30卷。细分为鼎、尊、罍、彝、舟、匜、瓶、壶、爵、斝、觯、敦、簠、簋、鬲、镀及盘、钟、磬、錞于、杂器、镜鉴等20类。这20类虽以文物的器形划分，但实质上是以器物的功用区分的。它把始于商、迄于唐的上述各种器物，按种类著录就说明每一种器具有相同的功用，尽管不同时代的具体形制不同，并不影响把它们归入一类。当然，也必须指出，它与我们所说的按文物功用分类仍有区别。

按文物功用分类，有某一功用的文物，其时代、质地并不完全相同，这是不言而喻的。如农具中，既有石质农具、木质农具，又有青铜质地农具和铁制农具。农具中的镰，有石镰、蚌镰、铁镰，铲有石铲、青铜铲、铁铲，犁有石犁、木犁、青铜犁、铁犁，等等。兵器中的镞，有石镞、骨镞、铜镞、铁镞，矛有石矛、铜矛、铁矛，戈有玉戈、铜戈、铁戈，等等。这些不同质地的农具和兵器，其时代也不完全相同。

此种分类法，可以把某一功用的各种质地的文物，按时代从早到晚聚集在一起，这对研究其产生、发展、变化以及在不同历史时期所处的地位与所起的作用等，十分有利，对研究专门史有重要价值。

现对文化史迹中的古代建筑和古器物以功用进行归类，举例列表如下：

```
         ┌ 城市建筑
         │ 宫殿建筑
         │ 衙署建筑
         │ 园林建筑
         │ 宗教建筑（包括佛教建筑、道教建筑、伊斯兰教建筑等）
         │ 馆堂建筑
    古建筑┤ 坛庙建筑
         │ 书院建筑
         │ 民居建筑
         │ 纪念建筑
         │ 交通建筑
         │ 水利设施
         └ ……
文物┤
         ┌ 农具    镰、铲、锄、钁、锹、锚、犁……
         │ 手工工具  斧、锛、凿、钻、锯、锥、削、锉……
         │ 兵器    镞、戈、矛、剑、戟、刀、弩机……
         │ 炊器    鼎、鬲、甗、釜、刀、俎……
         │ 盛器    簋、簠、盨、敦、豆、盂、盆……
    古器物┤ 酒器    爵、觚、角、斝、觯、觥、杯、盉、尊、卣、方彝、瓿、
         │        罍、壶、缶……
         │ 水器    盘、匜、鉴、洗……
         └ 乐器    铙、钲、钟、编钟、甬钟、钮钟、镈、鼓、錞于……
    计量器   天平、权……
    杂 项   镜、带钩……
```

六、属性（性质）分类法

属性分类法，是以文物的社会属性，以及科学文化属性为标准，对文物进行分类的方法。也可以说，它是以文物的性质为标准的分类方法。文物是人类社会活动的遗存，人们的任何活动，都不是孤立的、无意识的或无目的的。这种社会性和目的性，使制作的生产工具和生活用具、文化艺术品以及建造的建筑物等，都打上了一定的烙印，作为遗存具有文化的属性。在运用属性分类法时，必须首先研究文物的用途及深层含义，只有这样，才能够比较准确地把握

它的性质。

在古器物中有礼器,供大典、祭祀等使用,这就是一种属性。还有明器,是我国古代专为随葬而制作的各种器物,因此又称"冥器"或"盟器",常模仿各种礼器、日用器皿、工具、兵器等形状制作而成,也有人、家畜、禽兽的形象,以及车船、家具、建筑物等模型。明器,有陶质、瓷质、木质、石质等,也有用金属质材料制作的。自新石器时代开始,以迄于宋,历代墓葬中均有发现。

科技文物,是以直接表现科学技术为内容的器物,不是泛指包含于一般文物中的科学技术。如天文图、圭表、漏壶、日晷、浑天仪、简仪、古地图、砭镰、金医针、银医针、帛画导引图、《灸法图》、针灸铜人、医疗器械等。

宗教文物,是指供宗教活动的场所、用具及表现宗教内容的物品。如宗教寺庙、道观、法器、绘画等。这类文物是宗教性质的遗存。

民族文物是近现代文物的组成部分,是反映某一民族物质文明和精神文明的并具有该民族特色的遗存。它从不同侧面反映了该民族的社会生产和社会生活,是研究该民族政治、经济、文化的实物资料。

民俗文物也是近现代文物的组成部分,是反映民间不同风俗习惯等民俗现象的实物。它的范围很广,涉及全部社会生活及文化活动。它既反映社会经济活动和相应的社会关系,又反映社会上层建筑的各种制度和意识形态。一事一物,可表现生活习俗、文化风尚。因此,它对了解各地人民习俗的发展、变化和社会生活及文化状况,都是重要的实物资料。

属性分类法对部分文物分类关系如下表:

```
       ┌ 生产用具
       │ 生活用品
       │ 文化艺术品
文物  ┤ 宗教建筑、宗教用品
       │ 民族建筑、民族用品
       │ 民俗用品
       └ ……
```

七、来源分类法

来源分类法,是以文物来源为标准,对文物进行分类的方法。此法仅适用于博物馆、纪念馆或文物保管机构等文物收藏单位文物藏品的分类。这些单位的文物藏品,都应有来源。来源可以不同,但没有来源的藏品是没有的。这是来源分类法的依据。

文物收藏单位的藏品来源,有地区、单位和个人之分,就其形式而言,大体有:1. 拨交。一个单位建立伊始,收集藏品是件大事。拨交的文物,是其重要来源之一。不论是老馆、新馆,在建馆之初,或多或少都接收了拨交的文物;所谓的"旧藏",严格说是不存在的。至于拨交文物的来源,具体情况是十分复杂的,只能在该文物的账目与卡片上反映出来。2. 征集。其中包括收购,是文物收藏单位丰富馆藏的主要渠道之一。许多单位为了增加、丰富馆藏,加强征集工作,设立了文物征集部门。3. 拣选。在废旧物资中,掺杂有文物。文物部门与银行、冶炼厂、造纸厂和废旧物资回收部门共同负责拣选,会为文物收藏单位提供一些藏品,甚至是重要藏品。4. 交换。文物收藏单位根据国家文物法规,开展馆际之间的文物藏品的交换,是调节余缺,互通有无,丰富藏品的办法之一。5. 捐赠。即文物收藏单位接受文物鉴藏家或文物收藏者等的捐赠。6. 发掘。考古发掘获得的大批出土文物,为博物馆等文物收藏单位提供了丰富多彩的藏品。它是增加、丰富历史类博物馆馆藏的重要途径。

文物来源分类关系如下:

$$\text{文物}\begin{cases}\text{拨交文物}\\\text{征集文物}\\\text{拣选文物}\\\text{交换文物}\\\text{捐赠文物}\\\text{发掘出土文物}\end{cases}$$

八、价值分类法

价值分类法,是以文物价值为标准,对文物进行分类的方法。文物有历史、艺术、科学价值。没有价值的历史遗迹和遗物不是文物。按照文物价值分类,主要是根据文物价值的高低来区分。至于价值高低的确认,需要鉴定。

根据中国文物法律法规,对文物价值高低的区分,采取两种办法。其一,对不可移动文物,即古遗址、古墓葬、古建筑、石窟寺、石刻、纪念建筑、民族风格建筑等,依据其价值的高低,分为全国重点文物保护单位,省、自治区、直辖市文物保护单位,市、县级文物保护单位。其二,对可移动文物,如陶瓷器、青铜器、铁器、金银器、玉器、漆器、骨器、书画等等,依其价值高低,分为珍贵文物和一般文物,珍贵文物分为一、二、三级。

以文物价值为标准的分类关系如下表：

```
              ┌ 不可移动文物 ┬ 全国重点文物保护单位
              │              ├ 省、自治区、直辖市文物保护单位
              │              └ 市、县级文物保护单位
文物 ┤
              │              ┌ 珍贵文物 ┬ 一级文物
              │              │          ├ 二级文物
              └ 可移动文物 ┤            └ 三级文物
                             └ 一般文物
```

第三节　文物分类法的局限性与发展

文物分类法作为对文物进行归类的方法，如前所述，都有其科学依据。但它也如同其他研究方法一样，有其不足或局限性。运用上述分类方法，对极为繁杂的文物进行归类，有的分类方法十分明显地表现出一定局限性。随着现代科学技术的发展，有的分类方法被引入了文物研究领域，展现了良好的前景。

一、某些分类法的局限性

在本章第二节叙述了八个主要的文物分类方法。其局限性表现比较明显的是质地分类法和来源分类法。

质地分类法，主要适用于对博物馆等文物收藏单位文物藏品的分类。文物藏品中的绝大部分都可以按质地分类法对其进行归类，不宜于用此法进行归类的只是一少部分。

但是，如果采用质地分类法对文化史迹（不可移动文物）进行归类，基本上就行不通。在实际上，对古建筑，有的根据其所用主要材料，称为石塔、砖塔、木塔、铁塔、石桥、铁桥等，这只是文化史迹中的极小部分，而且其中有的虽从建筑本身的材料构成而言基本如此，但从一处文化史迹单位来讲，往往又难以区分。如一座庙宇，有砖木结构，有砖塔，有石刻，有些建筑内有木雕像、泥塑像或铜像等。由如此内容众多、材料质地复杂的单体建筑与附属物构成的一处文化史迹单位，用质地分类法是根本无法进行归类的。

文化史迹中的古遗址和古墓葬，显而易见，亦无法用质地分类法进行归类。古墓葬发掘之后，根据墓室构造形状和构筑的材料，固然可分为土坑墓、土洞墓、砖室墓、石室墓等，但仍然只是墓葬的一部分，墓葬的另一部分重要内容棺椁、随葬品等，却不可能是一种质地的。因此，古墓葬作为一个整体，也不宜用质地分类法归类。何况大量的古墓尚未发掘，不可能知道它的质地，怎么能预先进行分类呢？

至于来源分类法，只适用于对博物馆等文物收藏单位文物藏品的分类，不能用它来对文化史迹归类。

二、文物分类法的发展

对文物分类法的研究，是和对文物的认识深度密切相关的。这一点除了研究水平等因素外，更重要的是与科学技术发展水平以及把现代科学技术引入文物分类研究的程度有关。随着现代科学技术的发展，以及在文物研究领域的应用，对文物质地，特别是对馆藏文物质地的认识，将会日益清晰，也可能在将来的某个时候，以新的检测成果，推翻了某些现在以质地为标准的归类，从而产生出新的分类法。

作这样的推测和科学预见是有根据的。在生物学研究中已有先例："不仅动物和植物的个别的种类日益无可挽救地相互融合起来，而且出现了像文昌鱼和南美肺鱼这样的动物，这种动物嘲笑了以往的一切分类方法。"①

在文物研究中也提出此类问题。过去未采用现代科学技术对出土铁器进行检测，在按质地分类时，一律归入铁器类。当用现代科学技术对铁器检测之后，发现有些器物不是一般铁制造的，而是用钢制造，笼统称铁器尚可，认真对待，则应是钢制品。因此，有的学者主张把"铁器"改称为"钢铁器"是有道理的，在科学上是成立的，这实际是对按质地分类法的发展。过去按质地分类的陶器、瓷器、砖瓦、玻璃器等，经现代科学技术检测，均为硅酸盐质地，因此，应统称为硅酸盐质地文物。这无疑也是对文物按质地分类法的发展。同时，在未对瓷器进行科学检测之前，确定是否瓷器的主要依据是：以瓷土和瓷石为原料，胎质致密，釉透明，火候高，不吸水或吸水率很低等。至于它的化学成分如何，则无从谈起。待用现代科学技术对瓷器检测后，得知其化学组成主要是氧化硅（SiO_2）和氧化铝（Al_2O_3），并含有10%以下的氧化铁（Fe_2O_3）、氧化钛（TiO_2）、氧化钙（CaO）、氧化镁（MgO）、氧化钾（K_2O）、氧化钠（Na_2O）、氧化锰（MnO）等。这个分析结果，是否预示了今后对不同质地的文物，进行物理和化学成分检测后，会分析出更详细的成分呢？

---

① 恩格斯：《自然辩证法·导言》，《马克思恩格斯选集》，第1版，人民出版社，1972年。

第四节　文物分类与文物保管

文物分类是文物研究首先要进行的工作。没有分类，对庞杂的文物进行研究便无从进行。同时，文物分类对于文物保护、管理也具有重要意义。

一、有利于文物藏品的保管

各种分类方法中，按文物质地分类，是博物馆等文物收藏单位普遍采用的方法。之所以如此，原因很多，其中重要的一点，以质地对文物藏品进行归类，有利于不同质地，分别存放，有利于更好地保管文物。

文物的质地不同，其物理性能与化学成分亦不相同。它们对温度、湿度、光线、生物（微生物）等的反应和要求各异。例如：

纺织品类文物是有机质地，其强度的降低和褪色，除纺织品原材料、染料结构和性质不稳定外，还受到自然光线、温湿度、微生物等影响。因此，对纺织品类文物藏品的保管，主要是控制温湿度，避免光线直射，防止虫、菌损害，以及防机械损伤等。显而易见，对此类质地文物的保护，主要是有效控制保存环境，延缓自然老化。

骨、角、牙器，对温湿度和风吹日晒的反应也很明显。温、湿度的剧烈变化，会使骨、角、牙器发生翘曲或开裂，而风吹日晒和空气污染，则促使骨、角、牙器质地老化、变脆等。在保护中，同样要调节温、湿度，避免温、湿度大起大落；对光线的照射，环境的污染等也都要加以注意。

纸质文物能否比较长久地保存，与酸度、微生物、温度、湿度、气体等均有密切的关系。在保护方面，除脱酸和防霉菌、防虫害技术处理外，还需控制温、湿度，即创造、保持一个适于纸质文物长久保存的环境。

金属质地的文物，如青铜器，它的化学成分主要是铜、锡、铅，及极少量的铁、镍、锌、硅等杂质。中国青铜器主要制作于商周，几千年来，都有不同程度的腐蚀。稳定的腐蚀物对保护内部金属免遭腐蚀有一定作用，不稳定的腐蚀活动对青铜器危害甚大。这种有害的腐蚀物是呈淡绿色粉状锈，一般称青铜病。对青铜病的防治，一是将氯化物转化为不含氯离子的稳定物质，二是将氯化物用化学和物理的方法进行处理，使之与空气中的氧气、水分隔绝。防治的具体方法除技术处理外，同样要注意保证它有一个适宜的保存环境。

陶器、瓷器、砖瓦、玻璃等质地的文物，在环境因素的影响下，会发生机械性、化学性的损坏。

上述例子已足以说明，不同质地的文物，对保护的要求既有相同之处，又有不同之处，这就给保护工作带来了难度。由此也可看出，按质地对文物藏品进行分类的优点。对文物藏品按质地分类，正可以根据不同质地文物对保管的要求，采取不同措施，制定不同的保管方案和制度。如果不是按质地对文物藏品分类，把不同质地的文物混放于同一库房内保存，由于它们各自对温、湿度等环境要求不同，就无法调整温、湿度；某个温、湿度对甲种质地文物的保存是必须的，而对乙种质地的文物就可能有害无益。如保存漆器环境的相对湿度，最好控制在50%～60%之间，环境温度一般控制在15℃～25℃为宜。这个温、湿度与保护纺织品文物的温、湿度大体相同。但这个温度，对纸质文物的保存却大为不利。纸质文物的保存温度应保持在15.5℃。

除此之外，按质地对文物藏品分类，还可对某些价值高的藏品进行专库、专柜保存，如金器、银器等，即属此类。

二、有利于分级保管

按文物价值高低分类，对采取相应措施，加强文物保护、管理十分有利。

中国的博物馆文物藏品分为珍贵文物和一般文物，珍贵文物分为一、二、三级。对各级文物的保管各有要求。如对一级文物藏品，必须填写登记表，报国家文物行政管理部门备案，设置专柜保管。复制一级文物藏品，须报国家文物行政管理部门批准。这些要求，在我国文物法规中均有详细规定。

中国文化史迹根据价值高低，由各级人民政府分别公布为全国重点文物保护单位，省、自治区、直辖市文物保护单位和市县级文物保护单位。这不仅说明它们的价值高低有所不同，而且表明对它们采取不同的保护管理办法，实行分级管理。

中国文物藏品和文化史迹异常丰富，如果不区分价值高低，不分主次，就无法有针对性地制定法规和采取措施，也就无法进行有效的保护，在它们遭到人为的破坏后，对破坏者的惩罚亦失去科学的依据。

总之，文物按价值高低分类，为文物法规的制定和科学保护均提供了极为重要的科学依据。

第六章
文物鉴定

文 物 学

第一节 文物鉴定的必要性

文物鉴定，是运用科学的方法来分析、辨识文物的年代、真伪、质地、用途、价值等，为文物研究或其他学科利用文物研究某一问题（或专门史）打下基础。同时，研究文物鉴定，又是一门专门学问，文物鉴定学是文物学的分支学科之一。

任何一件（一处）文物，都产生于一定的历史时代和环境，说明某个问题，成为历史真实的、形象的见证。这是文物重要的特征之一。

但是，文物在自然的和历史的发展中，由于种种原因，有些难识其真面目，给人们认识它的年代与价值造成很大困难。

特别是在历史上，一些人出于盈利等目的，采取各种手段大量制造假古董，鱼目混珠，使人对文物真假难辨。这就需要对文物进行鉴定。《韩非子·说林下》记载："齐伐鲁，索谗鼎，鲁以其赝往。齐人曰：'赝也。'鲁人曰：'真也。'"此处"赝"即伪也。当今称伪造的文物为"赝品"即源于此。

一、作伪使文物真假难辨

古代文物作伪十分盛行，它伴随着文物经营利润的出现而出现。特别是出现古董买卖的市场后，文物作伪日益兴盛。在宋代，文物作伪主要是铜器和书画两大类。赵希鹄《洞天清录·古钟鼎彝器辨》中，对铜器作伪记述道："伪者以漆调朱为之……"，"以水银调锡末在新铜器上令匀，然后以醽醋调细硇砂末，笔蘸匀上，候干如蜡茶色……"。明代《宣德鼎彝谱》卷二记载了各种点染铜器的材料。高濂《遵生八笺·新铸伪造》对铜器作伪的方法，如纹饰、颜色的作伪等作了详细的记载。这些记载充分说明了当时铜器作伪已达到较高水平，也反映了当时伪造古物之风盛行。

古代铜器作伪，主要在着色、纹饰、铭文和形制等方面下工夫，其中着色是作伪铜器的基本手段。上述宋人、明人的记载也说明了这一点。

历代作伪器物、书画甚多，不鉴定，难以辨真伪。真伪之所以能辨别，是因为在一定历史条件下产生的文物,都不能离开时空而存在。超时空再制作一件与某件文物完全相同的物品,是根本不可能的。文物不能再生产。任何时期制作的假文物,既不具备历史文物所具有的特征,又在形制、花纹、工艺等方面根本不可能与文物完全相同,它可以一时混杂于文物之中,欺骗某些人于一时,最终还是要被辨识出来,还其本来的假面目。

二、判明年代与揭示价值之必须

在历史的长河中,由于自然和人为的原因,许多文物年代不明,其真正价值未能揭示出来。对此类文物,只有通过鉴定,才能判明年代,确定价值。

我国博物馆等文物收藏单位,收藏了大量文物藏品,其中有相当数量为传世文物;有些传世文物往往没有确定年代。文物年代不定,就不能将其置于产生它的年代,以及判明它在那个时代所处的地位和所起的作用。对年代不明的文物,识别年代是文物鉴定首先要解决的问题。否则,其他均无从谈起。

文物作为历史文化的载体,其价值并不都是直观的。许多文物的价值,是隐藏于实物遗存的深层结构之中。鉴定就是揭示文物价值的重要手段之一。

古代金石学家和书画鉴藏家,在考订、判明文物年代方面做出了卓有成效的努力。但由于时代的局限或条件所限,往往不免疏漏或误断。当时没有科学的考古发掘,没有明确的地层内出土的器物可用作标准器,以资比较,出现误断文物年代的事是完全可以理解的。

对古代金石学家和书画鉴藏家所持的确认文物价值的标准,当然不能用今天的观点去苛求,对我们而言,要批判地继承,与时俱进,用历史唯物主义观点对文物的价值作出鉴别。

三、文物鉴定与文物定级和保管

文物定级、保管需要科学依据。文物藏品区分等级,不可移动文物分级核定公布为文物保护单位,都需要通过文物鉴定,确定年代(时代),评定价值。不仅如此,文物出口、打击文物走私等,也都需要对文物进行鉴定。

文物的等级是根据文物的价值与作用确定的。历史遗留下来的不可移动和可移动文物十分丰富,种类繁多,价值不一。根据文物价值和作用的大小确定它们的级别,既有利于充分发挥其作用,又有利于保护。中国法规规定,可移动文物(文物藏品等)分为珍贵文物和一般文物,珍贵文物分为一、二、三级。一级文物,是具有特别重要价值的代表性文物;二级文物,是具有重要价值的文物;三级文物,是具有一定价值的文物。不可移动文物分为全国重点文物保护单位，省、自治区、直辖市文物保护单位，市、县级文物保护单位。

在文物藏品定级时，需要在文物年代明确的前提下，评定它的价值，确定它的级别。等级的确定与采取什么保管措施，有直接关系。分级保管是文物藏品保管中一条重要原则。

不可移动文物能否都公布为文物保护单位呢？显然不能，能核定公布为文物保护单位的只是少数。能否公布为文物保护单位，关键是它的价值。其中价值重大者，即成为全国重点文物保护单位提名的对象。各级人民政府公布的文物保护单位，由于级别不同，根据文物法规的规定，实行分级管理，采取不同的措施，加强保护。

文物是重要的文化财产，除文物法律法规规定的可以出口的以外，严禁出境。那么什么年代的文物，什么种类文物可以出境，什么年代的文物及其种类严禁出口？无疑要作出具体规定，对文物进行鉴定，不如此，无法保证国家文化遗产不外流。

第二节 文物鉴定的内容与要求

文物鉴定的目的，即揭示文物的内涵与价值。由此出发，可以说，一切文物均需要鉴定。这样就构成了文物鉴定学，即以鉴定文物为其研究对象的学科。对文物的鉴定，由于具体对象不同，鉴定内容的差别，以及鉴定手段不尽相同等，又形成了一些以某一类文物为鉴定对象的专门鉴定，如书画鉴定、青铜器鉴定、陶瓷鉴定、玉器鉴定、古建筑鉴定等。

一、文物鉴定的主要对象

鉴定文物自然以文物为对象，这是不言自明的，但由于文物种类异常复杂，有些文物在一定的环境下是无法鉴定的。如古墓葬，有文献记载或碑石记载的仅是极少数，绝大多数没有记载。后者不论是有封土的，或无封土的，在考古发掘之前，对其内容均无法判定。具体来说，对这类墓葬，一无法确定年代（或只能知其相对年代）；二无法确知墓主人；三无法得知随葬器物种类及其多寡。因此，无法评定它的价值。如河北平山战国中山王墓，在发掘之前，对其时代意见不一，不知墓内情况，无法评论。待发掘之后，证实为战国时期中山国王墓葬，特别是墓中出土大量带铭文器物，如"中山三器"，使中山国许多鲜为人知的史料发现了，此时对其价值的评定才有依据。即使有文献或碑石记载的古墓，如一些帝王陵墓，也只能是根据记载及存在于地面上的遗存，评定其

第六章 文物鉴定

价值。在未考古发掘之前，对墓内情况不得而知，其价值的评定也是相对的。如秦始皇陵，据《史记·秦始皇本纪》记载，秦始皇即位之后，便开始在骊山营造自己的陵墓。在他统一中国以后，工程更加扩大，征调劳力达70多万人，前后延续30余年，直至秦亡，陵园尚未全部竣工。作为统一中国的第一位皇帝的陵墓，依文献记载，规模庞大，现存有封土高43米，其陵园制度对后代陵园建筑影响颇大，因此秦始皇陵的价值自然是很高的。

但是，对秦始皇陵的进一步评价，只有在秦始皇陵随葬陶兵马俑的地下坑道建筑和随葬铜车马等发现与科学发掘之后，才为秦始皇陵价值的进一步评定提供了非常丰富、非常形象的材料。现共发现3个兵马俑坑，总面积19540平方米。迄今仍在进行发掘。已出土陶俑3000余件。其中13020平方米，埋兵马俑近6000件，经局部发掘，出土陶俑2000余件，木质战车10余乘，陶马32件。陶俑和陶马与真人、真马大小相近。在墓道过洞中，发现彩绘铜车马两乘，每乘铜马4匹，车上各有一铜御官俑。铜车马俑约为真车、真马、真人的二分之一。这些重大发现，不仅对秦代军队编制、作战方式、甲骑步卒装备等的研究提供了重要的形象的资料，也是研究秦代雕塑艺术的宝库，而且对秦始皇陵价值的研究，同样是重要的资料。尽管这些并不是秦始皇陵的全部内容，但已经充分说明，它的价值之高在帝王陵墓中是无与伦比的。联合国教科文组织已将秦始皇陵列入世界遗产名录。

古遗址的鉴定，也有类似的问题。一处古遗址，特别是无文献记载的古遗址，固然可以从暴露在地面或断崖上的遗迹、遗物，或通过铲探、试掘来初步判断其时代及内涵，但在科学发掘之前，其时代和价值的评定，往往受到诸多因素的限制。因此，在科学发掘之前，对古遗址的鉴定只能是相对的。

文物鉴定从总体上说，其对象是所有的文物。但上述情况表明，对某些文化史迹的鉴定，明显地受到条件的限制。在这些条件未变化之前，鉴定只能是局部的，评定的价值也是相对的。

文物鉴定研究的主要对象，一是可移动文物，即文物藏品和传世文物，二是部分不可移动文物，即文化史迹。

对文物藏品和传世文物（未入馆藏的传世文物）的鉴定，自古以来就是鉴定的重点。古代金石学家和书画鉴藏家，在鉴定、著录方面做了大量工作。博物馆等文物收藏单位的文物藏品，如古代的石器、玉器、陶器、铜器、金器、银器、铁器、铅锌器、瓷器、珐琅器、漆器、竹木器、骨角牙器、书画、古籍善本，等等，都是文物鉴定的主要对象。

在文化史迹中，古建筑、石窟寺、纪念建筑、石刻等是文物鉴定的主要对象。

对这些鉴定主要对象的专门研究,特别是其中主要种类文物的研究,是文物鉴定的重点。

二、文物鉴定的主要内容

文物鉴定的主要内容,包括辨别文物真伪,判明文物年代,评定文物价值和等级几个方面。它们之间有着密不可分的内在联系。在鉴定过程中,应辩证地对待,不可将它们孤立起来。不辨明文物的真伪,就匆忙判定年代,有可能把假当真,其价值的评定就可能谬之千里。反之,如将文物真品定为赝品,判明年代自然谬误,还很可能将珍贵文物处理掉,造成无法弥补的损失。

辨伪。在文物藏品中,特别是其中的传世品,往往夹杂着伪品(赝品),即假古董。由于历史上作伪之风盛行,一些收藏家在作伪技术甚高的物品面前,往往以为是真品,购买收藏,以至流传至今,有些被博物馆收藏。在保管、研究、陈列宣传时,首先要把混入文物中的假文物(即伪品)辨别出来。这是文物鉴定的重要内容,也是保管、研究、陈列、宣传文物的科学基础。

辨别真伪,主要是对可移动文物(馆藏文物)而言。对不可移动文物(文化史迹)来说,只是其中一部分需要辨伪。如石刻,可以按某名碑制作假碑,以假冒某名家书法,捶拓后高价出售。假碑流传下来,就有个辨伪问题。石雕、木雕等作为某建筑物的附属品,毁坏之后,又按原来形象及大小重新雕刻,虽判如一个,但与建筑物并非同时之物。其他构件的更换亦如此。如不辨别,把它定为原件,自然出现混乱。

在古建筑中,有在后代重建前代已毁的建筑物,有乙地仿建甲地的某一建筑物。对此类建筑物主要是判明修建年代,与辨别真假文物既有联系,又有区别。至于当今按照某小说的描述,新修建的"古代园林"、"古代建筑",或按宋《营造法式》、清《工部工程做法则例》修建的"古代建筑",均不是文物,统属假古董。

断代。辨别文物的年代,是文物鉴定的主要内容之一,在文物鉴定中占有十分重要的地位。确定文物产生的年代,就可将其置于当时的时空环境中进行研究。文物的真伪,最根本的是时代不同。不同的时代,不可能制作出完全相同的物品。此外,还有所用材料、工艺的差别。即使复制、仿造得惟妙惟肖,也是假的;特别是仿制品,其内涵也是相异的。

文物断代,对一切文物来说,都是必需的,极其重要的。它是文物研究的前提。如果前提错了,即文物时代判定错了,其结论也必然是错误的。

对文物的断代研究中，除由于作伪而造成的一些文物年代混乱，需要鉴定、辨别外，还有大量文物本身并无纪年，需要鉴定，以判明年代。文物藏品中的传世文物等在流传过程中，由于自然损坏、有意挖损等原因，给确定年代带来重重困难；一些文化史迹，如一些古建筑物具有多时代的构件；一些碑石的纪年或关键字被砸去，给断代造成困难，等等。对这些文化史迹只有通过鉴定，才能判明，即使对无文字记载的古遗址和古墓葬，也要通过调查，在现有材料的基础上，对其年代作出初步判断。

总之，通过文物鉴定判明其年代，是对所有文物而言，绝不可将它局限于某一类文物，或只是辨别真伪。

评定价值。文物是具有历史、艺术、科学价值的文化遗存。没有价值的遗存，不能称其为文物。这就是说，在对历史上的遗存确定为文物之前，就需要对其进行研究，评定其是否具有一定的价值。当已确定某历史遗存为文物之后，就要进一步研究其价值的高低。

在研究文物价值过程中，毫无疑问应将其置于一定的历史环境中，分析它的内容、它的制作工艺，揭示它的内涵，以及在历史上的地位与作用。在此基础上，研究、评定它价值的高低和作用的大小。

评定文物等级。这是鉴定的主要内容之一。根据对文物价值高低的评定，把文物藏品划分为珍贵文物和一般文物，珍贵文物分为一、二、三级；把不可移动文物区分为全国重点文物保护单位，省、自治区、直辖市文物保护单位，市、县级文物保护单位。

此外，对出境文物、查获的盗掘文物和走私文物等可移动文物的鉴定，也要辨伪、断代，评定价值、评定等级。

三、文物鉴定的基本要求

文物鉴定本身是一种科学研究工作，文物鉴定的基本要求是：

（一）要用历史唯物主义和辩证唯物主义的观点和方法，对文物进行认真的而不是敷衍的调查研究；对一件器物（文物）仔细观察，从造型、质地、纹饰、工艺等方面深入考察，去伪存真，去粗取精，对文物的真实性、科学性，作出正确鉴定。

（二）通过鉴定研究，比较分析，力求准确地判明文物的真伪、年代、时代特点或风格，以及它的作用。

（三）通过对文物的综合研究，分析和揭示文物的形式与内涵，力求准确地评定其历史、艺术、科学价值的高低，为划分文物等级以及保护、研究、宣传打下科学基础。

（四）文物鉴定者应具备广博的历史知识、文物知识、自然科学知识、现代科学技术知识，以及文物作假知识等，掌握或了解传统的鉴定方法和现代科学技术分析鉴定方法，力求对文物作出准确的鉴定。

（五）文物鉴定必须坚持实事求是的原则，鉴定人员必须具有法律观念和敬业精神，必须具有良好的职业道德和对国家文化财产高度负责的崇高品德。

（六）认真作好鉴定的各项资料整理工作，包括文物本身鉴定资料和鉴定工作资料等，写出鉴定意见，作为完整的文物资料档案，妥为保存。

第三节　文物鉴定方法

文物的类别不同，要求采取不同的方法进行鉴定。文物鉴定的对象是文物，因此，关于文物研究的基本方法（详见第一章第三节）也同样适用于文物鉴定。

在鉴定文物之前，必须对文物分类，以便根据不同类别的文物采取不同的方法进行鉴定。在文物藏品鉴定中，一般以质地分类，更有利于排比、辨别。在对不可移动文物鉴定中，一般按性质分类，以便于对不同种类的文物（文化史迹），采取不同方法进行鉴定。

文物种类众多，文物鉴定方法也必然多种多样。每一种类的文物鉴定，都是一门专门学问。这里对文物鉴定的基本方法归纳为传统方法和现代科学方法。

一、传统鉴定方法

传统鉴定文物方法，是自古代以来人们在研究、鉴定文物中不断探索、总结的科学成果。其基本内容是，在对文物分类的基础上，对同类文物进行比较辨别和综合考察。

比较。没有比较就没有鉴别。在古代和现代，都采用比较的方法鉴别文物。以文物藏品为例，对真伪、年代和价值未作出辨识的文物，鉴定时，选取已知真伪、年代的同类文物的标准器，将两者对比，进行分析，找出未辨识真伪、年代的文物与标准器物（文物）之间，在形制、质地、纹饰、工艺等方面的相同与相异之处，分析它们的矛盾和联系。在比较、鉴别的过程中，经过系统分析研究，作出科学的判断。

综合考察。通过对文物本身的调查了解、文献记载的考证和鉴定同类文物一般规律的总结，对鉴定对象（文物）进行综合考察、分析、判断，以达到鉴别文物的目的。此法对鉴定不可移动文物尤为适用。不可移动文物一般形体大，

第六章 文物鉴定

内容多,涉及面广,采用综合分析的方法鉴定,容易取得比较科学的鉴定结果。

运用传统方法鉴定文物,除上述基本方法外,还有根据不同鉴定对象所采用的不尽相同的具体方法。这是由不同种类文物的性质所决定的。

二、传统鉴定举要

运用传统鉴定方法鉴定文物,仍占有重要地位。这一方面是由于它的科学性和适用性,另一方面,现代科学技术检测鉴定方法还有一个总结、提高和推广的过程。

下面以瓷器、古书画、古建筑为例,简要叙述对它们的鉴定。

(一) 瓷器鉴定举要

瓷器在中国文物藏品中占有很大比重。其中传世瓷器为数众多,是瓷器鉴定的重点。鉴定时,一要借助考古发掘获得的有明确地点、地层的瓷器标准器,二要对传世瓷器从典型风格和基本特征入手,两者相互印证,分析研究,作出科学鉴别。

20世纪50年代以来,中国文物考古工作者对不同时代的瓷窑址进行了大量调查,对不少窑址进行了科学发掘,获得了大量瓷器及重要标本,对深入了解瓷窑址的历史、窑的结构、瓷器的发展变化等,提供了十分丰富的实物资料。出土的瓷器,出土地点、地层明确,以此可判定其相对年代,或历史年代。同时,出土的不同种类的瓷器,说明了它们的共存关系及其变化。因此,经科学发掘所获得的瓷器,特别是其中的一些标准器,可作为鉴定传世瓷器时对比、分析的重要依据之一。

传世瓷器,本身的时代风格、基本特征等是鉴定的又一重要依据,而瓷器的时代风格和基本特征,主要表现在它的造型、纹饰、胎釉和款式几个方面。在鉴定时应从这些地方入手。

1. 造型。瓷器的造型是鉴别真伪的重要依据之一。造型特征、制作工艺、烧造技术及各种器形所表现出的不同时代的生活习惯、风俗及审美标准等,构成了瓷器的时代风格。如唐代在烧造工艺上普遍使用钵装烧后,促使瓷器制作和造型起了很大变化,胎壁从厚重趋向轻薄,底足由平底变为玉璧底,造型由笨拙粗重变为轻巧精美。又如明嘉靖、万历后,瓷器器形渐趋复杂,厚重古拙与轻盈华丽兼而有之,但比永乐、宣德时期瓷器显得粗糙、不精细。掌握不同时期瓷器的不同造型,就可以仔细对比,比较时主要对器口、颈、腹、底、足、器里,以及柄、耳、流、系等进行观察,深入分析,找出在风格上的异同。从而利用不同器形特征,鉴别真伪。有一些造型古拙秀美的瓷器,特别是明代永乐、宣德时期制作精细、造型独出心裁的杰作,是很难仿制成功的。即使有些作伪技术很高的器物,总有破绽可寻。

2. 胎釉。胎为瓷器骨,釉是瓷器衣,胎釉构成了瓷器的主体。因此,在瓷器鉴别中,胎釉的变化是重要依据之一。不同时期,不同地区的瓷器,在胎釉原料成分和烧造工艺上都有明显的不同,代表着不同的风格。如唐代制瓷业为"南青北白",即南方以烧青釉瓷为主,仍以越窑瓷质量最高;北方以烧制白釉瓷为主,以邢窑瓷质量最佳。施釉技术提高,出现了长沙窑在胎上画彩后再上釉的高温釉下彩的新技术,开创以绘画技法美化瓷器的先例。宋代定窑白釉瓷器,胎薄釉润,造型优美,花纹繁复。在创造覆烧技术后,产量提高。为官府烧造的产品,器底常刻"官"、"新官"款。又如明代景德镇烧造的青花瓷,是各种产品中的主流,最为精细。明初以铜红釉瓷器水平最高,成化时期以斗彩著称,弘治时的低温黄釉、正德时的孔雀绿釉、嘉靖时的五彩及青花五彩都是最突出的新品种。清代釉色品种更加丰富,釉色绚丽多彩,有釉上蓝彩、釉下五彩、墨彩、金彩、粉彩、珐琅彩以及各种单色釉彩。在烧造工艺上,明代开创了釉上彩、釉下彩相结合的技法,以及半脱胎、脱胎器的工艺。这些均是胎釉的时代风格。

瓷器胎土因地区不同而有区别,特别是不同时代,不同地区在淘洗胎土的方法和要求上有别,致使胎土在烧结后的效果不一。胎土淘洗纯净的,烧成瓷器后胎质缜密,颜色纯正;相反,由于胎土中含有杂质,因杂质含矿物成分不同,而呈现不同颜色斑点。在鉴别胎质时,先从无釉处观察,如从器足无釉处观察。对器体胎质的观察,可迎光透视。

对瓷器釉色的观察,用肉眼或借助放大镜,注意观察釉质的粗细,釉面的厚薄,釉质光泽的新旧,以及釉质气泡大小等,以鉴定真伪及年代(或时代)。

要在胎质和釉质方面做到得心应手,必须熟记各时代、各地区瓷器胎质和釉质特点,并勤于多观看实物,进行比较,仔细分析辨认,久而久之,定会在鉴定真伪上收到意想不到的效果。

3. 纹饰。它和瓷器造型、釉色一样,最富有时代特色。由于不同时代和地区采用绘瓷原料和技术不同,所选题材和内容不同等,所绘纹饰也有明显的不同风格和特点,从而成为瓷器断代的重要依据之一。

例如:宋代定窑白瓷纹饰,刻画花纹十分盛行,同时还多用印花。磁州窑是北方著名民窑,以烧造白地黑花(或褐色花)纹饰的瓷器著称,并有刻花、剔花,其题材有戏婴、鸟兽、花卉和民间故事等。纹饰的画面,与同时代的其他工艺品的画面互相影响,如明清两代的瓷器画面就与同时代的织绣、竹、木、漆、牙、玉、铜、银等工艺品一脉相通。纹饰颜色也表现出时代特点，如磁州窑的黑花、青花瓷的蓝色纹饰等。纹饰的笔法也同样有其时代特点，如明代初期的一笔点划写意，永乐时期纹饰的纤细等。

掌握纹饰绘制原料、题材、笔法与其他工艺品画面的影响等特点后，就可以从不同角度进行观察，仔细研究，认真辨识。

4. 款识。瓷器中的款识，特别是明清瓷器款识，内容丰富。依据款识断代或辨伪是瓷器鉴定中的手段之一。首先，要了解不同时代的款识，如宋代定窑为官府生产的瓷器多有"官"、"新官"款，磁州窑生产的瓷枕等有"张家造"等款。其次，要了解不同时代款识的运笔等技法。

在瓷器鉴定中，认真对比它的造型、胎釉、纹饰、款识，细心揣摸它的异同，并把它们互相联系，综合分析，而不是只看某一方面，一定会在鉴别真伪、年代和评定价值方面，作出科学的鉴定结论。

（二）古书画鉴定举要

在书画鉴定中，辨别真伪是第一关，而后评价作品的艺术高低。对书画的鉴定，分为主要依据和辅助依据。"主要依据应该看书画的时代风格和书画家的个人风格；辅助依据，方面很多，最常关涉到的是：印章、纸绢、题跋、收藏印、著录、装潢，等等。"[①]

书画的时代风格，是书画家在创作中所表现出来的该时代的艺术特色。它的形成，与政治、经济、生活、习俗等有着密切的关系。也就是说，它不是凭空产生的，不能脱离产生它的时代而存在，也不能超越时代。从书画作品来说，都有产生它的时代背景。

在鉴定书画时，把握时代风格与时代背景，仔细观察、对比，并深入对书画内容、艺术特点等方面进行比较分析，找出其差别。在此过程中，最关紧要的是面对书画实物，进行对比分析。

从时代的物质条件与风格的关系分析。历史发展的不同阶段，生活的物质条件不同，对书画的时代风格有明显的影响。以书法为例，宋代以前人们写字，席地而坐；宋以降有了桌子，并由低而高，人们坐在桌旁写字。这种生活中物质条件的变化，自然要影响写字的姿势，即手和臂的姿式以及执笔方法等都要随着变化，其结果必然影响到书法效果，遂构成时代风格之一。绘画同样如此，唐宋以前是站着绘画，而在桌子出现之后，则把纸绢平铺在桌上作画。用笔角度和手臂的力量不同，效果自然相异。

---

① 张珩：《怎样鉴定书画》，第1版，文物出版社，1966年。

从政治因素与时代风格关系分析。自古以来，书画都不能脱离政治。这从它的内容中可以反映出来，只要仔细观察分析，定会发现。法书中的避讳字即是一例，可以此判定它的时代。武则天在位时就创造了一些字，在此之前与以后，都没有，不但说明政治因素，而且也是断代的依据。绘画同样如此，《女史箴图》卷和《列女仁智图》卷等，都是宣传封建礼教的题材。南宋出现的《剩水残山》，表现水天空濛的一角，正反映了南宋王朝偏安一隅的历史现实。

从作品内容所表现的事物与时代风格关系分析。书画作品内容，反映当时社会生活、风俗习惯等某个方面，其中的事物都不能违背时代的事实，后代可以书写前代诗、词，而决不会写出作者以后时代出现的诗、词；后代画家画当代或前代的生活器具、衣冠服饰，而绝画不出他以后时代出现的生活器具和衣冠服饰。如在清代以前绘画上出现戴红顶花翎的人物，无论纸绢如何古老，绝非清代以前作品。又如宋代以前绘画中出现高形圆几和带束腰的长方高桌，便知该幅绘画绝非宋朝以前作品。类似的例子说明，画中的事物必须与历史时代相符。

从某种画种绘画方法产生的时代分析。书画属文化范畴，它的发展脱离不开时代，具体讲，不能超越当时的文化发展水平和科学发展水平。绘画在东晋时期，尚不知运用比例关系处理树木、山水、人物，所谓"人大于山，水不容泛"，顾恺之《洛神赋图》卷即为现存代表作之一。如果在画家们知道用比例关系以后，仍出现不按比例画山水的绘画作品，就要研究、分析其中的原因。创稿与构图直接落墨，也与绘画发展的水平有关，两者的效果自然不同。可以两种画法产生的时代及其绘画效果，分析、鉴别绘画的时代。

从作者的生卒年分析。书画家的个人艺术风格，相对而言，比时代风格要具体，也较容易把握。书画家的地位、思想、性格、习俗、审美观点等不同，使用的工具也往往不同。或者说，他们的生活经历、立场观点、艺术素养和个性特征的不同，在处理题材、驾驭体裁、描绘形象、表现手法等各方面都有自己的特色，形成了个人艺术风格。这种个人风格的形成，是离不开时代风格的，或者说是在时代风格的前提下形成的。反之，这种个人风格又是时代风格的具体表现。在观摩、对比书画的风格时，首先要看它属于哪个时代的风格，进而把两者联系起来，作进一步的分析研究。

以上列举了书画对比、分析的几个方面。与此同时，还要结合对印章、纸绢、题跋、鉴藏印、装潢和著录等辅助依据进行观察、比较分析。在分析时，既要注意这些辅助依据在鉴别书画时的有利因素，又要看到它的局限性。

在对书画的某一作品作了如上述诸方面综合考察、对比分析之后，即可辨

第六章 文物鉴定

别它的真伪，评定它艺术水平的高低和价值的大小。

(三) 古建筑鉴定举要

鉴定古代建筑，首先是鉴定年代。如何运用文物鉴定的基本方法对古建筑进行鉴定，要根据古建筑的特点进行。比较可行的方法是"两查"、"两比"。"两查"即："一，调查建筑物的现存结构情况；二，查找有关的文字记录资料。""两比"即："一，将现存结构与已知年代的建筑或'法式'进行对比；二，将现存结构与文献资料对比。"①

调查古建筑的现存结构情况。古建筑是文化史迹的一种，在我国保存甚多。从现存实物资料看，自春秋时期以来，历代皆有。木构建筑，保存最早的实例是唐代建筑。古建筑的特点是体型大，结构复杂，构件众多。由单体建筑组成组群，规模大，内容多。在调查中，应根据不同对象，仔细察看它的结构及各个部分，并应及时作好记录、登记、拍照、测绘等工作。对木结构建筑，应特别注意查明它的主体梁架结构，记录它的柱网状况，梁、枋断面比例，内外檐斗拱应用等，对其中不同时代和风格的构件需分别记录。也应测绘柱网平面图及局部结构图，拍摄一些有代表性或典型性的细部。

木构建筑中斗拱是变化最明显的部分，在调查时应特别予以注意。要全面观察，注意它的式样、用材、比例、分布等制作方法。对其附属结构和艺术装饰也不可忽视。同时，对组群内的其他建筑也应按单体木构建筑的要求作好调查。

砖石结构的建筑，在调查时首先要注意它的外形，如桥拱的形式，塔的轮廓线。对其本身的结构方法、材料、规模、雕刻等作详细调查，认真做好各项资料工作。

在每一单体建筑或组群建筑调查结束之后，应立即对调查材料进行仔细整理，发现遗漏及时补查，或发现疑问之处，应立即复查核对。最后，应认真作出调查总结。

查找有关文字记录资料。这一工作分室内查找文献记载和实地查找碑石、题记等文字资料。中国文献中，特别是地方志中，如省志、县志，全国性《大清一统志》等，都记载有当地（或全国）的古迹，应根据调查对象分别摘录。这是古建筑文字记录资料的重要部分。在古建筑范围内，一般都有些碑刻、经幢等。碑刻对古建筑的创建、重修等多有较详记载；供器上往往刻（铸）上文字。这些都是了解古建筑历史情况的重要资料，对其中重要的应全录，有些可摘录，

---

① 祁英涛：《怎样鉴定古建筑》，第1版，文物出版社，1981年。

分类整理。在木构建筑上往往留有修建时题写的文字，对了解古建筑的建筑年代十分重要，如河北正定隆兴寺摩尼殿在1977年修缮时发现北宋皇祐四年（1052）的题记，从而确定了它的始建年代。此外，对游人的题记（古代人的题记）也应予以重视，作好记录、拍照。

在对古建筑进行实地调查之后，把取得的全面资料，用来与已知年代的建筑或"法式"进行对比，与文献资料对比。

现存古建筑与已知年代的古建筑或"法式"对比。已知年代的古建筑，如同古器物中已知年代的标准器。古建筑在对比时，应首先对比整体风格，依次再主体结构，再细部特征。主体结构代表了不同历史时代的建筑特征。以木构建筑为例：唐代建筑屋顶坡度平缓，出檐深远，柱子粗壮，斗拱用材大，多用板门与直棂窗，整体建筑风格庄重朴实。宋代建筑屋顶坡度稍有增高，斗拱用真昂，重要建筑门窗多采用菱花槅扇，建筑风格渐趋于柔和绚丽。辽代在一些建筑平面中创造出"减柱"方法，梁架结构也随之变化，斗拱中出现了"斜栱"，屋内使用面积扩大。金代建筑中大都采用"减柱"法，使用大内额，横跨加大，斜栱更复杂，建筑更趋华丽。元代建筑普遍使用"减柱"法，并创造出"斜梁"构件，许多大构件使用稍许加工的弯材，斗拱中出现了"假昂"，比例显著缩小等。明代重要建筑已不采用"减柱"法，金元以来的大内额和斜梁几乎绝迹，出檐浅，斗拱比例缩小，"假昂"较普遍，重要建筑屋顶全部覆盖琉璃瓦。掌握了上述不同时代的建筑特征，就便于把现存古建筑与之对比。所谓与"法式"对比，主要是与宋代官方颁布的《营造法式》和清代《工部工程做法则例》的规定对比。

在对比时，应注意时代与地域上的不同因素。比如，中原地区按"法式"建造的建筑（"官式手法"建筑），其时代要比边远地区按"法式"建造的建筑早，两者相差少则几十年，多者达百年以上。这主要是由于古代交通困难，信息传递慢所致。同时，应注意的是，在一些地方流传着"地方手法"，与"法式"建筑不同。在与文献对比中，应实事求是，切忌主观偏爱，仔细查对现存古建筑结构，哪些与文献记载相符，哪些不一致，找出主体结构存在多少及保存程度，以便为确定其年代提供可靠资料。

在全面调查、对比的基础上，确定古建筑的年代或时代。确定年代或时代的主要依据是现存古建筑的主体结构，并以一定的文献资料作为旁证。把主体结构放在一旁，而以个别构件和附属艺术品作主要依据确定年代或时代，是不会作出正确结论的。因此，应注意以下几点：

1. 现存古建筑整体结构的各主要部分，如柱网、梁架、斗拱、装修等时代一致或基本一致，并与文献资料完全相符，其年代或时代则易于确定。

2. 古建筑木构建筑主体或砖石建筑主要砌体等，均为始建或重建时的遗存，而附属建筑等后来改变，以始建或重建时代或年代确定。

3. 古建筑结构已改变，以现存建筑结构确定其时代或年代。如原结构部分改变，须视改变的程度确定。

4. 无文献可查的古建筑，应按原存结构确定其时代或年代。

运用"两查"、"两比"，确定古建筑年代或时代，是一项综合性考察、研究工作，在实际工作中，应从古建筑的具体情况出发，综合研究，才能作出科学结论。

以上我们以鉴定瓷器、古书画、古建筑为例，叙述了对它们的鉴定要点，目的在于阐述文物鉴定的基本方法，绝非全面叙述瓷器、古书画和古建筑鉴定。

二、现代科学技术鉴定方法

运用现代科学技术鉴定文物，是研究和复原古代人类物质文化生活面貌不可缺少的手段。主要表现在两方面：一是对文物年代利用现代科学技术进行测定；二是对文物进行分析鉴定。详见第十四章第三节。

第七章
文物价值与作用

第一节 文物价值

在阐述文物价值的时候，首先要弄清什么是"价值"，也就是要先弄清"价值"的概念。《辞海》对"价值"下的定义是："指事物的用途或积极作用。"据此，某事物有无用途或积极作用，决定了它有无价值。下面，我们将谈谈文物的价值。

一、文物价值的客观性

文物价值是凝结在历史文化遗迹遗物（包括精神和物质的遗物）中的一般人类劳动，是人类智慧的结晶和历史进步的标志。它具有明显的双重特性，即有形价值和隐形价值。人们在运用"价值"观念，研究历史上遗留下来的遗迹、遗物时，对某种遗迹、某件遗物有无"用途或积极作用"，往往会有各种看法，甚至看法截然相反。出现这种情况，并不奇怪，完全是正常的，是由多种因素造成的。

确定历史文化遗迹遗物有无"用途或积极作用"，需要从事文物研究的人员去研究确定。首先要确定它有无价值，其次要研究它价值的高低和作用的大小。

有无价值，要把文化遗迹、遗物放到产生它的那个时代去分析研究。历史上遗留下来的文化遗迹和遗物，作为历史的产物，都打上了时代的烙印。没有时代（年代）的文化遗迹、遗物是不存在的。从这一点出发，可以说，历史上遗留下来的文化遗迹和遗物都具有历史价值，这是客观事实，但是，必须指出，我们所说的文化遗迹、遗物的时代（年代），是指历史上第一次生产、制作它的时代（年代），绝不是后代复制品或仿制品的年代。历史上所生产、制作的物品，是不能再生产的，即不可再生的。

当然，对文物复制品或仿制品，即假古董，也必须具体分析，区别对待。例如，某件很有名的古代器物，后代照它复制了一件，即在形制、大小、质地、纹饰、色泽等方面都相近，而且做工很精细，以致达到乱真的程度。在历史变迁中，真品被毁坏了，或者失传了，在这种情况下，那件复制品也就具有了文物价值。但同时应该注意，它毕竟是复制品，与真品的价值还是有区别的。

有历史价值的文化遗迹、遗物，是否都可以作为文物呢？也不尽然。人类的历史已有一二百万年，在漫漫的历史长河中，人类制造的生产工具、生活用具、武器、艺术品，等等，不计其数。当然，这数字庞大的物品，在社会变革、历史变迁、自然变化等过程中，绝大多数无存，存留下来的只是其中极小的一部分。而且按照一般常规，越远古的文化遗迹、遗物，保留下来的相对要比距今较近年代的少得多。比如，中国古代建筑多为木构建筑，但至今发现保存下来的最早的是唐代建筑，而且数量极其稀少，山西五台山南禅寺大殿、佛光寺大殿、芮城广仁王庙、平顺天台庵和河北正定开元寺钟楼等是其代表。到宋代和辽代，保存下来的木构建筑就比唐代的多。从分布看，宋代建筑北方和南方均有，如河北正定隆兴寺（宋）、浙江宁波保国寺大殿和广州光孝寺六祖殿等。辽代建筑如河北涞源阁院寺、高碑店开善寺、天津蓟县独乐寺、山西应县佛宫寺释迦塔（木塔）等。至于保存至今的明清木构建筑，特别是清代末期的木构建筑就不可胜数了。物以稀为贵。年代早，保存少的，有的尽管其他价值低一些，也要很好保存，因为它是说明产生它的那个时代的某些问题的少有的实物例证。如上所例举的唐宋辽木构建筑，其本身的科学、艺术价值就很高，当属另外的情况。时代晚，保存的文化遗迹、遗物多，就要从中选择具有时代特点、独特风格，或具有代表性、典型性的，作为文物保护、研究。

由此，就提出另一个问题，单有历史价值，对时代早的文化遗迹、遗物，一般都可定为文物，其理由已如上所述。但对时代晚，如近代、现代的遗迹、遗物，能否确定其为文物，还必须看它是否具有代表性、典型性，视其是否有重要性和其他条件，简言之，也就是还要看它有无科学价值和艺术价值。

从整体来讲，文物必须是具有历史、艺术和科学价值的文化遗迹、遗物，否则不称其为文物。但就某处遗迹、某件遗物而言，不一定都具备历史、艺术、科学价值。一般来说，它应具备历史价值和科学价值，或艺术价值。后二者不能脱离开前者而独立存在。三者作为一个不可分割的整体存在于物质文化遗存之中。它们相互渗透，相互制约。因此，文物的价值是客观存在的，是不可否定的。

二、历史价值

按《文物保护法》第二条的规定，文物具有历史、艺术、科学价值。这是一种很概括的提法。其实文物的价值内涵十分丰富。在前述联合国教科文组织制订的1970年公约中，除强调文化遗产的历史、艺术和科学价值外，还特别提出它的审美、人种学和人类学的价值。在文物所具有的历史、艺术、科学价值中,历史价值是首要的。

如上文所谈及的,历史遗迹和遗物,都是一定时代的产物。地球上自有人类以来,所有的人类活动都是社会活动,任何历史遗迹和遗物都是在一定历史时期人类社会活动的产物。因此,它被打上了时代的烙印,包含着当时社会的诸多内容。一般所说的时代特点,基本上是时代性和时代内容在文化遗迹、遗物上的统一。从时代特点中,我们可以看出它在其产生的时代所处的位置。比如,商周青铜器充分反映了它在当时社会政治、经济生活中所占的重要位置,进而从其产生、发展变化中,了解它在社会发展过程中地位的变化,以至铁器出现之后,它从农具、兵器类中逐渐退出,在生活用具中,也随着瓷器的发展而被代替。即使在商周的不同时期,青铜器也有不少变化。这种变化就表现为青铜器风格的变化,而这种变化更深层的原因,则是社会发展,政治、经济发展,有关制度发展变化的结果。

从另一个角度来讲,历史遗迹、遗物是某个时代的人类社会活动的文化遗存,是由产生它的那个时代的一定人群,根据当时的政治、经济、军事、文化等需要,运用当时所能得到的材料和掌握的技术创造出来的。因此,它能从不同的侧面,反映当时的政治、经济、军事、科学技术、文化艺术、宗教信仰、风情习俗,等等。这些则是构成文物时代特点的主要内容。这种时代特点,亦即历史性,是文物的最重要的特点。

时代特点,决定了文物不能再生产,即不可再生性。这是文物的重要特点之一。它在当时的地位是客观存在的,不以后代人们的意志为转移。后代人们出于某种需要制作复制品或仿制品,无论技术多高,工艺多精,只能反映产生后者的社会条件、技术水平及工艺,这一点是不言而喻的。

正由于文物所具有的时代特点,从而它能帮助人们去具体、形象地认识历史,帮助人们去恢复历史的本来面貌。以研究古人类,恢复古人类生活环境为例,就只有调查发现旧石器时代的遗址及发掘遗址所发现的遗迹和遗物,包括动物和植物标本等,舍此,别无他法。迄今,旧石器时代遗址在中国各省均有发现。从喜马拉雅山下到黑龙江畔广大地区,分布着数以百计的旧石器和人类化石地点,代表了人类进化和旧石器发展的各个阶段。在发掘、研究的基础上,发现了年代上早于北京人的巫山人、元谋人和蓝田人。在华北地区,通过对遗址地层、人类化石、石器等的研究,已基本建立起旧石器文化的年代序列,进而根据遗址中出土的古脊椎动物化石,研究其种属及生存以至消亡的变化;同时,根据植物遗存,研究其种类及变化,据此,通过各种手段恢复古人类的生活环境。

对新石器时代社会面貌的研究与恢复，固然可以参考民族志的材料，但最根本的仍然是根据这个时期的遗迹遗物。迄今，中国已调查发现了数以千计的新石器时代遗址，遍布全国各地，充分说明当时人类活动的面貌。经对发掘的遗址的研究，即对发掘中发现的遗迹和出土文物的深入研究，已获得一大批重要成果。例如，从时代上讲，在黄河流域，由于发现距今8000～7000年的磁山、裴李冈、老官台等新石器时代中期文化遗存与较它晚的仰韶文化有着因袭关系，从而填补了年代上的重大缺环。在长江中流，发现了彭头山文化、皂市下层文化、城背溪文化等新石器时代早期遗存，其中彭头山文化距今9000～8000年，在该文化遗址中发现了迄今已知世界上最早的人工栽培水稻。在长江下游发现了河姆渡文化，在内蒙古发现了兴隆洼文化，在辽宁发现了查海文化，等等。这些新石器时代中期文化遗存的发现、发掘和研究，以事实纠正了只有黄河流域是中华民族发祥地的传统观点。而出土的各种遗迹和丰富遗物，则提供了探讨中国农业、畜牧业和制陶工艺起源的实物资料，也是探讨中国文明起源的重要资料。

在河北武安磁山遗址出土了大量粮食堆积，有些窖穴粮食堆积达2米以上，刚出土时部分颗粒尚清晰可辨，研究认定其中有粟。与此同时，在遗址内还出土大批石磨盘、石磨棒等粮食加工工具。在浙江余姚河姆渡遗址出土了稻谷遗存，有的地方稻谷、稻壳、茎叶等交互混杂，堆积厚0.2～0.5米，最厚处达1米。经鉴定，主要是栽培稻籼亚种晚稻型水稻。在磁山遗址中发现有狗、猪、鸡等家畜、家禽骨骼，在河姆渡遗址出土的家畜骨骼主要有猪和狗，也有可能经驯养的水牛骨骼。

仅从以上所述两处新石器时代中期遗址出土的有关农业和畜牧业遗存，就不难看出，它们是研究、探索中国原始农业畜牧业起源与发展的无可替代的实物资料。新石器时代社会生产和社会生活面貌的复原，离开了已经发现和发掘的大量遗址，以及已发掘出土的有关居住址、生产工具、生活用具、动植物遗存及有关埋葬的实物遗存，等等，是根本不可能的。一部原始社会史，除了文献所载远古传说故事和民族志材料可资参考外，最根本的是依靠发掘出土的遗迹和遗物的研究，才能写出来。

三、艺术价值

文物的艺术价值，内涵十分丰富，就其主要方面而言，有审美、欣赏、愉悦（消遣）、借鉴以及美术史料等价值。它们之间既相互渗透，又相互制约。

审美价值，主要是指文物给人的艺术启迪和美的享受。欣赏价值，主要是指文物从观赏角度给人以精神作用，陶冶人的情操。愉悦价值，主要是指文物给人以娱乐、消遣。借鉴作用，主要是指从文物表现形式、手法技巧等方面学习借鉴以创新。至于美术史料价值，很清楚，是指文物是研究美术史的珍贵的实物资料。

在文物中，具有艺术价值的文化遗迹和遗物，从总的来说，主要分为三大类。

第一类是实用的遗迹和遗物，当时建造、制作的目的是为人们实用。比如商周青铜器、唐宋以后的陶瓷用品，等等。它们的造型、纹饰等，都具有艺术价值。

第二类，作为美术品、工艺品等而创作的艺术品，也就是专门创作的艺术品。该类品种繁多，丰富多彩。如书画、雕塑等。此类文物的艺术价值很高，其中许多当时即为陈列品，供欣赏，遗留至今，依然具有欣赏价值，并可资创作新的艺术品时借鉴，即具有借鉴价值。

第三类，专为死者随葬而制作的一些器物，如人、家畜、家禽、鸟兽形象的器物，以及车船、建筑物等模型，还有仿礼器、生活器皿的器物。具体来讲，从秦汉至宋，墓葬中经常发现陶俑、瓷俑，最著名的有秦始皇陵兵马俑，陶俑、陶马与真人、真马等高，制作程序十分复杂。陶俑是根据不同身份、年龄设计、制作的，其艺术形象力求与实物相似。彩绘色调明快、绚丽，对比强烈。陶马形象的塑造，准确生动，比例适度。秦始皇陵兵马俑坑堪称中国古代雕塑艺术宝库。又如战国中山王墓银首人俑铜灯、汉代说书俑、西晋对坐书写俑，等等，都是非常珍贵的雕塑艺术品。家畜、家禽、鸟兽形象的雕塑品，极其丰富，数量众多。汉代的陶鸡、陶鸭、陶猪、陶狗，唐代的三彩马、骆驼，都具有时代特色。汉代的铜奔马，塑造得栩栩如生，是艺术品中的瑰宝。在模型方面，如家具模型，战国中山王墓出土的金银镶嵌四龙四凤四鹿形铜方案，高37.4厘米，长48厘米，底部是四只梅花鹿承托一圆圈，上面站立四龙四凤盘绕成半球形，龙头凤首伸向四面八方，龙的鼻梁上置一斗拱，上承一方案架。四只梅花鹿表情温顺，四龙姿态雄健，四凤展翅引颈长鸣。整个器物构思巧妙，造型奇特，工艺精湛，具有很高的艺术价值。

四、科学价值

历史遗迹和遗物，从不同的角度和侧面反映了它的那个时代科学技术水平和生产力水平。按照唯物史观来看，劳动生产者所创造的一切，都受到当时生

第七章 文物价值与作用

产力水平的限制,超过当时科学技术水平的产品是制造不出来的。

古代各种文化遗迹、遗物的本身,都蕴藏着产生它的那个时代的科学技术信息,这一点应该首先确认,至于它说明的科学技术水平是新发明的技术水平(即在它以前尚未发现的),抑或是稳定发展阶段的技术水平,甚至是该种技术衰落阶段的水平等,那是另一个问题。在旧石器时代生产力水平极为低下的情况下,只能制作旧石器,不可能制作陶器,根本不可能制作瓷器,也就是说不可能产生这样的技术。铁器的发明,使人类历史产生划时代的进步。世界各地人工炼铁的时间很不一致,早晚差距较大。中国发现最早的铁器是西周晚期在河南三门峡上村岭西周晚期虢国国君虢季墓(M2001)中发现一件玉柄铁剑和一件铜内铁援戈。玉柄铁剑由铁质剑身、铜质柄芯与玉质剑柄嵌接组合而成。铜内铁援戈已残,由铁援、铜内锻接组合而成。经北京科技大学冶金与材料史研究所鉴定,被认为是人工冶铁制品。玉柄铁剑"剑身是用块炼渗碳钢制作而成的",铜内铁援戈的"铁质样品经检测为人工块炼铁制品。""这是目前已知并经科学检测认定的我国人工冶铁的最早实例"[1]。春秋时期的铁器,多数发现于湖南长沙地区。战国中期以后,出土铁器遍及当时秦、齐、楚、燕、韩、赵、魏七国地区,在农业和手工业生产中已占居主要地位,燕、楚军队的装备基本上也以铁制武器为主。

我们以楚、燕春秋、战国时期的一些铁器为例。在长沙春秋晚期楚墓中,出土了20余件铁器,其中杨家山65号墓的钢剑,是"退火中碳钢"制品,把中国出现钢的时间提前了。该墓出土的铁鼎(年代较杨家山15号墓稍晚)、窑岭15号墓出土的铁鼎、左家塘44号墓和砂子塘5号墓出土的铁口锄,分别用"白口铸铁"、"亚共晶铸铁"和"展性铸铁"制造。它证明了中国铸铁和锻铁出现的时间基本相同。在河北易县燕下都第44号墓中,出土剑、矛、戟、镦、刀、匕首等铁兵器6种62件,弩机、镞等铜铁合制兵器2种20件,还发现比较完整的铁盔。经过对其中剑、矛、戟等9件铁兵器的科学考察表明,发现其中6件为纯铁或钢制品,3件为经过柔化处理的生铁制品。由此可知,战国晚期块炼法已经流行,并创造了用此法得到海绵铁增碳来制造高碳钢的技术及淬火技术,把我国掌握淬火技术的年代提前了两个世纪。河北兴隆出土的一批铁范,计有42副87件,包括农具、工具和车具的铸范。范分内范和外范,也有复合范,均为白口铁铸件。有的铸范设有防止变形的加强结构和金属芯。这批铁范从设计到

---

[1] 河南省文物考古研究所、三门峡市文物工作队:《三门峡虢国墓》第一卷(上),文物出版社,1999年。

铸造都达到了相当高的水平。

如此众多的铁器发现，无疑是建立中国冶金体系的珍贵资料。有关部门对其中一些已作了金相检验，结果表明，我国的块炼铁和生铁有可能是同时产生的。春秋末到战国初期，冶铁技术有很大发展，是冶铁史上的重要发展阶段。早期的块炼铁已提高到块炼渗碳钢，白口生铁也已发展为展性铸铁。西汉中期，灰口铁、铸铁脱碳钢兴起。之后，生铁炒钢（包括熟铁）新工艺出现。南北朝时，又发明了杂铁生揉的灌钢工艺。中国古代冶铁技术体系至此基本建立，而且具有自己的传统特色。

瓷器是我国的伟大发明，在世界享有颇高的声誉。以至外国人把中国称为瓷国。中国的英文"China"，其本来含义即瓷器。烧造瓷器，有两个问题必须解决：一是瓷土或瓷石，即原料问题；另一个是温度，即火候问题。前者需要一定的知识和经验，才能辨识，后者需要一定的技术、燃料及设备，才能使温度达到1200℃以上。中国瓷器有原始瓷和瓷器（真正瓷器）之分。

原始瓷器最早出现于商代。在郑州二里冈时期、郑州商代中期的遗址和墓葬中均有原始瓷器出土。商代晚期的原始瓷器出土地点分布区很广，在安阳殷墟、辉县琉璃阁、藁城台西、济南大辛庄、益都、清江吴城等地的遗址和墓葬中均有出土。原始瓷选料不精，工艺粗陋，釉层厚薄不一，容易脱落，与后来的真正瓷器尚有一定差距。

瓷器（真正瓷器）出现于东汉时期。瓷器选料比原始瓷器精细，胎釉配方、成型工具、窑炉结构等已有明显改进，烧造技术有了很大提高。而最早具备这些标准，最先出现的瓷器是青瓷。此后，从出土的大量瓷器说明，随着烧造技术的不断提高，相继烧造了白瓷、黑釉瓷、窑变瓷、白釉黑花瓷、影青瓷、青花瓷、釉里红瓷、"玳瑁"釉瓷、铜红釉瓷、斗彩瓷、五彩及青花彩瓷，以及釉上蓝彩、釉下五彩、金彩、粉彩、墨彩、珐琅彩瓷器，等等，品种繁多。每种瓷器的出现，都是技术进步、工艺提高、窑炉改进、温度增高的结果，充分反映了不同时期的科学技术水平。

从上述铁器、瓷器不难看出它们所具有的科学价值。其他遗物，如不同时期出土的纸质文物，反映了该时期造纸原料、技术、设备等状况。印刷术发明后，从遗物中可以分析它的技术不断发展变化、逐步提高的进程。其他种类遗物的例子毋须赘举，已足以说明文物具有科学价值的客观性。

同样，一处文化遗迹，或者一处古建筑、石窟寺，不难看出其科学价值。比如，湖北大冶铜绿山古矿冶遗址，经发掘发现了西周至汉代千余年间的采矿遗迹，有不同结构、不同支护方法的竖井、斜井、盲井数百口，以及平巷百余条。

采用井巷结合结构采矿，在科学技术上解决了井巷支护、通风、排水、提升、照明等问题，提供了不同时期的科学技术信息，有重要的科学价值。又如，河北赵县隋代安济桥，是现存最早的敞肩拱式单孔石桥，其结构为主拱（大拱）与小拱相结合，主拱采取"切弧"原理，精巧的设计，既满足了荷载要求，降低了桥面坡度，又扩大了流水面积，增大了泄洪能力。它科学的设计理念，为后代广泛采用。它们足以说明文化遗迹即文物科学价值的客观性。

五、对文物价值认识的深化

对文物价值的认识不是一次完成的，或者说，对文物价值的认识是不断深化的，是逐步揭示的。这是文物的又一重要特点。

文物价值内涵的复杂性，和人们的价值观念不同，给评价文物价值带来了很大难处。人们不同的价值观念，又决定了他们对文物价值评价、认同的标准，这种价值取向也决定并调节着人们的行为。对同一处文化遗迹、同一件文化遗物的价值，常有不同的评价。这种情况在古代即已存在。在近代以至目前，对文物价值的评价、认同同样存在着差别，对某一具体文物价值的评价、认同甚至出现截然不同的结果。因此，如果没有一个能为人们所公认的价值尺度，来规范人们对文物价值的评价，对文物价值作出科学的、或者比较恰如其分的评价结果，将很难实现。

这种人们公认的价值尺度是什么？文物既是有形的物质形体，又有无形的文化内涵，即历史、艺术和科学价值，它是人类社会发展、进步的见证。衡量和评价文物价值的尺度，只能是从它证明生产力发展的水平和说明社会问题的程度这方面来考虑。只有正确使用这一尺度，才能避免发生个人或社会团体在文物价值取向中的偏离现象，规范有损文物价值的行为，使文物价值取向沿着正确的方向发展。

认识和评价文物价值，也受到科学技术发展水平的制约。在许多新的科学技术未引入文物研究之前，对文物价值的认识和评价就只能按一般方法进行，受到很多限制。一旦将最新的科学技术引入文物研究领域，许多问题就会迎刃而解。这必然使我们对文物价值的认识和评价更加科学、方便和快捷。如我国湖北随县曾侯乙墓出土了精美的铜编钟，经铸造学界专家学者研究，它是用失蜡法铸造的，这种在我国二千多年前已广泛使用的铸造方法，对发展今天的航天技术有很大启迪。又如，在河南东汉时期的冶铁遗址出土的标本，经冶金学家研究，发现是球墨铸铁，与1947年英国人莫洛发明的铸造工艺所炼出的铁（即"莫洛"铁）相同。前者是掌握火候炼成的，后者是靠用镁作催化剂炼出的。

因此，文物本身储存着大量信息，对这种信息及其价值的认识不是一次完成的，随着研究的深入，科学技术的迅速发展所提供的技术手段愈多，我们对文物价值深层次的认识也会愈来愈多。这也就从另一个角度告诉我们，在文物价值的认识和评价过程中，不能企求一次定音，或者一次决定文物的保护与否的命运，要慎之又慎。

第二节 文物的史料作用

文物是不同历史时期产生的有形的物质文化遗存，是研究不同历史时期政治、经济、军事、科学技术、文化艺术、宗教信仰、民俗风情等的实物史料。文物作为实物史料，有其独特的功用，是文献资料无法替代的。

自有文字以来，在阶级社会，文化被统治阶级垄断。由于阶级的偏见，当时所产生的文献多有局限性：对统治阶级的褒奖是情理之中的事，对劳动人民的记载不仅少，而且歪曲、诬蔑之辞颇多。

文献史料，在漫长的历史长河中，由于自然的或者人为的原因，有些已散失无存，有些残缺不全，有些经后人整理失实，有些经删改正误难辨，等等。

文物作为实物遗存，对产生它的社会某些方面作了真实"记录"，除个别种类的文物在流传过程中，有些被改变之外，从总体来说，文物能从各个角度、各个侧面如实地反映产生它的那个社会的各个方面。

因此，文物可以印证文献之记载，校正文献之谬误，补充文献记载之缺佚。对无文字记载的史前社会，文物则是研究、恢复其社会面貌的基本依据。

一、文物的证史作用

中国丰富多彩的文物，是文献记载的真实见证。文物的证史作用，首先表现为它是历史的见证。

文献记载对于历史研究的重要性是不言而喻的。文物作为具体、形象的物质实体，真实地记录了历史的发展，其本身储存了大量时代信息，能说明当时的社会经济和社会生活，不同历史时期的文物，就成为当时社会的见证；从另一个角度讲，就是它可以证明文献记载的历史。我们将文献和文物密切结合，对社会历史的各个方面进行深入的研究，一定会取得更好的成果。

同时，还要特别指出，史前社会的发展与各个阶段的面貌，除一些零零碎碎的传说记载外，别无其他文字资料，要想研究和恢复原始社会的面貌，史前的文物就是最好的实物资料。也就是说，史前的文物是原始社会发展的实物见

第七章 文物价值与作用

证。

其次，文物的证史作用，表现为对文献记载的证实。文物与文献记载相吻合者比比皆是。

我国史书中，有符瑞志、郊祀志、礼志，等等。在文物中有各种石刻，其资料可与上述记载印证。在地方志中，大都记录了名胜古迹，而当地某些文物可证地方志有关记载。

司马迁在《史记》中，写了商王的世系。在河南安阳殷墟出土了大批甲骨文，对商王系的记载，经考证与《史记》记载基本相符。在《史记·孙武吴起列传》中，记载了孙武仕吴，孙膑仕齐，各有兵法传世。《汉书·艺文志》中著录了《吴孙子》（即《孙子兵法》）和《齐孙子》（即《孙膑兵法》）。但《隋书·经籍志》中已不见《齐孙子》，及至唐宋以降，则认为《孙子兵法》是曹操"削其繁剩，笔其精粹"而成，甚至认为是后人伪托而成的。或认为历史上并无孙武其人，兵法为孙膑所著。孰是孰非呢？1972年在山东临沂银雀山发掘了两座汉武帝时期的墓葬，出土了竹简4942支。其内容包括同时出土的《孙子兵法》和《孙膑兵法》，证明《史记》和《汉书》的记载是正确的，历史上确有孙武其人，并有兵法传世。自隋以来的疑问和误传得到了澄清。

史书记载，秦始皇翦灭六国，统一全国之后，在全国推行统一的度量衡制度，统一货币，统一文字，修驰道等，以加强和巩固中央政权。秦始皇实行这些重大措施的遗迹、遗物均已发现，证实了历史记载。如在陕西秦咸阳发现的秦诏版，即刻有秦始皇统一度量衡诏书的铜版；在山西左云、山东文登、河北围场等地发现的镶嵌于权身的秦始皇诏版，诏书内容是："廿六年，皇帝尽并兼天下诸侯，黔首大安，立号为皇帝，乃诏丞相状、绾，法度量，则不壹，歉疑者，皆明壹之。"这些秦诏版的发现，证明了历史记载秦始皇确实把统一度量衡制度有力地推向了全国各地的史实。

在《后汉书·礼仪志》中，记载汉代皇帝死后使用金缕玉衣，诸侯王、列侯始封、贵人、公主使用银缕玉衣，大贵人、长公主使用铜缕玉衣，说明东汉已确立了分级使用玉衣的制度。但在东汉以前，这种制度并不严格。在曹魏黄初三年（222），魏文帝曹丕吸取汉代诸陵由于殓以"金缕玉衣"而遭盗掘的教训，便废除了使用玉衣的制度。文献中所记的这些史实，在我国考古发掘中，已得到证实。在河北、江苏、安徽、山东、陕西、河南、广东、北京等地的考古发掘中，已发现完整的玉衣，或玉衣的玉片。如1968年，在河北满城西汉中山靖王刘胜及其妻窦绾的墓中，第一次发现了两套完整的玉衣（又称"玉匣"、"玉柙"或"玉梐"），均为金缕。刘胜玉衣长1.88米，由2498片玉片组成，编缀玉衣的金缕共重1100克左右。1973年,在河北定县(今定州)八角廊西汉中山怀王刘脩墓中,又发现一套完整的金缕玉衣,由头罩、脸盖、上衣前片和后片、左右袖筒、左右手套、左右裤筒和左右脚套组成,共用玉片1203片,金缕共重约2567克。这些发现,同时证明此时对玉衣的使用,尚未形成像东汉那样的使用制度。在定县清理发掘的两座东汉墓,出土了鎏金铜缕玉衣和银缕玉衣,均为散乱的玉片,前者出土于北庄汉墓,后者出自北陵头汉墓,墓主人可能分别是东汉中山简王刘焉和东汉中山穆王刘畅。出于某种缘故,刘焉使用了鎏金铜缕玉衣,刘畅使用了银缕玉衣,符合东汉规定的制度。迄今,尚未发现魏文帝曹丕废除使用玉衣制度后有使用玉衣随葬的情况。

二、文物的正史作用

文物的正史作用,就是校正古籍记载之谬误,订正史传,纠正错讹。这是文物所具有的重要价值之一。

在金石研究中,利用金石文字订正史传已有悠久的历史。它大约始于两汉,至宋代发达,清代达到极盛。宋代金石学家赵明诚在《金石录》序中说:"诗书以后君臣行事之迹,悉载于史,虽是非褒贬,出于秉笔者私意,或失其实;然至于善恶大迹,有不可诬,而又传说既久,理当依据。若夫岁月地理官爵世次,以金石刻考之,其抵牾十常三四。盖史牒出于后人之手,不能无失;而刻辞当时所立,可信不疑。"

在古代,金石学家以金石文字正诸史之谬误,取得了很大成绩,但只限于利用金石。而今可利用各类文物资料或文物考古成果订正文献记载。这就使文物的作用在更大的范围内得以充分发挥。

在地方志中对一些古迹的记载,由于时代的限制,缺乏资料,又未实地调查,往往以一些传说为据。随着文物考古工作的深入开展,不少已得以澄清。如河北磁县有众多的古墓封土堆,在地方志等记载中称为"曹操七十二疑冢"。实际并非如此。经实地调查,实际有一百多座古墓。有些大冢尚有墓碑,如刘庄北齐兰陵王高肃墓碑,东小屋村魏宜阳王元景植墓碑,八里冢村魏侍中高翻墓碑等。从1949年以前被盗出的十余盒墓志和1949年以后清理发掘的十余座古墓来看,这些古墓为东魏、北齐皇室、王公贵族墓葬。东魏、北齐建都于邺(今临漳县西南),距邺城不远的磁县一带就成为皇室的墓地。1974年发掘了东陈村"四美冢"中的两座,有墓志,1号墓墓主人为尧赵氏,2号墓墓主人为尧赵氏第三子尧俊夫妻。1975年发掘东槐树村古墓,从墓志得知,该墓是北齐故侍中假黄钺左丞相文昭王高润墓,葬于武平七年(576)。此后,还发掘了大冢营村北的高澄妻茹茹公主墓,从墓志中得知高洋墓的方位。这些实物资料足以证明磁县众多的高大封土墓,是北朝墓群,并非曹操疑冢。磁县北朝墓群1988年已公布为全国重点文物保护单位。

中国漆器工艺历史悠久,但漆器出现于何时,在文献记载中并不清楚。在古籍《韩非子》和《周礼》中,有关于髹漆的记载。因此,一些人认为具有美观轻巧特点的薄板胎漆器出现于战国中期。实际上,我国漆器出现的时间,已由考古发掘证明在新石器时代。在浙江余姚河姆渡遗址发掘中,从第3文化层出土了一件木碗,内外均有朱红色涂料,色泽鲜艳,它的物理性能与漆相同。在内蒙古敖汉旗大甸子古墓发掘中,出土了觚形薄胎朱漆器,距今约3400~3600年。商代遗址和墓葬中已有多处发现漆器。如河北藁城台西遗址中,出土一些漆器残片,据观察,有漆盘和漆盒,为薄板胎,朱红地,黑漆花。有的在雕花木胎上髹漆,使漆器表面呈现出浮雕式的美丽花纹。纹饰图案有饕餮纹、夔纹、雷纹和蕉叶纹等。有的花纹上镶嵌着磨制成圆形或三角形的嫩绿色松石,有的贴着不及0.1厘米厚的贴花金箔,绚丽多彩。这表明我国漆器工艺已达到了相当高的水平。而《韩非子》和《周礼》关于髹漆的记载要晚得多。

漆器工艺的历史,已为出土的漆器所改写。铁器、瓷器等器物的历史也同样如此。

三、文物的补史作用

文物的补史作用,主要表现为文物为无文字可考的历史提供实物资料,对于有文字记载的历史,则补充记载的缺佚。

我国自古就有修史的传统,各种史料典籍浩繁,但不可忽视的是,由于受阶级局限和当时条件的限制,有大量史实特别是反映劳动群众的史实记载得较少,或并未被记载;还有不少史籍在漫长的历史长河中散佚不传。所有这些,都给研究工作带来困难。

同时,还应看到,人类社会是一个极为复杂的整体,从社会生产到社会生活,从经济基础到上层建筑,从政治、经济、军事到科学技术、文化艺术,从衣、食、住、行到民间习俗,等等,无所不有。文献记载的史实,特别年代愈早的文献,记载的史实愈简略,这就使许多能说明社会各方面情况的史实缺载,对我们认识和研究复杂的社会无疑是十分不利的。

在这种情况下,我国各个历史时期丰富多彩的文物,包括有记载文字的文物,完全可以弥补文献记载的不足。文物本身储存的不同信息,可以为我们研究不同问题提供真实可靠的资料。而有记载文字的文物,如甲骨文、金文、竹木简牍、帛书、写本、刻版印刷品等,更是直接记载了历史的不同方面,保存了大量历史资料,从而使我们得以了解古代的某一事件或某些方面的真实情况。这样的例子不胜枚举。

1942年,在湖南长沙子弹库楚墓盗掘出土了一幅楚帛书,以白色丝帛为书写材料,已流失国外,原件为美国私人收藏。经1973年对该墓清理发掘,判明其年代在战国中晚期之间。帛书宽38.7厘米,长47厘米,文字为墨书,计900余字,为楚国文字,图像彩绘。帛书四周有12个神的图形,其旁边题记神名,并附一段文字。对帛书的内容和性质,迄今学者见解不一。其中8行一段文字提到"天棓"(一种彗星)、"侧匿"(月初而月见东方)等天象灾异。13行一段文字中,已考释出有伏羲、炎帝、祝融、共工等名。有学者认为还有女娲、帝俊、禹、契等名,并涉及四时、昼夜形成的神话。对四周的12神名,经考订,与《尔雅·释天》12月名相合,图形旁附记的文字,是记12个月的宜忌。由此可见,帛书内容可能为战国数术性质的帛书。

1977年,在河北平山战国时期中山王嚳墓发掘中,出土王嚳所制作的铜鼎和铜方壶,以及嗣王加刻铭文的铜圆壶,合称"中山三器"。"三器"均刻有长篇铭文。铁足铜鼎,通高51.5厘米,最大直径65.8厘米,鼎壁刻有铭文469字,是战国时期字数最多的一篇铭文。内容记载了燕国的国君哙受其相邦子之的迷惑,把王位让予子之而遭到国破身亡的史实作为教训,颂扬自己的相邦司马赒辅佐少君,谦恭忠信的美德,以及率师伐燕、夺地数百里、城数十座的功绩;告诫嗣子记取吴败越,越又灭吴的教训,不要忘记敌国时刻威胁着自己的安全。铜方壶,通高36厘米,直径35厘米,盖饰云形钮,肩部饰四条夔龙。腹部四周刻铭文450字,中心意思与鼎铭相同,是"警嗣王"的。铭文中有"皇祖文武,桓祖成考"。铜圆壶,通高44.5厘米,腹径32厘米,原制作于王嚳十三年。嚳死后,嗣王加刻一篇悼词,以悼念先王,共182字。内容中心是颂扬先王的慈爱贤明,表彰司马赒伐燕的战果。此外,器足上还有22字,记载制器时间、单位、负责官吏、工匠和器身重量等。

古文献对中山国的记载很少,且十分零碎。"中山三铭"的长篇铭文,记载了中山国历史,补充了文献记载的缺佚,是研究战国时期中山国的重要资料。其中,特别是中山伐燕,夺地占城的史实,关于中山王系的资料等,史籍均无记载。古文献曾记载在燕王哙让位子之时,齐国伐燕,并未记载中山伐燕。而据鼎、壶铭文记载,中山国相邦司马赒也率师参加了这次伐燕。中山王系,据铭文"皇祖文武,桓祖成考",即记载了4位先王的庙号,连同作器者王嚳,以及嗣王,使前后6代中山王的世系衔接起来,对文献所记武公前后的历史作了重

第七章 文物价值与作用

要补充。

1974年,在湖北云梦县睡虎地发掘11号墓时,发现一批秦简。经整理编纂,分为《编年记》、《语书》、《秦律十八种》、《效律》、《秦律杂抄》、《法律答问》、《封诊式》、《为吏之道》和《日书》9种。简文内容反映了战国晚期至秦始皇时期的政治、经济、军事、文化、法律等方面的情况。其中《编年记》记述了从秦昭王元年(前306)至秦始皇三十年(前217)的历史,是继《竹书纪年》之后出土的又一部战国编年史。5种秦法律文书,其内容远远超出了李悝《法经》的范畴,已经具备刑法、诉讼法、民法、军法、行政法、经济法等方面的内容。诸如农田水利、牛马饲养、粮食贮存、徭役征发、刑徒服役、工商管理、官吏任免、军爵赏赐、物资账目、任免军官、军队训练、战场纪律、后勤供应、战后奖惩,等等,都有比较详细、具体的规定,其中又以刑法最为成熟。这批竹简的丰富内容,为研究秦及这一时期的历史提供了十分珍贵的可信史料。同时,也是校勘古籍的重要依据。特别需要指出的是,我国唐律是保存完整的最早的古代律文,隋以前的律文比较少,且多为断章零篇。这批竹简中的秦法律文书的发现,是中国法制史上的一件大事,其意义十分重大。

1973~1974年初,发掘了湖南长沙马王堆2、3号墓。在3号墓中,发现一个髹漆木匣,长60厘米,宽30厘米,高20余厘米,内盛大批帛书。出土时帛书破损严重,经专家精心拼接修复、整理和考订,已判明有28种,12万余字,多无书名或篇名,整理者根据内容确定了书名。依《汉书·艺文志》归类,共有6类,即:六艺类、诸子类、兵书类、数术类、方术类、地图类。帛书内容极其丰富,其中包括一些佚书,极为珍贵,是我国古代典籍的一次重大发现。如:六艺类中的《周易》,内容包括三个部分,第一部分为《六十四卦》,约4900字,与已知各本对比,卦名不同,卦序、卦辞和爻辞也有差别,是一种较早的本子。第二部分为卷后佚书5篇,约9600字,除《要》部分内容见于今本《系辞下》外,《缪和》、《昭力》及两篇无篇名的内容,均为佚书,记述孔子和弟子讨论卦、爻辞含意的情况。方术类中的5种医书,成书年代都要早于《黄帝内经》,在内容上没有五行学说的痕迹,填补了我国早期医学史上的空白。其中《五十二病方》,有283方,分别记载治疗各种疾病的医方。病名达103种,以药物治疗为主,也用灸法、砭石和割治手术。它是我国已发现的最古老的医方。在帛书的医方之前,有佚书4篇,根据内容分别定为:《足臂十一脉灸经》、《阴阳十一脉灸经》、《脉经》、《阴阳脉死候》,都是我国发现的最古老的医学理论著作。地图类:《长沙国南部地形图》和《驻军图》是西汉初绘制在缣帛上的地图,前者所绘范围为今湖南南部的潇水流域及其邻近地区,比例为17万分之1至19万分之1,主区部分绘画得相当精确,一些水道的流向、曲折,大体接近于今日地图。图上还有统一图例。后者《驻军图》上东南部一隅即今湖南江华县的沱江流域,比例约为8万分之1至10万分之1。这两幅地图是中国现存最早的地图之一。1986年6月,在甘肃天水放马滩5号墓出土了西汉初年纸质地图,绘有山脉、河流、断崖和道路。它们迄今也是世界上所见最早的地图。

四、文物史料的功能

文物作为实物史料,并不是它的最终目的。证史、正史、补史是开展科学研究,发挥文物作用的第一步。在完成第一步工作之后,还要运用这可信而翔实的资料,研究历史,以促进文化的发展。

运用文物史料和文献资料研究历史,恢复历史的本来面貌,具有十分重要的意义。尤其是西周以前的历史,基本上要依据文物考古资料来研究和撰写。

文物史料对专门史的研究,有着极其重要的价值和作用。如农业史、畜牧业史、纺织史、陶瓷史、冶金史、建筑史、雕塑史、医药史、交通史、天文史、体育史、音乐史,等等,都离不开文物史料,特别是原始社会无文字记载,只有依靠文物实物史料。随着科学技术的发展,对文物的物质成分和所储存的信息,会了解得越来越清楚,可为专门史的研究和撰写提供更加详细和精确的资料。它比文献资料有更加特殊的价值,发挥着文献资料所无法发挥的特殊作用。

在研究中国传统文化的民族形式方面,文物同样具有特殊价值与作用。如果在研究中只依靠文献资料,在著作中只作文字描述,尽管文献丰富可靠,描述精细,但不易给人一个形象的概念,不易为人所接受。如果增加文物史料,插图与文字配合,人们一看就清楚了。如从古代建筑、绘画、雕塑等形式上,就很容易了解中国传统文化的民族形式是什么。形象、具体、直观、多样,也是文物作为史料的特点之一。

第三节 文物的借鉴作用

继承和发扬优秀文化遗产,是建设精神文明和物质文明的一个重要方面。建设和发展需要借鉴。文物是珍贵文化遗产的重要组成部分,在发展新的科学技术和文化艺术时,需要从文物中不断吸收营养。割断历史,空谈发展,不在前人创造的文化财富的基础上去创新、去发展,那样的创新和发展就会成为空中楼阁。

第七章 文物价值与作用

一、借鉴与发展的见证

文物是一定历史时期的产物,是该时期科学技术和文化艺术发展水平的见证。不同历史时期的文物,是不同历史时期科学技术和文化艺术的结晶。后者总要借鉴前者,并在前者的基础上向前发展。如果把某类文物按时代顺序排列起来,研究分析它的形式、内涵、工艺,以及所储存的信息,就会发现,后者必然是吸收了以前历史时期的优点,在当时科学技术和文化艺术所具有的水平背景下创造出来的,并因而具有当时时代的特点与风格。但它已经比前一个历史时期的水平提高了,向前发展了。不断继承,不断借鉴,不断发展。中国不同历史时期所产生的文物,从总体来说,其本身就是不断借鉴、发展的实物见证。

中国古代书画,是文化遗产宝库中的重要组成部分。从东晋至清代的书画作品,就是不断借鉴、不断向前发展的。这方面的材料比比皆是。如:东晋顾恺之是我国古代著名画家,著有《画论》、《魏晋胜流画赞》和《画云台山记》,提出了"迁想妙得"、"以形写神"等著名论点,对我国绘画的发展有很大影响。他的《女史箴图》和《洛神赋图》卷等名画成为传世杰作。这位古代绘画巨匠,从师卫协,正是在学习、借鉴的基础上,才创作出了千古名画。东晋王献之,师承其父王羲之,在家学的基础上,不断创新,其传世代表作为《中秋帖》卷。与其父在中国书史上并称"二王"。

唐代著名画家韩滉,工书画,擅长草书及张旭笔法。绘画师从南朝陆探微,擅长人物和农村风俗景物,画牛、羊等尤佳,传世名作仅见《五牛图》卷。周昉也是唐代著名画家,擅长画贵族仕女。他早年效仿张萱画法,后稍加变化,笔法劲简,用色柔丽。其传世代表作为《挥扇仕女图》卷。

五代画家卫贤,初学尹继昭画法,后追溯唐代著名画家吴道子墨迹,擅长画人物、楼阁。其传世唯一作品为《高士图》轴。五代著名书法家杨凝式,书法师欧阳询、颜真卿,是由唐入宋的过渡人物。传世的《神仙起居注》卷,是其代表墨迹之一。五代宋初著名山水画家巨然,师法董源,善画江南山水,其画风对后世有深远影响。他的《秋山问道图》轴是存世名作。

宋徽宗赵佶是位昏君,在书画方面却颇有成就。书法初学同时代人书法家黄庭坚,后学唐人,在此基础上自创"瘦金书"。草书从张旭、怀素中来,更近于怀素。《草书千字文》卷是他的传世代表作。宋代著名书法家米芾,得王羲之笔意,并广学诸家之长,融会贯通,终自成一体,与苏轼、黄庭坚、蔡襄合称北宋四大书法家。传世名作有《苕溪诗》卷等。宋高宗赵构,其书法初学黄庭坚，后学唐人，对虞世南、褚遂良、李邕及宋代米芾等的书法刻苦学习，后又转师王羲之、王献之，心摹手追，终见成就。《洛神赋》卷是其草书传世佳作。南宋著名诗人、书法家陆游擅长书法，行草尤佳。草书出自张旭，行书源自杨凝式。《自书诗》卷为传世墨迹。南宋末年画家赵孟坚，善画水墨水仙、梅、兰、竹石。梅学扬无咎，竹师文同，并用文同墨竹法画墨兰，以书法入画，为后世画墨兰宗师。存世作品有《墨兰图》卷等。

元代画家钱选，善画人物、山水、花鸟，而翎毛师赵昌，山水学王诜、赵伯驹，人物学李公麟，并能自创新意。《花鸟画》卷是其绘画精品。画家黄公望工画山水，师法董源、巨然，并受赵孟頫指点，晚年自成一家，与吴镇、倪瓒、王蒙合称"元四家"。《富春山居图》卷为其传世名画。元代著名书法家赵孟頫，早年师法王羲之、王献之，笔法秀媚，晚年得李邕书法精髓，笔法遒劲浑厚，为独具风格的一代宗师。其传世墨迹佳作之一为《帝师胆巴碑》卷，各地保存有赵孟頫书石刻。

明代书画家唐寅，书法师赵孟頫，《自书词》卷是其行楷书的代表作品之一。画家蓝瑛擅长山水、人物、花鸟、竹石，山水画继承宋元传统，学郭熙、李唐、马远、夏圭以至"二米"的水墨云山，尤致力于黄公望，博采众家之长，并融会贯通，自成一家。《白云红树图》轴是其代表作品之一。

清代书法家王铎，法宗晋唐，尤受米芾书法影响，行草书成就甚高，《游旷园诗》轴是其传世佳作之一。画家恽格，善画山水、花卉。山水画初承堂伯恽向指导，后追宗"元四家"，终自成一家。花鸟画学徐崇嗣，常对花临写，发展了徐氏"没骨花"法，在清初画坛独树一帜。其传世代表作有《山水花鸟》册。

二、借鉴与促进文化艺术发展

在前一部分，我们列举了自东晋迄于清代的一些书画家，说明他们都是在学习、借鉴前代书画家的基础上，创作出具有时代风格和个人艺术风格的作品的。他们的书画佳品流传至今，均成为文物，成为宝贵的文化财富，同时也是书法艺术借鉴、发展的见证。

今天要建设新文化，也必须继承优秀文化遗产，学习、借鉴一切对发展新的文化艺术有用的东西。

甘肃文化艺术部门对敦煌壁画进行了深入研究，吸取其艺术精华，经过再创造，创作出舞剧《丝路花雨》，在国内外演出中，深受观众好评。湖北随州曾侯乙墓出土了一套编钟，有64件，加上楚惠王赠送的镈1件，共计65件，依大小和音高为序编成8组，悬挂在三层钟架上。钟架为铜木结构，呈曲尺形，全长 10.79 米，高 2.67 米。利用这套编钟能演奏多种乐曲。它是我国迄今发现数量最多、保存最好的一套编钟。湖北文艺工作者在研究、借鉴的基础上，创作出编钟乐舞节目，同样受到了观众的欢迎。

例子毋须赘列，举一反三，窥一斑而知全豹。发展新的文化艺术，需要学习、借鉴中国的优秀文化遗产。任何国家和民族莫不如此。文物以其所具有的特点，以其形象和生动的实体展现它的文化艺术形式和内容，发挥着文献所无法起到的作用，是我们宝贵的文化遗产。

三、借鉴与发展科学技术

古代文物还可为科学技术发展和物质文明建设提供有益的借鉴。利用现代科学技术，分析研究古代文物所储存的科技信息是借鉴的重要内容，同时，对古代事物所具有的物质形式，也可以在研究其科学性的基础上，不断创新。

例如河北赵县安济桥，是 1300 多年前由隋代工匠李春主持修造的。它那优美造型和科学结构，对中国后代的桥梁建筑产生了深远的影响。安济桥"敞肩"型式的结构设计，为后世的石拱桥普遍继承，为现代的混凝土桥梁所广泛采用（甚至在修建的大型渡槽上也予以应用），有了的新发展。

这样的例子很多。中国还有许多先进的科学技术成果，在历史的长河中被湮没，早已失传，而且文献上也没有记载，因此，鲜为人知。所幸的是，利用这些科学技术所创造的物质财富，有些被埋在地下，在当代文物考古工作中被发现。这些文物有的经整理研究，用现代科学技术分析检测，已获得了储存在其中的科技信息，作为发展今日科学技术的借鉴。

在文化遗迹、遗物中，有大量文物本身就是当时科学技术发展的成果，是当时人们聪明才智的结晶，其本身蕴藏着当时的科学技术成果或信息。对这一类文物进行深入的研究，特别是用现代科学技术进行分析研究，会为发展今天的科学技术提供信息和珍贵资料。如在天文、冶金、水利等方面，均能找到有重大现实价值的文物史料。在春秋战国时期使用失蜡法制造精美的铜器，在汉代用原始方法生产球墨铸铁，这两种技术（方法），对于发展现代尖端技术，都有着重要的借鉴价值。

古代铜器、铁器等在各地都有发现，从矿石来源、冶炼制造等方面，同样可以找到了解铜矿、铁矿等矿产资源分布的信息。用现代科学技术，可以检验、分析出不同地区铜器所含的各种化学成分不同，说明了制造铜器的矿石来源于不同的地区，这些信息对今天寻找矿石，无疑是有价值的。

文物考古成果，往往成为经济建设论证的重要依据，甚至成为建设项目选址的决定性依据。水文考古、地震考古等,在这方面已作出了重大贡献。如长江葛洲坝,在选址和确定坝址时,首先必须弄清江心洲的成陆年代。长江流域规划办公室考古队对江心洲进行科学发掘,发现了战国时期的墓葬,还发现了6000年前的古树遗存,这就充分肯定了江心洲的成陆年代,说明它是完全可以利用的。葛洲坝的选址问题因此得到解决。

1976年唐山大地震后,国家文物主管部门组织文物考古工作者对京津唐地区许多古建筑进行了科学考察,发现一些古建筑抗震性能非常好。如天津蓟县独乐寺观音阁,是辽代建筑,最早人们主要从阁的造型美、时代早来研究、保护它。在唐山地震中,它岿然不动。经查考文献,在多次7级以上地震中均未被震垮,说明它不仅造型美,而且结构很科学,具有很强的抗震性能,有很高的科学价值,为现代新建筑的抗震设计提供了重要信息。

文物所提供的信息,作为发展现代科学技术的借鉴,促进经济建设,涉及面十分广阔,以上仅只是几个例子。只要我们运用传统的和现代科技的方法,加强对文物多方位、多层次的研究,为发展科学技术和经济建设提供的科技信息会越来越多,作出的贡献会越大。

第四节 文物的教育作用

中华民族是一个勤劳勇敢的伟大民族。遍布全国各地丰富多彩的古代文物,是我们祖先聪明才智和创造才能的结晶。近代现代文物,凝聚着人民群众艰苦奋斗、反对侵略、不怕牺牲的崇高精神。这是进行爱国主义教育、革命传统教育、历史唯物主义和辩证唯物主义教育,以及科普教育的形象、生动的教材。

一、文物教育的特点

文物作为教材,有自己独到的特点。它的教育作用是其他手段所不能代替的。首先,文物是人类社会生产和生活的物质文化遗存。它既是物质文化,又是精神文化,如书画、善本古籍,是以物质品形式表现的精神产品。它作为历史的见证,真实性强,具有很强的说服力。其次,文物是直观的、形象的物质文化遗存,具有强大的感染力。这种直观的感染力和说服力,是别的任何教育手段不能代替的。

在进行爱国主义教育中,一般都讲中国是世界上的文明古国之一,有悠久的历史和灿烂的文化。如何使群众更好地理解和接受这些道理,文物会发挥它独特的作用。所谓悠久历史和灿烂文化,不是空的,有遍布全国各地的古建筑、石窟寺、古石刻、古遗址和古墓葬以及发掘出土的数以万计的各类文物，作为例证。它们是悠久历史和灿烂文化的体现和见证。人们通过参观这些丰富多彩的文物，会从直观的、形象的感受中，了解中国古老的文明，学习中国悠久的历史和灿烂的文化，领悟中华民族的伟大，一种骄傲和自豪感会油然而生。文物在爱国主义教育中这种巨大的感染力是其特有的价值和作用。

二、文物教育的凝聚力

中华民族在历史的长河中，用聪明才智创造的物质文化和精神文化，蕴含着和体现着中华民族在形成和发展过程中凝结起来的思想感情和共同的心理素质。

共同的心理素质，是中华民族在中国共同经济生活及历史发展的基础上形成的。在形成的过程中，各个民族的人们逐渐意识到他们都属于中华民族。这种自我意识具有很强的生命力和很大的稳定性，成为凝聚中华民族的重要因素。不论在世界什么地方，只要讲到中国的长城、运河、丝绸之路、四大发明等等，凡是炎黄子孙、龙的传人，都会由衷地感到中华民族的伟大，感到骄傲和自豪。它可以潜移默化地、深刻地影响和培养人们的爱国主义感情，成为团结中华民族各族群众的自聚力量。

中国有56个民族，每个民族都是中华民族的一员。任何一个民族的心理，往往与该民族的历史发展、遭遇和所处的地位有着密切的关系。同时，随着各民族经济的发展，文化的提高，民族间经济、文化交流日益频繁和发展，民族的传统和生活习俗等也伴随着发生变化，即使是民族性格、情操、爱好也是如此。在民族文物中，反映上述关系和变化的文物就是很好的见证。

三、文物教育的场所与形式

由于文物的存在形态不同，种类各异，因此，运用文物开展教育，要根据教育内容和对象，选择不同的教育场所。

文物教育的场所，总的来说有：博物馆和纪念馆，各个国家都有自己的博物馆；文化遗迹，有列入文物保护单位的，有列入世界文化遗产名录的；其他。

博物馆。它是收藏可移动文物的重要机构，也是研究和陈列展览（教育）机构。各个国家都设有博物馆，它们展出文物，供人参观。

中国文化（文物）系统现有博物馆（包括纪念馆）1500多座，其中有国家级的博物馆故宫博物院、中国国家博物馆等；有省、自治区、直辖市博物馆；有市、县级博物馆。此外，还有其他部门和军队的博物馆，如中国科学技术馆、中国航空博物馆、中国地质博物馆、中国农业博物馆、中国邮票博物馆、中国革命军事博物馆等。这些博物馆收藏着数以百万计的各类文物,是我国文物藏品的主要收藏机构。同时,各类博物馆根据自己的性质和任务,在对文物藏品进行研究的基础上,举办各种内容的展览,供人们参观、观赏。这些展览,是对人们进行教育的重要场所。

文化遗迹,或称文化史迹。它们是不可移动文物。联合国教科文组织世界遗产委员会,根据《保护世界文化和自然遗产公约》第二条规定,将具有普遍价值的文化和自然遗产分期分批列入世界遗产名录,或称世界遗产清单,至2004年,列入世界遗产名录的遗产达788处,其中文化遗产611处,自然遗产154处,文化和自然双重遗产23处,分布在130多个国家。其中中国有30处遗产。[①]

中国不可移动文物中,已有数以千计的不可移动文物(文化史迹)被公布为各级文物保护单位。其中,经国务院批准并公布的全国重点文物保护单位已达1271处。它们是我国不可移动文物中的精华,如南禅寺、佛光寺、隆兴寺、独乐寺、布达拉宫、故宫、莫高窟、云冈石窟、龙门石窟、北京猿人遗址、殷墟、秦始皇陵、万里长城、明十三陵,等等。至2004年,我国已有30处文化和自然遗产列入世界遗产名录,其中文化遗产,如周口店北京人遗址、秦始皇陵、莫高窟、故宫、布达拉宫、长城、泰山、平遥古城等。这许许多多的文物保护单位,其中有为数众多的单位,可以作为人们参观游览、文化欣赏的场所。这些文物本身,都具有很高的历史、艺术和科学价值,开放供人们参观,使人们在这里学习各种知识,欣赏不同历史时期不同形式的文化艺术,接受陶冶、教育。

利用文物进行教育的形式也是多种多样,主要有下列几种:

现场参观。博物馆、纪念馆和文化史迹,作为参观游览场所,是通过文物向人们进行教育的重要形式之一。近些年来,我国旅游事业有很大发展,国内外的游人参观游览的重要对象之一就是文化史迹(文物古迹)。其中万里长城、故宫、莫高窟、云冈石窟、龙门石窟、秦始皇陵及兵马俑等都是旅游参观的热点。在这些地方,文物供人们参观,使人们在直观形象中,了解古代的文明,欣赏古代艺术,陶冶情操。

出版文物书刊光盘、拍摄文物影(视)片。文物供人们参观,是通过以本身实物直接展示、陈列的方式发挥其教育作用。由于能亲临现场观看文物的还

---

① 据《中国文物报》2004年7月9日报道。

第七章 文物价值与作用

只是极少数人,要在更大范围和不同文化层次的人们中,宣传文物,使他们了解中国的古代文明,或了解其他国家的古代文化,进行学习和借鉴,必须借助其他宣传手段,如出版文物书刊光盘,拍摄文物影视片等。这虽然以间接的方式宣传展示文物,阅读者缺乏身临其境的感觉,但在现代社会中却是不可缺少的形式。同时还应看到,出版文物书刊光盘、拍摄文物影(视)片,对研究者来说,会给他们带来更大的便利,提供更多资料和信息。如研究历史,在博物馆参观某些文物,或参观某一文化史迹,由于时间、条件的限制,不能满足要求,给研究工作带来一定困难。书画艺术品,如唐代画家阎立本《历代帝王图》卷,纵51.3厘米,横53.1厘米;宋代画家张择端《清明上河图》卷,纵24.8厘米,横528厘米;宋代画家赵黻《江山万里图》卷,纵45.1厘米,横992.5厘米;宋代画家王希孟《千里江山图》卷,纵51.5厘米,横1191.5厘米;明代画家林良《灌木集禽图》卷,纵34厘米,横1211.2厘米;明代书法家张弼《千字文》卷,纵24.2厘米,横767厘米……这些书画作品,展出时一般都不可能全部展开,观众很难欣赏全幅书画。何况陈列展出的文物,仅只是文物藏品中的极少数,绝大多数的文物藏品很难与观众见面。文物书刊光盘、文物影(视)片,不仅可以把更多的文物藏品介绍给广大读者、观众,而且还可以从不同角度描述、展示,使研究者、学习观赏者得到较全面的资料、信息。又如研究古建筑和石窟艺术,一般不能全部亲眼目睹、勘测了解,也只有借助文物机构经过调查勘测、研究整理后编撰的文物图书或拍摄的文物影(视)片等所提供的较为全面、详细的资料。这些资料不仅对研究者十分重要,而且对希望欣赏中国古代文明或其他国家古代文化的人,对教学人员等也同样十分重要,凭借这些资料,他们才能作深入的了解、研究。

制作模型与复制、仿制文物。这也是发挥文物教育作用的一种形式,在文物展览中已普遍采用。采取这种形式,还能为科研、教学单位提供必要的研究资料或教学用品,以满足其工作需要,取得更好的效果。同时,还可以满足国内外文物爱好者收藏、欣赏等需要。文物仿制品对参观游览者而言,是非常有意义的纪念品。

第八章

古器物

第一节 古器物的范围与种类

在可移动文物，或文物藏品中，绝大部分为古代器物。对古器物的研究，在中国有着悠久历史。古代金石学，在某种意义上，似可称为古器物学。它研究的主要对象，除部分不可移动的石刻外，基本上都是属于古器物范围内的器物。今天对古器物的研究，虽然与金石学有某种承袭关系，但决不意味着要退回到金石学研究的老路上去。恰恰相反，它是对金石学的改造与发展，从而构成文物学的一个重要分支，即古器物学。

一、古器物的范围

古器物是人类活动遗留下来的各种器物。这些器物，都是人们按照一定的目的和要求制作的。未经人们加工和使用的自然物，如与人类活动有关并反映人类活动的农作物、家禽、家畜或狩猎的动物等遗存，不包括在古器物范围之内，这是不言而喻的。

在这里，举一个特殊的例子石刻。石刻包括刻石、碑碣、墓志、塔铭、浮图、经幢、造像、石阙、买地券等。其中相当一部分为不可移动或不宜移动的文物，如经幢、石阙、塔铭等属于古代建筑或古代建筑的附属物。塔铭不能脱离塔而存在，如果塔毁铭存，作为藏品收藏是另一个问题。

对石刻的研究，从整体说，一般不宜笼统归入古器物范围。由于石刻门类众多，体量大小相差悬殊，不可移动与可移动均有，内容庞杂。在具体分析时，应根据不同情况，区别对待。其中有些石刻，如墓志、买地券和可移动的碑碣、造像等，可作为古器物内容，进行收藏、研究。

二、古器物的种类

古器物种类极其复杂，如果不按其质地或用途等分类，很难究明它的种类。
在古器物归类方面，一般以质地分类。但由于古器物的复杂性，有时按质地分类，不能把某一功用相同的古器物全部归到一起，因此，在按质地分类后，

第八章 古器物

由于某类古器物的特殊性，可再按其功用重新归类。

在叙述古器物种类之前，申明此点，其目的是以质地说明古器物的种类，并根据以往的习惯，又把某些以功用归类的古器物单列出来。

以质地而论，古器物种类有：石器、骨器、角器、牙器、蚌器、陶器、铜器、铁器、金器、银器、铅锌器、玉器、漆器、木器、竹器、瓷器、琉璃器、珐琅器、纺织品、石刻、杂器（杂项）等。

如上所述，有些功用相同的文物，归为一类，更能体现其特点，一般又单独列出。诸如钱币、度量衡器、节、符、牌、券、玺印、文具、生活用品、文娱用品、工艺品等。

无论以质地区分，或以功用归类，每一类器物都包括许多种，构成一个庞大的组群。如铜器，又可分为红铜器、青铜器、黄铜器、白铜器。其中以青铜器最为复杂，在社会生活中所占地位亦十分重要。青铜器可分为礼器、乐器、兵器、工具、车马器、计量器和杂物（杂项）等7项。每项内，又有若干种具体器物。详见下列青铜器器物组群表：

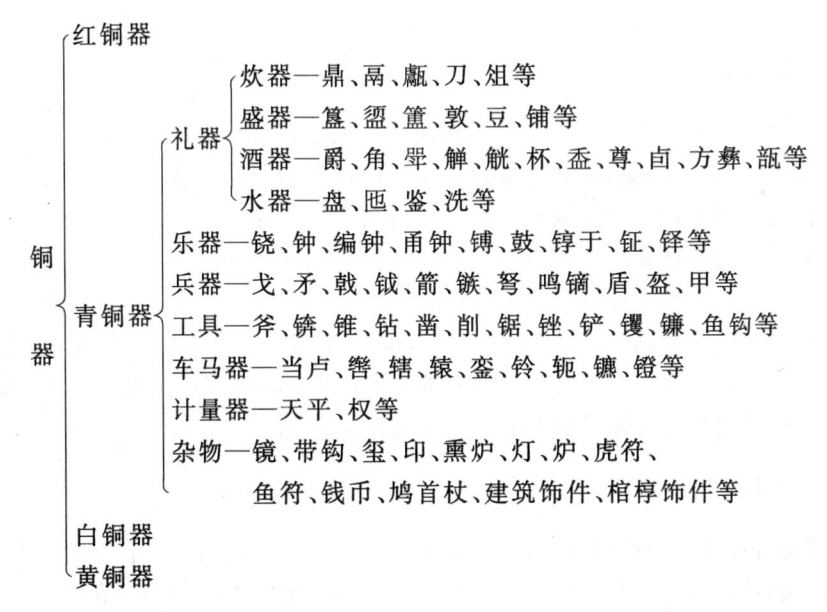

```
         ┌ 红铜器
         │        ┌ 礼器 ┌ 炊器—鼎、鬲、甗、刀、俎等
         │        │      │ 盛器—簋、簠、笾、敦、豆、铺等
         │        │      │ 酒器—爵、角、斝、觯、觥、杯、盉、尊、卣、方彝、瓿等
         │        │      └ 水器—盘、匜、鉴、洗等
         │        │ 乐器—铙、钟、编钟、甬钟、镈、鼓、錞于、钲、铎等
铜器 ──┤ 青铜器 ┤ 兵器—戈、矛、戟、钺、箭、镞、弩、鸣镝、盾、盔、甲等
         │        │ 工具—斧、锛、锥、钻、凿、削、锯、锉、铲、钁、镰、鱼钩等
         │        │ 车马器—当卢、辔、辖、辕、銮、铃、轭、镳、镫等
         │        │ 计量器—天平、权等
         │        │ 杂物—镜、带钩、玺、印、熏炉、灯、炉、虎符、
         │        └       鱼符、钱币、鸠首杖、建筑饰件、棺椁饰件等
         │ 白铜器
         └ 黄铜器
```

以文物功用对古器物归类，每一种类内，也都包括了许多种古器物。如古代钱币，有布币、刀币、郢爰、圆穿圆钱、方穿圆钱（半两钱、五铢钱）、金饼、新莽钱、纸币（宝钞等）、银币（银元、元宝等）等。古代玺印，有战国玺印、秦代玺印、汉代官印、汉代私印……明清石印、清代玉玺等。古代文具，有古

笔（楚笔、汉笔、唐笔、明清精制笔等）、古墨（新莽墨、唐墨……清曹素功墨、胡开文墨等）、古砚（端砚、歙砚等）、古纸（唐代硬黄纸、北宋竹纸、清水纹梅花玉版笺、乾隆仿澄心堂蜡纸）等。

第二节　古器物的基本要素

　　古器物极其庞杂，质地不同，门类繁多，功能各异。对如此复杂的古代文化遗物，分门别类进行叙述，是古器物学研究的任务。

　　古器物尽管庞杂，但不同类别的古器物，都具有下列基本要素。

一、年代

　　任何古器物都是在一定的年代制作的。只是由于年代久远和历史原因或器物自身原因，许多古器物产生的年代不明，或者只知其产生的时代。换言之，一切古器物，都是在一定的历史背景下制作的。从根本上讲，没有年代的古器物是不存在的。

二、物质材料

　　古器物都是用一定的物质材料制作而成。用某种材料制作的古器物，该种材料即成为此类古器物的质地。如用石质材料制作的器物，即为石器。用金属材料制作的古器物，分别为铜器、铁器、金器、银器等。

　　不同质地的古器物，所用材料不同。同一质地的古器物，所用具体材料物理性能和化学成分也不尽相同。如石器，有硬度大的矿物，如火石、石英、玛瑙；有硬度较大的火成岩，如安山岩、玄武岩、辉长岩；有质地稍软的水成岩，如页岩、砂岩。这种情况，也与材料来源有关。又如纺织品，有用麻、丝、毛、棉等不同纤维材料制作成的物品。

三、形状或造型

　　古器物由不同的材料制作而成，以不同的形状或造型出现。古器物作为一种有形的物体，显示了它具体、形象的特点。无形的古器物是不存在的。

　　各种古器物因不同的目的制作而成，有着它各自的具体用途。目的与用途不同，器物的形状或造型也各不相同。如用作炊器的鼎与用作礼器的鼎，形制就不尽相同。

　　同一种器物，在不同的历史阶段，其形状或造型也有很大变化，成为古器物时代特征之一。古器物研究中的型式分类，就是根据同类同种器物各部分形制的变化进行排比，初步构成器物纵横变化的体系。陶鼎自新石器时代中期磁山文化时出现，形状为锥足钵形鼎，此后在新石器时代晚期、商周等时期，形状都有很大变化。商代酒器中的爵，早期多束腰，平底，三足短小，无柱，一般无花纹；中期无明显束腰，三足较长；晚期多为圜底，高柱，三棱形足，平底罕见。作为青铜礼器的鼎，西周早期一般直耳立于口沿之上，腹较浅，多柱足；西周中期鼎腹呈长方扁形，柱足向马蹄足过渡；西周晚期鼎足全为马蹄形。

在古器物中，有的古器物基本形制变化不大，延续了一两千年，如铁农具中的犁、镢、铲、耙、锄、镰等。

四、纹饰或装饰

古器物的表面大都有纹饰或装饰，完全素面，即无任何纹饰或装饰的古器物占的比例很小。

不同质地的器物，它们的纹饰或装饰也有区别。这种纹饰或装饰，因时代、地域、族属、习俗等不同亦有区别。

纹饰或装饰随着时代的发展，亦发展变化。如商代青铜礼器上大都铸有饕餮一类的纹饰，显得十分庄重、威严。西周早期青铜礼器仍承袭商代，纹饰繁缛，仍流行饕餮、夔纹、不分尾鸟纹、蚕纹和乳钉纹等，为数不少的器物有突起较高的扉棱和大角的兽首形装饰。西周中期纹饰带状纹增多，流行顾首的夔纹、分尾鸟纹、窃曲纹、变形夔纹，并开始盛行瓦纹。西周晚期，夔纹、鸟纹已经绝迹，常见的纹饰则为窃曲纹、重环纹、波带纹和瓦纹等。

黄河流域新石器时代诸文化陶器纹饰十分复杂，且因时间、地域不同而有诸多变化，又往往形成某一种文化的特征。仅以彩陶纹饰而论，仰韶文化不同地区和类型的纹饰也不尽相同，有的变化很大。

以西安半坡为代表的类型（半坡类型），彩陶数量较少，几乎均为红陶黑彩，基本纹样是鱼纹和变体鱼纹，如人面鱼纹、写实鱼纹以及图案化鱼纹等，多绘于盆沿、盆内壁、钵类腹部等部位。以河南陕县庙底沟遗址为代表的庙底沟类型，彩陶比半坡类型明显增多，以黑彩为主，少量兼施红彩，并出现带白衣彩陶。纹样主要是条纹、涡纹、三角涡纹、圆点纹和方格纹，并组成花纹带，亦见鸟纹、蛙纹，多绘于盆、钵外壁上部，内壁施彩绘纹者未见。以山西芮城县西王村遗址为代表的西王村类型，彩陶极少，有红彩和白彩，纹饰仅见条纹、圆点纹和波折纹。以上为陕、豫、晋三省交界区域内仰韶文化三种类型彩绘纹饰基本情况。显而易见，它们的具体纹样与风格迥异。

河南洛阳王湾一期文化彩陶纹样为涡纹、三角涡纹与圆点纹，配合构图，简单流畅。第二期文化早期，彩绘纹样由王湾一期的简单变繁，新出现了X纹、∽纹、网纹、眼睛纹、波纹等；至晚期，彩陶几乎绝迹。郑州大河村第一期出土彩陶，多数绘黑色或棕色，纹样主要有带状纹、弧线三角纹、勾叶纹、直线纹和圆点纹，主要绘于盆、钵、器座上部，有的盆内外均施彩。大河村二期彩陶增多，除沿用一期纹样外，新出现睫毛纹、月牙纹、三角圆点纹、网纹、圆圈纹等。大河村三期彩陶数量多，达到鼎盛时期，盛行白色陶衣、红黑或红棕双色彩绘，花纹繁多，出现了锯齿纹、同心圆纹、六角星纹、菱形纹、古钱纹、太阳纹、花瓣纹、X纹、∽纹、格状纹等。大河村四期彩陶锐减，只有少数红陶红彩、灰陶红彩、红陶黑彩，纹样沿用三期的X纹、∽纹和网纹，又见曲线纹、水波纹、植物纹、豆点纹、旋风纹等，显示了没落的状况。大河村一至四期文化相承，时代有先后，彩绘纹样亦随之变化。

其他地区仰韶文化不同类型，其彩绘纹样也不尽相同。不再赘述。

瓷器纹饰或装饰，由于时代、地区（或窑址）、性质等不同，也有区别。如宋代磁州窑烧制的瓷器，专供民间使用，纹饰或装饰以技法区分达十多种，以白地黑花最著称和最具特色，享有盛誉，影响较大。宋代定窑烧制的瓷器，除供民用外，还供宫廷或官府。装饰以白釉刻、划花和印花为主，也有白釉剔花和金彩描花。装饰题材以花果、莲鸭、云龙和游鱼为主。纹样以折梅、缠枝、交枝式构图。受定窑瓷器风格影响的窑口较多。宋代龙泉窑烧制的瓷器以民间生活日用青瓷为主。瓷器装饰技法多为刻花、篦点或篦划。纹样有波浪纹、蕉叶纹、团花、缠枝花、流云纹和婴戏等。

明清瓷器装饰丰富多彩，具有明显的时代风格。其中彩瓷、斗彩和单色釉瓷最具特色。景德镇窑业生产釉上彩、釉下彩和青花加彩瓷器。在明代，釉上彩有红彩、绿彩、素三彩、五彩，还有其他色地彩瓷，连同青花加彩等达20余种。龙纹或云纹是主要纹饰之一。明清斗彩以天然矿物为主要彩料，彩色鲜明，种类丰富。彩绘纹饰内容丰富，有云龙、海兽、鸳鸯、花卉、花果、葡萄、婴戏、高士、子母鸡、草虫、吉祥文字等。生活情趣和自然气息异常浓厚。

五、制作技术与工艺

不同种类，或种类相同，产生于不同时代、不同地区的古器物，制作技术与工艺都不尽相同，这是很自然的。

古器物的制作技术与工艺，有的是直观的，有的是内含的，均需采用科学方法进行研究，了解其所属时代的技术水平与工艺水平。

第八章 古器物

制作古器物的技术与工艺有高低之分。制作技术与工艺，又随着时代的发展而发展。当然，某些古器物由于社会的发展与进步被新出现的器物所代替，制作它的技术也随之消亡。但在此之前，它仍有其产生与发展的过程，有由低级向高级发展的规律。石器最原始的技术是打制，经过漫长岁月的摸索、经验的积累，到新石器时代早期出现磨制技术，此后普遍采用这一技术，直至石器被金属工具代替。即使某种古器物被淘汰，制作技术与工艺亦会被借鉴。

以陶器而论，制作陶器的技术与工艺，最早为手制。至仰韶文化阶段仍为手制，但无论从陶质、造型、纹饰（或装饰），还是焙烧技术各方面都已超过陶器发明阶段的水平，已相当成熟。此时陶器仍为手制，局部采用轮制技术。经对陶片陶土物理性能、工艺测试和对化学成分定性分析，以及陶片结构的镜检和仿制试验，认为制陶原料并非含细砂黄土，而是经过一定选择的适合制陶工艺要求的陶土。根据器物要求，对陶土淘洗或掺颗粒均匀的砂粒等。陶器的成形，小件器物由捏塑而成，大件器物多采用泥条盘筑法，特大件如瓮类器物用泥条盘筑法分别制作底、腹、颈，最后结合成形。有些器物口沿或上腹部留下了轮纹痕迹，它表明已使用慢轮修整技术。器物成形后，根据器物用途等情况，进行修饰加工，磨光或施加陶衣。相当数量的陶器的表面加以装饰，一是施加弦纹，粗、细绳纹或篮纹，后两者可能用陶拍拍印而成。另一是彩绘，这是仰韶文化最具代表性的成就之一。最后是焙烧。据已发现的陶窑，分为竖穴窑和横穴窑两种。竖穴窑原始，横穴窑较先进。后者分火膛、火道、火眼和窑室。火膛长约 2 米，底部平整，上部是略呈穹形的管状通道；火膛后部分三条火道，向上汇成一个圆形通道，由窑箅上的火眼与窑室相通。窑室近圆形，直径 0.8 米。窑箅面四周火眼呈长方形，距火道近处火眼较小，远离火道处的火眼较大。陶器的制作技术与工艺，为瓷器制作技术与工艺提供了宝贵的借鉴。

再以东周时期冶铁为例。在东周铁器中，块炼铁占有很大比重。块炼铁是铁矿石在较低温度（约 1000℃）的固体状态下，用木炭还原法制成，比较纯净。但结构疏松，性质柔软，只有经过锻造，提高性能后，才可制作可用器物。同时也出现了生铁制品。生铁是将矿石在炼炉中经高温（1146℃）熔为液态，用木炭还原法制成，含碳量在 2% 以上。用生铁作为原料，可以直接铸造器件。经对出土物检测，已有白口生铁。同时，还发明了块炼铁增碳而制成的高碳钢，并掌握淬火技术。对铁等金属制品的制作技术与工艺的认识和了解，还必须利用现代科学技术手段，才能收到显著的成果。

六、用途或功用

古代制作任何器物，都有一定的目的性。各种生产工具、各种生活用器等，都是不同时代的人们为了用才制作的。当然，在阶级社会，各种器物的内涵，也在一定程度上打上了阶级的烙印。作为社会发展、科学技术和文化艺术发展水平的见证，对古器物的研究，可以使我们获得形象、具体的资料，研究与了解古代社会政治、经济、军事、科技、文化，以及人们生活、习俗等各个社会侧面的历史面貌。

古器物的种类不同，它们的用途或功用也有区别。有些功用从器物本身就可表现出来，有些功用则不是一眼就看得出来的。如铁犁、铁镢等农业生产工具，一看就知其用途。鼎的用途或功用就比较复杂。鼎是炊器，但青铜鼎又作为礼器，用于祭祀、宴享或婚丧礼仪。而用鼎数的多少，又成为区分等级、尊贵的标志。天子用大牢九鼎，依次递减为七鼎、五鼎、三鼎，同时配簋，用八簋、六簋、四簋……，这种产生于西周的用鼎制度，一直沿用到周室衰微，诸侯僭越，才被突破。战国时期诸侯用九鼎者屡见不鲜，就连中山国这样的小国，王礜也用九鼎。此外，鼎还用作明器，其用途为随葬品。

第三节 古器物与专门史

古器物以质地分类进行研究，实际上是专门史的研究。对不同质地的古器物，研究它的产生与发展，以及背景；研究它的制作技术与工艺；研究它的用途与历史地位，从而构成了某类古器物专门史。这是研究古器物的重要目的之一。

任何事物，都有其发生、发展的历史。通过不同类别的文物，如石器、铜器、铁器、瓷器、玉器、漆器等，研究它们的历史，有着比文献更为有利的条件。文献对古器物的记载，不仅种类不全，而且内容简略，特别是对其制作技术与工艺以及功用的记载，大都是一般叙述。限于当时的科学技术水平，以及历史局限性等原因，不可能揭示它们的物质构成和社会内涵。因此，文献资料不论从广度和深度来说，都是很不够的。

古器物以形象、具体的实物，为研究专门史提供了丰富资料。它不但从直观上提供了了解某类古器物从早到晚发展、变化的历史轨迹，而且以形象的物质形态表明了它们自身的功用，特别是今天，通过科学技术手段，可以进一步了解它们的物理性能和化学成分，检测它们的制作技术，等等。运用这些翔实

第八章 古器物

丰富的材料，可以详细阐述古器物发展、演变过程，揭示它们的发展规律，结合文献记载，进一步研究它们在社会生产、生活等方面的地位与作用。

对任何一类古器物的研究，都可以写出一部专门史，如陶瓷史、冶金史、货币史、纺织史，等等。

下面举例简述某些类别的古器物。

一、铜器

铜器是用铜或铜的合金制造的工具、武器、器皿、乐器及装饰品等。人类最早是使用天然铜锻制小件工具或饰物。这种天然铜和早期冶炼的未掺入其他金属的铜，称为红铜。尔后，随着冶炼技术的进步，在铜中掺入适量的锡，不仅降低了熔点，而且增加了硬度，通称为青铜；掺入一定比例的锌，是为黄铜；含一定比例的镍，叫作白铜。在中国铜器中，以青铜为主，创造出了灿烂辉煌的青铜文化。

中国铜器肇始于新石器时代晚期。在考古发掘中，已在马家窑文化、大汶口文化、龙山文化、齐家文化等遗存中，发现早期铜器或有关线索。早期铜器的材料，有红铜、青铜和黄铜，制造的器物多为小型工具及饰物。

二里头文化遗存中，已发现的青铜器有容器和兵器，并且形制已较为复杂。其种类有：爵、戈、镞、戚、刀、锥、鱼钩、铃等。爵的胎壁薄，表面粗糙，无纹饰，这是早期铜器的特点。据测定，爵的合金成分为铜92%、锡7%，已为锡青铜（即通称的青铜）器。它表明二里头文化已进入青铜时代。早期种类还有斝、锛、凿等。

商代中期的冶铸技术有了很大发展，制造的青铜器品种增多。商代青铜器中的大多数器类此时已具备，器形较复杂，花纹较精细。青铜礼器器物增多，有鼎、鬲、簋、觚、爵、斝、卣、罍、盘等。青铜工具和兵器有镢、铲、刀、钻、鱼钩、戈、镞等。铜礼器胎壁一般较薄，花纹也较简单，有单线条的花纹带，大多是单线的饕餮纹，或在上下加圆圈纹。此外，还有乳钉纹和圆涡纹等。在郑州发现的高达1米的铜方鼎，充分表现了当时所具有的相当高的冶铸技术水平。

商代晚期青铜器种类更加丰富，花纹繁缛，铭文出现，并加长，是商代铜器的极盛时期。青铜礼器有了飞速发展，出现许多新的器形，如殷墟妇好墓出土的三连甗和偶方彝。同时盛行以鸟兽形象作为器物的形状，如妇好墓出土的鸮尊、湖南出土的四羊尊、虎食人形卣、山西石楼出土的铜觥等。礼器中酒器仍占绝大多数，以觚、爵为主。商代晚期青铜器一般都比较厚重，突出代表司母戊鼎重达875公斤。纹饰普遍以雷纹为地纹，主体花纹除饕餮纹外，还有夔纹、龙纹、蝉纹、鸟纹、蚕纹、龟纹及各种几何形纹饰，大都饰满器身。许多器物尚有凸起的扉棱和牺首等装饰。铭文最初多为族徽图像、人名、父祖名，如妇好之类；末期铭文多达三四十字，内容大抵是因受赏而为父辈作器。如"小臣艅犀尊"、"希聿簋"等。晚期的铜器中乐器有铙，兵器有钺、戈、矛、刀、镞、盔和弓形器等，其中戈的数量最多，形式变化亦多。工具有斧、锛、铲、锥、凿等。车马器有辔、辖套、軏、镳等。此外，还发现铜镜、铜人面具和牛头形面具。

西周铜器前后有很大变化。早期铜器继承了晚商的传统，中晚期呈现衰落趋势，纹饰简化，直至春秋中期始出现新的风格。春秋晚期到战国时期，铜器普遍采用错金银、鎏金、镶嵌、针刻等工艺，其艺术价值很高。战国晚期，日用铜器明显增多，其风格表现为规格化和朴素，与以往迥然有别。

春秋战国时期的铜器种类繁多，有礼器、乐器、生产工具、生活用具、兵器及车马器等。青铜制作工艺有很大发展，礼器器种有明显变化，商代和西周盛行的酒器大为减少，其中爵、斝、觚、觯、觥、角、尊、彝、卣等均被淘汰。而蒸饪器与盛食器数量则大为增加，鼎和簋成组使用。铜器中以诸侯与卿大夫的礼器数量最多，地位越高，使用的数量也就越多。青铜礼器按用途分为：蒸饪器，有鼎、鬲、甗；盛食器，有簋、盨、簠、豆、敦；酒器，有罍、盉、壶、舟；水器，有盆、鉴、盘、匜等。鼎又分为专为蒸饪的镬鼎，供席间陈设牲肉的升鼎及备加餐的羞鼎。青铜乐器主要有编钟、编镈和錞于，铙、铎为数很少。钟分甬钟和钮钟，均递次减小，各自成组，每组9～14件不等。河南信阳楚墓出土的甬钟和湖北随州曾侯乙墓出土的编钟，经测试表明，其制造水平已相当高。曾侯乙墓出土编钟还有较长的乐律铭文。青铜生活用具中，带钩和铜镜最能反映当时的工艺水平。带钩形状多种多样，如琵琶形、兽形、棒形等。制作工艺十分考究，有鎏金错银、镶珠嵌玉等金属细工。铜镜的钮、花纹等都有众多变化。车马器种类较多，有车辔、车辖、盖弓帽、铰链管和辕、衔、辐、軏、銮等车饰，有镳、衔、当卢、铃、节约等马饰。兵器有戈、矛、殳、戟、剑、镞等，主要由各国武库控制的作坊制造。工具仅见锛、凿、刀、削等。青铜器纹饰与商、西周迥异，饕餮纹和兽面纹已被淘汰，代之而兴的是动物纹（窃曲、蟠螭、蟠虺、贝纹）、植物纹、几何纹（环带、重环、云雷纹）和图像纹（采桑、射猎、宴饮、水陆攻战）等。出现了网状四方连续的花纹，表明已采用花版捺印新技术，比以往采用全部雕刻范模工艺有了很大进步。镶嵌、鎏金、金银错、细线雕等新兴工艺，使铜器装饰面目一新。铜器中带铭数量减少，铭文一般都较简短，像秦公簋、齐侯钟、中山王𫲨鼎、壶等铭文长达数百字者，极其罕见。

第八章 古器物

东周铜器铸造技术，重大发展是分铸法的运用，即采用分铸技术铸出足、耳、环等，嵌在主体范中，然后浇铸，或分铸器身和附件，然后用合金焊接为一体。春秋以后发明失蜡法，即熔模铸造新技术，许多造型复杂的铜器即是用此法铸焊而成。

秦汉铜器继承战国晚期作风，日用铜器增多，作风朴素和规格化，且多为素面。惟铜器在造型、镶嵌花纹等方面不断发展。秦始皇陵园出土的两乘彩绘铜车马、满城中山靖王刘胜及妻窦绾墓青铜器、兴平汉武帝茂陵阳信家青铜器、晋宁滇国青铜器等，是秦汉铜器的代表，反映了秦汉铜器制作技术与工艺的高水平。但从总体而言，铜器已走向衰落，并为铁器、漆器、瓷器所取代。

二、铁器

铁器是用铁矿石冶炼加工制作而成的器物。它的发明，使人类历史发生了划时代的进步。中国在商代已知用陨铁加工制作铁器，如河北藁城台西商代遗址和北京刘家河商墓出土的铁刃铜钺，其刃部即为陨铁制成。现在已知在西周晚期出现人工冶铁制品，春秋时期开始冶铁和使用铁器。在考古中已发现春秋时期的铁器，多见于湖南长沙地区。初期铁器多为小型工具，如削、凹口锄、刀等。但也有经锻制而成的中碳钢剑，白口生铁铸造的铁鼎等。战国中期以后，铁制工具在农业、手工业中逐渐取得了支配地位，对社会生产的发展，起了巨大推动作用。铁器已在七国地区以及北方匈奴、东胡和南方百越等广大地区均有发现，表明战国时期冶铁技术的进步与发展。

东周铁器的种类有农具、手工工具、兵器和杂用器等。其中以农业和手工工具为大宗。农具有 V 形铧冠、钁、锄、镰、臿、铲等，每种农具又有不同的形状，如锄有六角形锄、梯形锄、凹形铁口锄、五齿锄。手工业工具有斧、锛、锥、锤等。兵器有剑、戟、矛、匕首、胄。杂用器具有刮刀、削、环、钩、带钩及青铜器附件，如鼎足、铁铤等。早期铁器制品材料多为块炼铁，即在较低温度的固体状态下，用木炭还原法炼成的比较纯净的铁。在制作器物时，须经锻造。同时，生铁铸器也已出现，并开始使用热处理技术，以增加其强度和韧性。春秋晚期，已出现中碳钢制品，经科学检测，长沙出土的钢剑即为中碳钢制品，其金相组织比较均匀，可能已经过高温退火技术处理。这表明春秋晚期到战国早期，块炼铁已经发展为块炼渗碳钢。与此同时，白口生铁也已发展为韧性铸铁。战国中期以后，冶铁技术与工艺又有了较大的发展，使金属铁的性能得到了进一步提高。河北易县燕下都遗址第 44 号墓出土的铁器，经对其中 9 件兵器金相考察，有 6 件为纯铁或钢制品，3 件为经过柔化处理或未经处理的生铁制品。从而得知已在块炼铁中增碳制造高碳钢，并已经掌握了淬火技术，这是冶铁技术的一大提高，意义重大。从一些冶铁遗址中出土的熔铁炉、鼓风管、炼渣及制作铁器的陶范，可以对冶铸技术有进一步了解。特别是河北兴隆出土的一批铁制铸范，计42副87件，包括农具、工具、车具范，并有内外范之分，有单合范和双合范，其本身就是质量很好的白口铁铸件。其中有些铸范设有防止变形的加强结构和金属芯。这批范的设计和铸造工艺都已达到了相当高的水平。

西汉冶铁技术与工艺继续向前发展，水平不断提高。至迟在西汉中期，灰口铁、铸铁脱碳钢已经兴起，之后，又发明了生铁炒钢和熟铁的新工艺。汉初，冶铁业多为诸侯王和富豪控制。汉武帝时，曾在各地设置铁官，垄断全国冶铁业，并实行专卖政策。它对冶铁业的发展影响很大。西汉铁器的制造和使用量很大，已普及全国，在社会生产和生活的各个方面，以及军事方面，均占居重要地位，起着十分重要的作用。

这一时期铁农具有犁、钁、铲、锸、锄、耙、镰等。铁工具有斧、锛、锤、凿、刀、锯、锥等。兵器有长剑、矛、戟、镞、铠甲、铁蒺藜和新出现的环首大铁刀等。生活用具有鼎、炉、釜等容器和炊器，还有厨刀、剪刀、火钳、镊子、带钩，以及钓鱼钩、缝衣针等。

20世纪50年代以来，调查、发掘了不少冶铁遗址，特别是河南巩县（今巩义市）铁生沟和南阳瓦房庄等遗址的大规模发掘，使我们进一步了解到当时的冶铁设施、操作过程和技术水平。汉代铁器中用块炼铁作材料的锻件，有许多已达到钢的标准。西汉中期，采用反复锻打的方法制造百炼钢，即将块炼渗碳钢锻打成早期的百炼钢。河北满城汉墓（刘胜墓）中出土的佩剑，便是百炼钢的早期产品。铁器中用生铁作材料的铸件，许多为展性铸铁。西汉早期以后，炼铁技术和工艺进一步发展，出现了不少灰口铁铸件，其特点是硬度较低、脆性较小、耐磨、滑润性能良好。同时，还发明了利用热处理方法，使铸铁在固体状态下脱碳成钢的新技术与工艺。西汉晚期，在冶铁技术进一步发展的情况下，又出现了用生铁炒炼成钢的新技术，所得产品为炒钢。

东汉以后，铁器的种类无大的变化，但冶铁和炼钢技术与工艺不断创新、发展。东汉时期，炒钢和百炼钢技术在原有基础上继续发展。南北朝时期，发明了杂炼生揉的灌钢技术与工艺。

自西周晚期迄于南北朝，冶铁技术与工艺不断发展、进步，水平不断提高，终于形成了具有中国特色的古代冶铁技术体系。铁器制品愈来愈多，种类日益复杂，在社会生产和生活的各个方面，在军事方面，都越来越占有重要地位，发挥着重大作用。

三、瓷器

瓷器是中国的伟大发明，在世界享有盛誉。它是用瓷土或瓷石为原料，经过配料、成型、干燥、焙烧等工艺流程制作而成的器物。瓷器的特征为：瓷胎烧结后，质地细密，不吸水或吸水率甚低，胎呈白色，胎壁较薄者具有高透明度和一定的机械强度，击之铿锵有声；釉呈玻璃质层，透明，不吸水；烧成温度须在1200℃以上，把胎釉烧成一体。

商周原始瓷器。中国烧造原始瓷始于商代，最早为郑州二里冈时期。在河南、河北、山东、安徽、湖北、江西、江苏、陕西、甘肃、北京等地，都已发现商代原始瓷器。西周时期的原始瓷发现更为普遍，表明原始瓷有了很大发展，安徽屯溪、江苏句容等地西周墓中出土大量原始瓷，器形也较丰富。原始瓷器大都是生活用器皿，器形有尊、罐、瓮、豆、碗、盂、盉等。纹饰有弦纹、方格纹、曲折纹等，同时盛行双乳钉或钮状的附加装饰。原始瓷以火候高低区分，有两种：一种胎呈白色，火候较低，吸水性较强，釉不匀，易脱落，敲击无清脆之声，屯溪出土的原始瓷即属此种；另一种胎呈灰白色，火候较高，不吸水，釉层薄且匀，胎釉结合紧密，击之有清脆声音。但从出土数量看，前一种原始瓷占大多数，表明制瓷技术尚处于原始阶段。从2004年发掘江苏无锡鸿山越国贵族墓出土的成组成套的青瓷礼器和乐器来看，表明至迟在战国早期已出现符合瓷器标准的青瓷。[1]

东汉瓷器。符合瓷器标准的青釉瓷器进一步发展。这是对瓷土精选、胎釉配方、成型工具等不断改进后，提高了烧造技术的结果。此时亦烧造黑釉瓷，只是胎釉质量与工艺尚不如青釉瓷。

魏晋南北朝瓷器。这个时期制瓷工艺有了较大发展，以生产青釉瓷为主。主要窑址有浙江越窑、温州瓯窑、金华婺州窑、江苏宜兴均山窑等，其中以越窑产青瓷质量最高，胎质灰白、细密，釉色均匀。其他窑生产的青瓷器也各具特色。西晋时婺州窑使用化妆土，以弥补胎质粗糙的缺陷，还产生了在青釉瓷器上饰褐色点彩或彩绘新工艺。东晋时浙江德清窑烧造的黑釉瓷器，色泽光亮如漆。北朝后期北方在青釉瓷的基础上烧制出了白釉瓷器。这一时期江浙仍采用龙窑，北方则用馒头窑炉。在制作流程上，普遍采用轮制拉坯、拍片、模印、镂雕、手捏等方法。出土的青瓷莲花尊、狮子烛台、蛙形水盂、鸡头壶、虎子，以

---

[1] 据《中国文物报》2005年4月22日报道。

及人物俑、动物形象等器物,都充分反映了当时的成型工艺水平。瓷器的器形比较复杂、多样。均山窑的器形,从残片辨识,有盆、洗、钵、盘口壶、双系缸,纹饰有弦纹、网纹、连珠纹、羽毛状纹等。德清窑常见的器形有碗、盘、钵、罐、盘口壶、鸡头壶、盏托、砚、盒、熏炉、唾壶、虎子等,纹饰仅有弦纹和在口肩部"点彩"。东晋末年,部分碗、壶、盏托上划复线莲瓣纹。

隋唐五代瓷器。隋代仍以青瓷为主,白瓷质量有所提高。唐代瓷器为"南青北白",青瓷仍以越窑质量最佳,白瓷以邢窑质量最好。在烧造技术上普遍采用了匣钵装烧,因此带来了一系列变化,即:胎壁变薄,底足由平底变为玉璧底,釉面洁净(不受烟熏而洁净)等。浙江余姚上林湖越窑址,出土器形繁多、新颖,如把生活用瓷做成花、叶、瓜果形式,出现了敞口碗、莲花碗、海棠式碗,荷叶形碗、盘,以及瓜形注子、粉盒、油盒、瓷塑、瓷枕、各式水盂等。釉色均匀,色泽淡雅。纹饰有划纹、印花,以及彩绘。同时,在部分宫廷用瓷和贡瓷中镶嵌金边、银边和铜边,即所谓"金釦"、"银釦"和"金棱"瓷器。河北邢窑瓷器器形有碗、盘、壶、罐、盏托等,质坚釉白是其最大特点。湖南长沙窑瓷器,创造了在胎上画彩后上釉的高温釉下彩新技术;开创了以绘画技法美化瓷器的先例。产品主要是生活用具,有壶、瓶、罐、碗、杯、盘、洗、盒、灯、烛台等;文化用品,有砚、镇纸、水盂、印盒;其他用品,有枕、香炉、碾槽,以及大量狮、鸟、蛙、鸡、犬、猪等玩具。釉色以青釉为主,还有褐釉(含黑、酱釉)、绿釉、白釉。釉下彩颜色及图案多种多样,有蓝、绿、黄、褐等颜色,组成的图案有褐彩斑点、斑块、绿彩斑点等。在装饰方面,最先采用了花鸟、草虫、鹿、羊、蝴蝶、鱼、水鸭、婴儿、宝塔、云气、山水及诗词等题材。与此同时,用陶模模制的狮子、鸟、鱼、葡萄和人物图案粘贴器表作为装饰,也是其特色。

宋元瓷器。宋元是瓷器发展的繁荣时期,瓷器品种繁多,釉色缤纷,官窑创新,民窑兴起。根据窑业产品工艺、釉色、造型、纹饰或装饰等特色和风格的异同,形成了各自不同的窑系。北方著名瓷窑有定窑、耀州窑、钧窑、磁州窑,南方著名瓷窑有景德镇窑、龙泉窑、建窑、吉州窑、德化窑等。

定窑瓷器,胎土细腻,釉色润泽,白中略闪青黄或灰黄,口沿因覆烧故不挂釉,即所谓"芒口"。器形以碗、盘居多,器内壁用印花、刻花和划花,花纹图案布局繁复、严谨,层次分明,以各种花卉图案和动物形象为主。为宫廷和官府烧造的瓷器刻有"官"、"尚食局"、"尚药局"、"五王府"款,此种花纹多为龙凤图案。除白定外,还有少量黑釉(黑定)、酱釉(紫定)和绿釉(绿定)器(残片)。金代窑址中出土的器物上印花缠枝石榴、缠枝菊、鸳鸯、鹭鸶等纹饰与金大定、泰和纪年印模纹饰相似。元代定窑逐渐衰落。磁州窑为北方著名民窑，以烧造白釉黑（褐）花瓷器为主，并有划花、剔花及釉上加红、绿彩绘等品种。器形主要为日常生活用的盘、碗、瓶、壶、罐、洗、盆等。纹饰多用花卉、鸟兽、戏婴和民间故事。瓷枕为该窑北宋著名产品，枕面绘小儿垂钓，或画花鸟，或题写诗句，着墨虽不多，却极为传神。发现有"张家造"戳记瓷枕，是为民窑又一物证。元代磁州窑主要产品仍以白地黑花与褐花瓷器为主，有龙凤纹大罐等，甚为精致。耀州窑以烧青瓷为主，同时烧造白釉、黑釉瓷器，青釉瓷花纹受定窑影响，极其富丽。北宋晚期是它的鼎盛时期。均窑是北宋时北方的青瓷窑场，主要生产色泽艳丽的青釉和铜红釉瓷器，兼烧印花青瓷、白地黑花釉下彩瓷和黑釉瓷器。器物有洗、尊、炉、钵、瓶、碗、盘等。胎质细腻，色浅灰，造型端庄、规整。釉色以各种浓淡不一的蓝釉为主，而且还烧造出釉面错纵掩映的青、蓝、黑、紫、红、绿、黄、月白等窑变色彩。这是其显著特点和风俗。

景德镇窑以烧造青白釉（又称影青釉）为主，印花纹饰仿定瓷。南宋以后采用覆烧技术。元代烧卵白色的"枢府"釉，同时烧造了青花瓷器和釉里红瓷器，十分珍贵。北宋初期生产的器物有碗、盘、壶等，胎洁白细密，釉色白中泛黄，素面居多，少量器物外壁有刻划纹，内底有印花或文字。北宋中期，器形中盆、壶、罐增多，出现芒口器，釉为影青釉，纹饰以刻划纹为主，壶、罐器物的肩部装饰有牡丹、菊花、莲花、飞凤、水波等印花纹。北宋末至南宋，器形种类多样化，仍以影青瓷为主，纹饰多为印花，题材有花草虫鸟、人物、动物等，内容更趋丰富。元代产品中多小圈足盘、高足碗、大型盘与瓶等，釉色除影青之外，创造了印有"枢府"印记的卵白釉。纹饰以印花为主，刻划纹较简洁，题材丰富，尤喜用龙纹作装饰。

明清瓷器。明清两代以景德镇窑场生产的瓷器最为精美。青花瓷是各种瓷器中的主流。这一时期的瓷器器形品种繁多，釉色发展变化极为富丽多彩，纹饰题材丰富繁缛。瓷器造型及烧造工艺都达到了前所未有的水平。在第六章第三节已对明清瓷器釉色作了简要介绍，这里不再赘述。

四、漆器

漆器是用漆涂在各种器物表面而制作成的日用器具及工艺品、美术品等。用漆作涂料，有耐潮、耐高温、耐腐蚀等特殊功能，又可配制不同颜色的漆，使器物更加美观、华贵。中国古代漆器工艺自新石器时代开始，迄于清代，不断完善、发展，达到了相当高的水平。

新石器时代漆器。在这个时期,人们开始认识漆的性能并用以制作器物。已发现的有浙江余姚河姆渡遗址出土的木碗,出于第三文化层,内外均有朱红色涂料,其物理性能与漆相同。木碗造型美观,色泽鲜艳。内蒙古敖汉旗大甸子古墓中出土有觚形薄胎朱色漆器。山西襄汾陶寺龙山文化遗址出土一批漆(木)器,它们出土于大、中型墓葬,胎骨已朽,从遗存已知器形有鼓、案、俎、几、盘、豆、斗、勺、觚、杯等多种。这些器物大都施彩绘,纹饰有条纹、几何形纹、云气纹、回纹等,构成美丽的图案。其中一般器物的器表涂以赭红或淡红色,而精美器物则在红地上用白、黄、蓝、黑、绿色绘出边框及繁缛的花纹图案。从器物已朽胎骨脱落的彩皮呈卷状,其物理性能与漆皮相似,是黄河流域出土的最早的一批漆(木)器,为探讨漆器起源提供了重要的实物资料。

商代漆器。漆器发现地点增多,分布区域扩大。其中如湖北黄陂盘龙城遗址出土的一面雕花、一面涂朱的木椁板印痕,河北藁城台西遗址出土的漆器残片,原器器形已难辨。从残片观察,为木胎,残片表面为朱地花纹。纹饰有饕餮纹、夔纹、雷纹、蕉叶纹等,有的花纹上嵌有绿松石,形状呈圆形、方圆形和三角形,均经磨制;有的贴有金箔。加之大部分花纹先雕刻而后髹漆,表面呈浮雕状,显得十分华丽美观。河南安阳侯家庄王陵出土的漆绘雕花木器中,有的镶嵌蚌壳、蚌泡、玉石等。

西周漆器。西周漆器从出土物看,主要有两种装饰,一是描绘花纹或镶嵌蚌泡;另一种是"蚌组花纹",为螺钿漆器的始祖。

春秋战国时期漆器。春秋时期漆器已出土的有豆、杯、盘、勺,以及髹漆木棺、车、矛柲、盾牌等。战国漆器器种繁多,有很多是前所未见的器物。长沙楚墓和信阳楚墓出土的众多漆器,反映了这个时期漆器制作技术和工艺水平。其中家具有床、几、案、箱,炊厨用具有俎,饮食器有盘、盂、卮、樽、耳杯、勺、匕,妆奁器有奁、盆、梳、笾、匜、鉴,陈设品有座屏,仿铜礼器有鼎、豆、壶、钫,乐器有鼓、瑟、笙、编钟架,兵器有甲胄、盾、弓、矢箙、剑椟、戈和矛柲,交通工具有车、肩舆,丧葬用具有棺、笭床、镇墓兽,等等。足见漆器器类之全,用途之广。漆器胎骨分木胎、夹纻胎、竹(篾)胎,以木胎为最多。各种胎骨的制法因器物不同而异。装饰图案纹样主要有:几何纹和几何勾连纹、云纹及变形云纹、动物纹、植物纹、乐舞、狩猎、弋射、天文图像,以及模拟青铜器花纹。绘画方法多用毛笔单线勾勒,加平涂。颜色有黑、红、褐、黄、绿、蓝、白等,着色用涂料,深色用漆(称"漆绘"),浅色用油(称"油彩")。镶嵌技术已很高,用料除蚌片外,多用铜、金、银材料作嵌件。另一个特点是给薄板卷木胎或夹纻胎器物镶加铜、银钿箍(即钿器),有些铜钿错金银花。它集中代表了战国时期漆器镶嵌和金银细工的高度成就。生产漆器的作坊，主要是诸侯官府直接掌管、控制的作坊和地方的官府作坊，也有私人经营的作坊。对此，在漆器的铭刻上均有不同程度的反映。

汉代漆器。西汉漆器基本承袭战国漆器风格，但也有进一步发展，生产规模较前更大，产地分布更广。湖南长沙马王堆汉墓和湖北江陵秦汉墓，以及其他地区出土的大批漆器，反映了汉代漆器生产的技术与工艺水平已很高。马王堆汉墓出土漆器共约 500 件，数量大，且保存好，器形主要有鼎、盒、壶、钫、卮、匕、耳杯、盘、匜、奁、案、几和屏风等，还有漆棺。有些器物上书写有"轪侯家"、"君幸酒"和"君幸食"等字样。汉代漆器在器种上无大的变化，出现了大型器物，如直径 70 厘米的漆盘、近 60 厘米高的漆钟等。胎骨主要是木胎和夹纻胎，竹胎极少。漆器装饰除漆彩绘、油彩外，还新增加了针刺填金彩、金银箔贴、锥画技术。纹饰常见的有图案化的龙凤纹、云气纹、花草纹、几何纹，以及近于写真的鸟、兽、鱼纹，少数神仙、孝子等人物故事画。尤其是器顶镶金属花叶，以玛瑙或琉璃珠作钮，器口器身镶金钉、银钉及箍，其间用金银箔嵌贴镂刻的人物、神仙、鸟兽等形象，并彩绘云气、山石加以衬托，均为前所未见，工艺精湛，水平甚高。西汉前期漆器花纹繁缛富丽，东汉则较朴素。漆器造型有的地区表现出明显的特点，如1998年云南昆明市官渡区小板桥镇羊甫头村一座大型木椁墓中，出土一批漆木器，其中有人头、猴头、鹿头、猪头、牛头、兔头、鹰爪、水鸟戏鱼等木雕漆器造型，每个造型尾部都横一长 15～20 厘米雄性生殖器，为首的是跪坐鼓形器上、衣着华丽的一贵妇人，鼓后单置一条马腿。它们造型精致，漆绘艳美，风格独具。汉代漆器多为汉中央王朝及地方官营作坊制作，漆器上的不同铭文反映了工匠与工官的组织体制。众多的铭文是研究漆器产地、作坊、工官体制等的重要实物资料。

魏至唐代漆器。魏晋南北朝出土漆器甚少。安徽马鞍山东吴朱然墓出土的漆器很有代表性。其中以彩绘宴乐图漆案、犀皮漆耳杯等为精品。前者案面中部彩绘宴乐场面，有主人、侍者、宴饮者、百戏人物等 55 人；案背面为黑漆，正中有朱书"宫"字。山西大同石家寨北魏司马金龙墓出土残存的漆屏风 5 块，每块长（高）约 0.8 米，宽约 0.2 米，厚约 2.5 厘米。屏风板面先髹朱漆，分 4 层彩绘人物故事，画面人物与器物与传世的顾恺之《女史箴图》相似之处甚多。同时出土雕刻精细的石屏趺 4 个。该漆屏风价值极高，是稀世艺术珍品。

唐代漆器有很大发展，水平空前。有堆漆、螺钿器、金银平脱器等。镂刻錾凿，工艺精妙，与漆工相结合，制成的工艺品，代表了唐代风格。夹纻造像是自南北朝以来脱胎工艺的继承与发展。唐代已出现剔红漆器。

宋元漆器。宋代漆器纹饰有堆塑、鎗金等，还有许多漆器有铭文，写明制作地点和工匠姓氏。元代漆器品种繁多，其中最重要的是螺钿、鎗金和雕漆中的剔红与剔犀漆器如元末雕漆巨匠张成制造的栀子纹剔红盘和剔犀盒，足内和底有针划款"张成造"，是元代雕漆珍品，代表了雕漆的最高水平。元代薄螺钿的出现，开明代漆器之先河。

明清漆器。这一时期的漆器制作、纹饰等工艺，都达到了前所未有的水平。从装饰工艺技法方面可分为：一色漆器、罩漆、描漆、描金、堆漆、填漆、雕填、螺钿、犀皮、剔红、剔犀、款彩、鎗金和百宝嵌等14种。一色漆器即素面漆器，无花纹，宫廷用具多为此类漆器。宫殿中的宝座、屏风多用罩漆。宫中用品多用描漆，特别是用黑漆描金。雕填再加鎗金漆器是明清漆器中数量最多的一种。螺钿还采用了金、银片，镶嵌细密如画。剔红是明清漆器中数量最多的一种。百宝嵌用珊瑚、玛瑙、琥珀、玳瑁、玉石等珍贵材料作嵌件，镶成五光十色的凸起的花纹图案，清初达到了高峰。

五、纺织品

纺织品是人们衣着、被服等必需品。在史前时期的新石器时代，人们就开始掌握纺织技术。不同时代的纺织品，是衡量人类进步和文明发达的尺度之一。古代纺织品是用麻、丝、毛、棉等纤维为原料，纺绩加工成纱线后，经编织（挑织）和机织而成的布帛、毛织品。中国古代的丝麻纺织技术，已达到了很高水平，有"丝国"之誉。

新石器时代纺织品。在新石器时代考古中，已发现一些纺织品遗存。如：在距今7000年前的浙江余姚河姆渡遗址中，发现了苘麻的双股线，出土的牙雕盅上刻划有4条蚕纹，同时出土有纺车和纺机零件。距今约6000年的江苏吴县草鞋山遗址出土有编织的双股经线的罗地麻布。距今5500年的郑州青台遗址有粘附在红陶片上的苎麻和大麻布纹、粘在头盖骨上的丝帛及10余件红陶纺轮。距今5000年左右的浙江吴兴钱山漾遗址出土了丝织品残片。一些遗址发现有陶纺轮，是普遍存在纺织活动的实物见证。

商周纺织品。社会经济的发展，王室对纺织品需求的增加，使这一时期的纺织技术进一步提高。从考古发现的遗存看，商周纺织品品种增多，如：河北藁城台西商代遗址出土的粘在青铜器上的织物，有平纹纨、皱纹縠、绞经罗和三枚菱纹绮。河南安阳殷墟妇好墓出土铜器上所附的丝织品，有纱纨、朱砂涂染的色帛、双经双纬缣、回纹绮等。殷墟还出土了丝绳、丝带等实物。陕西宝鸡茹家庄西周墓出土有纬二重组织的山形纹绮残片。春秋战国时期，纺织品出

第八章 古器物

土较多，显现出丰富多彩的面貌。如：湖南长沙楚墓出土的几何纹锦、对龙对凤锦、填花燕纹锦等，湖北江陵楚墓出土的锦织品种类较多，色泽鲜艳。毛织品在新疆吐鲁番阿拉沟古墓中出土数量最多，花色品种亦很丰富。

汉代纺织品。汉代纺织业有了很大发展，技术进一步提高，在汉画像石所见的纺车、缫车、调丝、并丝、织机、染具等，就是最形象生动的实物见证。中国丝织品通过"丝绸之路"向西传播，对世界纺织科学技术的发展产生了深远影响。出土丝织品的地点众多，如湖南长沙马王堆汉墓、湖北江陵秦汉墓和新疆民丰尼雅遗址等，都出土了大批丝、麻、棉、毛织品，品种齐全，花样新颖，反映了汉代纺织品的技术成就。汉代丝织品以织物组织分，有平纹组织的纱、绢、缣、縠，有绞经组织的素罗与花罗，有斜纹组织的绮、锦、绒圈锦。毛织品的品种有缂毛、斜褐、斑罽等。麻织品有大麻布、苎麻布。棉织品有坯布，即白叠（緤）布。印染品以丝织品最为丰富多彩，其次为毛织品。马王堆汉墓出土的丝织品有纱、罗、绮、绢、锦、组带和绣等，如：素纱襌衣，重49克，不足一两，薄如蝉翼，可与现代的乔其纱媲美；耳杯形菱纹花罗，粗细花纹组成菱杯相钿、大小套叠、上下对称的图案，应是当时的高级丝织品；菱纹绮和对鸟菱纹绮，后者细线条回纹组成纵向连续的菱形纹，其内嵌着变形的对鸟和两种不同的变形花草纹，交替分布；绒圈锦，以多色经丝和单色纬丝交织而成，表面的矩形、几何形点线纹图案部位，给人以明显的立体感，充分反映出当时的织造工艺水平；三色锦有几何纹锦、绀地绛红鸣鸟锦、香色地红茱萸锦等；刺绣，据"遣策"记载有"信期绣"、"长寿绣"、"乘云绣"及未记其名的"茱萸纹绣"、"云纹绣"、"方棋纹绣"等，基本采用锁绣法。在马王堆出土的大量丝织品中，多数染色，包括刺绣用丝线，色彩共达36种之多，最常见的是朱红、深蓝、深红、浅棕、深棕、藏青、黑、朱黄、金黄、浅蓝、深绿等。主要为植物染料与矿物染料，当时分别称作草染与石染。汉代的印染技术很高，已掌握了浸染、涂染、套染和媒染等一整套染色方法。印花已采用镂空版和手工彩绘相结合的工艺。

在新疆境内古丝绸之路沿线一带，特别是在塔克拉玛干沙漠南北侧丝路沿线，考古发现大量保存良好、色泽鲜明的丝织品，主要有绵、绢、绫、绮、罗、纱、缂丝和刺绣等。1995年发现民丰尼雅1号墓地，清理发掘墓葬9座，出土遗物保存较好，其中有"王侯合昏千秋万岁宜子孙"绵衾，"延年益寿长葆子孙"、"世毋极绵宜二亲传子孙"、"登高明望四海贵富寿为国庆"和"恩泽万岁"锦等，色泽鲜艳、华贵，特别是一件织锦护膊织出"五星出东方利中国"，尤为珍贵。

在新疆境内丝绸之路沿线，还发现毛织品，主要品种有缂毛、斜褐、斑罽等。新疆是我国出土毛织品的主要地区。

魏晋南北朝纺织品。在此期间，丝织品仍以经锦为主，花纹则以禽兽纹为特色。在新疆吐鲁番阿斯塔那墓群中出土了大量丝、棉、毛、麻织物；其中以丝织品尤为丰富，有锦、绮、绫、绢、缣、纱、罗、刺绣、染缬等。以织锦工艺最复杂，主要品种仍为平纹经锦，花纹虽沿袭汉锦花纹传统，但已采用了中亚、西亚流行的狮、象及佛教艺术的化生、莲花等花纹。特别是出现了纬锦，以斜纹组织纬线起花新工艺织成，如联珠对孔雀贵字纹锦、联珠兽头纹锦等，纹样亦具有波斯风格。这个时期的棉、毛织品，有方格纹毛罽、紫红色毛罽、星点蓝色蜡缬毛织品和桃纹蓝色蜡缬棉织品等织物。

隋唐纺织品。唐代纺织品各地均有出土，以新疆吐鲁番阿斯塔那墓群出土最为丰富，有大量纬线显花织锦，纹饰丰富多彩，以联珠对禽对兽纹为主，还有龙纹、鹿纹等象征吉祥如意的图案，出现了团花、宝相花、晕绚花、骑士、胡王、贵字、吉字、王字等新纹饰。唐代前期的联珠对马纹锦已难以与斜纹纬锦区别。波斯风格纹样的斜纹锦产量倍增，中期不断推出新产品，如彩条斜纹纬锦、晕绚提花锦等。印染工艺有新的发展，有红色、绛色、棕色绞缬绢、罗，有蓝色、棕色、绛色、土黄色、黄色、白色、绿色、深绿色等蜡缬纱绢及绛色附缀彩绘绢，如双丝黄地对鸟花束蜡缬纱、单色绿地狩猎纹蜡缬纱、绛地花云纹蜡缬绢等。图案工整精致，浸染均匀，为唐代蜡缬中的精品。

宋代纺织品。以丝织品尤为突出，其中以花罗和绮绫最多。福建黄昇墓出土各种罗纹织物 200 余件，有素罗、各种花卉纹花罗、落花流水提花罗。罗纹组织结构亦较复杂。绮绫纹饰以牡丹、芍药、芙蓉、菊花为主体。第一次发现了松竹梅缎。印花技术有很大发展，用泥金、描金、印金、贴金，加敷彩相结合的工艺。宋代缂丝以朱克柔的"莲圹乳鸭图"为传世珍品。棉布生产发展迅速，已取代丝织品而成为大众衣料。

元明清纺织品。元代纺织品以织金锦最著名。明清以江南三织造（江宁、苏州、杭州）生产的贡品最精。其中各种花纹图案的妆花纱、妆花罗、妆花锦、妆花缎等最具特色。蜀锦、宋锦、织金锦和妆花锦（云锦），最富民族传统，合称为中国"四大名锦"。北京明定陵地宫出土织锦 165 卷，袍服衣着 200 余件，反映了纺织品生产已具有很高的水平。

六、钱币

中国古代钱币分为金属铸币和纸币两种。金属币又分为铜币、铁币、铅币、金币、银币。此外,还有奖钱和压胜钱。钱币是研究古代经济发展史的重要实物资料。

金属币有一定的形状、大小、重量、成色,并多有文字标记。它最早出现于春秋时期,此后迄于清代,钱币经历了不同的发展阶段。

先秦钱币。这时钱币以青铜制的刀、布为主,同时有圆钱、铜贝、金饼和金版。春秋时,晋和周始用带銎的铜铲形钱币,即空首布。战国时期除铸行布币外,还有刀币和圆钱。三晋、周、燕广泛使用尖足或方足圆足平首布。三晋和燕的布币上多铸有城邑名,已见者达100多个。此外,燕刀上还有其他铭文。楚用贝形币,亦有铭一二字,俗称"蚁鼻钱",同时楚国还使用金质币,即金版与金饼,其上打印着郢爰、陈爰等字样。金饼也通行于其他国家。此外,战国出现银币。三晋、周出现了圆孔圆钱,后在齐、燕、秦也出现圆钱,改圆孔为方孔。铜质方孔圆钱自此以迄于清,是主要的钱币形制。

秦汉至隋钱币。秦统一全国后,以方孔圆钱半两为法定货币,重十二铢,有钱文。西汉仍沿用半两,但币制屡变。汉武帝元狩五年(前118)始铸行五铢钱,至西汉末,币制未变。西汉还铸造铁钱,有半两钱。王莽时有大布黄千钱。也有金币,饼形,称麟趾金和马蹄金。王莽代汉,复古改制,铸行刀、布币及大泉五十、货泉等。东汉初恢复五铢钱,使用至东汉末。西汉末至东汉末,曾出现剪去边部的剪轮钱,也有裁去钱心的"綖环钱",反映了当时的社会经济状况。三国魏晋南北朝封建王朝亦有铸钱者,但数量少,币制变化较多。汉以来的各种旧钱,一直在流通。隋朝统一全国后,仍铸行五铢,边部较宽。汉武帝至隋朝的700余年中,各封建王朝或地方政权所铸钱币,基本未超出五铢钱的范围。

唐至明清钱币。唐高祖武德四年(621)始铸开元通宝,此后,钱币上不再标明两、铢等重量,而代之以通宝、元宝之类的名称。这是中国古代币制上的重要转折点。开元通宝是唐代的主要货币,铜质优良,铸工精细,反映了唐代货币经济的发达。同时,唐代还使用银币,如长条形银铤,重五十两;也有圆形银饼。五代十国时期,地方政权铸币达30余种。南方各地铸行铁钱十分普遍。宋统一后,随着经济的发展,货币需求量不断增长,宋神宗时年铸铜钱为500多万贯,创历代铸钱最高记录。宋代铜铁钱并用,同时出现纸币。南宋铸铜钱数亦多,铁钱超过北宋铸造量。纸币称关子或会子,发行量比北宋大。自宋太宗铸淳化元宝铜钱之后,各帝几乎每改年号即铸新年号钱币,并对明清两代影响较大。此外,大小不一,钱文书体多样等亦为宋钱的特点。

辽代铸钱较少,有重熙通宝等10余种。金代铸行正隆通宝、大定通宝等几种,但铸量较大,同时发行纸币。元代铸钱较少,流行纸币,民间仍流通旧钱,但为元朝政府所禁。忽必烈中统元年（1260）造中统宝钞，又发行至元宝钞。明代铸铜钱大中通宝、洪武通宝，并发行纸币。明代铸有金银圆钱。金银圆钱始于西汉，西汉有仿铜币金五铢，六朝有银五铢，唐有金银开元钱，契丹有契丹文金银钱，金有承安宝货圆钱，宋元有仿铜币金银钱。这些金银钱主要用于赏赐、供养或作珍玩。明末银币始广泛用于交换，但多为输入品。清代铸行铜钱数量较多。清代银币沿用宋、金、元、明形制，即改以往长条形为粗短、并带束腰的锭形形制，即元宝。锭上大多刻有款。自乾隆时始铸银元，即银币。

中国历史上除各王朝外，有些少数民族建立的地方政权、农民起义军建立的政权等，也铸造、发行过铜币。

中国古代铸造钱币的方法，基本上为手工铸造，自先秦至隋唐采用范铸法，自唐开始采用翻砂法，清光绪九年（1883）起采用机械铸钱法。其材料经化验，自先秦至宋为铅锡青铜，明始掺锌为黄铜。纸币采用铜版印刷，发现的金、元印钞铜版即为实物见证。如河北平山发现的"至元通行宝钞"铜版即印行纸币版模之一种，正面为"贰贯"，背面为"五百文"。

第九章

古 书 画

第一节 古书画的范围与种类

古书画是古代法书、绘画和碑帖拓本的总称。中国自古有"书画同源"、"书画同笔同法"之说,故合称为古书画。它们是中国传统艺术的重要门类。在第一章第二节之六"研究古书画"中,已说明本书所称古书画,从其载体或质地而言,是特指或界定的书写、绘画于绢帛、纸类(或纸质)的法书和绘画艺术品,不是一般意义的书法和绘画。

一、古绘画的范围

上述界定已明确了古绘画的范围。从时代、种类上讲,它不包括石器时代和商周时期的陶画、木画、石画、壁画、地画、岩画,以及铜器装饰画等,也不包括秦汉以后的壁画(如宫殿壁画、寺观壁画、墓葬壁画)、画像砖、画像石、漆器和瓷器装饰画、木刻画、木版画等。总之,凡绢帛和纸类(或纸质)绘画艺术品之外的绘画,均不属于本书古绘画的范围。

从已发现或保存的古代书画作品来看,施绘于绢帛的绘画始于战国时期。1949年2月,出土于湖南长沙陈家大山楚墓的《人物夔凤帛画》,高31厘米,宽22.5厘米。画面为一贵妇人像,侧身而立,合掌祝祷;上部空间绘一龙凤。其画法以墨线为主,仅口唇涂朱。1973年,湖南长沙子弹库楚墓出土《人物御龙》帛画,高37.5厘米,宽28厘米。画面为一男子,侧身而立,高冠长袍,身佩长剑,驾驭行龙;龙尾立一鹤。画法以线条勾线为主,以平涂和渲染色彩为辅。

1972~1974年初,发掘了湖南长沙马王堆3座汉墓。在1号和3号墓中分别出土1件和4件帛画。1号墓出土的帛画,有人称之为"非衣"画,呈"T"形,以细绢作地,全长205厘米,上部宽92厘米,下部宽47.7厘米。顶端横裹竹竿,上系丝带;中、下部四角各缀青黑色麻质绦带。画面中部显著位置画一老妇人,前有两人捧食案跪迎,后有侍女3人。老妇人身穿云纹绣花长裙袍,髻上饰白珠,拄杖。应为墓主人利苍之妻。画面最上部(华盖以上)绘天国情景,华盖以下至最下端的鳌鱼(或鲲)绘人间或地下情景,为内容丰富的神话传说故事。它属旌旗画幡一类,用以"引魂升天"。

3号汉墓出土帛画中有一幅彩绘"仪仗"图,长212厘米,宽94厘米。绘车马、仪仗场面,分为四部分。画面左上方有人物两行,上面一行有墓主人及属吏20人,下面一行近30人,似为墓主人侍从武士;左下方为一百余人组成的四个方阵,其中有鸣金击鼓的乐队场面。画面右上方是车队,排列整齐有序,每列十余辆车,车驾四马,车舆内乘坐驭者;右下方为骑从十四纵列,约100余骑。画面上所有人物、车骑均面向墓主人,应是一幅描绘现实生活的作品。

马王堆汉墓帛画内容极为丰富,颜色多彩鲜艳,构图、造型、线条和用色等方面均有独到的创造。如"非衣"画的"T"字造型,富于变化的线条,使用勾勒法与没骨法相结合的方法,运用矿物、植物和动物颜料,施色用单线平涂与渲染画法等。

战国和汉代帛画,有相当高的绘画水平,是古代绘画发展早期阶段的重要作品。在魏晋以后出现专职画家,绘画独立发展成为可能;卷轴画艺术品出现以后,作为艺术门类之一的绘画进入一个蓬勃发展的新阶段。自古辗转、流传下来的绘画,是本书所界定的古绘画的基本组成部分,是中华民族重要的文化遗产。

二、古法书的范围

中国书法是中华民族所独创的艺术奇葩,在世界艺术之林中独树一帜。从上述界定,也已明确了古法书的范围。从时间和种类上讲,它不包括夏商至汉代刻铸、书写于甲骨、陶器、铜器、玉石器及其他器物上的文字。20世纪出土的战国、秦汉、三国吴及晋竹木简牍、战国和汉代帛书,以及敦煌等地古文书的墨迹,都非常有价值,但简牍和一般文书,都不属于本书所界定的古法书。

战国和汉代帛书,实际是书籍。1942年9月,在湖南长沙东郊子弹库楚墓中出土一件"战国缯书",高33厘米,宽约36.5厘米,有彩图,附书文900余字。它实际是一种图籍,后流失海外。在湖南长沙马王堆3号汉墓出土一批帛书,经整理有20余种古籍,实际是古文献。

书法在发展阶段上与绘画大体相类似,魏晋以后,书法发展进入一个新的阶段,创作出许多前无古人的书法艺术作品。它们是本书所界定的古法书的基本组成部分,是中华民族重要的文化遗产。

碑帖是法书的一支。碑因书法的价值而被人们重视,并采用捶拓的方法使其流传;帖则纯是书法作品的一种留影。碑帖在古法书中占有重要位置,也是一种重要的文化遗产。

三、古书画的种类

古绘画和古法书的形式不同，功用也不同，在中华民族传统艺术门类中是两个不同的种类。但如上所述，它们又有着密不可分的联系。

古绘画以不同标准可区分为不同的种类，如以质地为标准，可分为绢本和纸本；以时代为标准，可分为魏晋绘画、隋唐绘画、五代宋辽绘画、元代绘画和明清绘画；以形态为标准，可分为卷、轴、册、页；以绘画对象为标准，可分为人物画、山水画、花鸟画等。此外，还有风俗画、历史画、文人画、院体画等分类。

古法书包括法书和碑帖两大类。以法书而论，按照不同标准可区分为不同的种类，如以质地为标准，可分为绢本和纸本；以书体为标准，可分为篆书、隶书、楷书、行书、草书等；以形态为标准，可分为卷、轴、册、页。

第二节　古绘画

古绘画是中华民族文明史的物化见证之一，是研究绘画发展史的重要实物资料。同时，从绘画内容可以了解当时自然与社会方面的情景。从本书对古绘画的界定，目前发现最早的绘画作品实物是战国和汉代帛画。它们是中国古代绘画发展早期阶段的代表作品。魏晋以后，绘画进入新的发展、创新阶段，在不同的历史时期，不断向前发展，绘画作品和理论都取得了各自的成就。

20世纪80年代，国家文物局以著名古书画鉴定专家学者启功、谢稚柳等组成中国古代书画鉴定组，历时近8年，对全国25个省、自治区、直辖市208个文物、博物馆等单位所收藏的6.1万余件古代书画进行鉴别、鉴定，在此基础上编辑出版了《中国古代书画图目》（1～24册）和《中国古代书画目录》（1～10册）大型工具书，全面、系统地介绍了传世古书画的基本情况，包括鉴赏、收藏等，为进一步研究古代书画艺术发展与鉴藏提供了重要资料。

在本书的第七章第三节简略介绍了古代书画家学习、借鉴，发展书画艺术；在第六章第三节简略介绍了书画艺术时代风格和个人风格等是鉴定古书画的主要依据。在本节叙述绘画在不同历史时期的发展，介绍传世绘画作品及其流传、鉴藏和著录等情况。

一、魏晋南北朝绘画

魏晋南北朝是社会动荡、战乱频仍时期，同时又是民族和文化大融合时期。

第九章 古书画

在这一时期，形成了儒、释、道三家学说并行互补的文化特色，在绘画艺术中也表现出来。与壁画、画像石等不同，这时出现了卷轴画；作品以人物画为主，同时山水、花鸟画萌芽、发展。专职画家已经出现，他们所处地域、历史背景不同，绘画风格多样，内涵丰富。与此同时，绘画理论孕育发展，成果突出。

这一时期，已出现画家在画上留姓名的作品。职业画家的代表人物有曹不兴、戴逵、顾恺之、陆探微、张僧繇、曹仲达、杨子华等，他们为绘画艺术作出了重要贡献。这一时期传流下来的绘画作品极为罕见，有东晋顾恺之《洛神赋图》卷和《女史箴图》卷，北齐杨子华《北齐校书图》卷（宋临品）等。画论著作主要有顾恺之《魏晋胜流画赞》、《论画》和《画云台山记》，均为唐代张彦远《历代名画记》所收录。

东晋著名画家顾恺之，生卒年记载不一，其一为346～407年，字长康，小字虎头，晋陵无锡（今江苏无锡）人，官至散骑常侍。他善画，亦工诗赋。其传世著名绘画作品之一《女史箴图》卷，绢本，设色，纵25厘米，横349厘米。系根据西晋张华撰《女史箴》所作。原为11节，现存9节。每节有小楷书箴文，宣传封建社会妇女道德和节操。所绘人物用游丝描，有如春蚕吐丝，细劲有力。山石树木勾勒无皴，与人物比例不相称，呈现出古朴风格。末署"顾恺之画"。此画在辗转、流传过程中，有题签和钤盖的众多鉴藏印，如后纸宋徽宗赵佶书"女史箴"，清乾隆帝弘历书引首并题签；钤有"弘文之印"、乾封、宣和、绍兴等印，以及明清鉴藏家和清乾隆内府等藏印。在绘画发展史上，该画卷占有重要地位，因此，众多书画著作予以著录，如《画史》、《宣和画谱》、《清河书画舫》和《石渠宝笈》等。此画卷原藏清宫内府，1900年八国联军侵入北京，被英军掠走，现藏伦敦大英博物馆。[①]

顾恺之另一幅传世杰作《洛神赋图》卷，绢本，设色，纵27厘米，横572厘米。无款印。传为顾恺之所绘（传为顾本）。

二、隋唐绘画

隋唐两代是相继建立的统一的中央集权王朝。唐代政治稳定、开明，经济、文化繁荣，文学艺术（含绘画艺术）灿烂辉煌。隋唐绘画发展环境十分优越，绘画成就空前，其生机勃勃、气势恢弘的时代特征，对后世的影响极为深远。

隋唐绘画的发展，在隋至初唐是南北朝风格的继续与变革，并向绘画的鼎

---

① 单国强：《顾恺之〈女史箴图〉卷》，《中国大百科全书·文物博物馆》，第1版，中国大百科全书出版社，1993年。

盛时期过渡，涌现出了承前启后的著名画家展子虔、阎立本、尉迟乙僧等；山水从人物画中的辅助地位分离出来成为独立的门类。盛唐时期绘画进入成熟期。人物画成就达到高峰，山水画迅速发展、成熟，花鸟画萌生。绘画名家辈出，有吴道子、张萱、周昉、李思训、曹霸、韩幹、韩滉、韦偃等。晚唐画风演进，画法创新，花鸟画成为独立的门类。

隋唐绘画理论著作成就突出，其中有张彦远《历代名画记》、裴孝源《贞观公私画史》、朱景玄《唐朝名画录》等。张彦远字爱宾，原籍河东，官至大理寺卿，善书画，精鉴赏，所著《历代名画记》共10卷，成书于唐大中年间（847～859）。1—3卷为论述，有《叙画之源流》、《叙画之兴废》、《论画六法》等多篇；4—10卷为史传，汇集自传说时代至唐会昌年间画家370余人事迹，收集保存了大量失传的古代绘画理论著述。他的论述极为精辟，如首次提出"书画同源"的重要理论，论述绘画功用："夫画者，成教化，助人伦，穷神变，测幽微。与六籍同功，四时并运"；对谢赫《古画品录》中提出的"六法"进行阐述，强调"气韵"、"骨气"，"笔不周而意周"，进而提出品评绘画等第，等等，对后代绘画产生了极其深远的影响。

隋唐绘画名家众多，其作品传世的极少，或为官府收藏，或由私人鉴藏，辗转、流传至今，是极为宝贵的文化遗产。

隋代著名画家展子虔，6世纪末至7世纪初渤海（今山东阳信）人，历经北齐、北周至隋，并任隋代朝散大夫、帐内都督，擅长画宫观台阁和山水，亦善画人物、鞍马。其传世著名作品《游春图》卷，绢本，重设色，青绿山水画，纵34厘米，横80.5厘米，系表现人们春天出游情景，以描绘自然景色为主。该画在构图上以山水为主体，人物为点缀，具有早期山水画稚拙、古朴的特色。无名款，历代相传为展子虔所作。此卷前有题签，后有题跋，如前有宋徽宗赵佶瘦金书题签，后有元冯子振、明董其昌、清乾隆帝弘历等题跋；钤有众多鉴藏印，如宣和内府、清内府及明清诸家鉴藏印。该画在绘画发展史上占有重要地位，众多书画著作予以著录，如《清河书画舫》、《佩文斋书画谱》和《石渠宝笈·续编》等。此卷鉴藏、流传中，既经北宋宣和内府、元明清内府收藏，又经南宋胡存斋、明严嵩、清梁清标等众多鉴藏家收藏，后为现代书画鉴藏家张伯驹购得，妥为保存，1956年捐献国家，由故宫博物院收藏。[①]

唐代著名画家韩滉（723～787），字太冲，京兆（今陕西西安）人，宰相韩

---

① 杨臣彬：《展子虔〈游春图〉卷》，《中国大百科全书·文物博物馆》，第1版，中国大百科全书出版社，1993年。

休之子，曾任两浙节度使、德宗朝宰相，封晋国公。他工书善画，擅人物，尤善画牛马羊等，是盛唐著名画家。其传世著名作品《五牛图》卷，纸本，设色，纵20.8厘米，横139.8厘米。该卷画面简洁，仅五头大牛，有正面与侧面之分，有昂立、嘶鸣、回首、擦痒之状，造型准确，形态各异，神气生动，惟妙惟肖。历代在此图卷题诗、题记者甚多，如引首清乾隆帝弘历书"兴讬春犁"，前隔水和本幅有弘历题记和题诗，后幅有元、明、清诸鉴藏家题。此卷曾经南宋、元、清内府及元赵孟頫、明项元汴等收藏，钤有"睿思东阁"及"绍兴"联珠印2方，还有清内府诸玺。该画在书画著作《清河书画舫》、《佩文斋书画谱》和《石渠宝笈·续编》等书中予以著录。此卷后流失海外，20世纪50年代，在周恩来关怀下，国家用重金从香港购回，现收藏于故宫博物院。

唐代著名画家周昉（约8世纪），字景玄，又字仲朗，京兆（今陕西西安）人，官至宣州长史。他善画，是继张萱之后以画贵族仕女著称的盛唐画家。其传世仕女画著名作品《挥扇仕女图》卷，绢本，设色，纵33.7厘米，横204.8厘米。该画系描绘宫廷妃嫔、宫女的日常生活，共13人，有挥扇、托盘、抱琴、理妆、观绣等各种神态，形体丰满，服饰华贵。绘画用笔方劲古拙。在流传过程中，此卷钤有众多明、清鉴藏印，如明韩世能"世能"印，清梁清标"蕉林书屋"等印，钤有清乾隆帝弘历之"乾隆御览之宝"、"三希堂精鉴玺"等。此图传世品不只一件，故宫博物院所藏为原韩世能家藏本。

唐代著名画家传世名作还有：阎立本《历代帝王图》卷，绢本，设色，纵51.3厘米，横531厘米。《步辇图》卷，绢本，设色，纵38.5厘米，横129.6厘米，无款印，传为阎立本所作。孙位《高逸图》卷，绢本，设色，纵45.2厘米，横168.7厘米。周昉《簪花仕女图》卷，绢本，设色，纵46厘米，横180厘米。张萱《虢国夫人游春图》卷（宋摹本），绢本，设色，纵51.8厘米，横148厘米。其中《历代帝王图》卷已流失海外，现藏美国波士顿美术馆。

三、五代与宋辽金绘画

唐代之后的五代十国时期，藩镇割据，社会动荡。宋朝建立初期，局面相对稳定，后来，宋辽金对峙。这个时期的绘画表现出鲜明的时代特征，主要有：山水画和花鸟画蓬勃发展，达到了一个新的高峰。一些士大夫为避战乱，遁迹山林，与山水为伍，促进了山水画的发展；一些文人以物寄情，以梅、兰、竹、菊喻示性格，使水墨梅兰竹菊画独树一帜。这是其一。其二，"院体画"和"文人画"竞相发展，成就显著。两宋画院极盛，既从事艺术研究，又从事绘画创作。文人以绘画表达自己的情趣与素养，对文人画的发展产生了深远影响。其三，北宋的风俗画和历史画长足发展，且有绘画名作传世。

这个时期的绘画著作又有新的成就。其中宋徽宗时内府编纂的《宣和画谱》最为突出，共20卷。它将收集的名画分十类著录，每类前有叙论，继之为画家名录、小传、内府藏品目录等。

五代、宋画家辈出，如山水画家有荆浩、关同、巨然、赵佶，北宋山水画"三大家"李成、范宽、董源，米芾及其子米友仁，南宋山水画"四大家"李唐、刘松年、马远、夏圭。花鸟画家有徐熙、黄筌及其子黄居寀、李迪、黄庭坚等。人物画画家有周文矩、顾闳中、贯休、石恪等。风俗画和历史画画家有张择端、苏汉臣等，文人画画家有苏轼、文同、扬无咎、赵孟坚、李公麟等。有的画家既画山水，又画花鸟，或又画人物，并非专画一种。他们的代表作辗转、流传至今的，成为珍贵的文化遗产。

五代画家顾闳中（10世纪），五代南唐画院待诏。他善画人物，其传世著名作品《韩熙载夜宴图》卷，现收藏于故宫博物院。此画绢本，设色，纵28.7厘米，横335.5厘米。它描绘中书舍人韩熙载在家中彻夜宴饮、听乐、观舞等奢华场面。全图分为五个场面，以屏风等分隔，首段为"听乐"，二段为"观舞"，三段为"歇息"，四段为"清吹"，五段为"散宴"。全图描绘了46个不同人物形象，形象十分鲜明。绘画的中心人物韩熙载出现5次，其他主要人物有状元朗粲、舞伎王屋山、教坊副使李家明，以及韩熙载门生、友人、僧人等。人物描绘传神，线条精细工整，用色绚丽鲜艳。图上无款印。此图引首、后纸、前隔水和后隔水均有题，如引首篆书"夜宴图"三字，前隔水清乾隆帝弘历一题，后纸有"韩熙载行实"一段，后隔水有王铎一题。此卷钤有"绍勋"、"商丘宋荦审定真迹"等鉴藏印48方。这幅名画在书画著作中著录的书较多，如《画鉴》、《庚子销夏记》和《石渠宝笈》等。①

宋代画家王希孟（12世纪），居里未详。他曾奉侍徽宗左右，其唯一传世名作《千里江山图》卷，现收藏于故宫博物院。此画绢本，为工笔青绿重设色山水画。纵51.5厘米，横1191.5厘米。图中所绘景物连绵不断，有山川、人物、树木、房屋、舟桥等，但据山水布局，可区分为若干段落，段与段之间相互衔接，巧妙过渡。景物描绘精细，刻画入微；用色厚重，变化和谐。整幅绘画气势恢弘，波澜壮阔。画幅上有清乾隆帝弘历题诗，后隔水有宋蔡京题跋。在流传中，此画曾经蔡京、清梁清标及内府收藏，钤盖有"梁清标印"、"乾隆御览

---

① 单国强：《顾闳中〈韩熙载夜宴图〉卷》，《中国大百科全书·文物博物馆》，第1版，中国大百科全书出版社，1993年。

第九章 古书画

之宝"等鉴藏印20余方。在书画著作《墨缘汇观》等书中予以著录。

宋代画家张择端（12世纪），字正道，东武（今山东诸城）人。北宋宣和年间（1119~1125）为翰林图画院待诏。他工界画，尤善画车马、舟桥、街市，是风俗画的著名画家。其传世著名风俗画作品《清明上河图》卷，绢本，设色，纵24.8厘米，横528厘米。画面详尽描绘北宋都城汴梁（今河南开封）清明节时汴河两岸热闹繁华的市俗风情场面。画卷从汴梁郊外一直画到繁华街衢，全图描绘人物550余人，牲畜60多头，舟船10余只，房屋楼阁30多组，车轿20多辆，等等。各种行业及其人物俱全。此画卷构图精细周到，描绘细致入微；以水墨勾线为主，朴实素雅。此卷后幅有金代以来张著、李东阳等13家题记，钤有"嘉庆御览之宝"等鉴藏印10余方。该画卷在绘画史上占有重要地位，著录此画的书较多，如《铁珊瑚网》、《清河书画舫》、《庚子销夏记》、《式古堂书画汇考》、《佩文斋书画谱》和《石渠宝笈·三编》等。此画真迹现收藏于故宫博物院。[①]

五代和宋辽金绘画作品流传至今的代表作品，在故宫博物院、台北故宫博物院、上海博物馆、辽宁省博物馆等均有收藏。

故宫博物院收藏的如：五代画家卫贤《高士图》轴，绢本，淡设色，纵134.5厘米，横52.5厘米。五代画家胡瓌《卓歇图》卷，绢本，设色，纵33厘米。横256厘米。五代西蜀画家黄筌《写生珍禽图》卷，绢本，设色，纵41.5厘米，横70厘米。宋代画家赵黻《江山万里图》卷，纸本，水墨，纵45.1厘米，横992.5厘米。宋代画家郭熙《窠石平远图》轴，绢本，设色，纵102.8厘米，横167.7厘米。宋代画家李公麟《摹韦偃牧放图》卷，绢本，墨笔设淡色，纵46.2厘米，横429.8厘米。宋代画家米友仁《潇湘奇观图》卷，纸本，水墨，纵19.7厘米，横285.7厘米。南宋画家李唐《采薇图》卷，绢本，水墨淡设色，纵27.2厘米，横90.5厘米。南宋画家刘松年《四景山水图》卷，绢本，设色，纵41.3厘米，横分别为67.9、69.3、68.7、69.5厘米。南宋画家马远《水图》卷，绢本，墨笔设色，纵28.6厘米，横第一段20.7厘米，第二至十二段各41.6厘米。南宋画家夏圭《溪山清远图》卷，纸本，水墨，纵46.5厘米，横889.1厘米。南宋画家李迪《枫鹰雉鸡图》轴，绢本，设色，纵189厘米，横209.5厘米。南宋画家扬无咎《四梅图》卷，纸本，墨笔，纵37.2厘米，横358.8厘米。

台北故宫博物院收藏的如：五代画家关同《关山行旅图》轴，绢本，墨笔，

---

① 聂崇正：《张择端〈清明上河图〉卷》，《中国大百科全书·文物博物馆》，第1版，中国大百科全书出版社，1993年。

161

纵144.4厘米，横56.8厘米。五代末北宋初画家黄居寀《山鹧棘雀图》轴，绢本，设色，纵97厘米，横53.6厘米。五代末北宋初画家巨然《秋山问道图》轴，绢本，墨笔，纵156.2厘米，横77.2厘米。北宋画家范宽《溪山行旅图》轴，绢本，墨笔，纵206.3厘米，横103.3厘米。宋代画家崔白《双喜图》轴，绢本，设淡色，纵193.7厘米，横103.4厘米。北宋末年画家文同《墨竹图》轴，绢本，水墨，纵131.6厘米，横105.4厘米。宋代画家陈居中《文姬归汉图》轴，绢本，设色，纵147.4厘米，横107.7厘米。金代画家武元直《赤壁夜游图》卷，纸本，水墨，纵50.8厘米，横136.4厘米。

上海博物馆收藏的如：北宋赵佶《柳鸦芦雁图》卷，纸本，设色，纵34厘米，横223.2厘米。南宋画家梁楷《八高僧故事图》卷，绢本，设色，共8段，每段纵26.6厘米，横64厘米。

辽宁省博物馆收藏的如：北宋画家董源《山口待渡图》卷，绢本，设色，纵50厘米，横320厘米。辽人作品《山弈候约图》轴，绢本，设色，纵106.5厘米，横54厘米。

吉林省博物馆收藏的如：金代画家张瑀《文姬归汉图》卷，绢本，设色，纵29厘米，横127厘米。

上述传世代表作品或有题签，或有题跋，或多或少都钤有收藏或鉴赏玺印，如米友仁《潇湘奇观图》卷，本幅及隔水有鉴藏印59方，后幅有米友仁自识及董其昌等14家题记；马远《水图》卷本幅及隔水有各种鉴藏印达68方之多。这些资料都不同程度地记载了绘画作品鉴藏、辗转流传等历史，是研究古绘画文物的重要资料。

四、元明清绘画

元、明、清三朝相继建立了全国统一的中央政权，其中元朝和清朝分别为蒙古族和满族建立的封建王朝，由于政治、文化和民族政策的实施，对绘画产生了深刻的影响。这一时期绘画的发展、变化和繁荣，都反映和体现了其时代特征。

（一）元代绘画

元代绘画主流是文人画；诗、书、画融为一体，成为中国绘画又一鲜明特点。文人隐遁山林，从中获得题材和灵气，使山水画有很大发展和提高。山水画主要画家有赵孟頫、钱选、高克恭、黄公望、王蒙、吴镇、盛懋、倪瓒、方从义等。花鸟画兴起墨笔花鸟，清润淡雅，以墨竹最盛，墨梅次之，主要画家有李衎、王冕、张逊、王渊等。人物画式微，主要画家有王振鹏、王绎、张渥等。

第九章 古书画

元代书画家赵孟頫（1254~1322），字子昂，号松雪道人，又号水精宫道人，湖州（今浙江吴兴）人。他出身宋朝宗室，南宋灭亡后，被荐入元都，在元历经五朝，官至翰林学士承旨，荣禄大夫。他诗词、书法、绘画造诣颇深。绘画方面，山水、花鸟、竹石、人物无不精妙，风格多种多样，工笔、写意、青绿、水墨均甚精彩，创作了大量绘画精品。其水墨山水画传世著名作品《水村图》卷，现收藏于故宫博物院。该画为其49岁时作品，纸本，墨笔，纵24.9厘米，横120.5厘米。画面为江南泽国小村平远景象。作者在本幅右上方小楷题"水村图"，又于左下方小楷署"大德六年十一月望日为钱德钧作，子昂"，押"赵子昂氏"朱文方印；另纸又自题1则，钤印2方。引首清乾隆帝弘历题"清华"2大字，并在本幅题诗2首。后幅有邓椿、顾天祥、董其昌等几十位元明人题记55款。在本幅、引首、隔水及跋尾等处钤有诸鉴藏家印166方，半印12方。此画为赵氏杰作之一，书画著作《式古堂书画汇考》、《佩文斋书画谱》和《石渠宝笈》等书予以著录。

元代绘画传世代表作品，在故宫博物院、台北故宫博物院、上海博物馆、天津博物馆、吉林省博物馆等均有收藏。

故宫博物院收藏的如：元代画家张逊《双钩竹图》卷，为传世画双钩竹孤本，纸本，水墨，纵43.4厘米，横686厘米。元代画家王振鹏《伯牙鼓琴图》卷，绢本，墨笔，纵31.4厘米，横92厘米。元代画家吴镇《渔父图》轴，绢本，水墨，纵84.7厘米，横29.7厘米。元代画家盛懋《秋江待渡图》轴，纸本，墨笔，纵112.5厘米，横46.3厘米。元代画家方从义《武夷放棹图》轴，纸本，墨笔，纵74.4厘米，横27.8厘米。元代画家王绎《画杨竹西小像》卷，纸本，墨笔，纵27.7厘米，横86.8厘米。

台北故宫博物院收藏的如：元代画家黄公望《富春山居图》卷，前后用了8年时间，纸本，墨笔，纵33厘米，横636.9厘米。元代画家高克恭《云横秀岭图》轴，绢本，重设色，纵182.2厘米，横106.7厘米。

上海博物馆收藏的如：元代画家王蒙《青卞隐居图》轴，纸本，墨笔，纵140.6厘米，横42.2厘米。元代画家倪瓒《渔庄秋霁图》轴，纸本，墨笔，纵96.1厘米，横46.9厘米。元代画家王冕《墨梅图》轴，纸本，墨笔，纵67.7厘米，横25.9厘米。元代画家王渊《竹石集禽图》轴，纸本，墨笔，纵137.7厘米，横59.5厘米。

天津博物馆收藏的如：元代画家钱选花鸟画精品《花鸟图》轴，纸本，设色，纵316.7厘米，横38厘米。画分3段：桃花翠鸟、牡丹、梅花。每段画有自题诗1首，钤"钱选之印"等印9方，鉴藏印多方。

吉林省博物馆收藏的如：元代画家张渥人物画佳作《临李公麟九歌图》卷，纸本，墨笔，纵29厘米，横523.3厘米。

上述传世绘画作品，只是元代传世绘画作品的一部分。画卷上或有题记，或有题跋；都钤有收藏或鉴赏印，如张逊《双钩竹图》卷，后纸有倪瓒等10余人题，钤有谢希曾等鉴藏印150余方。

（二）明代绘画

明代绘画发展、繁荣，画家辈出，绘画题材丰富，技法创新，风格多样，流派众多。如苏州地区的吴门画派，在明中期逐渐成为画坛主流；明晚期则由华亭地区文人画派独领风骚，影响波及清代。

明代的山水画兴盛，主要有院体派、浙派、吴门派、华亭派等，主要画家有王履、夏㫨、戴进、沈周、刘钰、姚绶、吴伟、唐寅、周臣、文徵明、仇英、蓝瑛、项圣谟等，他们同时多兼花鸟。花鸟画在明中期以前工整细润者居多，但却显勃勃生机；中期以后写意花鸟为主，主要画家有边景昭、吕纪、陈道复、徐渭、林良、王时敏等。人物画不如山水画和花鸟画，主要画家除上述唐寅、仇英外，还有陈洪绶等。

明代绘画理论著作和书画著录众多，传留下来的作品达数十种之多。其中有王世贞著《艺苑卮言》、董其昌著《画禅室随笔》、詹景凤著《东图玄览》、张丑著《清河书画舫》和赵琦美著《铁网珊瑚》、朱存理著《珊瑚木难》等。

明代画家文徵明（1470~1559），原名壁，一作璧，字徵明，后以字行，遂更字徵仲，号衡山、衡山居士、停云生等。长州（今江苏苏州）人。54岁以岁贡生荐试吏部，任翰林院待诏。他一生与诗文书画为伴，创作了大量书画作品，是明吴门画派"明四家"之一。其绘画传世代表作《真赏斋图》卷，现收藏于上海博物馆。此画纸本，设色，纵36厘米，横107.8厘米。画面再现友人收藏家华夏居处"真赏斋"情景。作者在图末上方题："嘉靖己酉秋，徵明为华君中甫写真赏斋图，时年八十。"钤盖"文徵明印"。又于卷前下方钤"徵仲父印"、"停云馆"二印。在图后别幅与又别幅分别有文徵明书《真赏斋铭·有序》和《真赏斋铭·有叙》与署款，并接钤印各二方。文徵明作《有叙》时，其年已八十八。此卷前引首有明李东阳隶书"真赏斋"，拖尾有明丰坊楷书《真赏斋赋·并序》。"真赏斋图"为华夏而作，曾经明华夏、项德棻、清宋荦收藏，后入清乾隆内府。此卷在书画著作《石渠宝笈》等书中有著录[①]。

---

① 夏玉琛：《文徵明〈真赏斋图〉卷》，《中国大百科全书·文物博物馆》，第1版，中国大百科全书出版社，1993年。

明代绘画传世作品较多,在故宫博物院、上海博物馆、南京博物院等文物、博物馆单位均有收藏。

故宫博物院收藏的传世代表作如:明代画家夏㫤《湘江风雨图》卷,纸本,墨笔,纵35厘米,横1206厘米,分为3段。明代画家刘钰《夏云欲雨图》轴,绢本,墨笔,纵16.5厘米,横95厘米。明代画家吴伟《渔乐图》轴,纸本,淡设色,纵270.8厘米,横174.4厘米。明代画家周臣《春山游骑图》轴,绢本,淡设色,纵185.1厘米,横64厘米。明代画家蓝瑛《白云红树图》轴,绢本,青绿山水,纵189.4厘米,横48厘米。明代画家项圣谟《放鹤洲图》轴,绢本,设色,纵65.5厘米,横53.7厘米。明代画家林良《灌木集禽图》卷,写意花鸟画精品,纸本,设色,纵34厘米,横1211.2厘米。明代画家吕纪《桂菊山禽图》轴,绢本,设色,纵192厘米,横107厘米。明代画家边景昭《竹鹤图》轴,绢本,设色,纵180厘米,横118厘米。

上海博物馆收藏的传世代表作如:明代画家王履《华山图》册,是他在51岁游历华山时所作,共40页(幅),纸本,设色,每页纵34.5厘米,横50.5厘米。此册清代已散佚,现分藏于上海博物馆和故宫博物院。明代"浙派"画家戴进《春山积翠图》轴,纸本,墨笔,纵141.3厘米,横53.4厘米。明代吴门画派"明四家"之首沈周《西山纪游图》卷,纸本,墨笔,纵28.6厘米,横867.5厘米。"明四家"之一唐寅《落霞孤鹜图》轴,绢本,设色,纵189.1厘米,横105.4厘米。明代画家陈洪绶《雅集图》卷,人物画,纸本,白描,纵29.8厘米,横98.4厘米。

南京博物院收藏的传世代表作如:明代画家徐渭《杂花图》卷,纸本,墨笔,纵37厘米,横1049厘米。描绘牡丹、菊花、翠竹等13种花卉瓜果。

(三)清代绘画

清代是满族建立的中国最后一个封建王朝。其政治、思想、文化政策的发展、变化,对绘画艺术的发展产生了深刻影响。山水画获得重大发展,成就突出。宫廷画在清中期盛极一时。清代画派林立,画家辈出,流传下来的作品甚多。

清代画坛,在初期有"四僧"即朱耷、石涛、髡残、弘仁及其流派"黄山画派"、"新安画派";有"金陵八家",即龚贤、樊圻、吴宏、高岑、邹喆、叶欣、胡慥、谢荪。同时,又出现"四王画派",即王时敏、王鉴、王翚、王原祁以及吴历、恽格,对清代绘画影响颇大。清代中期出现"扬州八怪"画派,主要画家有郑燮、金农、李鱓、黄慎、汪士慎、李方膺、高翔、罗聘及扬州画家华喦。在镇江出现京江派,代表人物为张岑。宫廷画兴盛,以人物画突出,效法宋人，并受西洋画影响，主要画家有禹之鼎、袁江、焦秉贞、冷枚、丁观鹏等。清代晚期名画家少，山水画属"四王"画派系的有汤贻汾、戴熙、钱杜；人物画画家有改琦、费丹旭等。

清代绘画著作众多，主要有康熙朝孙岳颁等奉旨纂辑《佩文斋书画谱》（详见第二章第一节）。乾隆朝张照、梁诗正等奉命编纂著录书画专书《石渠宝笈》，共44卷，还有《秘殿珠林》，之后，王杰等奉命编撰《石渠宝笈》续编，至嘉庆二十年（1815）续成三编。

清代画家朱耷（1626~1705），明宁王朱权后裔，谱名统𨮁，号八大山人、刃庵、雪个、个山、人屋、驴汉等，江西南昌人，明亡后出家为僧，僧名傅綮。清初画坛"四僧"之首。他以画明志，以善画水墨花鸟著称。朱耷的画法源于林良、沈周、陈道复、徐渭等名家，对后世有较大影响。其传世代表作《河上花图》卷，现收藏于天津博物馆。此画纸本，墨笔，纵47厘米，横1292.5厘米，为水墨写意花鸟巨制，以描绘荷花为主。作者在图尾自赋"河上花歌"37行，后记有"蕙喦先生嘱画此卷"及作画时间。由此可知此卷为朱耷72岁时所作。署款"八大山人"。清代许乃普鉴定，永瑆题记；近代徐世昌题记并为其收藏。

清代绘画作品传世的很多，在我国许多博物馆都有收藏，这里不再例举。

第三节　古法书

古法书是中华民族文化遗产的重要组成部分，不仅具有很高的艺术价值，而且具有重要的历史价值，是研究书法发展史的重要实物资料。同时，法书和碑帖拓本的内容，也是研究历史的重要史料。书法的发展，与绘画的发展相辅相成，在发展阶段上也大体相似。古代许多绘画名家，同时也是书法名家。

战国和汉代的帛书，是法书早期阶段的代表。魏晋以后，书法进入新的发展阶段，无论书法作品，还是书法理论都取得重大成就。

一、魏晋南北朝法书

魏晋南北朝是书法发展的重要时期。魏晋二百年间，完成了汉字书体承上启下的演变，行书、草书和楷书的书体定型化，书法以行书和草书尤为突出，出现了一批书法名家，其中最著名的有陆机、王羲之、王献之和王珣等。这个时期的作品流传至今的极为罕见。

中国现存最古老的名人墨迹是西晋陆机的《平复帖》卷。陆机（261~

303），字士衡，吴郡（今江苏苏州）人，官至太子洗马，著作郎，西晋著名的文学家和书法家。他的《平复帖》卷是一封信牍，现收藏于故宫博物院。此帖纸本，草书，纵 23.8 厘米，横 20.5 厘米。无款。此卷本幅前嵌古签题"晋陆机平复帖"，前黄绢隔水上嵌月白绢签，宋徽宗赵佶瘦金书标题"晋陆机平复帖"。在卷后有明董其昌、清傅伟、近代傅增湘等人跋。钤有唐殷浩印、宋"宣和"、"政和"双龙玉玺、明韩世能父子和清梁清标等鉴藏印。近代由书画鉴藏家张伯驹购得，1956 年捐献给国家。《平复帖》卷在书法发展史上占有重要地位，著录和记载此卷的著作很多，如《清河书画舫》、《东图玄览》、《式古堂书画汇考》和《墨缘汇观》等。

东晋著名书法家王羲之（303～361，一作 321～379，又作 307～365），字逸少，琅琊临沂（今山东临沂）人，出身名门望族。自任秘书郎始，官至护军将军、右军将军、会稽内史，世称王右军。他小时从卫夫人学习书法，后游历各地，博精群法，尤擅行草二体，开新体书法之先河。其传世书迹仅有《快雪时晴帖》册，为致"山阴张候"之信札，纸本，行书，纵 23 厘米，横 14.8 厘米。该帖书法婉媚遒劲，久负盛名。自元代赵孟頫及后来鉴藏家多认为此帖为王羲之书法真迹，清代收入内府，乾隆帝弘历对此帖倍加赞赏，合王献之《中秋帖》和王珣《伯远帖》并称"三希"，收藏于紫禁城三希堂内。现收藏于台北故宫博物院。此帖后有元赵孟頫、明刘承禧、清乾隆帝弘历、梁诗正等人题跋。在辗转、流传过程中，此帖曾经宋绍兴内府、贾似道、元张德谦、明冯铨等人鉴藏，并钤有诸收藏印记。由于该帖在书法发展史上的重要地位，著录此帖的著作众多，如《清河书画舫》、《式古堂书画汇考》和《石渠宝笈》等。[①]

王羲之的第七子王献之（344～386），字子敬，小字官奴，官至中书令，人称"王大令"，东晋著名书法家。其传世书法杰作《中秋帖》卷，纸本，草书，纵 27 厘米，横 11.9 厘米。此帖为"一笔书"狂草，被清乾隆帝弘历誉为晋代"三希"名帖之一。该帖是从《十二月割帖》中节录而成。帖后有明董其昌、清乾隆帝弘历题跋。在辗转、流传过程中，曾经宋宣和、绍兴内府，明项元汴，清乾隆内府收藏，并钤有诸收藏印。该帖后流失香港，1951 年在周恩来关怀下，由中国政府购回，收藏于故宫博物院。在书画著作《清河书画舫》、《式古堂书画汇考》和《石渠宝笈》等著作中均有著录。

晋代"三希"名帖之一《伯远帖》卷，是王珣书迹传世名作。王珣（350～

[①] 肖燕翼：《王羲之〈快雪时晴帖〉册》，《中国大百科全书·文物博物馆》，第 1 版，中国大百科全书出版社，1993 年。

401），字元琳，小字法护，临沂（今山东临沂）人，王羲之侄，善行书，官至尚书令，东晋著名书法家。其传世唯一墨迹真本《伯远帖》卷，是一封信札，纸本，行书，纵25.1厘米，横17.2厘米，书法以楷书注入行书，与王羲之新体书法一脉相承，并具有自己的风格。此卷原有宋徽宗赵佶题签和宋代章清题跋，已在明清之际被人割去。后幅有董其昌跋，引首有清乾隆帝弘历加题"江左风华"。在本幅前后有弘历及其他人的题跋和补画。此帖在辗转、流传过程中，曾经北宋内府、明董其昌、吴新宇、安岐等收藏，清乾隆年间珍藏于内府。清王朝被推翻后，逊位的溥仪将《伯远帖》和《中秋帖》携出清宫，后散失民间，流入香港。1951年，在周恩来关怀下，以重金购回，由故宫博物院收藏。《伯远帖》卷在书法发展史上占有重要地位，在书画著作《宣和书谱》、《墨缘汇观》和《石渠宝笈》等众多著作均有著录。

二、隋唐法书

隋唐时期，特别唐代是书法发展的黄金时代，楷书、行书、草书迈入一个新的境地，时代特点十分突出。唐初设立宏文馆，任命虞世南、褚遂良和欧阳询等人兼任学士，教授书法。他们对楷书新书体样式的完善均作出了突出贡献，与薛稷被称为唐初"四大家"。在开元及其以后，颜真卿采用篆隶笔意，创作出富于丰满之感、具有个性的楷书，开创了一个新的局面，人们将他与一百年以后继承其书风的柳公权并称为颜柳。怀素以草书名天下，融张芝大草和王羲之草法之优长，自成一体，奔放的草书开草书连绵体之先河。

唐代著名书法家颜真卿（709～785），字清臣，琅琊临沂（今山东临沂）人，官至吏部尚书、太子太师，封鲁郡公。他的书法得自家学，又得张旭指导，又学"二王"、褚遂良等，有取舍，有选择，具有创新精神，是唐朝新书体的创造者。其传世书法真迹《祭侄季明文稿》卷，是中国书法史上的杰作，纸本，行书，纵28.2厘米，横75.5厘米。全文共234字，连同涂抹的34字，总计268字，是他以极度悲愤的心情迅笔疾书而成，作品艺术境界极高，被后世称为"天下第二行书"，同时有重要史料价值。此卷后纸有鲜于枢、张宴、赵孟頫、王项龄等印记，有乾隆和嘉庆帝诸玺。此卷在辗转、流传过程中，曾经宋宣和内府、元鲜于枢、张宴、明许弘勋、王项龄等收藏，清代入内府。现收藏于台北故宫博物院。此卷历史价值和艺术价值很高，在书画著作《宣和书谱》和《石渠宝笈·续编》等著作中有著录。

唐代著名书法家怀素（737～799后），字藏真，俗姓钱，长沙（今湖南长沙）人。其传世书法杰作《苦笋帖》卷，是笔墨飞舞的狂草书，绢本，草书，凡两行 14 字，纵 25.1 厘米，横 12 厘米。现收藏于上海博物馆。

隋唐法书流传至今的精品还有：唐代书法家欧阳询（557～641）著名墨迹之一《梦奠帖》卷，纸本，行书，纵 25 厘米，横 33.6 厘米，现收藏于辽宁省博物馆。唐代书法家孙过庭（7 世纪）书法名迹和书法理论杰作《书谱卜》卷，是原《书谱》之一卷，论述正、草二书体章法，纸本，草书，纵 26.5 厘米，横 900.8 厘米，现收藏于台北故宫博物院。唐代诗人杜牧（803～852）墨迹瑰宝《张好好诗》卷，为其现仅存墨宝，麻纸、行书，纵 28.2 厘米，横 162 厘米。此卷由近代书画鉴藏家张伯驹于 1956 年捐献国家，现由故宫博物院收藏。

三、五代和宋金法书

五代由于战乱，书法发展不大，书法名家有杨凝式。宋朝的统一，为书法的发展提供了很好的机遇，而制笔、墨和造纸技术进一步提高，为书法绘画的发展提供了很好的物质条件。但宋代帖学大行，在一定程度上影响了书法的发展。著名书法家有蔡襄、苏轼、黄庭坚、米芾，被称为宋代"四大家"，其书风虽有"尚法"与"尚意"之分，但总的趋势是创新，清雅雄健，自由奔放。

宋代书法著作最重要的为《宣和书谱》，共 20 卷，著录了宋徽宗时内府所收藏的名家法书。

宋代书法家蔡襄（1012～1067），字君谟，兴化仙游（今福建福州）人，官至枢密直学士知泉州和福州、端明殿学士知杭州，赠吏部侍郎，谥忠惠。他书法先后法"二王"、颜真卿、杨凝式等人，蝌蚪文、篆籀、隶、楷、行、草、飞白、章草和狂草，无不精妙，其中尤以行书最精。苏东坡称蔡襄的书法为"本朝第一"。蔡襄书法传世杰作《自书诗》卷，收其皇祐三年（1051）所撰诗 11 首，是他中年时期的书法代表作，现收藏于故宫博物院。此卷纸本，行草书，纵 28.2 厘米，横 221.2 厘米。卷后有蔡伸、王文治题名，杨时、张正民、胡粹中等多人题跋。钤有贾似道诸藏印，如"贾似道图书子子孙孙永宝之"，清梁清标、嘉庆帝颙琰诸收藏印玺。此卷在书画著作《珊瑚网书跋》、《吴氏书画记》和《石渠宝笈·三编》等书中有著录。[①]

宋代书法家黄庭坚（1045～1105），字鲁直，号山谷道人，洪州分宁（今江西修水）人，官至吏部员外郎。他书法初学周越，后师王羲之、虞世南、颜真卿、杨凝式等人，善行书和草书，楷法亦自成一家，是"尚意"书法家的代表

[①] 许忠陵：《蔡襄〈自书诗〉卷》，《中国大百科全书·文物博物馆》第 1 版，中国大百科全书出版社，1993 年。

人物。他的草书传世代表作之一《诸上座》卷，现收藏于故宫博物院。此卷纸本，大草书，纵33厘米，横729.5厘米，笔势飘动隽逸，为稀世杰作，是作者为友人李任道书写。署款"山谷老人书"，钤盖"山谷道人印"。卷后有明吴宽、清梁清标跋，钤有众多收藏印，如"内府书印"、"华夏"、"孙承泽印"，清乾隆、嘉庆和宣统内府诸藏印。此卷《清河书画舫》、《式古堂书画汇考》和《石渠宝笈》等有著录。

宋代画家、书法家和文物鉴藏家米芾（1051~1107），初名黻，字元章，号海岳外史、襄阳漫士，又号鹿门居士、中岳外史、净名庵主等，襄阳（今湖北襄樊）人，居润州（今江苏镇江）北固山下。曾任书画学博士、礼部员外郎、后知淮阳军等。他擅长水墨山水，自成一家，为米法山水创始人。他精于鉴定，富于收藏，著有《书史》和《画史》各2卷。米芾书法师法"二王"，善临倣，形神俱佳，以继承古法而享盛名，能书真、草、隶、篆、行，尤以行书和草书见长。其行书传世名作《苕溪诗》卷，纸本，行书，通篇一气呵成，纵30.3厘米，横189.5厘米。卷后有米芾之子米友仁跋，还有明李东阳题。此卷钤有众多鉴藏印，如宋"睿思殿印"、元"鲜于"、明项元汴、清梁清标鉴藏印，清乾隆、嘉庆和宣统内府藏印。著录此卷的书较多，如《珊瑚网书跋》、《式古堂书画汇考》和《石渠宝笈》等。1911年清王朝被推翻，溥仪出宫时将此卷携走，后失落民间，使其受到少许损坏。1964年，故宫博物院收藏此卷后，根据维修文物的原则，对有依据的残损字予以补齐，已无所据者仍从缺，以免损害它的价值。

五代、宋、金传世的书法珍品，在故宫博物院、台北故宫博物院、上海博物馆和辽宁省博物馆等都有收藏。

故宫博物院收藏的传世法书如：五代书法家杨凝式《神仙起居法帖》卷，纸本，草书，纵27厘米，横21.2厘米。宋代书法家李建中《同年帖》页，信札墨迹，原为《六帖》卷之一，纸本，行书，纵31.3厘米，横41.4厘米。宋代林逋《自书诗》卷，纸本，行书，纵32厘米，横302.6厘米。宋代政治家、书法家范仲淹《道服赞》卷，纸本，楷书，纵34.8厘米，横47.9厘米。宋代书法家吴说《门内帖》页，纸本，行书，纵25.2厘米，横45.4厘米，原为《宋代法书》册之一。宋代书法家吴琚《诗帖》册，纸本，行书，共19页，尺寸不一，纵23—26厘米，横11—24厘米，有缺页。南宋文天祥《宏斋帖》卷，纸本，草书，纵39.2厘米，横149.9厘米。金代书法家赵秉文《题昭陵六骏图》卷，是为金宫廷画家赵霖所画《昭陵六骏图》的题跋，纸本，行书，纵51.4厘米，横205.2厘米。

上海博物馆收藏的传世法书如：北宋著名史学家、书法家司马光《宁州帖》页，为手札，纸本，楷书，纵32.7厘米，横57.6厘米。宋代政治家、书法家王安石《楞严经旨要》卷，纸本，楷书，纵29.9厘米，横119厘米。宋代文学家、书法家苏轼《祭黄几道文》卷，纸本，行楷书，纵31.6厘米，横121.7厘米。

辽宁博物馆收藏的传世法书如：宋徽宗、书法家赵佶《草书千字文》卷，纸本，草书（狂草），纵31.5厘米，横1172厘米。此卷为描金云龙笺，无一接缝，反映了宋代高超的造纸技术。宋高宗、书法家赵构《洛神赋》卷，绢本，草书，纵27.3厘米，横277.8厘米。南宋诗人、书法家陆游《自书诗》卷，纸本，行书，纵31厘米，横701厘米。南宋书法家张即之《杜诗》卷，纸本，楷书，纵34.6厘米，横128.7厘米，书写杜甫七律诗2首。

四、元明清法书

元、明、清均为中央集权的封建王朝，对书法的发展产生了重要影响。三朝行书和草书盛行，其原因之一是印刷技术不断进步，其二是有意识地追求书法艺术，这在研究法书的艺术价值时是值得注意的。

（一）元代法书

元代书法宗唐宗晋，在继承的道路上向前发展，出现了赵孟頫、鲜于枢、邓文原、仇远、虞集、张雨、俞和等一批书法名家，均有作品传世。在故宫博物院、上海博物馆等单位都收藏有元代传世法书。

赵孟頫不仅是绘画名家，而且也是著名的书法家。《元史》称他"篆籀分隶真行草书无不冠绝古今"。他的书法学钟繇、"二王"，又学李北海、柳公权，集晋唐之大成。其笔法妍媚，结体纯古、精熟，形成典雅秀丽的书法风格，对元代及其后代影响颇大。他的书法传世杰作《帝师胆巴碑》卷，纸本，楷书，纵33.6厘米，横166厘米，系奉敕书写的碑文，记述帝师胆巴生平事迹，是其晚年作品。卷后有清姚元之、李鸿裔、杨守敬题跋，钤有许乃普、叶恭绰等收藏印。现收藏于故宫博物院。此卷《式古堂书画汇考》和《壬寅销夏录》等有著录。

元代与赵孟頫在书坛同享盛名的鲜于枢（1257～1302），字伯机，自号困学山民、寄直老人，渔阳（今属北京）人，官至太常侍典簿。他的书法笔力豪放，与赵孟頫书法风格形成鲜明对照。他多草书，有怀素、王献之笔意，其笔法从真、行来，行书自然流畅。他的书法传世杰作《杜工部行次昭陵诗》卷，纸本，行书，纵32厘米，横342厘米。卷前钤有"典礼纪察司"半印，卷后有明王袆、宋濂题跋。此卷明初入内府，在清初则为梁清标收藏，后入藏乾隆内府，均钤有鉴藏印记。现收藏于故宫博物院。书画著作《石渠宝笈》等书对此卷予以著录。

(二) 明代法书

明代帖学盛,"馆阁体"兴,在一定程度上影响了书法的发展。明代书法,前期主要是继承元代书风,中期祝允明和文徵明书风占主导地位,后期董其昌书风成为主流。明代书法作品流传下来的较多,在故宫博物院和上海博物馆等单位都收藏有明代书法代表作。

明代书法家祝允明(1460~1526),字希哲,自号"枝指生"(因右手六指),长洲(今江苏苏州)人。曾任应天府通判。他专攻书法,楷行草书传统功力深厚,其楷法精谨,尤擅狂草。系明代中期吴门派书法家,其传世代表作之一《唐宋四家文》卷,书写唐韩愈《燕喜亭记》、柳宗元《戴氏堂记》和宋欧阳修《丰乐亭记》、苏轼《喜雨亭记》。此卷纸本,楷书,纵20.4厘米,横201.1厘米。卷后有文徵明、周天球、陆师道等多人题跋、观款。此卷项元汴曾鉴藏。现收藏于故宫博物院。

明代晚期著名的书画家和文物鉴藏家董其昌以书画名重海内外。其书法传世代表作之一《潇路马湖记》卷,笔法古拙遒劲,为晚年行书碑记的代表作之一。此卷纸本,行书,纵29.3厘米,横607.6厘米。卷后有清沈荃题跋,在流传过程中,曾经清王鸿绪、安岐等鉴藏,乾隆帝时收藏于内府。现收藏于故宫博物院。此卷在书画著作《墨缘汇观》和《石渠宝笈》等书中有著录。

(三) 清代法书

清代书法的发展,先后出现两大学派,其先是帖学派,其后是碑学派。与此同时,还有一些书法流派、独具个人风格的书家,如碑帖兼学的名家。清代书画著作,除本章第二节所述外,还有孙承泽《庚子销夏记》、卞永誉《式古堂书画汇考》、高士奇《江村销夏录》和吴升《大观录》等,著录、品评所藏或所见书画作品。

清代书法家辈出,作品流传下来的很多。中国许多文物、博物馆单位都收藏有清代法书。如上海博物馆收藏的傅山书法传世名作《〈天龙禅寺〉五律诗》轴,纸本,草篆书,纵59.3厘米,横160.1厘米。故宫博物院收藏的黄易书法传世代表作《临汉碑》轴,纸本,隶书,纵68.9厘米,横27.5厘米;何绍基书法传世代表作《邓琰墓志铭》册,纸本,楷书,纵30.6厘米,横30.3厘米。傅山是帖学派代表人物之一,黄易属碑学派书家,何绍基碑帖兼学,融会贯通成为碑帖之意兼备的书法名家。

第四节　碑帖拓本

碑刻传拓技术的发明与运用，使碑刻资料和书法名迹得以保存与流传。摹刻法帖使书法作品得以"留影"，对书法名迹的保存与流传起了重要作用。特别是碑刻、法书损坏，甚至不复存在时，碑帖拓本保存了重要的历史资料，再现书法艺术品，具有很高的价值。

一、碑刻拓本

唐宋以来，碑刻拓本种类繁多，精品拓本传世者不在少数。拓本以时代区分，时代早的，其价值则高；以初拓标明的，以示其珍贵。

古代著名碑刻拓本，辗转、流传至今的为善本，如：唐末或北宋初年拓本《神策军碑》册；宋拓本《武梁祠画像》册、《魏元丕碑》册、《范式碑》册、《天发神谶碑》册、《瘗鹤铭》册、《夫子庙堂碑》册、《九成宫醴泉铭》册、《皇甫诞碑》册、《道因法师碑》册、《集王书圣教序》册、《李思训碑》册、《李秀碑》册、《多宝塔感应碑》册、《颜氏家庙碑》册和《玄秘塔碑》册等。

明代拓本善本如：《峄山刻石》册、《景君碑》册、《石门颂》册、《郑固碑》册、《孔宙碑》轴、《衡方碑》册、《上尊号碑》册、《受禅表》册、《孔羡碑》册、《谷朗碑》轴、《嵩高灵庙碑》册、《郑文公下碑》册、《伊阙佛龛碑》册、《崔敦礼碑》册和《雁塔圣教序碑》册等。

善本拓本中的初拓本，如《封龙山碑》轴和《夫人孙氏碑》册，前者为清代重新访得的汉《封龙山颂》原石初拓本，后者为乾隆年间出土后的晋《任城太守夫人孙氏碑》原石初拓本，现均收藏于故宫博物院。

此外，还有以拓本收藏者籍贯等标名者，如华阴本《华山庙碑》册，系明代陕西华阴郑宗昌家收藏的原石（汉碑）宋拓本。此本传拓极精，在辗转流传中，明清名人题跋 38 段，观款 43 段，钤鉴藏印 148 方。此册由故宫博物院收藏。

二、法帖

摹刻法帖始于宋代。宋初，从收集的数千法书中选定佼佼者，于宋太宗淳化三年（992）刻制集成《淳化秘阁法帖》册，是为集帖之创始，是中国书法史上第一部大型丛帖。虽然刻法欠精，但意义重大，影响深远。此帖系宋拓本，全 10 卷，每卷 1 册，共计 551 页，每页纵 25.1 厘米，横 13.1 厘米。宋刻宋拓全本，极为珍贵，旧藏清内府，现收藏于故宫博物院。

继《淳化秘阁法帖》之后，有《绛帖》册（宋拓本）、《大观帖》(《大观太清楼帖》)册（宋拓本）等相继刻制。《大观帖》以后，摹刻精工，酷似原来墨迹。

宋代至清代，丛帖的摹刻陆续不断，其中有不少精品，如《西楼苏帖》册（原石旧拓）、《开皇本兰亭序帖》卷（宋拓本）、《停云馆帖》册（明拓本）、《快雪堂帖》册（涿拓本）、《三希堂法帖》册（初拓本）等。

清代乾隆初年，宫廷编刻大型丛帖初拓本《三希堂法帖》册，全称《御刻三希堂石渠宝笈法帖》，共32册，每册1卷，托裱经折装，共1219页，纵30.3厘米，横17.6厘米。帖中共收入魏晋至明末135家书法作品，约340件，其中包括乾隆帝弘历称誉的"三希"（王羲之《快雪时晴帖》、王献之《中秋帖》和王珣《伯远帖》）。此帖系清乾隆十二年（1747），梁诗正、汪由敦等奉谕编次，宋璋等人镌刻。帖石安嵌于北京北海阅古楼，至今保存完好。法帖现收藏于故宫博物院，是一份珍贵的文化遗产。对研究书法发展史有着重要价值。

第十章

古 文 献

第一节 古文献的范围与种类

古文献是记载古代政治、经济、军事、科学技术、文化艺术,以及其他社会活动的文献资料。作为文物学研究对象的古文献是文物,具有历史、艺术和科学价值,不是一般意义的古文献。

一、古文献的范围

古代记载社会历史发展的文献极其浩瀚,遗留下来的也极为丰富。这些古代文献,不都是文物学研究的任务。文物学研究的古文献是其中具有历史、艺术和科学价值的部分,也就是说其中具有文物价值的古文献,才是文物学研究的对象。它们是文化遗产的重要组成部分。

古代记载社会活动的文字及材料,因历史发展的阶段及其地域的不同而不同。如中国商代记载社会活动的主要是甲骨文,商代晚期出现金文;甲骨文契刻于龟甲和兽骨上,金文铸刻于金属器物(铜器)上。周代记载社会活动的主要是金文,也有极少的甲骨文。古代埃及以及地中海沿岸其他国家以纸草作为书写材料,涉及主要文字有希腊文、拉丁文、古埃及象形文字后期世俗体和科普特文。在欧洲有羊皮书文献等。

碑刻记载的社会历史资料,是研究历史的一个重要资料来源。在文物学研究中碑刻是其重要内容之一,但在文物分类中,将碑刻归入不可移动文物,与古建筑、石窟寺、古墓葬等放在一起。碑刻拓本,又归入古书画。因此,在古文献中不包括碑刻资料。

在欧洲,对镌刻于金属、石头等材料的铭文的研究,属铭刻学范畴。它与中国古代的金石学相类似。

中国古文献的范围包括甲骨文、帛书、简牍、出土文书、传世的古写本和古印本等。

二、古文献的种类

古文献因书写文字、内容及材料的不同,可区分为不同的种类。以时代和其他标准，也可区分为不同的种类。

作为中国文物组成部分的古文献，主要有甲骨文、帛书、简牍、古文书、传世古写本和古印本等。甲骨文是契刻于龟腹甲、龟背甲和牛肩胛骨的文字，合称甲骨文。从时代讲，主要是商代和西周早期，即商代甲骨文和西周甲骨文。

简牍以质地而论，简有竹简和木简之分，牍为木牍。从时代讲，有春秋战国简、秦简、汉简、三国吴简和晋简。以出土地点区分，有江陵楚简、云梦秦简、里耶秦简、阜阳汉简、银雀山汉简、武威汉简、定县汉简、敦煌汉简、长沙三国吴简等。

古文书，主要指书写于绢帛及其他材料的文献资料，自春秋以迄元代均有发现，内容极其丰富，涉及政治、经济、军事、文化艺术等各个领域。如吐鲁番文书，按其性质可分为官方文书和私人文书；官私文书可分若干种，有诏令、奏表、符牒、辞状、籍账、契券、书牍及其他。文书的文字，既有汉字，也有古代少数民族的文字，如突厥文、吐蕃文、回鹘文、佉卢文等。

第二节 甲骨文

出土契刻文字的甲骨，已发现的主要有商代殷墟甲骨和西周甲骨。对甲骨文研究，已形成一门甲骨学。

一、殷墟甲骨文

殷墟甲骨文出土于河南安阳殷墟。清光绪二十五年（1899）首次认识甲骨，至今已一百多年。一百年来，出土刻辞甲骨15万片以上，绝大多数为残破的碎块。其中非科学发掘获得的甲骨约10万片左右，无具体出土地点。私自挖掘出的甲骨主要由私人购得，同时也大批流向国外。自1929年始，由中央研究院历史语言研究所进行科学发掘，至1937年共发掘15次，其中12次获甲骨，共约3万片。1929~1930年，河南博物馆也在此进行有组织的发掘，获出土甲骨3560片。日本帝国主义侵略中国期间，日本的大学和研究机构曾3次在殷墟发掘。自1950年开始，中国科学院考古研究所（现中国社会科学院考古研究所）对殷墟进行有计划的科学发掘，曾先后在殷墟及其周围四盘磨、小屯、大司空村、苗圃北地和后冈获出土刻辞甲骨。1973年小屯南地出土卜甲卜骨共7150片，其中有刻辞的4825片。甲骨文内容丰富，为研究商代历史提供了宝贵资料，具有重要价值。

从1900年清代国子祭酒、著名金石学家王懿荣在"龙骨"（甲骨）上发现契刻符号时起，对甲骨文的研究也就开始。经过一百多年的研究，已释读的甲骨文字达2000个字左右。确认甲骨文已是3000多年前一种比较进步的、体系完备的文字。刻辞的内容十分丰富，涉及商代政治、经济、军事、文化等各个方面。研究甲骨文的专家学者，经深入研究后，找到了武丁至帝辛的各王祭祀卜辞，胡厚宣曾指出武丁前溯小乙、小辛、盘庚卜辞的存在。至此，专家学者普遍认为《古竹书纪年》"自盘庚迁殷之灭二百七十三年更不徙都"之说可信。

殷墟完整的卜辞，包括叙辞、命辞（问辞）、占辞、验辞等部分。刻辞记载了殷王朝8代12王的国事和王室等活动，涉及方面极其广泛，如殷王对天神、地祇、先公、先王、先妣的祭祀，对征伐、聚敛和贡纳，对巡行、田猎、农耕、天象、气候，甚至生老病死，等等，莫不必先问卜而后行之。内容如此丰富而广泛的纪实文辞，既是文物学研究的珍贵史料，又是文字学、考古学、历史学、语言学，以及天文、地理、气象、农业、医学等学科研究极为重要的科学资料。

一百多年来，甲骨文研究硕果累累，其中既有著录、文字释读、分期断代、内容考证，又有综合研究等（详见第二章第二节）。

1903年，刘鹗选拓、石印的《铁云藏龟》面世。它是第一部著录甲骨文的专书。由此开始以迄于今，各种著录甲骨文的专著已达百种以上。其中早期著录私人藏甲骨的著作，如罗振玉《殷虚书契》（1912）和《殷虚书契后编》（1917）；著录外国人藏甲骨的著作，如明义士《殷虚卜辞》（1917），方法敛《库方二氏藏甲骨卜辞》（1935）。中央研究院历史语言研究所发掘所获甲骨，分别著录为《殷虚文字甲编》（1948）和《殷虚文字乙编》（1949、1956）。中国社会科学院考古研究所发掘小屯南地所获甲骨，著录于《小屯南地甲骨》（1980、1983）。由郭沫若主编、胡厚宣总编辑，中国社会科学院历史研究所《甲骨文合集》编辑组编辑，集80年发现甲骨资料之大成的《甲骨文合集》13册，于1978～1982年由中华书局出版，共著录有价值的刻辞甲骨4.1956万片（未含小屯南地出土甲骨）。

陈梦家《殷墟卜辞综述》（1956）、董作宾《甲骨学五十年》（1955）和《甲骨学六十年》（1966）、张秉权《甲骨文与甲骨学》（1988）等，是甲骨文与甲骨学研究的重要成果。

2002年，在1973年小屯南地出土甲骨地点的东部，对与其紧连的原小屯南路进行考古发掘，发现一批甲骨，大多数出土于灰坑内。"发现甲骨较多的灰坑有H_4、H_9、H_{39}、H_{55}、H_{57}等5个"。经过初步整理，共出土甲骨600余片，"其中无字甲骨近400片，刻辞甲骨228片（卜甲106片，卜骨122片）"。"有的甲骨正反面均有卜兆和刻辞，极少数刻辞内填有朱砂。少数卜骨正面刻辞，反面朱书文字。经初步观察，这批刻辞甲骨有午组卜辞、自组卜辞、历组卜辞、无名组卜辞，还有极少数是宾组卜辞、黄组卜辞。卜辞内容包括祭祀、卜旬、征伐、气象等，为甲骨文与商史研究又增添了一批新的资料"[1]。

二、周原甲骨文

西周甲骨于1954年首先在山西洪洞发现，之后在北京昌平、陕西周原、岐山周公庙遗址、河北邢台和湖北襄樊等地又有发现。特别是陕西周原遗址大量甲骨的出土，有重要意义。

1977年，在陕西岐山县凤雏村一座西周建筑遗址的窖穴内，出土龟腹甲1.36万余片，牛肩胛骨300余片。其中有289片龟腹甲刻有文字，少的一个字，多则30字。1979年，在扶风县齐家村也发现和采集22片甲骨，其中6片有刻字。它们都是在周王朝发祥地和早期都城遗址即周原遗址内发现，是西周初年，包括文王、武王、成王、康王、昭王、穆王时期的卜骨刻辞，记载了有关周人祭祀、战事、与邻国交往等活动史实，是重要的文献资料。

2004年，西周甲骨又有重要发现。在周公庙遗址庙王村北，清理发掘了两个西周灰坑（O4QZH$_1$、H$_2$）及其附近现代水渠填土，"共发现周人卜甲700余片，其中有刻辞者83片，初步辨识出文字400余个。卜辞内容涉及军事、祭祀、纪事等方面，字数最多的一片刻有36字"。"数例与'周公'有关的卜辞更是甲骨中首次发现"[2]。有重要的历史价值。

第三节 简牍

简牍是重要的文化遗产，是出土文献的重要组成部分。中国古代书写的简牍，流行于春秋至魏晋时期（公元前5世纪至公元3世纪）。简牍的基本形式为简，或称札，由竹、木材料制成，书写之前需要修治、打磨，有的简需编联成册，成为简册。牍实际是一种宽简，有的甚至呈版状，木制，个别为竹制。此外，还有用木制成多棱状的觚，以及传递信札和财物时用的封检，系于簿册或器物之上的木楬。在纸张普遍流行和作为书写材料之后，简牍即被替代。

近代出土的简牍，自1900年始，先后在新疆楼兰遗址、尼雅遗址和甘肃、内蒙古汉代居延烽燧遗址中相继发现汉晋简牍，尤以敦煌汉简和1930年发现的

---

[1] 国家文物局主编：《2002中国重要考古发现》，第1版，文物出版社，2003年。
[2] 周公庙考古队：《陕西岐山周公庙遗址考古收获丰硕》，《中国文物报》，2004年12月31日第1版。

1万余支居延汉简最为重要（详见第二章第二节）。

20世纪50年代以来，中国文物考古专家在甘肃、青海、新疆、湖北、湖南、河南、四川、河北、山东、安徽、江苏等地的考古发掘中，发现了大批简牍，内容极为丰富，涉及的领域极广。关于简牍的整理研究，包括研究简牍质地（材料）、文字、书体、版面、符号、体式、稿本、分类、断代，以及不同文书的功能与特征，它们的内在联系和价值等。对简牍的整理、研究和出版已取得重大成绩。

一、春秋战国简牍

简牍肇始于春秋时期。目前发现最早的简牍之一是春秋末或战国初的曾侯乙墓竹简。1978年发掘的湖北随县（今随州市）擂鼓墩"曾侯乙墓"，出土竹简240支，整简长72—75厘米，宽1厘米左右，文字墨书，共计6696字。其内容记载了用于葬仪的车马及车上的配件、武器、甲胄和驾车官吏等，如记载赠车者中有王、太子、令尹、鲁阳公、阳城君等人。它比以往发现的"遣策"内容丰富，对研究曾国历史及丧葬制度有重要价值。已出版《曾侯乙墓》一书。

战国时期的简牍，在湖南、湖北、四川、甘肃等地考古发掘中，已有大量发现。

在湖南长沙五里牌406号墓、仰天湖25号墓、杨家湾6号墓和临澧九里1号墓等楚墓发掘中，都出土有竹简。临澧九里1号墓竹简内容，多为"遣策"，在湖南楚墓中少见。

在湖北江陵九店楚墓，望山1、2号墓，天星观1号墓，包山2号墓和荆门郭店1号墓等楚墓发掘中，都出土竹简。如1987年发掘的包山2号墓，出土竹简444支，简文总计1.5万字，主要内容为卜筮祭祷记录、诉讼的司法文书和遣策等。1993年冬发掘的郭店1号楚墓，出土竹简800余支，其中有字简730支，主要内容为古籍，有两种为道家学派著作，即简本《老子》甲、乙、丙，是迄今所见年代最早的传抄本；还有《太一生水》。其他为儒家学派著作。这两批简都有很高的价值，经整理研究的成果，已分别出版《包山楚简》（1991）和《郭店楚墓竹简》（1998），为进一步研究提供了重要的科学资料。

1979年，在发掘四川青川县郝家坪50号秦墓中，发现木牍两枚，已有一枚斑驳不清，另一枚保存较好，长46厘米，宽2.5厘米，厚0.4厘米，正面和背面有墨书文字，计150余字。正面是《为田律》，由丞相甘茂等修定，秦武王二年（公元前309）颁布。该律对畛、陌道、顷、阡道，以及疆界标志"封"、"埒"等作出明确规定，如田每宽一步，长八则（240步）为一"畛"，每二

"畛"有陌道一条；每百亩为一顷，有阡道一条，宽三步。为研究先秦田制变化等土地制度提供了珍贵资料。

1986年，发掘甘肃天水放马滩秦墓（1号墓），出土竹简460支，简长分别为23、27.5厘米，宽分别为0.6、0.7厘米，有上、中、下三道纬编痕。每简一条内容。经整理研究，简文内容为《日书》甲、乙种和《墓主记》。甲种《日书》有：月建、建除、亡盗、入月吉凶、男女日、生子、禹须臾行等。乙种《日书》内容更为丰富，有20余章，前七章与甲种《日书》相同，其他内容有各种禁忌、天官书、五行书、律书、巫医、昼夜长短表，等等，对研究先秦政治、社会文化、民俗、农业、人口等有重要价值。

二、秦代简牍

1975年，发掘湖北云梦县睡虎地一座秦墓（11号墓），出土竹简1150余支，保存较好。经整理研究，简长23.2—27.8厘米不等，宽0.5或0.6厘米，简文墨书，内容极为丰富，主要是法律、行政文书及占书。系统整理研究成果《睡虎地秦墓竹简》八开精装本，已于1990年由文物出版社出版。简文内容有：

《编年记》，记载秦统一六国战争大事及墓主喜生平。它起始秦昭王元年（公元前306），迄于秦始皇三十年（公元前217）。

《秦律十八种》，均为律文摘录。有：田律、厩苑律、仓律、金布律、关市、工律、工人程、均工、徭律、司空、置吏律、效、军爵律、传食律、行书、内史杂、尉杂和属邦等。

《秦律杂抄》，内容涉及面广。有：除吏律、游士律、除弟子律、中劳律、藏律、公车司马猎律、牛羊课、傅律、敦表律、捕盗律、戍律等。

《封诊式》，对官吏审理案件的要求和处理案件文书的程式。有：治狱、讯狱、封守、有鞫、覆、盗自告、口捕、盗马、争牛、群盗、夺首、告臣、黥妻、迁子、告子、疠、贼死、经死、穴盗、出子、毒言、奸、亡自出等。

《法律问答》，主要是对刑法的问答，以解释法律条文和术语。

《效律》，内容系对检验县和都官的物资账目等作出的详细规定。

《为吏之道》，内容是关于处世做官的规矩。

此外，还有《语书》，系行政文书之类。《日书》甲、乙种，甲种《日书》有秦、楚纪月对照。

云梦秦简内容极为丰富，其中关于刑法、民法、诉讼法、军法、行政法和经济法等法律，有很高的价值，是研究中国古代法制史，特别是秦的法律制度的重要资料。

2002年，在湘西土家族苗族自治州龙山县对里耶古城及一号井进行抢救性发掘，发现一批秦代简牍。出土简牍均为墨书，大都为木质，极少数为竹质。其形制多样，长度多为23厘米，宽度视其内容多寡而定。"两道编绳或无编绳，编绳系书写后再编联。……还有笥牌、封泥匣、封泥。其中封泥10多枚，多残破，圆形印文为模印，有洞庭司马、酉阳丞印等。"简牍性质为秦王朝洞庭郡辖下的迁陵县档案，时间由秦始皇（含秦王政）二十五年（公元前222）到秦二世二年（公元前208），内容十分丰富，"涉及行政设置、政治制度、司法文书、官吏任免、人口登记、田地开垦、租税登记、仓储物资、军备、道路里程、驿站邮传、私人书信、时间记录、医疗药方等各方面"[①]。这批秦代简牍为研究秦代历史提供了重要的新资料。

三、汉代简牍

汉代简牍发现的最多。20世纪50年代以来，在甘肃、湖北、湖南、安徽、山东、江苏、河北、青海等省考古发掘中，出土大批汉代简牍，内容极为丰富，系统整理、研究和出版，都取得了丰硕成果。

（一）甘肃汉代简牍

甘肃省是出土汉代简牍最多的省份之一。主要出土简牍的地点有武威、玉门、敦煌、居延等地。

武威汉简。它主要包括：1959年武威磨嘴子6号汉墓出土的《仪礼》简469支，日忌杂占简11支；18号汉墓出土的王杖诏书令简10支；1972年武威旱滩坡汉墓出土的医药简78支，木牍14枚；1984～1985年，在磨嘴子汉墓和五坝山汉墓也出土了一些简牍。经系统整理研究，1959年和1972年出土的简牍，已分别于1964年和1975年出版《武威汉简》和《武威汉代医简》，是武威汉简研究的重要成果。

《仪礼》简分甲、乙、丙三种，甲、乙种为木简。甲种木简469支，简文内容有7篇，即《士相见》、《服传》、《特牲》、《少牢》、《有司》、《燕礼》和《泰射》。乙种木简37支，简文内容仅《服传》1篇。丙种为竹简，34支，简文内容为一篇《内服》。

医药木简78支，木牍14枚。内容丰富，有临床方面的，如对疾病症状的描述，记载了病名、病因等；有治疗方剂方面的，如"治伤寒逐风方"和"治久咳逆上气汤方"等30余种；有药物学方面的，列举了植物、矿物药100余种；

---

① 国家文物局主编：《2002中国重要考古发现》，第1版，文物出版社，2003年。

有针灸学方面的，如关于三里、泉水等穴位及用针方法的记载。这些资料对研究汉代医药学等有重要价值。

居延汉简。汉代居延、肩水两都尉府所辖城郭和烽燧遗址出土的简牍，统称居延汉简。

1972~1976年，甘肃省文物考古工作者在居延地区汉代屯戍遗址获出土简近2万支；1977~1988年，出土简牍12批，计3000支；1986年金塔地湾城（A35）汉代肩水侯官遗址出土简牍1000余支。

居延简的形制种类繁多，有简、牍、觚、楬、封检等。简文内容涉及面很广，主要是官私文书及少量典籍、历谱等。官文书中，一类是诏书律令、司法文书、品约以及处理各类事务的文书；另一类是各式簿籍。私人文书主要是买卖契约和来往书信。古籍有《算术书》、《九九术》、《仓颉篇》、《急就篇》、《论语》等，多为残篇。此外，还有历谱、医药方等。简牍内容真实地反映了汉代边塞屯戍生活，涉及政治、经济、军事、文化各方面，有重要的史料价值，对研究汉代边塞屯戍历史有重要意义。

敦煌汉简。敦煌、玉门、酒泉等地出土汉代简牍，统称为敦煌汉简。其时代以西汉中、晚期和东汉早期简为多。

出土简牍的基本情况，自20世纪70年代始，1977年玉门花海农场附近汉代烽燧遗址出土简91支；1979年发掘敦煌马圈湾汉代烽燧遗址，出土简1217支；1981年敦煌酥油土汉代烽燧遗址出土简76支；1986年敦煌小方盘城出土简17支，1987年又出土简2支；1987年敦煌甜水井汉代遗址出土简30余支；安西汉代烽燧遗址出土简1支。

这些出土简的形制种类与居延汉简大致相同，其内容大都与屯戍有关，也是以官私文书居多，同时也有古籍，如《仓颉篇》、《急就篇》、《力牧》、《九九术》，以及历谱、医药方、相善剑刀和相马的书。系统整理研究马圈湾出土简及有关简的成果《敦煌汉简》（1991）已出版，为研究汉代屯戍制度及相关问题提供了重要的资料。

（二）湖北汉代简牍

湖北出土的汉代简牍也比较多。1973~1975年发掘江陵凤凰山8、9、10、167、168、169号墓，以及大坟山1号墓，出土了一批简牍，计竹简548支，木简74支，木牍10枚，竹牍1枚，共有墨书隶体4600余字，主要内容为"遣策"。

根据凤凰山9、10、168号墓出土纪年木牍可知，168号墓为文帝十三年（公元前167），9号墓为文帝十六年（公元前164），10号墓为景帝四年（公元前153)。168号墓简文"遣策"中记载有"田者男女各四人大奴大婢各四人"。10号墓简文中记载有赋税、贷种实、徭役、经商等史实。

1983~1984年,在江陵张家山发掘3座(247、249、258号)墓,出土竹简1600余支,称张家山汉简。其中247号墓出土竹简1200余支,简文约3万字,内容丰富,半数以上为汉初律令。吕后二年(公元前186)颁布的《二年律令》,有金布律、奏律、亡律、户律、杂律、置吏律、史律、行书律、告律、赋律、兴律、赐律、捕律、均输律、爵律、津关律、收律、徭律、具律、效律、传食律、□市律、奴婢律、变(蛮)夷律等20余种。这些资料对了解萧何制定的《九章律》和汉初法律有重要价值。

此外,还有法律案例汇编《奏谳书》、兵书《盖庐》、脉法《脉书》、导引术《引书》、数学问题汇集《算数书》。《算数书》与传世《九章算术》的前七章相似,但要早300年。247号墓和258号墓都出土历谱。249号墓还出土《日书》,与云梦秦墓出土的《日书》基本相同。

(三) 安徽汉代简牍

1977年,在阜阳双古堆发掘的西汉前期墓葬(1号墓),即汝阴侯墓,出土一批汉简,保存较差,称阜阳汉简。经专家整理研究,确定今名,编纂为10余种古籍。其中有《仓颉篇》、《诗经》、《周易》、《万物》、《作务员程》、《吕氏春秋》,以及《年表》、《大事记》、《刑德》、《日书》、《星占》、《相狗》、《行气》、《礼记·曲礼》等。

双古堆1号墓还出土木牍2枚,正、背面为篇题,1号木牍存篇题47条,2号木牍存篇题20余条。

(四) 山东汉代简牍

1972年,发掘临沂银雀山西汉武帝时期的墓葬(1号和2号墓),出土一批简牍,称银雀山汉简。1号墓出土的完整简和残简4942支,2号墓出土32支及若干残片。简的长度分别为69、27.6、18厘米(复原长度)三种。有3道或2道编联痕迹。简文墨书,字体为早期隶书。

银雀山汉简内容极为丰富。简上未见书名标题。对篇题的书写,有的单独写在第一简简首的正面,有的写在第一简简首背面,有的写在篇末最末一简文字结束处之下。经整理研究,1号墓汉简内容为传本古籍和已佚古籍两部分,后者占大多数。

简文中的现传古籍有:《孙子兵法》(即孙子十三篇)及其佚篇。简本除《地形篇》外,其余十二篇文字均有发现。还有《尉缭子》共5篇,《六韬》共14组,《晏子》共16章,证明它们成书年代应早于西汉前期,并非后人假托的伪书。

简文中的已佚古籍，最重要的为《孙膑兵法》，简本共 16 篇。它的发现对研究古代军事科学有极为重要的价值，与《孙子兵法》的同时存在，以无可置疑的事实证实了《史记·孙武吴起列传》有关孙武仕吴，孙膑仕齐，均有兵法传世的记载。《守法守令十三篇》共 10 篇，记述战国时期齐国的法律。

此外，还有《地典》篇、《唐勒》篇，论兵论政文章数十篇，阴阳、时令、占候之书和《相狗》、《作酱》等书。

2 号墓出土简简文有《元光元年历谱》，以十月为岁首，是一部完整的古代历谱。

（五）河北汉代简牍

1973 年，在定县（今定州市）八角廊村发掘了一座西汉墓（40 号墓），出土一批竹简，称为定县汉简。

40 号墓早年被盗并焚毁，竹简全部炭化，残坏严重。经整理研究，简文内容为古籍，有《论语》、《儒家者言》、《哀公问五义》、《保傅传》、《太公》、《文子》、《六安王朝五凤二年正月起居记》和《日书》等。其中《论语》是迄今所见最早的古本，分章与传本有差异，文字约为传本《论语》的一半。

（六）青海汉代简牍

1978 年，在大通县上孙家寨发掘的一座西汉晚期墓葬中，出土木简 400 支，称为大通汉简。这批简残断严重，现存最长简 22.5 厘米，宽 1 厘米，厚 0.2 厘米左右。

简文内容主要为军法、军令，其中关于斩首捕虏、论功拜爵的数量最多。此外，还有关于部曲操练和标识物的条文。关于军队编制方面的，如校、左部、右部、前曲、后曲、左官、右官；演练阵法的，如圆、方、牡、兑武；标识物方面的，如旗、幡、旆、肩章。

（七）其他汉简

在湖南长沙马王堆 3 号墓出土竹简木牍 600 余支（枚），主要内容为"遣策"。在江苏东海县尹湾 6 号墓出土一批汉代简牍，主要内容为行政文书，其中木牍"集簿"宿麦种植面积为最珍贵的历史资料。

四、三国吴与西晋简牍

1996 年，在湖南长沙发现三国吴简牍 10 余万支（枚）。1984～1985 年，在发掘武威旱滩坡西晋前凉墓葬中，出土木牍。在新疆楼兰遗址也曾出土晋简。

长沙走马楼简牍。1996 年 7～11 月，在长沙市中心五一广场东侧走马楼，配合基建工程,清理发掘了一批古井,其中22号古井出土一批竹木简牍,现仍在整理研究之中。从对部分简牍剥离、整理的初步结果,估算这批简牍总数达10万支(枚)以上,其数量可能超过已往全国出土简牍的总和。简牍中有书写三国吴国孙权的"嘉禾"年号,主要是三国吴简,内容十分丰富,是研究吴国历史极其重要的文献资料。

简牍形制有大小木简、木牍、竹简、楬、封检,即简、牍、楬、封检。书写文字字体有隶书、楷书、章草、行草等。

根据对部分简牍的剥离、清洗和初步整理,其内容主要有五个方面:即券书类、司法文书类、长沙郡所属人名民簿类、名刺与官刺类、账簿类等。如券书类,一是佃田租税券书,一是官属各机构间钱、米、器物调拨券书。佃田租税券书类简为大木简,长49.8—54.3厘米,宽2.6—4.3厘米,厚0.4—1厘米。每简字数约100—160字,字迹工整,由右向左直行书写,有单行和多行之分,以内容多少而定,大木简的整理研究成果,已正式出版。

第四节 帛书与文书

出土帛书和文书都是古文献中的重要组成部分。它们是书写于绢帛、纸类以及其他材料的文献资料,出土数量多,涉及面广,内容丰富,对研究古代社会历史有重要价值。

一般所称出土文书,主要是指出土的纸类文书。19世纪末20世纪初,一些国家的探险家在中国新疆和甘肃等地,对中国的古代文书经卷及其他文物进行大肆盗挖和掠夺,使中国文化遗产遭受到无法弥补的巨大破坏和损失(详见第二章第二节)。自20世纪30年代始,特别是50年代以来,中国专家学者在新疆、甘肃等地进行的科学发掘中,发现了大量出土文书。对出土文书的整理研究和出版,也取得了重大成绩。

一、出土帛书

帛书是书写于绢帛上的文献资料,主要有战国和汉代帛书。

战国帛书。在长沙子弹库楚墓出土的"战国缯书"(详见第九章第一节)。

汉代帛书。在长沙马王堆汉墓(3号墓)出土一批帛书,称为马王堆汉墓帛书,质地为生丝织成的细绢。帛的整幅高度约48厘米,半幅高度24厘米。画表和图的帛面大小,依需要而定。

帛书一般自右端开始,从右向左,直行书写。字体大致有篆书、隶书和草篆（秦隶）3种。帛书体例不一，有的书有行首标记，有的则无；有些书不分章节，通篇连抄；有的分章则用墨点做记号，有的则提行另起章节。大部分书无标题，或标题书于文章末尾。

马王堆汉墓帛书内容丰富，经整理研究，有古籍《周易》、《老子》、《战国纵横家书》、《相马经》、《五十二病方》等20多种，约12万字。帛书中的《导引图》，复原后长约100厘米，高约50厘米，彩绘有各种运动姿态的人物44人，有些人物旁标有文字说明。帛书整理成果《马王堆汉墓帛书》已出版。

二、出土文书

出土文书种类较多，有书写于玉石质地的，有书写纸类质地的。前者如侯马盟书，后者如吐鲁番文书。

（一）盟书

盟书亦称载书，是记载誓辞的文书。出土的盟书主要有侯马盟书和温县盟书。

侯马盟书。出土于山西侯马。1965年发掘侯马晋国晚期都城新田遗址时发现。在盟誓遗址内，共发现瘞埋牺牲和盟书的坎（坑）400多个，出土盟书共计5000余件，其中可以认读的600余件。盟书用毛笔书写在玉石片上，字迹大都为朱红色，少数为黑色。玉石片一般都呈圭形，大小不一：小的长18厘米，宽近2厘米；最大的长32厘米，宽近4厘米。这是第一次经科学发掘出土的古代盟誓文书，时代为春秋晚期至战国早期，为晋国卿大夫举行盟誓时记载誓辞的文书。

侯马盟书的内容十分丰富，完整而有系统，可分为宗盟类、委质类、纳室类、诅咒类、卜筮类及其他类，是研究古代盟誓制度、古文字和晋国历史的重要资料，具有重要历史价值。盟书资料经系统整理研究，其成果《侯马盟书》已出版。

温县盟书。出土于河南温县。1980年开始，对位于武德镇西张计村盟誓遗址进行科学发掘，出土石圭、石简、石璋1万余件。编号1号坎（坑）已被扰动，出土盟书4588片，其中科学发掘出土的2703片，已被扰动仍在原地的1395片。其形状大小不尽相同。最大的长27.1厘米，底残宽3.2厘米；最小的长9.6厘米，底宽3.7厘米。内容主要是晋国卿大夫之间盟誓时的誓辞。如要"忠心事主"，决不"与贼为徒"，否则将受到先公在天之灵的严惩。关于盟书年代，意见有两种，一种认为是春秋晚期，一种认为应属战国初期，尚需进一步研究。

（二）吐鲁番文书

吐鲁番文书出土于新疆维吾尔自治区吐鲁番市，为纸质文献资料，时间跨度很大，自晋至元，即自高昌郡（东晋），历高昌国（北朝）、西州（唐）和高昌回鹘（宋元）。

吐鲁番古文书的出土，是从近代外国探险家的掠夺开始的。他们对吐鲁番一些古城址、古遗址和古墓葬肆意挖掘，掠夺走大批古文书及其他文物。

中国考古学家黄文弼1930年对交河古城和哈拉和卓墓葬进行发掘，获得一些出土文书。1959~1975年，新疆文物考古专家对阿斯塔那与哈拉和卓古墓葬群进行了13次科学发掘，清理发掘晋至唐代墓葬460多座，出土大量文书和其他文物。此后，又清理了部分古墓，也出土一些文书。

吐鲁番出土文书，是吐鲁番古代文物中极为重要的组成部分。保存完好的文书有衣物疏、功德录、地券、告身、《孝经》等，均为直接殉葬品。此外，还有残缺的各类官私文书，大都是从棺、纸质俑、靴鞋、冠带、枕衾上揭拆下来的。其中有古代少数民族和外族文字的文书，有汉文文书。汉文文书时代最早的为西晋"元康六年（296）三月十八日写已"的《诸佛要集经》；最晚的为元《至正十七年（1280）善斌卖身契》。

官私文书种类繁多，有诏令、奏表、符牒、诉讼辞状、籍账、契券、商旅书牍和失传古籍，以及族谱、医方，等等，内容十分丰富。它们是研究中国中古时期高昌、西域和中原王朝历史极为重要的实物文献资料，有很高的价值。

1975年，国家文物局成立吐鲁番出土文书整理小组，唐长孺任组长，对上述发掘出土的数万件（片）汉文文书进行整理研究，其成果为专收释文的《吐鲁番出土文书》（全10册）和图文对照本《吐鲁番出土文书》（全4册），已由文物出版社出版，为进一步研究提供了重要的科学资料。

第五节 古写本与古印本

中国古籍浩繁，其中古写本和古印本是纸类善本古籍，具有很高的历史、艺术和科学价值，是重要的历史文化遗产，是古文献的重要组成部分。

一、古写本

古写本包括写本、抄本和手稿等。中国古写本之精粹有唐本《切韵》、宋淳熙十三年内府写本《洪范政鉴》、元至正十八年孙道明抄本《闲居录》、明嘉靖隆庆间内府抄本《永乐大典》、明抄本《古今杂剧二百四十种》、清乾隆内府抄本《四库全书》和宋司马光《资治通鉴》手稿等。

第十章 古文献

宋淳熙十三年内府写本《洪范政鉴》，系宋仁宗赵祯撰，康定元年（1040）七月御制序，共12卷，每卷分上下，大字工楷，朱栏出手绘，半叶9行，行17字，左右细线，无边栏，蝴蝶装绢面。宋至清代四朝，极为珍视，深藏宫中，有宋内府藏书印。在清末流出宫外，失落民间，后由近代著名鉴藏家傅增湘购得，精心保护。傅增湘1949年初病逝后，其子傅忠谟遵遗命将该写本捐献国家，现收藏于中国国家图书馆。

二、古印本

古印本包括刻本、活字印本和铜活字印本。活字印本有泥活字和木活字印本之别。刻本即刻制木版印刷而成的古籍，在古印本中占有重要位置。现存最早的刻本是唐代刻本，如甘肃敦煌发现的咸通九年（868）王玠雕版卷子本《金刚经》，是现存具有年款最早的木刻印书实物，已流失英国。宋、辽、金、元都有刻本传世，其中以宋代刻本最多。明代始有铜活字印本。传世的古印本，不仅是研究古代政治、经济、文化的重要文献，而且也是研究中国发明印刷术及印刷史的宝贵资料，有着重要价值。

1944年发现的唐代成都府卞家刻本《陀罗尼经咒》，出土于成都市内一座唐墓，藏于银镯内。印本为方形薄纸，框高31厘米，宽34厘米，四周双边；中央镌刻一坐于莲座上的佛像，外刻梵文经咒，咒文外四周围刻佛像。该印本是国内现存较早的唐代刊印文献，十分珍贵，现收藏于四川省博物馆。

宋代刻印本传世的较多，著名的如：北宋开宝八年吴越国王钱俶刻本《一切如来心秘全身舍利宝箧印陀罗尼经》、北宋开宝刻本《开宝藏》、北宋刻递修本《汉书》、北宋刻本《范文正公文集》、宋绍兴二年至三年两浙东路茶盐司公使库刻本《资治通鉴》、宋绍兴四年温州州学刻本《大唐六典》、宋绍兴九年临安府刻本《汉官仪》、宋绍兴二十二年临安府荣六郎书籍铺刻本《抱朴子内篇》、宋绍兴三十一年陈辉刻本《古灵先生文集》、宋乾道六年姑孰郡斋刻本《洪氏集验方》、宋乾道七年蔡梦弼东塾刻本《史记》、宋淳熙四年抚州公使库刻本《礼记》、宋淳熙八年泉州州学刻本《禹贡论》、宋淳熙龙舒郡斋刻本《金石录》、宋蜀刻本《唐人集》、宋庆元二年周必大刻本《欧阳文忠公集》、宋建安黄善夫家塾刻本《后汉书》、宋鲍瀚之刻本《古算经》、宋临安府陈道人书籍刻本《画继》和《五代名画补遗》、宋咸淳廖氏世綵堂刻本《昌黎先生集》和《河东先生集》等。

辽代刻本著名的有《契丹藏》，金代刻本著名的有《赵城金藏》，元代刻本著名的有元大德九年陈仁子东山书院刻本《古迂陈氏家藏〈梦溪笔谈〉》和元岳氏荆谿家塾刻本《春秋经传集解》。

1963年发现于浙西的天启刻彩色套印本《萝轩变古笺谱》，是明代著名的印本，为原海盐张宗松清绮斋旧藏，此前尚未见著录，仅在日本藏有残本半部。此印本现收藏于上海博物馆，编印者吴发祥，分上下两册，共有图178幅，均彩色套印，兼用饾版与拱花二法。木刻套印技术方法，在中国印刷史上是一大创举，影响深远。

铜活字印本现存最早的是明弘治、正德年间（约1488～1522）苏州、无锡一带印刷的书籍，如唐人诗集，共50种，各集行款、版式皆同，均半叶9行，行17字，细黑口，左右双边。字体劲秀，无序跋。此诗集40余种现藏于中国国家图书馆。

清代铜活字印本著名的有雍正四年内府印本《古今图书集成》。此书是中国现存类书中规模最大、体例最完善的一部，由陈梦雷倡议并主持编纂，创稿始于康熙四十年（1701），完成于康熙四十五年（1706）。全书1万卷，目录40卷，分历象、方舆、明伦、博物、理学、经济六编，下分三十二志；雍正时改为三十二典。雍正四年（1726）付梓，两年后印成，共印64部，另样书1部；又一说印60部。原本今已罕见。原书半叶9行，行20字，白口，四周双边。附有精美插图。有开化纸和太史连纸两种印本，分装5020册，共522函。《集成》编纂工程浩大，内容丰富，印制精良，独具特色，是一部重要的古印本文献[①]。

---

① 冀淑英、林小安：《清雍正四年内府铜活字印本〈古今图书集成〉》，《中国大百科全书·文物博物馆》，第1版，中国大百科全书出版社，1993年。

第十一章
古代文化史迹

第一节 文化史迹的范围与种类

文化史迹（不可移动文物）是人类社会活动遗留下来的遗迹，可以反映当时人类社会活动的状况及其与环境的关系。它们是文物学研究的重要对象，同时也为研究社会生产力发展和社会生活状况提供完整的、真实而重要的实物资料。根据不同的古代文化史迹，可以阐述历史上各个不同历史时期社会生产和社会生活的各个方面的内容及特征。如古墓葬经发掘后，可以了解不同历史时期社会组织、埋葬习俗，以及当时社会生活等方面的情况；原始社会古墓葬的发掘，还可以了解人类早期的体质特征。再如对建筑遗迹的发掘，可以了解不同地区，不同时期建筑形式、建筑技术的区别，进而了解社会经济、社会生活等方面的内容及特征。总之，通过对古代文化史迹（不可移动文物）的综合研究，可以帮助我们了解和恢复历史的本来面貌。

一、古代文化史迹的范围

古代文化史迹与古器物不同，前者一般为不可整体移动或不宜整体移动的遗迹。它具有历史、艺术和科学价值。不具备文物价值的遗迹，不能算作文化史迹。

因此，古代文化史迹的范围很广，凡属人类在不同历史时期的社会活动遗留下来的，具有历史、艺术和科学价值的遗迹，都属于文化史迹。也就是说，它是历史的遗迹，又是历史发展的见证。

具体而论，古代文化史迹包括古代的建筑、石窟、石刻、遗址、墓葬，以及其他遗迹。

但是，这也仅只是从整体上来确定的。有些古代文化史迹的内容十分复杂，如果从其一项内容来区分，文化史迹中实际包括一部分古器物、纪念物等，即包括了一部分可移动的文物。如古建筑中的寺庙，寺庙内有供器、法器等文物；古建筑中的宫殿建筑，其内部也有各种陈设等古器物。再如古墓葬，不同时代、不同地区的墓葬，形制不同，随葬品也不同，这种不同的原因之一，是阶级社

第十一章 古代文化史迹

会阶级差别的表现。尽管有这样那样的不同,从文物上看,随葬品为古器物,属可移动文物。在古墓葬发掘之后,随葬品经整理、研究,作为文物藏品,就不再属于文化史迹的内容。因此,古代文化史迹与古器物、文物藏品之间有着密切的关系,绝对地划分开来是不可能的。

在此也必须指出,不能因为某些古代文化史迹内容的复杂性,或者说包括了一部分可移动文物,就把文化史迹的整体性抛在一边,只看局部或部分内容,而无视整体及其完整性。除古遗址、古墓葬包含有可移动文物,在发掘后要取出外,其他史迹的内容,包括可移动部分,一般是依附于主体的,脱离开整体,它的价值和意义也就大不一样了。它们是一个完整的整体。

二、古代文化史迹的种类

由于时代、地域及民族的不同,也由于人类社会生产、生活及其他要求、目的不同,文化史迹的面貌也各不相同。以居住址而言,新石器时代各个地区的居住形式与营建方式各不相同,山区有洞穴居址,平原有黏土木构建筑居室或半地穴居址,湖泊沼泽地带有干栏式建筑,沿海有贝丘遗存等。在阶级社会,不同阶级的居室条件相差十分悬殊。至于用于不同目的的建筑,其形式与营建方式也各不相同,如宫殿、寺庙、民居与衙署等,建筑布局、形式、营造方式等均有区别。

因此,我们区分古代文化史迹的种类,是以其存在形态和不同功用来研究,并加以区分的。如古建筑,基本上是指存在于地面之上的建筑,这即是从它的存在形态出发的界定。如果从建筑学的含义,古代遗址中的城址、居住址、窑址和古墓葬的岩墓、砖室墓,等等,都是古代建筑,各自反映了修建时代的政治、经济、科学技术等水平,以及某些风俗和意识形态内容。但我们没有把它列入古建筑,而是另立类别。

古代文化史迹的种类,总的来说,可分为六大类,即:古遗址、古墓葬、古建筑、石窟寺、古石刻、其他。

每一大类文化史迹,大都又可以细分为许多具体的种类。之所以如此,主要是由于文化史迹的各个方面内容,分别代表了政治、经济、军事、文化、科技、民族、宗教、习俗等不同性质。

古遗址。一般分为洞穴址、聚落址、城址、窑址,以及其他,如矿冶遗址、古战场遗址等。如果再细分,则有:村址、居址、宫殿址、城堡址、作坊址(冶铁作坊址、制陶作坊址、制骨器作坊址……)、寺庙址等;还有经济性质的建筑遗迹,如矿穴、采石坑、窑穴、仓库、水渠、水井等;防卫性质的建筑遗迹，如壕沟、护城河、界沟、栅栏、围墙、烽燧、长城（明以前长城），等等。这些细分的遗址，大都是聚落址和城址等的具体内容，或它的附属物，独立存在的并不多，一般都归入其他古遗址内。

古墓葬。古代各个时期的各类墓葬，包括单体墓和墓群。自周秦以降的帝王陵墓及一些官僚墓，陵区或墓地都保存有一些其他文化史迹（商王陵地上建筑已无存），如封土、石刻、木构建筑等。明清帝陵还保存有庞大的建筑群。虽然如此，这些文化史迹都是从属于陵墓的，是古墓葬，特别是帝王陵墓的重要组成部分。

古建筑。指现仍存在于地上的古代建筑，包括砖石结构、木结构建筑等。古建筑基本分为木构建筑、古塔、经幢、古桥、长城（明代长城）、古城、园林，以及其他古建筑，如牌坊、水利工程等。如果再细分，木构建筑、塔桥等，又可分若干小类。木构建筑在中国古建筑中占有重要地位，按其性质可分为宫殿、坛庙、寺院、衙署、学宫、藏书楼、库藏、店肆、酒楼、戏楼、作坊、会馆、旅邸、第宅、陵墓等建筑。这些建筑，有不少为建筑组群，形成群体，如故宫、天坛、晋祠、清东陵等；如果按其单体来分，主要有殿、堂、楼、阁、廊、亭、台榭等。古塔中有石塔、砖塔和木塔；如从其建筑形成分，有楼阁式塔、过街塔和塔门、亭阁式塔、密檐式塔、花塔、覆钵式塔（喇嘛塔）、金刚宝座式塔等。

石窟寺及石刻。石窟寺是在河畔山崖开凿的佛教寺院，其中一部分窟内为壁画、塑像，一部分为壁画、雕像；还有一部分只开凿摩崖龛像。

石刻系指古代大型石刻，如摩崖石刻；同时还包括古代岩画。一般碑刻，随主体建筑，如寺庙内碑刻、陵墓碑刻等。

历史文化名城。在上述文化史迹各大类之外，还有一类"大型文化史迹"，即历史文化名城。它的规模庞大，内容丰富，作为一个历史史迹的整体，具有一般文化史迹无法比拟的历史、艺术和科学价值。历史文化名城除历史形成的格局外，城内及其附近，一般都有不同数量的文化史迹，正是由于有这些文化史迹，才成为该城具有悠久历史或丰富文化遗产的见证。

第二节 古代建筑

中国古代建筑有着悠久的历史，远在7000年之前的余姚河姆渡文化遗址，已发现建筑遗迹，即兼用榫卯和绑扎的干栏建筑，这是南方潮湿地区居址从巢居发展为架空的干栏例证。在北方黄河流域，居址由半地穴式发展为地上的房子，即用木骨泥墙建造的圆形房子和方形房子，已在一些新石器时代遗址中发现，如陕西半坡遗址和姜寨遗址等处均已发现。

此后，大约在3000年前，中国已形成以木构架为建筑物主要结构、以封闭的院落为建筑物基本的布置方式的建筑格局。这种独特的建筑风格，在几千年的发展中从未中断。中国的木构建筑技术，在古代居世界的最高水平；在建筑物组群布局、园林和城市规划等方面独树一帜。

本节所要叙述的不是广义的古代建筑，而是至今尚保存在地上的古代建筑。从这个界定出发，保存最早的建筑是春秋时期的建筑。

一、春秋战国时期建筑

安徽省寿县安丰塘，古名芍陂。史载塘创建于春秋楚庄王时期（公元前613～前214），为楚相孙叔敖所建，是中国现存时代最早、保存较好的古代大型水利工程设施，现仍在发挥作用。

古代安丰塘水源来自六安右穴山和淠河。现存塘周长25公里，面积34平方公里，四周筑堤，高31米，堤顶宽8—10米。南有中心沟渠，引淠河水入塘，泄水斗门37座；北堤有节制闸和泄水闸各1座。

四川省都江堰，是古代著名的多功能大型水利工程。它创建于秦昭王后期（公元前276～前251），由蜀郡守李冰率众修建。该堰位于岷江上，包括渠首工程和渠道系统，具有很高历史和科学价值，保存较好，现仍发挥着重大作用。

渠首工程有引水、分洪、排沙三大功用，主要由分水鱼嘴、飞沙堰、宝瓶口三大主体工程，以及其他建筑物组成的无坝引水枢纽，自西北至东南，有百丈堤、鱼嘴、内外金刚堤、飞沙堰、人字堤、宝瓶口。内江和外江，分别位于鱼嘴和金刚堤的东、西两侧，再往西是沙黑河。

渠道系统，包括有分有合、排灌兼用的渠道。

二、秦代建筑

广西壮族自治区兴安县灵渠，开凿于秦始皇二十四至三十二年（公元前223～前215），沟通湘漓二水，联系长江和珠江两大水系，长34公里，是中国古代著名水利工程之一。保存较好，现仍发挥着重大作用。

灵渠又名湘桂运河，兴安运河。秦始皇令御史史禄督工兴建，初名秦凿渠。该渠分南北两渠，主要工程有铧嘴、天平、渠道、陡门和秦渠。

铧嘴是劈水分流工程，状如犁铧，长90米，宽22.5米，高5米，四周用条石叠砌而成。紧接其后的是大、小天平和泄水天平，系自动调节水的工程，两侧分别向南北延伸，与分水塘两岸相连接，并与铧嘴合成"人"字形。用条石砌筑，有内堤和外堤，内高外低，成斜坡状。大天平在北侧，小天平在南侧。自动调节水量，以保持渠道水量相对平稳。

三、汉代建筑

西汉时期是中国建筑发展的第一个高峰。最突出的代表是当时首都长安城的建设。东汉营建了东都洛阳城。在画像石及陶楼等实物上，反映了东汉不同类型的建筑形式。

但是，汉代的建筑实物保存至今的，仅只有石阙和石祠等。

石阙。它是汉代成对建造在城门或建筑群外的表示威仪、等第的建筑物。它分列左右，中间形式缺口，故称为阙。一般为石质材料建成，又称石阙。其前身是古代城门两侧的岗楼，后演变为威仪性建筑，原来的防御功能减弱以至消失。

我国保存至今的石阙基本完整的有25座，其中四川16座，河南和山东各4座，北京1座，均用石块雕琢而成。重要的有：河南省登封太室阙、少室阙、启母阙，山东省济宁市嘉祥武氏阙，四川省绵阳平阳府君阙、雅安高颐阙、渠县冯焕阙和沈府君阙。

这些石阙，实际上并不是都建造在城门或建筑群大门外，有一些是在墓前建阙。现有石阙从用途上分，有4座为祠庙阙，其余为官或民墓阙。

石阙的建筑形式，可分为两种：单阙和旁附子阙的子母阙。每种又有单檐和重檐的区别。其结构亦可分为两种，即仿木构型和土石型。雅安高颐阙为仿木结构的代表，建于东汉建安十四年（209），现存东、西阙相距13米，阙分台基、阙身、阙楼和屋顶四部分。西阙座上雕蜀柱斗子；阙身雕枋子、斗拱，四面浮雕人物、车马、禽兽等；屋顶雕椽、瓦饰，脊上镌鹰口衔组绶。登封太室阙可作为土石型的代表，位于中岳庙前，高3.92米，分台基、阙身、屋顶三部分，以整齐的长方形青石块垒砌而成，为四阿式顶。阙身刻有人物、车骑、马伎、龙、虎、斗鸡、逐兔、蟾蜍、猫头鹰、建筑物、常青树等50余幅，构图新颖，具有浓厚的生活气息。两种阙上均刻有文字。

四、魏晋南北朝建筑

这一时期建筑成就最为突出的是改建的曹魏邺城及营建邺南城，南朝的建康和北魏的洛阳。其中邺城在中国城市建筑史上处于承上启下阶段，是我国历史上第一座轮廓方正、分区明确、有中轴线的都城。

现存的这一时期的建筑实物甚少，主要有河南省登封嵩岳寺塔、山东省历城四门塔、河北省定兴义慈惠石柱等，均为砖石建筑遗存。

嵩岳寺塔，初建于北魏正光元年（520），高40余米，15层，塔平面呈十二角形，是我国现存时代最早的砖塔。塔身下部为平坦壁体，其上施叠涩檐一层；上部各角隅均加一倚柱。除开门的四面外，其他八面各砌一座壁龛，突出塔壁外。塔心室与四门相通。第一层平面呈十二角形，其余9层为八角形。塔刹由宝珠、相轮、仰莲等组成。

义慈惠柱，建于北齐太宁二年（562），通高6.65米，分基础、柱身和石屋三部分。基础为一巨石，近正方形，边长约2米。基石上有覆莲座柱础，雕刻粗壮有力。柱身高4.5米，呈不等边八角形，自下而上每高1米，约收分2.5厘米。"颂文"和题名均刻于柱身。顶端有一长方形石板，之上为石屋，面阔三间，进深两间，单檐四阿式屋顶。石屋雕有柱、大斗、方窗、阑额、檐椽、角梁、瓦垄和屋脊等，是研究北朝时期建筑结构、形式的重要实物例证。

五、隋唐建筑

隋唐时期是中国古代建筑发展的第二高峰。隋代仅37年，却营建了规模巨大的大兴都城（唐改为长安城），修通南北大运河。唐代又新建大明宫、上阳宫等。在唐代，佛寺建筑有很大发展，但保存至今的隋唐建筑不多。

隋代建筑有河北省赵县安济桥（大石桥）和陕西省周至县仙游寺法王塔（隋～唐）。

唐代建筑中木构建筑有山西省五台县佛光寺大殿和南禅寺大殿、平顺县天台庵、芮城县广仁王庙，河北省正定县开元寺钟楼，陕西省长武县昭仁寺大殿等。砖石结构建筑有陕西省西安市大雁塔、小雁塔和长安县兴教寺塔，云南省大理市崇圣寺三塔（唐、五代），河南省登封净藏禅师塔、安阳县修定寺塔，河北省赞皇县治平寺石塔，广东省仁化县云龙寺塔和广州市怀圣寺光塔，吉林省长白灵光塔（渤海），以及水利工程设施浙江省鄞县它山堰等。

安济桥。该桥修建于隋文帝杨坚开皇年间（591～599）。全长64.40米，拱顶宽9米，跨径37.02米，拱矢7.23米。桥的结构、造型十分奇巧，从整体看，是一座单孔弧形桥，但却是由28道拱纵向并列构成。在大拱的拱肩上，各建造两个小拱，即敞肩拱。它比实肩拱显得空灵秀丽，造型美观，是世界上最早的敞肩拱桥。桥两边的栏板和望柱上，雕刻着各种蛟龙、兽面、竹节和花饰等。该桥在建筑结构等方面，十分科学、合理，有许多独到的特点，如敞肩拱的运用，不仅增加了排水面积，减少了水流阻力，而且又节省了石料，减轻了桥身重量，增加了桥的稳定性，等等。

唐代木构建筑是中国现存古代最早的木构建筑。在第二章第二节已简述了佛光寺大殿的建筑概况。这里简述南禅寺大殿等唐代建筑。

南禅寺大殿。该寺始建年代不详，重建于唐德宗建中三年（782）。寺内大殿西缝平梁下，保存有唐人墨书题字，系该寺殿宇重建时代之证，比佛光寺东大殿建筑年代早75年，是中国现存年代最早的木构建筑。殿内佛像与殿宇同时建造，是中唐极为稀有的彩塑。大殿单檐山顶，平面呈正方形，面阔进深各三间，通面阔11.75米，进深10米。殿四周檐柱12根，西山抹楞方柱3根，均系创建时原物，其余皆圆柱，柱础为自然料石。各柱微内倾，角柱增高，侧脚、生起显著。柱、梁、阑额、斗拱等，均具唐代显著特征。如柱间联系用阑额，无普柏枋，阑额在转角处不出头；又如檐柱上置斗拱直接承托屋檐，无补间铺作等。

正定开元寺钟楼。它平面呈正方形，重楼青瓦歇山顶，面阔进深各三间，总面积135平方米，高14米。楼的下层基本保持唐代建筑特征，外檐斗拱为双抄单拱偷心造五铺作，无补间斗拱，柱头卷杀，柱侧角、生起明显，梁架、墙体等均保留了唐代木构建筑手法与风格。

唐代砖石结构建筑主要为塔，大雁塔和小雁塔已为人们所熟知。也有些塔鲜为人知，如净藏禅师塔，是唐代净藏禅师的墓塔，建于唐天宝五年（746），单层单檐亭式仿木构砖塔。平面呈八角形，塔基为砖砌，上为矮须弥座，束腰刻壶门装饰，塔身南面辟单券门，由此入塔心室，东西刻作实榻大门，其余四面刻作破子棂窗。斗拱有人字形和直斗式，均为唐代手法。

修定寺塔。该塔以砖雕饰面，塔身四壁嵌砌形制各异的浮雕砖3775块，总面积达300平方米。砖雕题材内容丰富，有人物、动物、花卉、彩带等，由此组成76种图案，形象生动逼真。砖雕绝大部分为唐代作品。像这样以砖雕饰面的方形单层塔，在中国古代建筑史上实属罕见。

六、宋辽金元建筑

（一）宋代建筑

宋代（北宋）首都汴梁，城市建设有了突破性发展，以往封闭并实行宵禁的坊市制，为商业、手工业的发展所突破，变成临街设店，沿巷修建住宅的开放型。这是中国古代城市制度的一个重大变革，并为此后城市建设所沿用。北宋在建筑方面最重要的成果，是官方制定并颁布施行的建筑法规《营造法式》。它有承上启下的作用。南宋园林建筑独具特点，以优越的自然环境与诗词画意相结合，选景幽邃，意境深远。

第十一章 古代文化史迹

宋代建筑保存至今的较多。木构建筑中重要的有：山西省太原晋祠、晋城二仙庙、长子崇庆寺和阳泉关王庙，河北省正定隆兴寺，浙江省余姚保国寺，福建省泉州清净寺和华林寺大殿、开元寺，湖北省当阳玉泉寺，江苏省苏州玄妙观二清殿，西藏自治区扎达托林寺等。

宋代砖石结构建筑中重要的有：河北省定县（今定州市）开元寺塔、景县开福寺舍利塔，河南省开封祐国寺塔（铁塔），江苏省苏州瑞光塔，浙江省杭州六和塔，安徽省宣州广教寺双塔，广东省南雄三影塔，福建省莆田释迦文佛塔，上海市松江兴圣教寺塔等。此外，还有经幢和桥，如河北赵县陀罗尼经幢、江西省星子观音桥、福建省泉州洛阳桥（宋～明）、广东省潮州广济桥（宋～明）等。

晋祠。现存建筑大都为明清遗存，仅圣母殿、飞梁和献殿为宋金时建筑。三座建筑位于一东西轴线上。圣母殿为北宋天圣年间（1023～1032）修建，面阔五间，进深四间，外加一圈"副阶"，构成下檐。包括副阶，圣母殿总面阔七间，进深六间，重檐歇山顶。它的构架为宋式殿阁型中的"单槽副阶周匝"，又稍加变动。殿身的进深恰与脊槫的高度相等，副阶脊高是殿身脊高的一半。该殿正面副阶柱上有木雕蟠龙，殿神龛内有圣母坐像。龛像四周有彩塑像42尊，除2尊系后补塑外，余均为宋代原物。这些都是研究北宋建筑和雕塑的极为重要的实物资料。

隆兴寺。寺创建于隋开皇六年（586），名龙藏寺，宋初更名为龙兴寺，清康熙四十八年（1709）重修后定为今名。寺内有4座宋代建筑，即山门、摩尼殿、慈氏阁和转轮藏阁。它是现存宋代寺庙建筑原总体布局较为完整的一座，占地面积为5万平方米。寺内中轴线上建筑分为前后两部分，前部有山门、大觉六师殿（基址）和摩尼殿；后部有戒坛、大悲阁、弥陀殿；慈氏阁和转轮藏阁分列于大悲阁前方东西两侧。寺内还有创建时期的隋龙藏寺碑及清代康熙、乾隆碑亭2座。

该寺山门（即天王殿）始建于宋，清代重修，单檐歇山顶。摩尼殿始建于宋仁宗皇祐四年（1052），面阔七间，进深六间，长33.32米，宽27.08米，总面积1400余平方米。大殿结构属抬梁式，平面呈"十"字型。殿中央部分为重檐歇山顶，四面正中各出山花外向的歇山顶抱厦，宋称"龟头"。殿内供释迦牟尼及阿难和迦叶像。在檐墙与围绕佛坛的扇面墙上，有明代壁画和悬塑。殿的结构在宋代建筑遗存中属孤例。慈氏阁与转轮藏阁面阔、进深各三间，外加副阶，二层楼，重檐歇山顶。大木结构为宋式厅堂型构架。转轮藏阁内正中置有木制的六角形转轮藏，直径7米，因此两根前内柱向左右让出，采用了弯梁和大斜柱（叉手）的做法，与常见梁架做法颇为不同。慈氏阁内正中供一尊7米高的木雕慈氏菩萨造像，构架采用古代阁的做法，在结构上采用永定柱造和减柱造做法，是其主要特点。大悲阁坐落在中轴线后部，原为七间三层五重檐建筑，内供赵匡胤敕命铸造的四十二臂大悲菩萨像，通高22米，是我国现存最早和最高的古代铜铸菩萨像。

晋祠圣母殿和隆兴寺宋代建筑，其风格绮丽、装饰繁复、手法细腻，与唐代的饱满、浑朴、简练、豪放风格大不相同。这种风格是在融合了我国南北建筑特点后形成的。宋《营造法式》的颁行，对宋代建筑的规范起了重要作用。

定县开元寺塔。塔始建于宋真宗咸平四年（1001），宋仁宗至和二年（1055）落成。在高高的塔基之上，塔身为11层，高84.2米，是中国现存最高的古塔。塔身为八角形，平面由两个正方形交错而成，一改宋以前四方塔形式，显得雄伟大方，秀丽丰满。塔身结构为内外两层。各层均辟门。塔心与外层之间构成八角形回廊。层间筑有砖阶。塔刹为铜铸六节葫芦，塔身为砖结构，为了增加砖与砖之间拉力，加筑了松柏木材料。整座塔结构科学、严谨，建筑精工。如此高大建筑的建造，充分反映了宋代高超的建筑技术水平。

（二）辽代建筑

辽代建筑与唐代建筑在风格上几乎无异。现存辽代建筑中重要的有：天津市蓟县独乐寺，河北省涞源县阁院寺、高碑店市开善寺，山西省应县木塔、大同市华严寺（辽、金、清）、善化寺（辽、金），辽宁省义县奉国寺、北镇县崇兴寺双塔，内蒙古自治区呼和浩特市万部华严经塔，北京市戒坛寺、天宁寺白塔和天宁寺瞪等。

独乐寺。该寺山门和观音阁为辽代建筑。观音阁位于寺中心，是辽尚父韩匡嗣再建的，于辽圣宗统和二年（984）建成。面阔五间，进深四间，底层长20.2米，宽14.2米。外观2层，中间有腰檐和暗层，实为三层。单檐歇山顶。其构架属殿阁型，有内外两围柱。阁内槽的一、二层楼面上分别开矩形和六角形洞口，从而形成贯通上下的空井，以矗立塑像。阁中央佛坛上供高16米的十一面观音立像，是现存最高的古代泥塑立像，为辽代泥塑艺术的精品。立像观音顶有10面小佛像，连同立像共十一面，故称十一面观音。左、右胁侍高3.2米。均辽代原塑。阁内下层四壁，满绘壁画，高3.15米，长45.35米。观音阁结构科学、合理，造型美观。它曾经28次地震。1976年唐山地震，木柱略有走闪，整个大木构架却安然屹立。

独乐寺山门面阔三间，进深二间，单檐庑殿顶。山门内两尊力士，为辽塑（一说为唐塑）。

第十一章 古代文化史迹

阁院寺。该寺坐落于涞源县城西北隅，现存建筑有天王殿、文殊殿和藏经阁，坐落在南北中轴线上，两侧有配殿建筑及其他遗存。仅文殊殿为辽代建筑，面阔、进深各三间，为主体建筑，单檐歇山式布瓦顶。殿前有月台。该殿大木构件、斗拱配置和部分装修都保持着辽代建筑手法；檐下外檐绘青绿彩画，并使用少量金色，在辽代建筑中为首次见到的实例。殿内塑像已无存；在山墙上绘有彩绘壁画，因用泥土覆盖，未见全貌。该殿应建于辽应历十六年（966），距今已有一千余年历史。

其他遗存中有辽应历十年（960）八棱石经幢 1 座，辽天庆四年（1114）铸造铁钟 1 口。

崇兴寺双塔。东西对峙，相距 43 米，均砖筑，八角十三层实心密檐式。东塔高 43.85 米，西塔高 42.63 米。塔座上有砖雕斗拱、曲尺万字栏板和仰莲等，每角刻一力士，作负重状。塔身各面中间有拱龛，内供坐佛，龛外两侧各站立一胁侍。塔檐第一层为筒板瓦覆盖，其余均为青砖叠涩出檐，逐层内收。塔顶有莲座、宝瓶、刹杆和宝珠。从其结构和风格看，建筑年代应为辽代中晚期。

（三）金代建筑

金代建筑中官式建筑因袭北宋，更趋繁复。金中都宫殿建筑始用黄瓦、红墙、白石栏杆。民间建筑多用托脚、蜀柱、檐额组成纵向复合梁。现存金代建筑中重要的有：山西省五台佛光寺文殊殿、朔州崇福寺、繁峙岩山寺、文水则天庙，山东省曲阜孔庙及孔府（金~清），河北省正定广惠寺华塔（从最新发现看，始建可能早到唐、宋）。

崇福寺。始建于唐，金皇统三年（1143）敕命开国侯翟昭度于大雄宝殿北增建弥陀殿和观音殿。天德二年（1150）海陵王完颜亮赐额"崇福禅寺"。寺南北长 200 米，东西宽 120 米，前后五进院落，主要建筑 10 座，有山门、金刚殿（又称天王殿）、千佛楼（原名藏经楼）、三宝殿、弥陀殿、观音殿等。

弥陀殿为该寺主殿，建在高 2.5 米的台基之上。面阔七间，进深四间八椽；通面宽 41.32 米，通进深 22.7 米，单檐歇山顶，黄绿蓝三彩琉璃剪边。殿内脊槫下有墨书题记"维皇统三年癸亥拾肆日己酉巳时特建"，为该殿建筑准确年代之证据。

该殿建筑结构特点明显，如柱头卷杀较小；檐柱有明显侧角生起，其上置斗拱雄健；殿内彻上露明造；梁架为四椽栿对乳栿，隔扇三抹，横披五方，棂花图案众多，等等。殿内中间为弥陀佛，左右塑观世音和大势至二菩萨，是 3 尊主像，胁侍 4 尊，金刚 2 尊，均系金代原作。殿内四壁满绘壁画，完好部分达 300 平方米，亦为金代作品。

曲阜孔庙及孔府。孔庙系祭祀孔子的祠庙，始建于公元前478年鲁哀公时，西汉以降，历代帝王不断对其扩建。北宋天禧二年（1018）对孔庙进行大修，形成了三路四院的格局；金、元、明多次重修扩建。多数建筑曾于明弘治十二年（1499）毁于火灾，弘治十七年重建，形成了孔庙现有规模。

孔庙占地面积约9.5万平方米，前后9进院落，有殿、阁、堂、庑等建筑100多座，466间。整个建筑群由一条南北中轴线贯穿，左右对称，布局严谨。庙内有金代碑亭2座。

孔府系孔子嫡系后裔衍圣公府邸，宋金时附设于孔庙东部，明洪武十年（1377）敕建新府于今址。现存面积约4.9万平方米，楼房厅堂480余间。布局分为中、东、西三路。主要格局，中路前后9进院，前衙后宅。东、西三路分别为东学、西学等。

（四）元代建筑

元代建筑官式与地方建筑风格有很大区别。官式建筑承袭金代，亦有宋代特点，地方建筑各具特色。元代建筑保存至今者较多，其中主要有：山西省芮城永乐宫、洪洞广胜寺（元、明）、万荣东岳庙（元～清）、临汾牛王庙戏台、新绛绛州大堂、榆次城隍庙（元～清）、霍州州署大堂，河北省曲阳北岳庙、定兴慈云阁，北京市东岳庙（元～清），上海市真如寺大殿，浙江省武义延福寺，广东省德庆学宫，四川梓潼七曲山大庙（元～清），陕西省韩城大禹庙，甘肃省秦安兴国寺，西藏自治区萨迦县萨迦寺、日喀则夏鲁寺（元～清），湖北省武当山金殿（元、明），河南省登封观星台，北京市妙应寺白塔、昌平居庸关云台，宁夏回族自治区青铜峡市一百零八塔等。

北岳庙。该庙始建于北魏宣武帝时期（500～512），唐代贞观年间重建。现存主要建筑为元及其以后遗存。主要建筑排列在南北中轴线上，有御香亭、凌霄门、三山门、飞石殿（遗址）、德宁之殿。两侧还有一些碑亭。德宁之殿是该庙的主体建筑，坐落在中轴线北部，殿基高大，周围有白玉石栏杆，前有月台。现存大殿为元至正七年（1347）重建，是元代木构建筑中最大的单体建筑之一。高约30米，面阔七间，进深四间，四周出廊，重檐庑殿顶。梁架结构为八架椽栿，斗拱硕大，但就用材而言，等级降低，梁柱较宋式偏细，斗拱较宋式矮。殿内东西檐墙绘有巨幅"天宫图"，高6.9米，长17.7米。该殿系官式建筑的代表。

永乐宫。位于芮城县城北3公里龙泉村附近。宫宇规模宏伟，布局疏朗，在中轴线上排列5座主体建筑，自南而北依次为：宫门、龙虎殿（无极门）、三清殿（无极殿）、纯阳殿（混成殿亦称吕祖殿）、重阳殿（七真殿亦称袭明殿）。除宫门为清代建筑外，均为元代建筑。各殿塑像，仅保留三清殿扇面墙背后的元代彩塑"救苦天尊"一躯，其他均无存。各殿内四壁满绘元代壁画，总面积1005.68平方米，内容题材丰富，画技纯熟高超，不仅如此，既可考其确切年代，又有画师留名。这批元代精粹壁画，实为元代寺观壁画之冠。

永乐宫建筑是从永乐镇迁此。龙虎殿面阔五间，进深两间，六架椽，单檐庑殿顶，黄绿色琉璃剪边。门上悬"无极之门"竖匾。三清殿面阔七间，进深四间八椽，单檐庑殿顶。殿顶有黄、绿、蓝三彩琉璃脊兽，堆花脊筒，孔雀蓝琉璃鸱吻，高达3米，以一条巨龙盘曲而成。纯阳殿五开间八架椽，单檐歇山顶。殿内有藻井两口，以两层斗拱叠架；明间用金柱4根，余皆减去。檐柱有明显侧角、生起。重阳殿五开间六架椽，单檐歇山顶。梁柱、斗拱等均有其特点。

元代内地建筑不仅受新疆、西藏建筑风格的影响，而且也受西亚、中亚建筑风格的影响。如北京妙应寺白塔、居庸关过街塔和泉州清凉寺等。同时，内地建筑风格也传入西藏、新疆等地，实物例证如西藏夏鲁寺等。

七、明清建筑

明代宫廷建筑继承江苏、浙江地区南宋以来的传统形式，成为明官式。明代建筑最典型的代表为北京城，皇城、宫城及宫殿全部为成祖朱棣于永乐年间新建。重要的州府县城城墙全用砖包砌而成，并建城楼。明中叶以后，又修筑了万里长城。明代园林修建之风大盛。一些地方的民宅，修造极精，反映了不同地区的建筑风格。明代建筑保存的较多。

清代官式建筑承袭明式并继续发展，雍正十一年（1733）颁布的《工部工程做法则例》，是明清两代建筑主要特点的概括和总结，按照《工部工程做法则例》规定修建的建筑，称为"清式"建筑。它以斗口（拱宽）或柱径（三斗口）为模数，便于计算。建筑风格表现为梁柱结合简单，斗拱变成纯装饰构件，外观严谨。清代建筑保存至今的甚多，从种类上有宫殿、衙署、城墙、坛庙、寺观、园林，等等，既有单体建筑，又有组群建筑。其中以园林成就最为突出，皇家园林有北京圆明园、颐和园、三海，河北承德避暑山庄等。私家园林在南北各地蔚然兴起，其中以江浙园林艺术水平最高。典型民居各地皆有。

明清建筑存世者不可胜数，举不胜举，其中重要的也为数众多。

北京故宫。系明清两代营建，为这一时期宫廷建筑的代表。它始建于明永乐四年（1406），至永乐十八年（1420）基本建成。清代继续营建，现存多为清代建筑。故宫南北长960米，东西宽750米，占地72万余平方米。周围有总长

3428米的城墙环绕。四个城角各有一座高27.5米、结构奇特、精巧的角楼。城墙外有一条宽52米、长3800米的护城河环绕。皇宫分前朝和内廷两大部分。前朝以太和殿、中和殿、保和殿为主,总称"三大殿",是皇帝举行典礼、朝贺、筵宴之地。内廷在"三大殿"之后,以乾清宫、交泰殿、坤宁宫为主,总称"后三宫",是皇帝、皇后居住和处理日常政务的地方。左右有东西六宫,为妃嫔起居之所。其后各有五组同样的宫室,为东、西五所,是皇子住处。此外,还有专供太后、太妃养老起居的外东宫与外西宫。

在前朝东西两翼有文华殿和武英殿。文华殿原为太子讲读之所,明嘉靖以后改为皇帝举行经筵场所,屋顶的绿琉璃瓦改易为黄瓦。武英殿是皇帝斋居和召见大臣的地方。

故宫内有花园,在"后三宫"以北有御花园,明代称后苑;在宁寿宫后部西路有花园,俗称乾隆花园;在慈宁宫有慈宁花园。其中以乾隆花园营造手法灵活多变,整组建筑是乾隆帝留恋景物的荟萃之所,也是建筑艺术和谐、富于变化的宫殿园林。

故宫各类宫殿建筑9000多间,15万余平方米。建筑多为木结构,青白石基座,黄琉璃瓦顶,饰以彩画等。所有的建筑均沿一条南北向的中轴线排列,并依次向两旁展开,左右对称。这条中轴线南起永定门,北至钟、鼓楼,贯穿于外城、内城、皇城、紫禁城四重城垣,规划布局十分严整、壮观。

避暑山庄。又称热河行宫,或承德离宫,是清代皇帝避暑和从事政治活动的地方,始建于清康熙四十二年(1703),乾隆五十五年(1790)才基本建成,占地8400多亩,是中国现存规模最大的古代园林。它在宋、明两代造园的基础上,广泛吸收南北造园之优长,把祖国山川、河泽、名胜等纳于一园之中,气象恢弘、景物富丽。山庄周围环绕"虎皮墙",随山势起伏,气势雄伟,长达10公里。园内有100多处古建筑,有康熙皇帝(玄烨)以四字题名的三十六景和乾隆皇帝(弘历)以三字题名的三十六景。

避暑山庄分为宫殿区和苑景区两大部分。宫殿区位于南部,包括正宫、松鹤斋、万壑松风、东宫(存基址),是清朝皇帝处理政务、举行庆典、会见外国使臣的地方,也是帝后居住的地方。苑景区在宫殿区的北面,包括湖区、平原区和山区三部分。

湖区是山庄风景中心,呈现一派江南风光。湖沼总称为塞湖,被洲岛桥堤分割为澄湖、长湖、西湖(无存)、半月湖(无存)、如意洲、银湖和镜湖等。月色江声、如意洲、青莲岛、金山、戒得堂、清舒山馆、文园狮子林、环碧(千林岛)等洲岛。主要建筑组群有:水心榭、文园(无存)、清舒山馆(无存)、戒

第十一章 古代文化史迹

得堂、月色江声、如意洲、烟雨楼、金山。

平原区在湖区北面，有万树园和试马埭两部分。在平原西部山麓有文津阁，原藏《四库全书》和《古今图书集成》各一部；北部有蒙古包、六和塔；东部有嘉树轩等建筑，南部沿湖修建有甫田丛樾等四亭。

山区位于山庄西部，占整个山庄面积的五分之四，原有建筑众多，有寺庙、亭榭轩斋。这里的寺庙建筑较之山庄其他部分建筑，尤其富丽堂皇，可惜早已无存。现已恢复的四面云山亭、锤峰落照亭、南山积雪亭和北枕双峰亭，分别坐落在主要高峰上，从不同角度眺望全园风景，也可眺望外八庙及其他名胜。

外八庙，分布于避暑山庄的东面和北面，原有十一座庙宇。溥善寺和广安寺已不存在。普佑寺和罗汉堂的建筑所剩无几。现存的有溥仁寺、普宁寺、安远庙、普乐寺、普陀宗乘之庙、殊象寺和须弥福寺之庙。这些庙宇是康熙五十二年（1713）至乾隆四十五年（1780），在解决北部、西部边疆和西藏问题的历史过程中，为了供来承德避暑山庄觐见清朝皇帝的各少数民族王公贵族观瞻、居住和进行宗教活动而修建的。它们在一定程度上记录了清政府与边疆少数民族的关系；在建筑上，它集我国民族宗教建筑艺术之大成，是极为重要的艺术瑰宝。

清东陵。位于河北省遵化市马兰峪西。陵寝北依昌瑞山，东临蜿蜒起伏的丘陵，西傍层峦叠翠的黄花山，正南天台山和烟墩山东西对峙，形成一个天然的陵口，即龙门口。四周山势起伏，中间原野坦荡，山清水秀，气象万千。

清康熙二年（1663），康熙皇帝遵其父的旨意，为顺治皇帝在昌瑞山南麓建世祖陵，"至是陵成，皆惊为吉壤"。这即是清王朝营建东陵的开始。先后在这里建有帝陵5座、后陵4座、妃园寝5座，埋葬了顺治、康熙、乾隆、咸丰、同治五个皇帝，十四个皇后，一百三十六个妃嫔等，是中国现存规模宏大，规制比较完整的帝、后陵寝建筑群。

上述帝后陵寝分别建于气势雄伟、景色秀丽的燕山余脉昌瑞山南麓。顺治（福临）皇帝的孝陵坐落在昌瑞山主峰下，是整个陵区的中心。其他陵寝分别建在昌瑞山南麓、孝陵东西两侧。东侧由近及远依次是：顺治皇后的孝东陵，康熙皇帝的景陵及其景妃园寝和双妃园寝，东南是惠妃园寝和同治皇帝的惠陵。西侧由东向西依次是：乾隆皇帝的裕陵及其裕妃园寝，慈禧太后的普陀峪定东陵，慈安太后的普祥峪定东陵，定妃园寝，咸丰皇帝的定陵。孝庄文皇后的昭西陵坐落在大红门之外。

陵区最南面的建筑是石牌坊，往北沿5公里余的孝陵神道，依次建有大红门、更衣殿、圣德神功碑楼（大碑楼）、石望柱、石象生、龙凤门、石桥、神道碑亭（小碑楼）、神厨库、朝房、隆恩门、配殿、隆恩殿、明楼、宝顶等数十座建筑物，脉络清晰，主次分明。

景陵、裕陵、定陵、惠陵等帝陵，自神道碑亭以北的建筑与孝陵大体相同。但从整体布局来讲，其规模均与孝陵有主次之分。这几座帝陵神道从孝陵神道分出，孝陵石象生十八对，裕陵八对，景陵、定陵各五对；惠陵没有神道、石象生。可以看出，清朝虽在陵寝建筑规制方面有等级森严的规定，但也并不完全划一。

后陵均没有圣德神功碑楼和石象生，自神道碑亭以北，建筑布局与帝陵相仿，只是规模较小。

第三节 石窟寺与古石刻

石窟寺是在河畔山崖开凿的佛教寺庙。洞窟密集的石窟，又称为千佛洞。佛教石窟源于印度，随着佛教的传入，中国也开凿石窟。始凿石窟时间大约在公元3世纪，兴盛时间约为5～8世纪，有些石窟晚至16世纪。石窟中相当部分的造像为岩石雕刻而成，此外，还有摩崖龛像，均属佛教艺术。因此，本节将石窟与石刻一起叙述。当然，古石刻中还有摩崖、岩画等种类，我们不再单独叙述。

中国石窟分布于全国各地，由于开凿时代和地区的不同，也呈现出不同的特点和风格。宿白将石窟分为新疆地区、中原北方地区、南方地区和西藏地区四大地区。现仅叙述前三个地区石窟的概况。

一、新疆地区石窟

新疆地区的石窟分布集中地点有3个区，即：1. 古龟兹区，2. 古焉耆区，3. 古高昌区。

古龟兹区石窟。该区石窟分布于今库车、拜城一带，主要石窟有克孜尔石窟、克孜尔尕哈石窟、库木吐喇石窟和森木塞姆石窟。其中以克孜尔石窟（或称克孜尔千佛洞）的规模最大，开凿时间最早，是龟兹区石窟的典型代表。

克孜尔石窟，位于拜城县东60公里处，木札提河北岸明屋达格山峭壁间。已正式编号的洞窟236个，其中窟形较完整、壁画遗存较多者约占三分之一。洞窟始建年代不详，据洞窟形制、壁画题材和艺术风格分析，并经放射性碳素断代，主要遗存为4～8世纪开凿。早期以中心柱窟、大像窟和僧房窟为主。中期出现了较多的方形窟，各种洞窟已形成较明显的组合关系。晚期洞窟形制与中期相同，但规模较小，形制与绘画内容均趋于简化。早、中期壁画题材以佛本生故事、因缘故事和佛传为主，系小乘佛教内容；晚期出现大乘佛教的千佛一类题材。

古焉耆区石窟。主要分布于焉耆一带，是古焉耆遗迹，石窟开凿时间约在5世纪之后。

古高昌区石窟。主要分布在今吐鲁番附近，有吐峪沟石窟和柏孜克里克石窟（或称柏孜克里克千佛洞）。

柏孜克里克石窟位于吐鲁番市东北约50公里处，主要洞窟为9世纪以后回鹘高昌时期开凿而成，最晚者可迟至13世纪。编号共57窟，为高昌区保存较好、内容丰富的一处石窟。洞窟构筑形式有两种，均为银山以西石窟所未见：一种是在断崖立面凿窟，有的在窟前以土坯接砌前室；另一种是在与断崖相接的台面上，用土坯砌筑成石窟。窟平面有长方形与方形，以长方形居多。壁画题材十分丰富，除承袭早期的因缘佛传等内容外，各窟还普遍绘制千佛及以立佛为中心的供养像、回鹘及蒙古、西域人供养像、僧侣像等内容，以及大量汉文、回鹘文双行并书的榜题。特别是有以阿弥陀佛或药师佛为中心的净土变，观无量寿佛经变画，以《法华经》诸品为中心的经变画，以及四天王、四方佛、地狱图、列佛、列菩萨和飞天等等内容。这些丰富内容，证明了柏孜克里克石窟艺术一方面受龟兹、于阗佛教艺术的影响，另一方面，又受敦煌石窟晚唐至宋壁画的影响，充分说明它在佛教艺术东西传播路线上所处的重要地位。

二、中原北方地区石窟

这个区域异常广阔，包括新疆以东、黄河流域以北，以及长城内外广大地区。由于该区石窟数量众多，内容极其复杂，又可分为四个区，即河西区、甘宁黄河以东区、陕西区、晋豫及其以东区。这个地区是中国古代石窟艺术荟萃的地区。

（一）河西区

河西区是指甘肃黄河以西地区，沿南山各地的石窟有敦煌莫高窟、安西榆林窟、玉门昌马石窟、酒泉文殊山石窟、肃南金塔寺石窟和武威天梯山石窟等。其中以莫高窟延续时间最长，开凿洞窟最多。

莫高窟，开凿于敦煌附近鸣沙山东麓的断崖上。前秦建元二年（366），乐僔和尚在这里始凿洞窟，法良禅师续凿。历经北魏、西魏、北周、隋、唐、五代、宋、西夏、元诸朝相继开凿营建，遂成为规模巨大的石窟群。在南区近千米的崖壁上，洞窟鳞次栉比，十分密集；中部尤为集中，上下多达4层。南区是莫高窟的主体,现存洞窟487个;北区现存洞窟250多个。莫高窟保存壁画4.5万平方米,彩塑2400余尊,唐、宋木构窟檐5座。莫高窟的开凿营造,有四个大的发展时期,即北朝、隋唐、五代、宋、西夏、元。不同时期的洞窟形制、塑像、壁画内容等,其艺术特点和风格均有变化。其中隋唐时期开凿的洞窟最多,达300多个,占整个洞窟的60%以上。此期典型窟形为平面方形的覆斗顶。隋代主要塑像是一佛二弟子二菩萨或一佛二弟子四菩萨为一铺的组合;唐代则为一佛二弟子二天王或加二力士的七身一铺的组合等。此期出现了高大塑像,如武周证圣元年(695)建的第96窟"北大像"高达33米。又如唐大历十一年(766)李大宾营建的第148窟,主尊涅槃像高约15米,像后站七十二身弟子像,神态各异,是莫高窟最大的一组彩塑群像。隋唐壁画题材十分丰富,场面宏伟,色彩瑰丽。人物造型、敷彩晕染和线描技巧,均达到了空前的高水平。如唐代壁画题材是多种经变画,但在题材和布局上前后期又有所不同。第85窟经变画多达15种。这种把多种经变汇于一窟,是后期的一个明显特点。它反映了唐代佛教宗派林立、各有所崇的局面。

(二) 甘宁黄河以东区

甘宁黄河以东地区石窟,主要石窟有开凿于5世纪的甘肃省永靖炳灵寺石窟和天水麦积山石窟,有开凿于6世纪的宁夏回族自治区固原须弥山石窟和甘肃省庆阳平定川石窟,庆阳南、北石窟寺。

炳灵寺石窟,位于永靖县西南35公里的小积石山中。现存主要窟龛集中在下寺沟西岸南北长350米、高30米的峭壁上。较完整的窟龛共有195个,其中下寺附近为183个。有彩塑和石雕造像776躯,壁画面积900余平方米,摩崖刻石4处,墨书或刻石纪年铭文6处。石窟始凿于西秦,此后北魏、北周、隋、唐诸代均有续建,宋、西夏、元、明各代,也有雕凿、妆銮、重绘等。明以后湮没,1951年被重新发现。

(三) 陕西区

陕西区石窟大都开凿较晚,是中原北方地区晚期石窟较为集中的地区。除少数窟开凿于6世纪外,主要石窟均在6世纪以后开凿而成。如7世纪的彬县大佛寺石窟、耀县药王洞石窟,8世纪的富县石泓寺石窟,11~12世纪的黄陵万佛寺石窟,延安万佛洞石窟等。

大佛寺石窟,又名庆寿寺石窟,位于彬县西10公里泾河南岸,建造于唐贞观二年(628)。大佛窟平面呈半圆形,倚岩雕趺坐大佛1尊,左右两侧侍立菩萨。佛高24米,盘膝端坐于莲台上,头部周围为浮雕,19个飞天围绕,背光花纹装饰精美。大佛西侧为罗汉洞,东侧为千佛洞,洞窟内有浮雕经变故事、人

第十一章　古代文化史迹

物画像及唐、宋题刻等。

（四）晋豫及其以东区

这个区包括山西、河南、河北、山东、辽宁、内蒙古广大地区。分布在如此广阔区域内的石窟，数量较多，时代延续较长，具有较清楚的承袭关系，表现了佛教石窟艺术逐渐东方化的具体过程。因此，在中国石窟史上占有十分重要的地位。

该区石窟，以北魏皇室于5～6世纪开凿的山西大同云冈石窟为起点，迄于15～16世纪开凿的平顺宝岩寺石窟，历时1000多年。其间开凿的主要石窟有：5～6世纪开凿的河南洛阳龙门石窟和巩县（今巩义）石窟，6世纪中期开凿的河北邯郸响堂山石窟，6～7世纪开凿的山西太原天龙山石窟。这些石窟中以云冈、龙门、巩县石窟为其主流，沿袭此主流的为响堂山和天龙山石窟。此外，还有些石窟与主流石窟有密切关系。它们是开凿于5～6世纪的辽宁义县万佛堂石窟、河南渑池鸿庆寺石窟、山东济南黄花岩石窟和7世纪初开凿的河南安阳宝山石窟。开凿较晚的石窟还有：6～8世纪开凿的山东益都云门山石窟和驼山石窟，11世纪开凿的内蒙古巴林左旗洞山石窟，前后昭庙石窟，13～14世纪开凿的内蒙古鄂托克旗百眼窟石窟和15～16世纪开凿的山西平顺宝岩寺石窟等。该区石窟多雕刻，并多杂有摩崖龛像。

云冈石窟，位于大同城西武州山南麓，依山凿窟，东西延绵1公里余。现存主要洞窟53个，小龛1100多个，造像5.1万余躯。其中大窟多开凿于北魏文成帝和平初（460）至孝文帝太和十八年（494）间，而较小窟龛的开凿一直延续到孝明帝正光末年（524）。唐代与辽代，仅对个别造像进行雕凿与修理。

云冈北魏时期石窟分为三期，第一期即窟群中部的昙曜五窟，其形制平面呈马蹄形，穹隆顶。主像以三世佛为主，还有释迦和交脚弥勒菩萨，外壁雕千佛。主像形体高大，如19窟主像高16.8米，20窟主像高13.7米。佛面相方圆，两肩平阔，深目高鼻。上身内著僧祇衣，外著袒右肩或通肩大衣。第二期窟开凿于文成帝以后至迁都洛阳之前，其形制平面多方形，有前室，有的窟中央立塔柱。窟顶多雕平棊，龛有上下重龛、左右对称式或屋形龛等。造像题材多样化，出现世俗供养人行列，及褒衣博带式佛装，此期高大雕像减少。第三期开凿于迁都洛阳后，多为不成组的中小龛，佛像面形清癯，长颈，削肩，均为褒衣博带式佛装。

龙门石窟，位于洛阳城南伊水两岸东西山上，南北长约1公里。石窟始凿于北魏迁都洛阳（494）前后，之后东西魏、北齐、隋唐、北宋续有开凿。现存窟龛2100多个，造像10万余躯，碑刻题记3600余品，佛塔40余座。代表性的洞窟有北魏古阳洞、宾阳洞、莲花洞和唐代潜溪寺、奉先寺、看经寺等。它们是北魏晚期至唐代武则天时期之典型石窟，也是石窟艺术中国化发展趋势中重要的一环。

古阳洞、宾阳洞等形制平面呈马蹄形，穹隆顶；普泰洞、魏字洞等平面呈方形，平顶略圆，后壁凿坛，左右壁开大龛。这是北魏晚期洞窟两种主要形制。古阳洞正壁为一佛二菩萨，左右壁各有三层龛像。宾阳洞仅完成中洞，正壁为一佛二弟子二菩萨，系典型的五尊像组合。左右壁各雕一佛二菩萨。前壁为著名的帝后礼佛图（已被劫往美国）。洞顶雕莲花和伎乐天。洞门外侧雕刻二力士，门道两侧雕刻伎乐天。该窟为北魏后期的代表性洞窟。莲花洞则以一佛二弟子三尊像、高浮雕莲花藻井和繁缛的佛龛装饰而著称。

唐代在龙门开凿石窟时间最长，规模最大，题材最丰富。大体可分为三期。第一期雕凿的大窟，主要有贞观十五年（641）前后完成的宾阳南、北洞，及此后开凿的潜溪寺，其形制仍为平面马蹄形，穹隆顶，莲花藻井。造像为一佛二弟子二菩萨二天王，立像为阿弥陀佛和弥勒佛。多纪年造像。佛装主要是双领下垂大衣，其次为通肩衣。第二期为造像代表形式的形成期，时间约当武则天亲政至武周时期，是龙门石窟艺术成就的鼎盛时期。以有纪年的大、中型窟龛较多，如奉先寺大卢舍那像龛、惠简洞、万佛洞、东山大万五佛洞、万佛沟高平郡王洞，可作为典型代表。此外，西山摩崖三窟、极南洞、东山看经寺等窟，也是此期开凿而成。此期洞窟形制基本为后室平面方形抹角，圆顶；前室平顶；周壁凿出坛床，布置列像。奉先寺为高宗及武后开凿，有卢舍那佛、弟子、菩萨、天王、力士等造像11尊。主佛高17米余，群像布局严谨，雕刻刀法圆熟，系龙门造像的突出代表。万佛洞为高宗、武后及其诸子开凿，主像置后室正壁，一佛二弟子二菩萨二天王和二供养人，在南北壁满雕佛像1.5万尊，门外侧雕有二力士。净土洞为方形平顶，一铺十一尊像（遗迹），在左右壁雕刻"九品往生"经变画，均为石窟布局的新变化。第三期是造像代表形式由成熟逐渐衰退时期。此期密宗造像盛行。

三、南方地区石窟

南方地区包括长江流域及其以南的广大地区，地域广阔。洞窟稀少而分散，摩崖龛像多于开凿洞窟，是南方地区石窟总的状况。有代表性的石窟，主要有开凿于5～6世纪的江苏南京栖霞山石窟，9～13世纪的云南大理剑川石钟山石窟，11～12世纪的重庆大足石刻，10～14世纪的浙江杭州西湖沿岸的窟龛等。

石钟山石窟，又称剑川石窟，位于剑川县西南的石钟山，始凿于南诏国王

第十一章 古代文化史迹

劝丰祐时代，终于段氏大理国中期，相沿300余年，为古代白族石窟艺术。分布于沙登村、石钟寺和狮子关。沙登村古道两旁的山石上有石刻4处，分别雕出弥勒佛、阿弥陀佛和天王等。在第一地点有题记11行54字。村后佛龛浅而无饰，仅有佛像，头饰螺状高髻，面部圆满，为盛唐风格。石钟寺有8个窟，1～2窟雕南诏王像，3～7窟分别雕释迦佛、菩萨、阿难、迦叶及罗汉等。其中第6窟最大，长11.64米，雕有释迦、弟子、八大明王、多闻天王和增长天王。各窟均有墨书或刻出的题记，最早为大理国段智兴隆德四年（1179），此后有元至元、至正、宣光和明永乐、永历年间的题记。狮子关石刻有3处，一处雕王者与后妃像，第二处雕人像，第三处雕"波斯国人"像。

大足石刻，分布于大足县城周围40余处，现存造像5万余躯，以佛教造像为主，也有儒、道教的造像。其中以北山造像和宝顶山造像最为集中。它始凿于晚唐，兴盛于两宋，是中国晚期石窟的代表之一。

北山造像以佛湾为中心，共5处，均佛教造像。佛湾造像规模最大，长500米，共264个窟龛，始凿于唐景福元年（892），经五代至南宋绍兴年间，历时200余年。晚唐主要有降三世明王、千手千眼观世音菩萨、如意菩萨、欢喜五菩萨等密宗内容佛像和阿弥陀佛、救苦观音菩萨、地藏菩萨三尊像等。造像端庄丰满，具有写实手法。璎珞、衣纹细致，衣褶用流畅的阴纹，已显宋风萌芽。五代造像为龛像，造型纤丽优美，丰淳之风已无。纪年像有永平、乾德、广政等年号。造像题材出现了大威德炽盛光佛、十六罗汉，等等。宋代多方形平顶窟，是北山造像精华所在。纪年像有北宋咸平、靖康和南宋建炎、绍兴等年号。造像人物个性明显，富于现实感，体态均匀，衣饰华丽而典雅。造像题材中出现了弥勒下生经变、地狱变、观经变等。如孔雀明王窟中一面四臂、骑孔雀的主像立于窟中央，满壁雕千佛，巧妙地把塔柱式石窟结构与密宗题材结合在一起。又如转轮经藏窟，正壁为释迦坐像，左右及其南、北壁观音、文殊、普贤等八躯造像高约2米，神态栩栩如生，颇具女性的妩媚多姿，系宋代雕刻精品。佛湾造像计6000余躯，题记和造像记55则，是南方地区石窟造像精华。

宝顶山造像集中于大、小佛湾。小佛湾造像多倾毁。大佛湾长约500米，除二石窟外，均为摩崖造像，形象生动真实，更接近于现实人生活，具有十分明显的地方特色。大型连续性雕刻，庞大的像群，场面宏伟，为国内石窟中所仅见。石刻题材多样化，以密教像尤多，而且均糅合了密宗、禅宗及儒家孝道等诸家思想。这些构成了宝顶山造像的主要特点。

飞来峰造像，位于杭州西湖灵隐寺前。始凿于五代，至元代兴盛。现存208尊较完整的造像。其中元代达100多尊。元代造像从可辨认的题记中看出为至元十九年（1282）始，终于元至元二十九年，多为方形或长方形龛，顶部多为拱券或平顶。造像之造型、衣饰等保留着较多的唐宋传统风格。元代是中国石窟艺术衰落时期，而飞来峰造像却较为精美，具有较高的价值。

第四节 古遗址

古遗址是古代文化史迹的重要组成部分。在先秦，古遗址内往往包含着古墓葬，在原始社会遗址中尤其如此。即使在汉以后的大型遗址中，也不乏存在古墓葬的实例。

作为古代文化史迹的古遗址和古墓葬，要加以区别，一是古墓葬地上有标识，如坟丘、碑碣等，可将其归入古墓葬类；二是经过考古发掘，证明为墓地者，也可将其归入古墓葬类。史前的古墓葬，一般与古遗址难以分开，又无任何标识，在未确知其为古墓葬之前，一般归入古遗址类。在进入历史时期之后，也有相当一部分古墓无标识，或者标识无存，在一般情况下，也不易发现，待发现为墓葬并清理发掘之后，如无重大现场保存价值，该古墓葬已不复存在，一般无须保留墓址。

因此，古遗址中有部分遗址包括古墓葬，在未区分出来之前，统归入古遗址类。

在此，还必须说明，作为古代文化史迹，无论是古遗址或古墓葬，都是作为一个整体来看待的，也就是说，它们所包括的各种遗物，是其重要组成部分，在未进行考古发掘之前，是不能独立存在的。进而还须说明，对古遗址和古墓葬的研究是分阶段的。

古遗址基本要素为名称、位置（地点）、时代、面积（现存面积）、遗迹状况（如地层堆积、暴露的房址、窖穴）、出土遗物等。但古遗址在未发掘之前，对其一些要素的了解只是相对的，要待考古发掘以后才能详细、确切地了解。

一、旧石器时代遗址

旧石器时代是人类历史最早的阶段，人类以打制石器为主要生产工具，以采集和狩猎为生。这一时期的遗址为洞穴遗址，由于若干万年的变化，有些遗址已非洞穴。

中国已调查发现早、中、晚期人类化石和旧石器的地点数以百计，其中有距今约200万年的重庆巫山龙骨坡遗址、180万年的山西芮城西侯度遗址和距今170万年的云南元谋遗址，这些是我国已知最早的旧石器地点和人类化石地

第十一章 古代文化史迹

点。有周口店北京人遗址,又有晚期的广西柳江人遗址;柳江人是形成中的蒙古人种的早期代表。在我国东北地区有:金牛山遗址、庙后山遗址、鸽子洞遗址、安图人遗址等。华北地区有:小长梁遗址、蓝田人遗址、匼河遗址、大荔人遗址、许家窑—侯家窑遗址、丁村遗址、萨拉乌苏遗址、大窑遗址、峙峪遗址、小南海遗址等。华中地区有:郧西人遗址、郧县人遗址、长阳人遗址等。西南地区有:观音洞遗址、桐梓人遗址、柳江人遗址、富林遗址、丽江人遗址、资阳人遗址、白莲洞遗址等。青藏地区有:霍霍西里遗址和定西遗址等。东南地区有:和县人遗址、马坝人遗址、左镇人遗址、卡滨遗址等。

周口店遗址,位于北京市周口店镇西的龙骨山上,面积0.7平方公里,已发现5处属于不同时期的旧石器时代遗址,以及附近分属于旧石器时代早、中、晚期的地点4处和动物化石12处。据铀系法及古地磁等方法测定,其年代为距今约70万至1万年。

北京人遗址(周口店第1地点),原为一个山洞,东西长约140米,南北最宽约20米,文化层遗物堆积厚达30余米,是周口店遗址中最重要的遗址。已发掘部分分为17层,第8—9层是发现人化石最多的层。已发现的北京人化石有:头盖骨6具、下颌骨15件、牙齿157枚、股骨7段、胫骨1段、肱骨3段、锁骨和月骨各1件,以及一些头骨和面骨碎片。他们分属约40个个体,其中死于30岁以下的约占半数。平均身高,男性156厘米,女性150厘米。脑量平均为1088毫升。在人科分类上属于直立人。发现的石制品数以万计,多为小型器。石器有石砧、石锤、刮削器、尖刃器、砍砸器、雕刻器、石锥、球形器等。

山顶洞遗址,在龙骨山顶部,是距今2~1万年间的一处旧石器时代晚期遗址,是周口店遗址的重要组成部分。它分洞口、上室、下室、下窨四部分。人住上室,墓地在下室。发现的人化石有:完整头骨3具及碎片3块、下颌骨4件及残块3件、零星牙齿数十枚,脊椎骨、肢骨若干。他们分属于10个个体,其中老年、壮年(或中年)各1个,女性中年3个,青年1个,5岁和初生婴儿各1个。发现的石制品很少,仅25件。还发现骨针1件,残长82毫米,整体光滑,有针眼;各种装饰品141件,其中各种穿孔兽牙125件、钻孔石珠7件等。石珠直径6毫米左右,磨制十分精巧,有些呈半圆形排列在头骨附近。

许家窑—侯家窑遗址,位于山西省阳高县许家窑村和河北省阳原县侯家窑相邻地带,是旧石器时代中期一处重要文化遗址。文化遗物和化石集中埋藏于距地表深8米以下的灰褐色砂质黏土中,或黄绿色的砂结核层里。

发掘的重要收藏是发现人类化石,有顶骨10块(其中完整的2件),枕骨2块,右下颌骨后半部1块,附着4颗牙齿的小孩上颌骨1块,臼齿2颗。他们分属于14个个体，包括幼儿、青少年、壮年和老年。这些化石的特征显示，既有与周口店北京人相似之处，又有明显的进步特征。发现石器数量大，种类多，有石核、石钻、刮削器、尖状器、雕刻器等。动物化石有10余种，其中以野马、披毛犀和羚羊的为最多。该遗址的地质年代初步确定为晚更新世，文化分期上为旧石器时代中期，距今大约10万年。

二、新石器时代遗址

中国新石器时代，约始于公元前一万年前后，迄于公元前二千年左右，边远地区延续的时间还要晚些。它是我国原始社会氏族公社制由全盛到衰落的一个历史阶段。其划时代的标志为出现了农耕和畜牧业。它表明人类社会由依赖自然的采集、狩猎经济，过渡到了改造自然的生产经济。这个时代的基本特征是出现磨制石器、制作陶器和开始纺织。所以，它是我国古代经济、文化向前发展的新起点。我国目前发现的新石器时代遗址数以千计，其中经过发掘的数以百计。例如，陕西省发现新石器时代老官台文化遗址40处、仰韶文化遗址2040处、龙山文化等晚期遗址2200余处；河南省发现新石器时代裴李岗文化遗址70余处、仰韶文化遗址800处、龙山文化遗址1000余处、屈家岭文化遗址140处、大汶口文化遗址重要的20余处；湖南省发现新石器时代遗址1000余处；湖北省发现新石器时代遗址2000余处。

新石器时代遗址遍布我国各地，但其分布范围、文化内涵、起讫年代各不相同，有些在生产经济上也呈现出较大的差异。在我国，由于在一定的地域内先后产生了几支新石器时代文化，所以往往又形成了各自的发展序列。新石器时代文化是我国古代文明的源泉。

中国新石器时代诸文化的分布区域及主要遗址为：

（一）黄河流域新石器时代文化

早期文化遗址有南庄头遗址等；其他文化遗址有：裴李岗遗址、磁山遗址、老官台遗址、大地湾遗址、李家村遗址等；仰韶文化遗址有仰韶遗址、北首岭遗址、半坡遗址、姜寨遗址、泉护村遗址、庙底沟遗址、王湾遗址、大河村遗址、后冈遗址、下王岗遗址等；河南龙山文化遗址有庙底沟（二期文化）、白营遗址、客省庄遗址等；青莲岗文化遗址有：青莲岗遗址、北辛文化遗址；大汶口文化遗址有：大汶口遗址、王因遗址、邳县大墩子遗址等；山东龙山文化遗址有：城子崖遗址、两城镇遗址、东海峪遗址等；马家窑文化遗址有：石岭下遗址、马家窑遗址、半山遗址、马厂遗址等；齐家文化遗址有：齐家坪遗址、大何庄遗址、秦魏家遗址、皇娘娘台遗址，等等。

第十一章　古代文化史迹

（二）长江中、下游新石器时代文化

主要文化遗址有彭头山文化遗址、城背溪文化遗址等；大溪文化遗址有：大溪遗址、城头山城址、关庙山遗址、三元宫遗址等；屈家岭文化遗址有：屈家岭遗址、青龙泉遗址等，石家河文化遗址，北阴阳营文化遗址，河姆渡文化遗址；马家浜文化遗址有：马家浜遗址、草鞋山遗址、崧泽遗址等；良渚文化遗址有：良渚遗址、钱山漾遗址、寺墩遗址，等等。

（三）华南和西南新石器时代文化

早期遗址有甑皮岩遗址；其他文化遗址有：仙人洞遗址、跑马岭遗址、昙石山遗址、石峡遗址、卡若遗址等。

（四）北方新石器时代文化

主要文化遗址有兴隆洼文化遗址、查海文化遗址；其他文化遗址有：新乐遗址、新开流遗址、小珠山遗址、红山文化遗址、小河沿遗址、富河沟门遗址等。

磁山遗址，位于河北省武安市磁山镇东南台地上，面积约13万平方米。经发掘，发现有房子、窖穴等遗迹。房子有椭圆形和圆形两种，窖穴有长方形、圆形、椭圆形和不规则形等。存放粮食的窖穴多长方形，深度在3～6米之间，底部有腐朽的粟的堆积，厚度一般在0.5～2.5米，仅1976～1978年发掘，已发现80个窖穴内有粮食堆积。出土器物有石器、陶器、骨角器等。石器有打制、打磨兼制和磨制3种，主要器形有石磨盘和石磨棒，系粮食加工工具。陶器均为手制，以素面为主，主要器形是最具代表性的支架和盂，其他如三足钵、罐、盆、豆等。骨器有铲、针、笄、镞、鱼镖、梭、锥、匕等。出土动物骨骼有5类23种，其中有家畜家禽犬、猪和鸡。该遗址早于仰韶文化，文化特征明显，因此定名为磁山文化。

仰韶村遗址，位于河南省渑池县北仰韶村南台地上，面积约30万平方米，仰韶文化命名地。曾多次发掘。20世纪80年代初的发掘，发现该遗址主要包括仰韶文化中、晚期和龙山文化早、晚期四层互相叠压的文化堆积。经研究，仰韶文化中期文化层为庙底沟类型；龙山文化早期文化层为庙底沟二期文化，晚期为河南龙山文化。发现遗迹有圆形和椭圆形窖穴（仰韶文化层），在仰韶文化层出土石器、陶器等遗物。陶器数量多，以泥质红陶和夹砂红陶为主，纹饰有绳纹、弦线、划纹、附加堆纹和篮纹等，并有一定数量的彩陶，以黑彩最多，彩绘纹饰有圆点纹、弧线纹、带状纹、三角纹、月牙纹和网状纹等，组成一定的图案。陶器器形有鼎、灶、釜、甑、钵、盆、罐、尖底瓶等。

城子崖遗址，位于山东省章丘县龙山镇东武原河东岸，面积20万平方米。经多次发掘，后将以该遗址文化遗存为代表的文化遗址命名为龙山文化，现称

215

山东龙山文化。龙山文化在黄河下游地区是直接承袭大汶口文化发展起来的。在遗址周围，经发掘发现城墙遗迹，系版筑夯土，南北长约450米，东西宽约390米，城墙基宽约10米。其时代约为龙山文化晚期；龙山时代城堡遗迹在其他地方也多次发现，具有重要意义。该遗址内涵包括龙山文化、岳石文化等遗存。龙山文化遗物有陶器、石器、骨角器、蚌器，以及首次发现的牛、鹿等肩胛骨修治的卜骨。陶器多素面和磨光黑皮陶，后者最具特色；陶器纹饰有弦纹、压印纹；流行盲鼻和横向宽鋬。代表器形有粗颈袋足鬶、肥袋足甗、筒腹袋足鬲、扁足盆、高圈足盆、直腹宽鋬筒形杯和各式鼎，鼎足有的呈扁三角形，有的呈鸟首形。

城头山城址，位于湖南省澧县车溪乡南村东。城址平面呈长方形，东西残长约400米，南北残宽约250米，面积约10万余平方米。现地面上仍保留有城墙，夯筑，残高2～4米，宽8～15米。残存城门遗迹4处。城外仍保存有护城河遗迹，最宽处约35米。城内文化层堆积厚2米左右，其中有大溪文化、屈家岭文化和龙山时代以及东周遗存。经多次发掘，已判明城址第一次夯筑于距今6000年前的大溪文化早期，在此以后又经过三次夯筑，使城墙加宽加高。它是我国迄今所知史前最早的古城之一。在发掘中发现，大溪文化早期城墙之下，保存有汤家岗文化晚期水稻田；清理出一座完整的大溪文化早期祭坛和数十座同期祭祀坑，以及一批相关的墓葬。祭坛系用黄色土堆筑而成，略呈椭圆形，长径25米，已知短径为10米，最高处为1米。它是我国迄今发现的最早的大型祭坛，具有重要意义。

牛河梁遗址，位于辽宁省建平和凌源县交界地带，由山梁顶部向四周分布，其范围东西、南北各约1500米属中心区域。主要遗迹有女神庙及其周围的积石冢群；外围区南北长约10公里，东西宽约5公里，其间遗迹点密布。女神庙坐落在梁顶南侧平台上，为半地穴式建筑，现存地下部分平面呈"亚"字形，由一个多室和一个单室两组建筑组成。庙址内出土大量神像和动物塑像残块，神像约分属于6～7个个体，均女性形象，大小多与真人相近，有的则为真人的两三倍。主室出土的一件女性头像，较完整，面长22.5厘米，宽16.5厘米，涂朱彩。其造型具有蒙古人种特征。还出土玉猪龙等玉器。该遗址属红山文化宗教祭祀遗址，其丰富内涵，对研究中国文明起源以及宗教史和美术史等，都有重大价值。

三、夏商周遗址

夏、商、周是中国进入历史时期后最早的几个王朝，也称"三代"，即夏代、商代、周代，包括夏、商、西周、东周或春秋、战国，前后共约1800余年。夏、商、周三代纪年范围内的遗址，在各地都有发现。夏、商、周遗址主要分布在黄河流域的中原地区和长江流域的一些地区。当时一些其他族的文化遗存，则分布在这些地区的周围。目前，除边远地区外，全国其他地方都发现了商周文化遗存。

夏商周时代的历史，特别是商周历史有三个明显的特点：第一，出现了比较完善的文字制度；第二，进入青铜时代，并创造了灿烂的青铜文化，继而转入早期铁器时代；第三，城市兴起，标志着社会形态和经济生活的重大变化。这些分别体现在不同时期遗址的内涵上。

(一) 夏、商遗址

河南省登封王城岗遗址发现的小型城址、淮阳平粮台古城址、郾城郝家台古城址等，属新石器时代晚期龙山文化城址，它们在夏王朝和商族活动范围内，对探索城市起源、国家产生和夏商文化都有重要意义。

夏文化遗址，主要有河南省偃师二里头遗址，整个遗址包括二里头、圪垱头、四角楼、寨后村和辛庄五个自然村，面积375万平方米。二里头文化分为一、二、三、四期，对其文化性质，有的认为它属于夏文化，有的认为一、二期文化是夏文化，三、四期文化属商代早期文化。

二里头遗址已发掘出宫殿建筑基址。1号宫殿基址坐落于遗址中部，略呈方形，夯筑，东西长108米，南北宽100米，高0.8米，四周有檐柱洞，应为面阔八间、进深三间的大型殿堂建筑，前为庭院，四周有廊庑建筑围绕。2号宫殿建筑基址在1号宫殿基址东150米处，南北长72.8米，东西宽58米。其平面布局较1号宫殿基址更为复杂，庭院地下发现排水管道。还发掘一批墓葬。

二里头遗址出土遗物丰富，有青铜器、玉器、陶器、石器、骨角器和蚌器等。青铜器中有生产工具、兵器、容器、乐器、装饰品等；玉器有刀、璋、戈、钺、铲、琮、玦等。此外，还发现漆器、麻布、卜骨等。

商代都城。商代早、中、晚期都城遗址均已发现。早期有河南偃师尸乡沟商城遗址，中期有郑州商城遗址，晚期有安阳殷墟。

尸乡沟商城遗址，位于河南省偃师城西1公里。平面呈长方形，南北长1700米，东西宽分别为北部1215米，中部1120米，南部740米。城墙夯筑。已发现城门遗迹7座。城内发现道路遗迹，东西向5条，南北向6条。该城址由宫城、内城和外城组成，屡经扩建、改建，其建筑顺序为先建宫城和内城，最后建外城。在宫城北部发现一处池苑遗址。宫城始建年代较早。宫殿基址规模宏大，结构复杂，左右对称。其中2号宫殿基础之主殿址长达90米，是迄今发现的商代早期规模最大的单体建筑基址。4号宫殿建筑基址东西长51米，南北宽32米，系由正殿、庭院、东庑、西庑、南庑、南门和西侧门等7部分组成。正殿位于基址北部，平面呈长方形，东西长36.5米，南北宽11.8米，建于高0.4米的夯土台基之上。该城址出土遗物有青铜器、玉器、陶器、骨器和蚌器等。

郑州商城遗址，规模略大，北垣长1690米，西垣长1870米，南垣和东垣长约1700米。城垣基宽20~32米，地面残存城垣最高为5米左右。城内为宫殿区和一般居住区。

商代晚期都城殷墟，宫殿建筑基址位于洹水南岸，王陵位于北岸，为古代最早的都城宫殿和陵墓布局实例。

商代遗址。系指都城之外的城址和遗址，为数较多。其中主要的如：四川广汉三星堆遗址、湖北黄陂盘龙城遗址、河北藁城台西遗址和邢台曹演庄遗址、山东济南大辛庄遗址、江西清江吴城遗址等。

三星堆遗址是商代方国城址，平面呈南宽北窄的梯形，现存面积2.6平方公里，发现东、西、南城垣，宽约40米，东垣长1800余米，西垣残存800余米，南垣依河道走向而筑，长约210余米。城内发现有房屋居址、窖穴、祭祀坑等遗迹。出土遗物中最重要的有青铜器、金器和玉器。青铜器一类为礼器；一类是神像、偶像等雕像，具有浓厚宗教色彩。最珍贵的如青铜立人像，通高2.62米，重180多千克。造型奇特，前所未见。

藁城台西遗址面积约10万平方米，发现半地穴居址2座、地面建筑基址12座、祭祀坑2座、灰坑133个、水井2眼、墓葬112座（其中有奴隶殉葬墓10座），出土大量珍贵文物，有青铜器、金器、玉器、石器、骨角器、陶器、蚌器及卜骨等，特别是发现铁刃铜钺、白陶器、釉陶器、漆器、丝麻织物、药用植物种仁、"砭镰"、刻画在陶器上的文字等遗物，具有很高价值。

(二) 周代遗址

西周遗址比较多，仅陕西省已发现西周遗存1100余处，其中可能有略早或略晚于西周的少量遗存，尽管如此，已足以反映陕西是西周王朝政治、经济、文化中心区域的地位。都城遗址为丰镐遗址和周原遗址。其他地区的重要遗址还有北京房山琉璃河遗址、湖北蕲春毛家嘴遗址等。

周原遗址，位于陕西省岐山和扶风两县之间，东西约7公里，南北约7公里。系西周王朝的发祥地和早期都城遗址。自古公亶父由邠迁徙周原至文王晚年迁居丰，武王灭商之后将该地分封周、召二公作采邑。据勘查发现，有大型建筑基址，分布区较大；有制骨作坊址、制陶作坊址，以及墓葬。据初步调查，在大型建筑基址分布区一带发现两座周城遗址，其一南北长1300米，东西宽

500～600米，其二长宽各700米。发掘出土器物有青铜器和陶器等；特别是已发现西周青铜器窖藏30多起，其中有约百件铜器的铭文达三五十字，最多的达一二百字，最著名的如盂鼎、大丰簋、毛公鼎、大克鼎等。在该遗址还发现了西周甲骨（详见第十章第二节）。丰富的遗迹和遗物为研究西周社会制度、社会生产和生活提供了极为宝贵的资料。

丰镐遗址，位于陕西省长安县沣河两岸，丰京在西岸，镐京在东岸。总面积约15平方公里。自周文王由周原迁此作丰邑，周武王作镐京，至周平王东迁洛邑（今洛阳），在近300年间，丰京和镐京一直是西周王朝政治、经济文化中心，文化遗迹和遗物十分丰富。

丰京位于沣河中游西岸，面积约8～10平方公里，四面环水，发现有比较密集的遗址和墓葬。已发现西周大型夯土基址14处，以及数处贵族居址。丰京西北部张家坡岗地，西周初为居址，此后成为最大的一处公共墓地，已发现西周墓3000余座。镐京位于沣河东岸，总面积约5平方公里，亦四面环水。发现有夯土建筑基址10处，大型夯土基址及制陶作坊遗址、窖穴等。出土遗物有铜器、玉器、陶器、骨角器、原始瓷器和装饰品等。铜器中带铭文的50余件，如多友鼎铭文长达277字。丰镐遗址在中国古代都城发展史上占有重要地位，对其调查发掘所获丰富资料，为全面研究西周历史奠定了基础。

东周列国都城遗址。由于经济的发展，周王朝衰微和诸侯国的强盛，各国都城迅速发展，成为该国政治、经济、文化的中心；其他城市也迅速兴起。主要都城遗址有：河南洛阳周城遗址、山东曲阜鲁城遗址和临淄齐城遗址、河北易县燕下都遗址、邯郸赵城遗址和平山中山灵寿城遗址、山西侯马晋城遗址、河南新郑韩城遗址、湖北江陵楚纪南城遗址、陕西凤翔秦雍城遗址等。

这些东周都城遗址，面积都比前代都城遗址大，一般在10～20平方公里，最大的如燕下都达30多平方公里。都城皆分为宫城和郭城两部分，都有城墙，城门多少不一。宫城有的建于郭城之中，如鲁故城；有的位于郭城一隅，如燕下都；有的与郭城分开，如赵邯郸故城等。宫城为国君所居，郭城为民居，有手工业作坊。城内有高大的建筑台基，城外有护城河。

燕下都遗址，位于河北省易县城东南，介于北易水与中易水之间，是战国时期燕国都城之一。城址平面呈长方形，东西约8公里，南北约4公里。中间有"运粮河"将其分为东、西二城。东城平面近似方形，在中间偏北处有一道东西横贯的隔墙，城墙大都湮没地下，墙基宽除隔墙为20米外，其他均在40米左右。已发现城门遗迹和城垛各3个。西城在"运粮河"以西，也称之为郭，南、北、西面城墙如岗峦起伏，最高处达8米，发现城门遗迹1个。西城遗存甚少，东城遗存异常丰富，有宫殿区、手工业作坊区、市民居住区和陵墓区。宫殿建筑区在城址东北部，有河道将其与居民区分开。大型宫殿建筑基址武阳台位于宫殿区中心，高约11米，夯筑而成，东西最长处140米，南北最宽处110米。在它的北面有望景台（遗址）、张公台、老姆台，坐落在一条直线上。以高大的夯土台作为主体建筑物基址，是战国中期城市建筑上最明显的一个特点。在武阳台东北、东南和西南，有三组宫殿建筑遗存，每处遗存为一个大型主体建筑基址和若干处夯土建筑遗迹。手工业作坊区位于宫殿区西北至东南的弧形地带，有铸铁器、兵器、钱币及烧陶器、制骨器等作坊遗址。居民区在宫殿区南侧河道以南地区。

赵邯郸故城，位于河北省邯郸市。分王城（宫城）和郭城，王城与郭城分列于两处。王城平面略呈"品"字形，即由东城、西城和北城组成。总面积为512万平方米。城址周围至今仍保留着高3～8米的夯土城墙，城内有布局严整的夯土建筑台基，地下发现10多处夯土建筑遗迹。城墙四周有城门遗迹多处。西城南北长1416米，东西宽1392米，城址中部有一座"龙台"，长285米，宽265米，高19米，是当时宫殿建筑基址，系列国都城中建筑台基最大的一个。"龙台"与北部的两座夯土台，坐落在一条直线上，两侧保存有夯土台和地下夯土建筑遗迹，是宫殿建筑遗存。隔一道城墙，东部便是东城，南北最宽处1434米，东西最宽处935米。城内有两个高大的夯土台，以及地下夯土建筑遗迹4处，仍为宫殿建筑遗存。据记载，赵敬侯元年（公元前386）把国都从中牟迁至邯郸，至赵王迁八年（公元前228）为秦所占，历经八王，共158年。赵邯郸故城的郭城在王城东北，现邯郸市地下，是手工业作坊、商业和居民区。

四、秦汉遗址

这个时期的遗址种类多，数量大，分布面广。有都城、县邑、聚落、长城、障塞、工矿、作坊等遗址。这些遗址中，又包含有不同的遗迹。所有这一切，反映了国家在政治、经济、军事、文化等方面的设施和规制，体现了社会生产、社会生活等各个方面的情形。

秦代都城遗址有陕西咸阳市东的秦咸阳城遗址。汉代都城遗址有陕西西安市西北的长安城遗址和河南洛阳市东的洛阳故城。其他重要遗址，如：阿房宫遗址、姜女石遗址、北戴河秦行宫遗址、广州秦代造船遗址、南越国宫署遗址、固阳秦长城遗址、甘泉宫遗址、居延遗址、玉门关及长城烽燧遗址（包括大方盘、小方盘）、楼兰遗址（汉～晋）、尼雅遗址（西汉～西晋）、铜绿山古铜矿遗址（周～汉）、酒店冶铁遗址（战国、汉）等。

第十一章　古代文化史迹

秦咸阳城遗址，位于咸阳市以东15公里处，自秦孝公十三年（公元前349）至秦二世胡亥三年（公元前207），为秦都城，是当时全国政治、经济、文化中心，也是统一六国时军事指挥中心。公元前206年，项羽攻入咸阳，咸阳城遂毁废。城址布局尚不十分清楚，至今未发现郭城。在探测的所谓宫城内外，有20余处夯土建筑基址。宫城有周长约2747米的夯土墙基环绕，其内有夯土建筑基址8处，可能是当时的咸阳宫。在宫殿区西面，有铸铁、冶铜、制砖瓦遗址，在城外西南部渭水旁有制陶和制骨遗址，在城外西北隅塬上为墓葬区。

阿房宫遗址，位于陕西西安市西郊约15公里处，面积约4.5平方公里，秦始皇于三十五年（公元前212）开始营建。阿房宫遗址范围内，有密集的建筑基址，其中前殿基址夯土台，东西长1200米，南北宽450米，高7～8米，总面积达60多万平方米。该殿址东北有夯土台1座，高20米。在后围寨有夯土台基1座，高8米，踏步用空心砖砌筑，用石柱础，有衔接的陶水管。还发现一些其他遗迹。

汉长安城遗址，位于陕西西安市西北3公里处，面积约36平方公里，是西汉200多年间全国政治、经济、文化中心。城址平面近似方形，仍保存有夯土墙基，宽12～16米，地面上仍保存有断续的城墙。东墙长6000米，南墙长7600米，西墙长4900米，北墙长7200米。城墙外有宽8米、深3米的护城壕。城四面各有3座门，门道宽8米。街道布局纵横笔直，主要大街8条，各宽约45米，并以水沟区分为3途，中间为御道。宫殿、东市和西市以及闾里建筑，分别分布于纵横道路构成的方形、长方形界域内。宫殿位于城的中部和南部，约占全城面积的三分之二。东市、西市位于城的西北角，一般居民区在城的东北角。长安城址在布局上把宫殿区、工商业区和居民区全规划建设于一城之内，一改战国都城大小城相套的旧制，为后世都城建制格局开创了先例，具有重要意义。城址有长乐宫、未央宫、桂宫、北宫、明光宫、武库等主要建筑。在西墙外有建章宫，城南有礼制建筑群。在城址内外，还发现有制陶、铸钱、冶铸等作坊遗址。出土遗物中以砖瓦数量为最多，还有铁器、铜器、金属货币等。

县邑城址无论在内地，还是在边疆地区都有许多发现。内地县邑城址在陕西、北京、河北、山西、天津、山东、安徽、江西、福建、湖北、湖南、辽宁等地都有发现，均有夯土筑成的城墙遗迹。边疆地区的县邑城址，主要是北方沿长城地带的遗存。从内蒙古杭锦旗向东至辽宁丹东，已发现城址百余座。城址平面多呈方形，面积比内地县城小，在中部或一隅又筑内城，内设官署。边疆地区县邑城的发展，是汉代为了充实边疆，加强边防，在长城沿线（主要是长城内侧）营建城邑的缘故。

秦汉长城遗址。中国修筑长城始于战国时期，一些诸侯国修筑长城，以防它国进攻，先后修筑长城的有燕、赵、魏、齐、楚等国。秦始皇统一六国后，为了防御以匈奴为主的游牧民族的侵扰，在北部修筑了长城。它主要是利用秦、赵、燕长城，把它们连贯起来，加修一些段落而成，西起甘肃岷县，东至辽宁阜新一带。

汉代长城主要沿用内蒙古、河北、辽宁辽河以西秦长城，或修缮、或重新修筑一些段落。如河北境内的燕秦长城，位于围场、丰宁、康保等地，而汉长城则在它以南、明长城以北，在承德、隆化、滦平、丰宁等县均有汉长城遗址。在承德县双庙梁一带，长城残高1.5米左右，宽8~10米，长约15公里，大部分为夯筑，有的部分以石为基，上用土筑。当时在长城沿线，还设障塞、烽燧等。这类遗址已有发现。其中有些遗址可能是当时的民居点、贸易点。长城及其他遗址，不仅对研究当时军事设施和防御体系有重大价值，而且对研究当时政治、经济、军事及民族关系也有重要意义。

五、魏晋南北朝遗址

三国两晋南北朝时期遗址。在这个阶段将近4个世纪的时期内，有些政权割据时间长短不一，一些少数民族进入中原，汉族流动、迁徙，社会处于动荡局面。但同时又加速了汉族与少数民族的交往与融合，促进了边远地区社会经济的发展。因此，这个时期内边远地区的遗址增多，反映军事需求的遗迹较突出，民间交往的遗迹有明显的特点，同时内地的城址、矿冶遗址，南方的瓷窑址等，也都有较多的发现。

中原地区的城址主要有：河北临漳魏邺城遗址、河南的北魏洛阳城址、河北临漳的东魏北齐邺南城遗址。魏邺城和魏晋洛阳城均是利用东汉旧城改建而成。北魏洛阳城在改建魏洛阳城的基础上，又在城外四面增建了外罗城垣。东魏北齐邺南城是利用邺城南墙，参照北魏洛阳城布局修建的新都城。

邺南城平面呈长方形，城址南北长3460米，东西宽2800米，有14座城门，南、北城垣各3门，东、西城垣各4门。东、南、西三面城垣外部均有"马面"设施，以加强防御能力。城垣外有城壕。宫城位于城址北部中央，面对南垣正门朱明门。经对该门发掘，发现门道3个，中间门道宽5.4米，两侧门道宽4.8米，门墩南发现双阙基址。在邺南城建成后，邺北城仍继续使用。邺城在布局上，以宫殿区为中心，采用中轴线对称形式，功能分区明确的规制，从而改变了两汉以来宫殿区在都城分散的布局，对隋唐的都城规划产生了重大影响，在中国都城发展史上占有重要地位，具有重要意义。

其他地区的城址有：南方的南京附近六朝都城建业——建康城，湖北鄂城的吴王城；东北的高句丽桓仁城址（即辽宁桓仁五女山城）、集安高句丽城址（在吉林省集安市）；北方的北魏盛乐城址（在陕西靖边县城北55公里处），吐谷浑城址（在内蒙古呼和浩特市东南）、平城遗址（在山西大同城区及郊区），大夏的统万城址（在陕西靖边县城北55公里处），吐谷浑城址（青海共和县铁卜卡古城）；新疆地区的哈拉和卓古城（高昌城，在吐鲁番市东南50公里处），等等。

其他遗址有矿业址、佛寺址、聚落址等。例如：矿冶遗址有山西运城洞沟铜矿矿洞。从刻铭得知，自东汉光和二年（179）开始，迄于魏末仍在开采。发现有采矿工具铁锤和铁钎等。在矿洞附近，还发现冶炼遗址。在河南渑池发现东汉至北朝的铸铁作坊遗址，其北面发现一铁器窖藏，出土铁器4195件，内铁范152件，器类在60种以上，有的铁器上铸有铭刻。它的发现，说明冶铁业为北魏大规模开凿石窟提供了锐利的铁制（钢制）工具。在浙江及江苏，发现了一些吴晋南朝时期的青瓷窑窑址等，在浙江主要为建在山坡上的龙窑，如上虞鞍山吴窑；在江苏宜兴丁蜀镇发现长形窑窑址。聚落遗址有新疆民丰遗址，它分布于民丰150公里的尼雅河两岸。遗址内建筑遗迹较分散，以多房间的大型居室为主的成组建筑比较普遍，在其周围散布一些窄小的房间。这种布局反映出当时等级差别的悬殊。

六、隋唐遗址

隋唐是中国封建社会的昌盛时期。在中央政权直接统治的区域周围，还有一些少数民族建立的地方政权，如吐蕃、南诏、渤海等。隋唐政治上的大一统，经济、文化上的发展与高度繁荣，使隋唐文化在许多方面在当时世界上处于领先地位，并与亚洲、非洲和欧洲一些国家交往频繁，贸易发达。这一时期的遗址有城址、瓷窑址、寺庙址等。

城址。这个时期的城址，主要有隋大兴唐长安城遗址、隋唐洛阳城遗址和隋唐扬州城遗址；州城与都护府或驻军的所在地的城址，有唐北庭都护府城址（今新疆吉木萨尔县北约12公里护堡子，俗称"破城子"）、交河古城遗址（在今新疆吐鲁番市西10公里的雅尔乃孜沟村）、高昌古城址（在今新疆吐鲁番市东约50公里处哈喇和卓附近）、唐沙州城和寿昌城城址（均在今甘肃敦煌市）、唐瓜州城址（在今甘肃安西）、唐单于都护府城址（今内蒙古和林格尔县土城子）、隋唐胜州城址（今内蒙古准格尔旗十二连城）、唐天德军城址（今内蒙古乌拉特前旗阿拉奔乡北古城）、隋大同城址（天德军城西南约2公里）、唐丰州城址（天德军城西南约 30 公里）、唐东受降城址（今内蒙古托克托县城的"大皇城"），等等。

隋唐都城大兴长安城，始建于隋开皇二年（582），初名大兴，唐更名长安。都城平面呈长方形，周长约 36.7 公里。宫城位于郭城北部正中，北连禁苑，南接皇城。宫城和皇城以外地面为里坊区，由东西、南北大街划成棋盘式格局，其间布置坊及东、西市。坊市周围修筑高墙，为封闭式都市所独有。全城设计严格按照南北中轴线及左右对称的原则规划。结构严谨，区划齐整，是该城的突出特点。7 世纪后，在宫城东北、东南相继修建了大明宫和兴庆宫，也未使该城布局发生根本性变化。

隋唐洛阳城始建于隋大业元年（605），其地位仅次于大兴长安城。它在选址、规划等方面有其特点。城址跨洛河两岸，整体平面略呈长方形，周长约 27.5 公里。皇城宫城位于城西北隅地势高亢处，东部为南北毗连的东城和含嘉仓城，西部为东都苑。皇城南临洛河，后接宫城。宫城南部及东西两侧为皇城与东西隔城所包围，北部建前后重叠的二小城。坊市位于皇城宫城以南和以东地区，虽为棋盘式布局，并不左右对称，且市皆傍河，有利于繁荣商业。

唐代地方州城及较小的州县城，都是根据大兴长安城和洛阳城坊内十字街的设计与洛阳城方正的里坊制度布置的。这种封闭式的城市规划，在唐代发展到了顶点。

其他重要城址，有：黑龙江宁安渤海上京龙泉府遗址，它与内地隋唐城址一样，也是封闭式的城市。该城址呈长方形，东西约 4.68 公里，南北约 3.47 公里，由外城、内城和宫城组成。云南境内的南诏城址，大都修筑在山坡或山顶，只有少数建在平地。其注意力在军事与政治上，经济意义较小。城址一般面积不大，城墙构筑往往利用山势。主要城址有大理城南太和村的太和城和大理城西梅溪南岸的阳苴咩城，为南诏前后首府。太和城依山就势建造，只有南、北城墙，平面呈不规则的三角形，面积约 360 万平方米。城内佛顶峰有一小城，平面呈不规则圆形，周长约 1000 米。

瓷窑址。隋唐时期的烧瓷业有了很大发展，特别是唐代，已成为独立的手工业部门。因此，遗留下来的窑址较多，在河北、河南、山西、陕西、江苏、浙江、江西、湖南、安徽、广东、福建、四川等省，都发现了窑址。南方盛产青瓷以生产青瓷而闻名的越州窑，窑场迅速扩大，新窑大量涌现，窑址遍布于浙江上虞、余姚和宁波一带。如上林湖越窑遗址分布在慈溪上林湖一带，共发现瓷窑址 100 多处。越州窑创烧于东汉，盛于唐、五代，开始衰落于北宋中期以后，是越窑青瓷的发源地和主要产区，在中国瓷器发展史上占有重要地位。

与南方青瓷同享盛誉的北方白瓷，其中如邢窑遗址，分布在河北邢台市内丘、临城一带。约在晚唐勃兴的定窑，以生产白瓷而著名，其窑址在河北曲阳涧磁村一带。唐代陆羽在所著《茶经》中，对南、北方烧制青、白瓷窑的产品质量作了评论。

其他一些窑址，除烧制青、白瓷外，也兼烧其他釉色瓷器。

七、宋至明遗址

这个时期的遗迹遍布各地。其中城市和聚落遗址，往往被现代的城市和村镇压在下边。手工业作坊址有较多的发现。已发现和调查的城址，主要的有：内蒙古宁城县的辽中京遗址、内蒙古巴林左旗林东镇南的辽上京遗址、黑龙江阿城县白城子的金上京遗址、北京旧城外城西南部的金中都遗址、内蒙古正蓝旗五一牧场境内的元上都遗址、北京旧城的内城以及以北地区的元大都遗址、明代北京城和南京城等，这些城址都是辽金元明的都城城址。北宋汴梁城已被湮没在今地面6米以下。

城址。此期都城规划有重大变化，其一，变封闭式的坊制为开放式的街巷。它是中国古代都城发展史上的一次巨大变革，标志着我国封建社会已发展到了后期。其二，改变了宫城位置。自宋汴梁城始，宫殿均居全城的中央，皇城（或内城）包围着宫城，外再设大城，从而形成了以宫城为中心的重城形式的都城布局。这在元大都特别是明代北京城表现的尤为突出。辽金都城的规划则与宋元都城不同，初期均分南北二城，如辽上京和金上京城址，随着其封建化（汉化）的加深，才建造仿北宋都城制度的辽中京和金中都。

辽中京城由外城、内城和宫城组成。外城平面呈长方形，南北长3500米，东西宽4200米，南墙正中有朱夏门遗址，建有瓮城，有四角楼遗址。内城位于外城中部偏北，平面呈长方形，南北1500米，东西2000米，城墙设有马面。宫城位于内城北部中央，平面呈方形，每边长1000米，内有宫殿址。

宋元明时期地方城市发展很快，不仅在数量上，而且在规模上都超过了前代。其原因很多，重要原因之一是工商业的发达，对城市的迅速发展起了很大促进作用。城的规划布局大都为方形十字街式、方形（或长方形）丁字街式、长方形纵街横巷式和因地制宜的不规则形。明代州府县城的城墙，都用砖包砌，许多地方的城，仍在继续沿用。

此外，在内蒙古额济纳旗有西夏的黑城遗址和黑水威福军司故城等。

矿业和瓷窑遗址。手工业作坊中以瓷窑址数量最多，冶铸等遗址为数不多。河北邢台宋代冶铸遗址，发现炼炉10余处，产品中有许多铁斧铸有"丰明"二字。安徽繁昌炼铁遗址为采矿冶炼作坊址。黑龙江阿城王道岭金代铁矿冶炼遗址，包括10余处矿坑，冶炼遗址50余处，可见规模之庞大。河南荥阳元代冶铁遗址，专门铸造铁农具，并使用了铜模。

宋代制瓷业发展很快，各窑都形成了各自的独特风格，主要窑址有：河北曲阳定窑遗址、邯郸和磁县的磁州窑遗址、河南修武当阳峪窑遗址、汤阴鹤壁集窑址、陕西铜川耀州窑遗址、河南禹县均窑遗址。北宋末年战乱，北方制瓷工匠南迁，对南方诸窑的发展起了很大促进作用。其中最主要的有江西景德镇瓷窑遗址、浙江丽水地区龙泉窑遗址等。

定窑遗址，位于曲阳县涧磁村和东、西燕川村一带。定窑是北宋时期五大名窑之一，以生产优质白瓷著称于世。窑址规模最大、最集中的窑场在涧磁村北一带，有高大堆积13处，最高的达15米。窑炉为"馒头窑"，平面呈马蹄形，由炉门、火膛、窑床、烟囱等部分组成。

磁州窑遗址位于磁县观台镇和邯郸市峰峰矿区彭城一带。观台窑是磁州窑的窑场之一，面积20余万平方米。以它为中心，还有许多窑，如冶子瓷窑址和东艾口瓷窑址等。

钧台钧窑遗址位于禹县城关，东西长1100米，南北宽约350米，文化层堆积达2米以上。窑多为圆形或马蹄形，是单火膛窑；也发现长方形双火膛窑。

龙泉窑遗址，以龙泉县分布最密。在大窑村一带，沿溪5公里的山坡上分布密集，已发现窑址53处。窑炉有龙窑和阶级窑两种。龙窑依山坡建造，前端为火膛，中间为窑室，后部是排烟室。龙泉窑址在武义、永嘉、文成、秦顺等县也有分布。

景德镇窑始烧于南朝，唐、五代、宋、元、明、清继续烧造瓷器，并成为著名的瓷器产地。此外，在福建德化屈斗宫有德化窑遗址，在江西吉安永和镇有吉州窑遗址，等等。

辽金制瓷业是在宋代的基础上发展起来的。但辽瓷在色彩上有自己的特点，如黄釉瓷、三彩瓷等。主要窑址有内蒙古赤峰缸瓦窑遗址。金代仍在定窑、磁州窑、均窑和耀州窑烧造瓷器。元代景德镇窑烧造技术和工艺有很大发展和突破，青花和釉黑红瓷器是最突出的代表。此外，德化窑、泉州窑、磁州窑、霍州窑等，也都是重要的窑址。

第五节 古墓葬

在第四节开始，已说明古墓葬作为文化史迹，是一个整体，而不是单纯研

第十一章 古代文化史迹

究墓葬制度，或出土文物。从这一界定出发，我们来叙述古墓葬。

古墓葬基本要素为名称、位置（地点）、时代、现存面积（单个墓或墓群的面积）、墓葬结构、出土遗物等。但古墓葬和古遗址一样，在未发掘之前，对一些要素的了解只是相对的，也只有在考古发掘之后才能详细了解。

一、石器时代墓葬

中国至迟在旧石器时代晚期，已发现墓葬。北京周口店遗址山顶洞人，已按一定的方式埋葬死者。新石器时代，古墓葬已有一定制度，出现了氏族公共墓地，往往数以百计的墓坑排列有序。这些墓葬地上无任何标识，一般又不易区分，往往以遗址确定。已发掘的重要墓地有：陕西华县柳子镇元君庙墓地、山东泰安大汶口墓地、青海乐都柳湾墓地、河北阳原姜家梁墓地等。

柳湾墓地已发掘 1500 座墓葬，其中马家窑文化半山类型墓葬 257 座，均长方形竖穴土坑墓，排列有序。大都有葬具，以梯形（前档大、后档小）木棺为主要形式。一种是以二次葬为主的单人葬，另一种是多人合葬，多数为 2 或 3 人合葬，最多有 7 人合葬的。合葬者采用"同棺叠压葬"的形式。随葬品有石器、骨器和陶器等，一般数量较少，无明显差别。主要器物有彩陶壶、彩陶罐、钵、盆、瓶等。

二、夏商周墓葬

在二里头遗址发掘出一批墓葬，均为长方形土坑墓。有大、中、小型三种。大型墓墓口长 5.35 米，宽 4.25 米，深 6.1 米；中型墓墓口长 2 米余，宽 1 米余；小型墓墓口长不及 2 米，宽 0.6～0.7 米。中型墓有的有二层台式腰坑，墓底铺有朱砂，有漆棺残片；殉葬有青铜器、陶器等。

商代墓葬在商王朝统治范围内或方国都有大量发现，已发掘的已达数千座。在安阳殷墟发掘墓葬近 2000 座，既有平民墓，又有贵族和商王墓。墓葬的形制、结构、葬俗、随葬品等，都有明显的不同，十分明显地反映了当时的阶级关系。其中殷王武丁的配偶妇好墓，在墓圹中殉葬奴隶 16 人、狗 6 只，出土青铜器 440 余件，有的器物铸有"妇好"或"司母辛"铭文，玉器 590 余件，石器 70 余件等。商王大墓上，已有"享堂"一类建筑。但均已无存。主要的王陵区有侯家庄王陵区，已发现大墓 13 座，祭祀坑 1400 多个。陵区依地形分为东、西两区，东区有大墓 5 座，西区有 8 座，排列有序。除 1 座墓（1567 号）外，其余 12 座墓均有墓道、墓室和椁室等部分。墓道有的墓为 4 个；有的墓为 2 个南北墓道，与墓室构成"中"字形；有的只有 1 个南墓道，与墓室构成"甲"字形。墓室有呈"亞"字形、方形和长方形3种。"亞"字形王墓规模庞大，结构复杂，椁室木筑，雕饰精致。各大墓均有殉人，有的王墓（1001号）殉人超过164人。出土器物不多，其中有鹿方鼎和牛方鼎，为王室重器。

周代墓葬，发现和发掘的甚多。西周的古墓大多无地上标识，东周的大墓已有封土，有的封土上有建筑遗迹。

西周墓葬，在陕西沣西张家坡发掘的一批墓葬中，有一座大墓，南北有斜坡墓道，平面呈"中"字形，椁室由方木垒成，内置重棺。外棺髹黑漆，内棺髹红漆，并有棕褐色图案。还有一些早、中期的洞室墓。

在长江下游地区，有土墩墓，即不挖墓穴，只在平地堆起坟埋葬。因此地上有明显的标识，坟堆。

在此要提及的是，自青铜时代至早铁器时代，在中国南方的广东、广西、福建、台湾、浙江、江西、湖北、湖南、四川、云南、贵州等地，都有悬棺葬，其中有的可晚至明清。这种墓葬自然是容易辨识的。

春秋战国墓葬。春秋晚期和战国的许多大墓，地上都有夯筑而成的高大坟丘（封土），是这些古墓地面上明确的标识。如河南固始侯古堆大墓的封土高7米，直径55米；河南辉县固围村3座并穴墓上分别发现有宏伟的"享堂"遗迹；河北易县燕下都"九女台"和"虚粮冢"大墓、邯郸赵王陵等，地面上都有高大的封土。这一时期的著名古墓有：上村岭虢国墓地、洛阳中州路东周墓、金村古墓、寿县蔡侯墓、曾侯乙墓、下寺楚墓、江陵楚墓、八岭山墓群、长沙楚墓、郭店楚墓、长台关楚墓、凤翔秦墓、战国中山王墓，等等。

"九女台"和"虚粮冢"古墓位于燕下都东城西北角。"虚粮冢"墓区有古墓13座，封土大小不等，分四排排列；"九女台"墓区有古墓10座，均有封土，排列有序。河北平山中山王䁔墓，封土高约15米，其上有"享堂"建筑遗迹，四周有三层平台，有陪葬墓6座、车马坑2座、杂殉坑和葬船坑各1座。主墓室有南北墓道，平面呈"中"字形。有椁室（主墓室）、东库、东北库、西库等部分。出土大批珍贵文物，其中最著名的有"中山三器"（详见第七章第二节）和错金银、带铭文的"兆域图"铜版等。

三、秦汉墓葬

秦汉墓葬，特别是皇帝及高级官吏的墓葬，在地面上普遍建筑坟丘，还建有祠堂，或树墓碑、立墓阙，设置人物或动物的立体石雕像等，一直延续至清。墓室结构，秦和西汉前期仍流行战国以来的竖穴土坑木椁墓；西汉中期以后，流行横穴式洞穴墓圹，以砖、石砌筑墓室，以模仿现实生活中的房屋为其特点，夫

第十一章 古代文化史迹

妻同墓合葬盛行。人殉制度汉代基本结束。

秦始皇陵是中国历史上第一个皇帝陵园，位于陕西临潼县。陵园平面呈南北长、东西窄的长方形，有内外两重夯土垣墙。内垣南北1300米，东西578米；外垣南北2513米，东西974米。内外垣每边皆设门。坟丘在内垣的南半部，夯筑，平面呈方形，每边长350米，现存高43米。坟丘东、西、北边均发现墓道，西墓道的过洞发现彩绘铜车马两乘。陵园东边有秦始皇诸公子、公主的殉葬墓，有埋陶俑、活马的从葬坑群，还有模拟军阵的兵马俑坑等（详见第六章第二节）。秦始皇陵园开创的陵园制度，对此后历代帝王陵园产生了重大影响。

汉代墓上设施除坟丘继承战国旧制并有所发展外，新兴的设施有墓碑、祠堂、墓阙、人物或动物的石雕像等。汉代坟丘列侯为4丈，关内侯以下至庶人各有等差，多呈截尖方锥体。陕西兴平县卫青和霍去病的坟丘分别像庐山和祁连山，则属于特例。墓上设坟丘，在以后历史朝代的墓葬中，由于种种原因，保存至今的只是少数，大多数均无坟丘。祠堂始于西汉，流行于东汉，系供祭祀之用。河北满城汉墓附近即有祠堂遗迹。东汉祠堂多用石料修筑，如山东嘉祥武宅山村武氏石祠，为武氏家族墓地的3座地面石结构祠堂，其中武梁祠原为单开间悬山顶石构建筑，面阔2.4米，进深1.47米，高2米余，现仅存顶石、壁石共5块。墓阙为墓域门外礼仪性建筑，始于西汉，东汉流行，如东汉时嘉祥武氏阙、新都县王稚子阙、雅安高颐阙等。人物和动物石雕像，始于西汉，如霍去病墓前的石人、石兽，东汉流行，并成为定制。人物像主要有亭长或门卒等，动物像有狮、虎、马、羊等，前者以示守卫墓域，后者含有镇墓之意。墓碑，主要流行于东汉，石制，碑身长方形，碑额有一圆孔。汉代墓上设施对后代有深远的影响。这一时期的著名古墓有：汉帝诸陵、霍去病墓、辽阳壁画墓群、集安洞沟古墓群（公元前37～668年，中国高句丽墓群）、司马迁墓和祠、满城汉墓（中山靖王墓）、献县汉墓群、定县（今定州）汉墓群、山阴广武汉墓群、汉楚王墓群、汉梁王墓群、合浦汉墓群、帽儿山墓地、南阳张衡墓、乐山麻浩崖墓、郪江崖墓群、密县打虎亭汉墓、南阳张仲景墓及祠等。已发掘的汉墓中，有汉壁画墓、汉画像石墓和汉画像砖墓，还有木椁墓等重要古墓葬，以及其他墓葬，如刑徒墓等。

汉代已肇始凿山营造墓室，如，河北满城汉中山靖王刘胜及其妻窦绾墓和江苏徐州北洞山西汉楚王墓。刘胜和窦绾墓分别凿出巨大山洞，由墓道、中室、主室和南北耳室等组成，出土大批珍贵文物，其中两套完整的"金缕玉衣"和镶玉漆棺是首次发现，还有长信宫灯、铜漏壶、金银医针等。徐州楚王墓地下建筑面积500余平方米，墓室面积320余平方米，是继满城汉墓之后发掘的最大的汉代石室墓，也出土了金缕玉片等珍贵文物。

四、魏晋南北朝墓葬

从曹魏至隋统一之前3个半世纪，是从汉代墓葬的过渡阶段，在物质文化上反映了这一时期的特点。著名的墓葬有河北景县封氏墓群和磁县北朝墓群、新疆吐鲁番阿斯塔那墓群（晋～唐）、曹植墓、洛阳魏晋墓、辽阳魏晋墓、冯素弗墓、司马金龙墓、南京吴西晋墓、长沙西晋墓、邓县画像砖墓，等等。

磁县北朝墓群，现存土冢134个。北齐兰陵王墓、魏宜阳王元景植墓、魏侍中高翻墓等均有墓碑。已发掘北齐左丞相文昭王高润墓、茹茹公主墓等王室贵族墓。以前曾被盗掘出7盒墓志，发掘中亦出土墓志。吴晋南朝墓发现千座之多，其中南京附近数百座墓已被清理发掘。南朝齐、梁、陈三朝（约5世纪中至6世纪）大型帝王陵墓地面石刻盛行，如精美的神兽、石柱等石刻。在四川等地则有独具特点的崖墓。

五、隋唐五代墓葬

这个时期著名的墓葬有：咸阳泰陵、唐代诸帝陵、成都前蜀王建墓、后蜀孟知祥墓、广州南汉王刘晟墓、杭州吴越王钱氏墓和南京南唐李昇、李璟墓等，还有吉林延边敦化县六顶山墓群、和龙县龙头山墓群等渤海时期的墓葬，青海都兰县热水墓群，等等。全国各地发掘的隋唐及五代墓葬，其中有永泰公主墓、懿德太子墓、章怀太子墓等。

唐代帝陵有18座集中在陕西乾县、礼泉、泾阳、三原、富平、蒲城6县，仅昭宗李晔陵和哀帝李柷陵分别在河南渑池和山东菏泽。依山为陵是唐陵的一大特点，如昭陵在礼泉九嵕山，乾陵在乾县梁山，定陵在富平凤凰山，桥陵在蒲城丰山，泰陵在蒲城金粟山，建陵在礼泉武将山，元陵在富平檀山，崇陵在泾阳嵯峨山，丰陵在富平瓮山，景陵在蒲城金炽山，光陵在蒲城尧山，章陵在富平天乳山，贞陵在泾阳仲山，简陵在富平紫金山，唯献陵、庄陵、端陵、靖陵例外，但献陵封土高达21米，东西宽150米，南北长120米，其状亦若山阜。同时，在陵区内辟陪葬区，形成以皇亲、勋臣陪葬的制度。陵园布局基本是：墓室高踞陵园北部，是全陵主体，周围筑内、外二重城墙，内城四面有门，外城南面有3道门。石狮、王宾像、碑石、石人、石马、鸵鸟和华表等石刻，置于外城南面，自南而北的第二、三道门之间。石刻可分6类：狮子，石人、石马和马伏，翼兽和北门六马，"蕃酋"像，华表，碑石、无字碑和述圣记碑。陵区内还建有下宫。唐陵的这种平面布局和石刻组合，从高宗乾陵开始基本定制，历代相沿成习。唐陵的石刻有圆雕、浮雕和线雕,远远超过了前代。其中驰名中外的昭陵六骏高浮雕为飒露紫、拳毛䯄、白蹄乌、特勒骠、青骓、什伐赤,是唐陵石雕艺术的瑰宝(其中飒露紫和拳毛䯄已于1914年被盗往美国)。

章怀太子(高宗子李贤)墓、懿德太子(中宗长子李重润)墓和永泰公主(中宗第7女李仙蕙)墓,均为唐乾陵陪葬墓,地面均有封土堆和围墙(李贤和李仙蕙墓围墙已无存),南有土阙一对,阙南除李贤墓只有石羊1对外,李重润墓和李仙蕙墓阙南有石狮1对、石人2对、石华表1对,有的已残坏。墓的地下结构均由墓道、过洞、天井、小龛、前后甬道和前后墓室等部分组成,区别只是过洞、天井和小龛的数量不同。甬道和墓室为砖砌。在3座墓内均发现珍贵壁画和唐三彩等遗物。

五代王处直墓,位于河北曲阳县西燕川村,由封土、墓道、墓门、甬道、墓室(前室、东西耳室、后室)组成,发现珍贵壁画男女侍、山水、花鸟、云鹤等,面积约100平方米;汉白玉奉侍浮雕和散乐浮雕等尤为珍贵,继承了唐墓壁画艺术风格和特点。

六、宋至清墓葬

宋代墓葬中有巩县(现巩义市)宋陵、杭州岳飞墓、遵义杨粲墓、夏县司马光墓等著名古墓;还有大量中小型墓,如白沙宋墓等。

北宋八陵全部分布在河南巩义境内嵩山与洛河之间的丘陵上。地上建筑全部无存。陵园布局基本沿袭唐代陵制,但也不尽相同,且规模要小得多。八座陵墓依同一制度建造,布局基本一致,每陵均有兆域、上宫和下宫。陵台居上宫中心,夯筑,呈覆斗形,四周筑陵垣,每面正中开一神门,四隅建角阙。东、西、北门之外,各置石狮1对。南门为正门,门道内置石雕宫人1对,外置石雕武士、奔狮各1对。再南为神道石刻,夹神道建鹊台、乳台各1对。乳台之北为列石,自南而北依次有望柱、象及驯象人、瑞禽、角端、仗马及控马官、虎、羊、客使、武臣、文臣等共60件。

宋陵在陵地选择和地形利用上与历代帝陵相悖。它面向嵩山,背靠洛水,而历代帝陵则居高临下,依山面河。宋陵各陵地形南高北低,置陵台于地势最低处,而历代帝陵置中心建筑于最高处,其建筑由前至后逐渐增高。

辽代陵墓多依山为陵,在陵前建享殿,皆置奉陵邑和守陵户。10个皇帝陵墓分布在内蒙古和辽宁境内。其他墓葬分布在内蒙古、辽宁、河北、山西、北京等地。已发掘的辽墓也为数众多。河北省张家口市宣化下八里墓群,已发掘的墓葬中,有壁画墓,如张世卿墓发现总面积达86平方米的彩绘壁画和彩绘星象图。位于后室穹隆顶中部的彩绘星象图星际间外径 2.17 米,彩绘二十八宿和十二宫星宿,对研究天文史有重要价值。

金陵在北京房山一带。元代无陵,1954 年在内蒙古伊金霍洛旗新建了迁葬的成吉思汗陵。

明代陵墓在制度上有较大变化。它继承宋陵平面布局,同时废去上、下宫制,扩大方形陵丘前的献殿,陵园内城垣砖筑,平面改为长方形,陵丘置内城后部。不仅如此,它一改秦汉以来帝后不同陵制度,而实行帝后合葬。营建明孝陵,又将秦汉以来平面方形陵丘改为平面圆形宝城式陵丘,前建方城明楼。这种陵制在明十三陵得到了充分体现。

明十三陵位于北京昌平天寿山下,是 13 个皇帝陵墓的总称。自成祖朱棣迁都北京后,至末代皇帝崇祯朱由检止,14 个皇帝,除景帝朱祁玉因故葬金山外,其他 13 个皇帝均葬于此。十三陵以长陵为中心,向左右排列。陵区周围 40 公里,因山筑墙,大红门为陵园正门,门前有石牌坊、下马碑,大红门内有神道通各陵。神道中央有"大明长陵神功圣德碑",四周有 4 个石华表,神道两侧有石柱,石兽 24 个(狮、獬豸、骆驼、象、麒麟、马各 4 个),石人 12 个(有武臣、文臣、勋臣各 4 个),均用整块白石雕成。各陵布局基本相同,陵门前有无字碑,门内向后依次有祾恩门、祾恩殿、牌楼门、石五供、宝城明楼、陵丘(封土)。陵丘下为墓室,埋葬皇帝与皇后。明定陵墓室(地宫)已于 1956~1958 年发掘。

明代其他重要墓葬有:湖北蕲春李时珍墓、山东德州苏禄王墓、上海徐汇徐光启墓、贵州大方奢香墓、海南海口海瑞墓、湖北钟祥显陵、河南新乡潞简王墓、四川成都明蜀王陵、江苏明祖陵、安徽凤阳朱元璋父母墓等。

清代帝陵基本沿袭明陵之制。在陵丘宝城与方城明楼之间增加了月牙城,同时恢复了帝后不同陵的制度。清代自顺治帝始,迄于光绪帝,9 个皇帝的陵墓分别建在河北遵化和易县两地,称东陵、西陵。在本章第二节,从古建筑的角度概述了清东陵主要建筑。清西陵有帝陵 4 座、后陵 3 座等。

清代重要陵墓还有:辽宁沈阳清昭陵和福陵、新宾的清永陵,福建安南郑成功墓,湖北通山李自成墓,新疆喀什阿巴和加麻札(墓),湖南炎陵县炎帝陵,浙江绍兴大禹陵等。

第六节 文化史迹网

文化史迹的种类很多,而且不同时代的文化史迹不尽相同,有些甚至差别很大。如何把数量大、种类多、内容丰富的文化史迹，由一个个单独的史迹，说明某些问题或某一侧面问题的史迹，组合起来，说明社会问题或政治、经济、科学技术、文化艺术等方面的问题呢？只有建立文化史迹网。

一、文化史迹网的基本内涵

通过我们在本章第二、三、四、五节对古代文化史迹几个主要种类的阐述，不难看出，某一处史迹，从产生、发展到衰亡，或继续发展，都有其发展的历史脉络；后一个时代的史迹，总是在前一个时代该种史迹的基础上，继续充实、完善，向前发展。这种纵的历史发展轨迹，表明一种文化史迹发展的规律。

同时，从横的方面观察，同一时代的不同文化史迹，都与该时代的政治、经济、军事、科学技术、文化艺术等的发展状况和水平有着密切的关系。唐代政治上的统一，经济发展与繁荣，创造了丰富的物质文明和灿烂的精神文明。其各种史迹，都不同程度或从不同侧面反映了唐代的强盛与繁荣。它们之间的联系，也是客观存在的。这种客观存在的联系，同样反映了社会规律性。

从文化史迹纵横发展、联系所表现出的规律性出发，如果把文化史迹按其不同的种类，从纵向一个时代一个时代的联系起来，再从横向把同一时代的文化史迹联系起来，就可以构成一个纵横交织的文化史迹网。

由此，我们可以把文化史迹网的涵义概括为：把散布于各地的不同种类的、零散的文化史迹，从历史发展的纵线，把古代、近代和现代的文化史迹连贯起来，形成纵的发展系列；与此同时，再从历史发展的横面，即不同历史时期（或时代），把反映社会生产、社会生活，或政治、经济、军事、科学技术、文化艺术、宗教、民俗等文化史迹联系起来，进而将纵向系列的文化史迹和横向的文化史迹交织起来，构成历史发展的网络，即文化史迹网。

二、文化史迹网的形成

文化史迹网的形成，首先要对文化史迹进行调查、研究。没有调查，对各地文化史迹不甚了解，是无法建立起文化史迹网的。文物调查，包括文物普查，是文物行政管理部门和文物机构的一项重要工作（详见第十三章第三节）。只有对当地文化史迹存在与分布情况基本调查清楚，才能为建立文化史迹网打下牢固的科学基础。

在文化史迹网的建立中，各级文物保护单位是其骨架，也就是说，文物保护单位是文化史迹中的精华。有它们作中坚，就容易把文化史迹网建立起来。

国务院已公布了五批全国重点文物保护单位，共1271处。它们是中国文化史迹中的瑰宝,是建立全国文化史迹网的基础。单就这1271处全国重点文物保护单位而论,已基本构成了全国文化史迹网框架。加之约7000处省级文物保护单位和六万处市县级文物保护单位,全国文化史迹网可以建立起来。随着文化史迹调查研究的深入,新的文化史迹的发现,以及文物保护单位内容的扩大和数量的增加,全国文化史迹网将不断丰富和完善。

如全国重点文物保护单位中,共有古建筑574处,古遗址286处。古建筑的时代自春秋时期起,迄于清,各个历史时代的建筑都有,从纵向按历史发展顺序排列,就可以形成自己的系列。古遗址的时代自中国发现最早的龙骨坡遗址、西侯度遗址和元谋遗址始,迄于清,上下约200万年,主要历史时期的遗址均有,也可以初步形成自己的系列。由于它们内涵的内在联系,从中可以看出历史发展的轨迹。如果每一大类中,再按不同内容的小类区分,同样可以构成自己的系列,只是有的小类目前缺环较多,还有待于今后不断补充、完善。

一个省、自治区、直辖市的文化史迹网的建立也是如此。1982年,河北省人民政府根据文物工作的新情况和国务院通知精神,重新拟定和公布了河北省文物保护单位304处。其中革命遗址和革命纪念建筑20处,包括辛亥革命、抗日战争和解放战争时期的一些文物;石窟寺8处,包括了北齐至明的石窟;古建筑及历史纪念建筑109处,包括了唐代建筑正定钟楼。仅以木构建筑为例,就有唐代钟楼、宋代隆兴寺(正定)、辽代阁院寺(涞源)、元代北岳庙(曲阳)、明代文庙(定州)、清代避暑山庄和外八庙(承德)等,构成了河北木构建筑史迹系列。

在以文物保护单位为基础建立文化史迹网的同时,把未列入文物保护单位的文化史迹也都放置在它应有的位置上,文化史迹网无疑会更加充实和丰富多彩。

全国和各省、自治区、直辖市、特别行政区文化史迹网的建立,标志着中国文物事业跨入一个新的阶段。它形象、生动、具体,具有特殊的作用,将成为中国历史上政治、经济、军事、科技、文化等的大陈列,是一个社会发展史迹的"大地博物馆"。

第十二章

近代现代文物

第一节 近代现代文物范围与种类

近代现代文物是指近代和现代文化遗存，即文化史迹和文化遗物。在中国，是指1840年以来的文化遗存。1840年鸦片战争以后，中国由封建社会逐步变化为半殖民地、半封建社会。中国人民为反对帝国主义侵略和封建压迫，前仆后继，英勇奋斗，进行了长达百余年的斗争。在这一百余年，遗留下来十分丰富的文化史迹和遗物，并具有十分鲜明的时代特点。它们真实、形象、具体、生动地记录了这段历史，是中国人民宝贵的文化遗产。

1949年，中华人民共和国成立，开辟了中国历史新纪元。在50多年历史发展进程中，在中国共产党领导下，各民族一律平等，共同为建立富强、民主、现代化的中国而努力奋斗中，遗留下来的具有历史、科学和艺术价值的文化史迹及具有典型性、代表性的遗物，是重要的物质文化遗产，是现代中国发展的历史见证。

一、近代现代文物的范围

近代现代文物的范围，总的来说，包括近代以来，人们在社会活动包括政治、经济、军事、科学技术、文化艺术等活动中遗留下来的具有历史、科学和艺术价值的文化遗存。其中既有不可移动文物，又有可移动文物。

不可移动文物是近代以来人们在社会活动中遗留下来的遗迹，包括反映政治、经济、军事、文化等方面的史迹及代表性建筑，其中也包括少数民族文化史迹和民俗文化史迹等。

可移动的文化遗物十分广泛，丰富多彩。它包括近代以来遗留下来的具有代表性、典型性的各种生产工具、生活用品、货币、武器、艺术品、工艺美术品，等等。其中，少数民族文化遗物和民俗文化遗物是近代现代文化遗物中的重要组成部分。

二、近代现代文物的种类

近代现代文物种类繁多。以存在形态可分为两大类，即不可移动文物和可

第十二章　近代现代文物

移动文物。每大类中又可分若干类。

不可移动文物。指近代现代文化史迹及代表性建筑，有遗址或旧址（包括各种遗址或旧址）、故居或旧居、墓葬、纪念性建筑、中国各民族的民族风格建筑、外国风格建筑或中外结合风格的建筑以及其他重要史迹。

遗址或旧址。有战役战斗遗址、重大活动或斗争遗址，有机关、部队、团体及会议旧址等。

故居或旧居。有领袖人物故居或旧居，有政治、经济、军事、科学技术和文化艺术等方面的著名人物的故居或旧居。

墓葬。有领袖人物陵墓、名人墓、烈士墓、万人坑等。

纪念性建筑。有纪念碑、纪念亭、纪念塔、纪念祠等。

民族风格建筑。有官署、民居、亭桥、店肆、作坊、娱乐场所等。

外国风格建筑或中外结合风格建筑。有使领馆旧址建筑、别墅建筑、教堂建筑、银行建筑，等等。

可移动文物。近代现代可移动文物是反映社会制度、社会生产和社会生活的代表性、典型性实物，范围十分广泛，品种繁多。总的来说，有生产工具、生活用具、军事用具及用品、交通用具、交易用具、货币、游艺用具及用品、婚丧嫁娶用具及用品、服饰、艺术品、工艺美术品、重要文献资料、代表性音像资料，等等。

第二节　近代现代不可移动文物

近代现代不可移动文物，主要有遗址或旧址、故居或旧居、墓葬、纪念建筑、中国各民族的民族风格建筑、外国风格建筑或中外结合风格的建筑以及其他史迹。

一、遗址或旧址

遗址或旧址的范围很广。其中主要有中国人民反对帝国主义侵略和封建压迫，争取民族独立和自由幸福，在历次斗争中遗留下来的具有代表性的遗址；有机关、部队、团体及会议所在地中与重大历史事件相关的、具有代表性的遗址或旧址等。诸如：林则徐销烟池与虎门炮台旧址、三元里平英团遗址、金田起义旧址、大沽口炮台、义和团吕祖堂坛口遗址、江孜宗山抗英遗址、北伐汀泗桥战役遗址、平型关战役遗址、冉庄地道战遗址；武汉国民政府旧址、黄埔军校旧址、"八一"起义指挥部旧址、八路军总司令部旧址、新四军军部旧址、西柏坡中共中央旧址；中华全国总工会旧址、广州农民运动讲习所旧址；中国共产党第一次全国代表大会会址、国民党"一大"旧址、八七会议会址、遵义会议会址，等等。

林则徐销烟池与虎门炮台旧址，位于广东东莞市虎门镇和番禺县黄阁镇及南沙镇等地。销烟池遗址长、宽各45米，以石板铺底，池前后分设涵洞与水沟，以便将鸦片销蚀后引江水冲走。虎门炮台分布于珠江两岸的大角山、海角山、武当山和大虎山等地，林则徐在销烟后与关天培动员民众加固和新建12处炮台，设置300余门大炮，组成三道防线。有明台和暗台，平面呈圆形或半月形，多以条石、灰、沙和糯米浆砌筑而成。

冉庄地道战遗址，位于河北清苑县冉庄。它是在与日伪军斗争中创造与逐步完善的。地道以十字街为中心，有东西南北主要干线4条，长4.5公里，南北支线13条，东西支线11条。还有与外村相连的地道。地道结构复杂，内部建有储粮室、厨房、厕所、战斗人员休息室，设有照明灯和路标，建有战斗总指挥部。地道口都充分利用地形地物，如牲口槽、炕面、锅台、井口。地面建筑物有高房工事、地平堡，以及利用地物修建的射击孔（枪眼）等。冉庄地道工事的主要特点是：高房相通、地道相通和堡垒相通；明枪眼与暗枪眼交叉、高房火力与地平堡火力交叉、墙壁火力与地堡火力交叉；做到防破坏、防封锁、防水灌、防毒气、防火烧。

西柏坡中共中央旧址，位于河北省平山县西柏坡村，是1948年5月26日至1949年3月23日，中共中央和中国人民解放军总部驻地。现在的中共中央旧址大院是在原址北面山坡上按原址布局、利用原房屋构件等复原修建的。大门向南，分前后两院，面积1.6万平方米。建筑物为砖木结构平顶房。前院自东向西一座座院落依次为周恩来旧居、任弼时旧居、毛泽东旧居、军委作战室旧址、刘少奇旧居、董必武旧居、中共中央九月会议旧址。后院东北部三间窑洞式建筑，是朱德办公室和居室旧址。大院西部前后院之间有中共七届三中全会旧址。毛泽东、周恩来、朱德等在这里指挥了著名的辽沈、平津、淮海三大战役。

二、故居或旧居

在一百余年的历史舞台上，产生了领袖人物和众多的著名人物，有政治、经济、军事方面的，也有科学技术、教育、文化艺术等方面的。他们的故居或旧居是近代现代史迹的重要组成部分。其中有：谭嗣同故居、康有为故居、孙中山故居、宋庆龄故居、黄兴故居、李大钊故居、鲁迅故居、毛泽东故居、周恩来故居、刘少奇故居、任弼时故居、蒋氏故居、李宗仁故居、张学良旧居、郭沫若故居、茅盾故居，等等。

孙中山故居被国务院公布为全国重点文物保护单位的有广东中山市的孙中山故居和上海中山故居两处。上海中山故居位于卢湾区香山路7号，是一幢二层楼房，建筑面积438平方米。楼下为客厅、餐厅，楼上为书房、卧室和小会客室。楼前有花园草坪。1920年1月至1924年11月24日，孙中山在这里工作和居住，撰写了《实业计划》和《孙文学说》（即《建国方略》）；与李大钊等共产党人共商国共合作大计，宣布改组国民党；与列宁派来的特使会谈，提出联俄、联共、扶助农工三大政策等。

三、墓葬

近代现代史迹中的墓葬，其一，是指领袖人物陵墓和著名人物的墓葬，如林则徐墓、中山陵、宋庆龄墓、鲁迅墓、冯玉祥墓、陈嘉庚墓、聂耳墓等；其二，是指烈士墓或英烈墓，如广州黄花岗七十二烈士墓、南京雨花台烈士陵园、腾冲国殇墓园等；其三，是指万人坑及其他。

中山陵位于江苏南京市东郊钟山第二峰茅山南麓。坐北朝南，依山就势建造，以古代传统建筑形式为主，建筑面积8万余平方米，主要建筑自南而北依次有牌坊、墓道、陵门、碑亭、祭堂和墓室。分布于陵墓四周的其他建筑还有音乐台、行健亭、革命历史图书馆、光华亭、仰止亭、流微榭、藏经楼等。陵墓前为广场，其南面为三层石台，上置铜宝鼎1尊；其北面为石阶和两层平台，正中建筑一座三间三楼蓝琉璃瓦顶石牌坊，正中石匾上镌刻孙中山手迹"博爱"二字。整座陵园气势恢弘，庄严肃穆。

四、纪念建筑

纪念建筑或纪念性建筑大体可分为两类，一类是为纪念重大历史事件、领袖人物、著名人物、烈士等而建造的，有纪念碑、纪念塔、纪念祠、纪念堂等，如成都辛亥秋保路死事纪念碑、湖南衡阳南岳忠烈祠、北京天安门广场人民英雄纪念碑、大连中苏友谊纪念塔。

第二类是领袖人物和著名人物工作和生活过的具有重要纪念意义的地方，从这一点出发，上述故居或旧居、遗址或旧址中的部分建筑也应属于纪念建筑；或者是重大历史事件发生地的建筑，如北京大学红楼，位于北京五四大街29号，整座建筑用红砖砌筑，红瓦盖顶，故称红楼。平面呈"工"字形，砖木结构建筑，总面积约1万平方米。原为北京大学一院。1918年，陈独秀、李大钊、鲁迅、胡适等在此任教任职，传播马克思主义和新文化新思想，使其成为中国近代史上最早传播马克思主义和民主、科学思想的重要场所。1919年五四运动中，它和其北面的操场是反帝爱国运动的策源地。作为近代文化史迹，其纪念意义是显而易见的。

五、民族风格建筑

近代现代中国民族风格建筑，是我国传统建筑文化的继承与发展，其典型代表，反映了各民族建筑的特点与风格。它们有官署、民居、亭桥、店肆、作坊、娱乐场所等，是近代现代文化史迹的重要组成部分。

崇礼住宅，位于北京东城区，原为大学士崇礼的宅第，建于清光绪年间。宅院坐北朝南，占地面积9858平方米。整座宅院有三条规整的中轴线，将其分为三路院落，但内部相互连通。宅第三面临街，正面开街门3座。原有房300余间，其中有正房、厢房、耳房；有祠堂、戏楼；有花园、水池、假山，等等。

程阳永济桥是梁式木桥，位于广西三江侗族自治县程阳村。民国元年（1912），程阳八寨老人组成"首士团"，募集资财，由侗族工匠设计、施工修建，为二楼三亭四廊木结构风雨桥。桥层长77.76米，宽3.75米，桥体长81.9米。在河床立二台三墩，桥墩之间用纵横架设的圆木组成桥身，桥面铺筑木板。桥两端建二楼，其间建三亭。楼与亭之间则用屋廊相连，构成廊桥，内设长凳，可供路人遮阳避雨、憩息。楼高6.5米，三檐歇山顶。亭高7.8米，三檐八角攒尖顶。整座桥梁完全用榫卯接合，结构严谨，造型美观，是侗族艺术和建筑技艺完美结合的杰作。

六、外国风格建筑或中外结合风格建筑

1840年以后，中国逐渐变为半殖民地、半封建社会，帝国主义国家在中国的一些地方，特别是沿海城市，或租界地，相继建造了许多建筑物。它们是重要的历史见证。就其代表性建筑风格而言，各自体现了本国的建筑风格，反映了各自的建筑文化。还有一些中外建筑风格相结合的建筑，或把中外建筑文化融为一体。

这些建筑中，具有代表性的有：青岛德国建筑、大连俄国建筑、镇江英国领事馆旧址建筑、哈尔滨圣索菲亚教堂和颐园街欧式建筑、广州沙面建筑群、庐山别墅建筑群、上海外滩建筑群，等等。

第十二章　近代现代文物

第三节　近代现代可移动文物

近代现代文化遗物即可移动文物，异常丰富多彩。它们主要是反映近代现代社会制度、社会生产和社会生活，或反映政治、经济、军事、科技、文化等方面的具有代表性、典型性的实物。由于中国近代现代历史较短，人们在社会活动中遗留下来的实物，一方面数量巨大，另一方面对其中具有代表性、典型性的实物的价值认识不足，不以为是文物，或者不重视对代表性、典型性实物的征集、保护，使许多有文物价值的实物随着社会现代化进程而消失或流失。因此，应首先提高对近代现代文化遗物历史、艺术和科学价值的认识，与此同时，应加强征集、保护、研究和宣传等工作。

近代现代社会活动、社会生产和生活中遗留下来的实物，是否具有历史、艺术和科学价值，简言之，是不是文物，关键看它是否具有代表性和典型性。这就需要把它放在一定的历史环境中进行考察、认定。

近代现代可移动文物应包括：

首先，与重大历史事件、革命运动和著名人物有关的，或者具有重要纪念意义、教育意义和史料价值的纪念物，以及有关实物；

第二，近代现代史上珍贵的艺术品、工艺美术品等；

第三，与重大历史事件有关的重要文献资料，包括重要的革命文献资料，以及具有历史、艺术和科学价值的手稿、图书资料、音像制品等；

第四，反映近代现代各民族社会制度、社会生产、社会生活的代表性实物；

第五，近代现代其他重要实物。

上述代表性和典型性实物即文物，涉及政治、经济、军事、科学技术、文化艺术、宗教信仰、民俗民情等各个领域。其中如：工农业生产工具、生活用具、军事用具和用品（如各种武器和军用地图）、交通用具（如传统的或现代的交通工具）、交易用具和货币（如度量衡器）、游艺用具（如戏装、道具、传统的和现代的乐器）、婚丧嫁娶用具和用品（如花轿、礼盒）、民族服饰、文化用具和用品，等等。

第四节　少数民族文物与民俗文物

少数民族文物，是中国丰富多彩文物的重要组成部分，是重要的文化遗产。保护和研究少数民族文物，对于研究少数民族历史，使少数民族的人民认识自己的历史和创造力，都具有重要意义。

一、少数民族文物

中国是一个有56个民族的多民族的国家。各民族对祖国的社会发展，对中华民族历史、文化的发展，都作出了自己的贡献。各民族都有自己丰富的、独具特色的文化遗产。

民族文物，一般是指近代民族在社会活动中遗留下来的具有历史、艺术和科学价值的遗迹和遗物。它是近代现代文物的重要组成部分，从不同的侧面反映了该民族的政治、经济、文化状况。

少数民族文物，一般是指除汉族以外的其他民族的文物。它们一般均独具特色，是中华民族文化遗产的重要组成部分。

少数民族文物，从时代上讲，一般属近代现代文物的范畴。少数民族文物范围极广，总的来说，可分为不可移动文物和可移动文物。

不可移动文物主要有具有少数民族风格和文化特色的各类建筑，如阁楼、亭桥、店肆、作坊、民居、娱乐场所等。此外，还有石刻、墓葬（如溶洞葬），反抗经济剥削和政治压迫与反对帝国主义侵略斗争的遗迹。

可移动的少数民族文物，是少数民族制造（制作、创作）的具有本民族风格与特色的，反映其社会制度、社会生产和社会生活的各种器物和用品，以及艺术品和工艺美术品等，如生产工具、生活用具和用品、文化用品、装饰品、服饰等。还有反抗经济剥削、政治压迫和反对帝国主义斗争中遗留的各种遗物。

二、民俗文物

民俗文物，是反映不同民族或地区民间的不同风俗习惯等民俗的遗存。风俗是历史的产物，皆有其渊源。一事一物，可表现不同的习俗和文化风尚。中国幅员辽阔，民族众多，民俗不同。民俗文物和民族文物是交叉的，从反映不同民族的民俗这一点出发，它是民族文物的重要组成部分，也是近代现代文物的组成部分。

民俗文物范围很广，涉及社会生产、社会生活和文化领域。它既反映社会经济活动相应的社会关系，又反映上层建筑的各种制度和意识形态。民俗文物内容丰富，包括衣、食、住、行、生产、交易、信仰、节日活动等方面，大体可归纳为以下10类：

1. 衣、食、住方面，如衣服、佩戴、装饰品、饮食用具、家具、取暖用具、居室等。

2. 交通方面，如运输器具（舟、车）、信使用具、关卡等。

3. 生产方面，如农具、渔猎用具、工匠用具、纺织用具、作坊等。

4. 交易方面，如计算器具、度量衡器、幌子招牌、执照、店铺等。

5. 治保方面，如警防用具、刑罚用具等。

6. 婚丧嫁娶方面，如订婚用品、结婚用品（用具）、产育用具、丧葬用品等。

7. 游艺方面，如用于娱乐、演戏的戏装、道具、乐器、玩具、舞台（戏台）、娱乐场地等。

8. 信仰方面，如偶像类、供器、供品等。

9. 年节方面，如年节用具、用品等。

10. 其他。

第十三章

文物保护管理

第一节 文物管理的内容与手段

文物保护管理是一项庞大的系统工程,从宏观控制到微观保护,包括的内容极其丰富,涉及的方面极其广泛。加强文物保护管理,是国家权力机关和行政机关的权利与义务,也是社会团体、企业事业单位和公民的权利与义务。在文物保护管理工作中,要运用法律、行政、经济、教育和科技手段,保护好文物,充分发挥文物的作用。

一、文物管理的内容

文物管理的内容极其丰富,既要处理文物与自然环境的关系,又要处理、协调文物与社会环境的关系。文物种类繁多,大小各异,所处环境不尽相同,在管理上表现为它的复杂性和艰巨性。处理文物与自然环境的关系,既涉及社会科学,又涉及自然科学或工程技术,表现了管理工作的专业性。处理、协调文物与社会环境的关系,涉及历史人文环境、当代生产建设活动,还涉及人们的生活,其中自然也涉及人们对待文物的观念,工作难度之大、任务之艰巨,自不待言。它充分反映了文物保护管理的广泛性和社会性。

就文物的宏观管理而言,其内容主要有:法规管理、计划管理、技术管理和专项管理等。

(一) 法规管理

文物法规反映了文物保护管理工作的客观规律,是文物法规建设和文物法学研究的重要成果。运用法律法规保护管理文物,是文物管理的重要内容,也是依法行政、以法制管理文物、以法治文的必然道路。

根据文物自身特点、文物保护管理的实际情况及历史经验、文物工作规律,明确文物立法指导思想和原则,制订文物立法政策和立法规划及实施计划,有计划、有步骤地开展立法工作,为文物管理提供充分的法律依据,是法规管理的重要任务。

文物法律体系,就法律渊源而言,包括法律、行政法规、地方性法规和规

第十三章 文物保护管理

章等。所谓法律的渊源，是指法律创立的方式，即由何种国家机关、通过何种方式创立的，表现为何种法律文件的形式。简言之，即指由不同的国家机关按照不同的立法程序制定的不同的法律文件。因此，应当根据法律法规的规定、制定法规的权限和程序，加强文物立法工作，依法制定法规。

法律包括宪法、民法、刑法、诉讼法和专门法律，还包括中国参加的保护文物的国际公约。在现行宪法、民法通则和刑法中，都有保护管理文物的规定。在专门法律中，有文物保护法，其他专门法律，如森林法、海关法、档案法、大气污染防治法、城市规划法、环境保护法、军事设施保护法、广告法、建筑法、拍卖法等，在涉及文物保护问题时，在有关条款中作出相应规定，确立了文物保护管理在这些法律中的地位，是文物保护管理的法律依据。

中国参加的保护文物的国际公约，是我国文物法律体系的重要组成部分。至今，或批准，或接受，或加入的保护物质文化遗产国际公约有4个，即：联合国教科文组织《保护世界文化和自然遗产公约》、《关于禁止和防止非法进出口文化财产和非法转让其所有权的方法的公约》、《武装冲突情况下保护文化财产公约》、国际统一私法协会《关于被盗或非法出口文物的公约》。

行政法规现行的主要有：水下文物保护管理条例、考古涉外工作管理办法和文物保护法实施条例。在其他行政法规中，涉及文物保护管理问题时，也作出了相应规定，为处理涉及文物保护管理问题提供了法律依据。

地方性法规在原则上应与法律和行政法规相一致，同时从本省（区、市）文物保护管理实际出发，实事求是，作出有针对性的规范。

规章一般都是就文物保护的某一方面作出的规定，具体、明确，有利于贯彻落实。

在制定文物法规方面，文化（文物）行政管理部门负有重要责任。立法规划和计划的实施，某项法规的起草，特别是从调研、起草法规草案，到征求各方面意见、反复修改，文化（文物）行政管理部门要做大量工作。因此，文物法制建设是文化（文物）行政管理部门的一项重要工作。

（二）计划管理

计划管理是文物管理的重要内容，也是宏观管理的手段。主要是研究制定文物保护管理规划和各项计划，指导管理工作和文物事业健康有序发展。

在深入调查研究文物现状和保护工作的基础上，根据国民经济和社会发展规划，研究制定文物保护管理和文物事业中长期发展规划，是文物管理的重要内容之一。1996年至1997年上半年，国家文物局研究制订了《中国文物、博物馆事业"九五"计划及2010年远景目标发展纲要》，提出了"九五"期间文物、

博物馆事业发展的计划和总体目标,其中有:

继续公布一至二批全国重点文物保护单位,基本完成全国重点文物保护单位和省级文物保护单位的基础工作。完成一批重点保护维修项目,特别是要抓紧保护维修一批有特殊影响的全国重点文物保护单位。要使前三批全国重点文物保护单位基本无险情,使第四批全国重点文物保护单位急迫的保护问题初步解决。保护维修工作实现依法管理。

文物安全工作要以防范、预防为主,确保重点,做到万无一失。完成一批一级风险单位安全技术防范报警系统建设任务,解决一批全国重点文物保护单位古建筑的消防设施。

抓好国家和重点地区文物保护技术机构建设,形成全国性文物保护科技研究与应用体系。逐步建成科技信息、文物资料信息和管理信息网络。

文物、博物馆事业2010年的远景目标是:

"在公布各级文物保护单位的基础上,形成一个以全国重点文物保护单位为骨干的各种史迹齐全的文化史迹网,建立起比较完善的保护管理体系。

"建成国家博物馆。建立博物馆门类齐全、布局合理的具有中国特色的博物馆体系。

"全面形成与社会和经济发展相适应的文物、博物馆事业宏观管理和调控体制,各级文物、博物馆事业单位形成良好的运行机制,使全国文物得到科学、有效的保护和合理利用,并充分发挥其在社会主义物质文明和精神文明建设中的作用。"

上述综合性的中长期规划之外,还有专项中期规划,以及文物保护管理工作各方面的计划,如文物普查规划和计划,文物保护单位划定保护范围、树立标志说明、建立记录档案和设立保管机构或专人保管计划,古建筑保护维修规划和计划,配合建设工程进行考古调查、勘探、发掘规划和计划,文物安全设施建设计划,文物保护科技发展规划和计划,文物干部培训计划,等等。

在本世纪初,国家文物局根据经济社会发展和文物事业发展的要求,制订了《文物事业"十五"发展规划和2015年远景目标纲要》[①]。

(三)技术管理

运用科学技术对文物进行保护,是文物管理的重要内容。它主要包括制定或执行文物保护技术方针、政策,确定文物保护科技发展方向,组织文物保护技术培训和信息交流,审定文物保护技术方案与组织实施,评审文物科技研究

---

① 国家文物局主办:《文物工作》,2002年第1期。

项目开题，组织鉴定文物科技研究成果，评审文物科技进步奖，开展国内外文物保护科技合作与交流等。

（四）专项管理

专项管理是指对大的类别的文物，根据其本身的特殊性，实行有针对性的有计划的系统管理，如对文物保护单位管理，其中如对大型遗址的管理，应制定专项保护管理规定，制定专项保护管理规划及实施计划等。

文物专项管理的方面较多，诸如历史文化名城管理、考古发掘管理、文物藏品管理、流散文物管理、出国（境）文物展览管理、文物出境进境管理，等等。在这些管理中，既要依据文物法律法规，又要根据专业特点和科学技术要求，协调处理它们之间的关系。

二、文物管理的手段

文物保护管理的主要目的是为了贯彻执行"保护为主，抢救第一，合理利用，加强管理"的文物工作方针和法律法规，保护好文物，有利于科学研究，有利于继承历史文化遗产，有利于教育，充分发挥文物的作用。实现这一目的，需要保护管理手段，把保护管理的各项内容和要求付诸实施。文物管理手段很多，从宏观上讲，概括起来主要有：法律法规手段、行政手段、经济手段、技术手段和教育手段。

法律法规手段。文物法律保护的对象是文物，是国家重要的不可再生的物质文化遗产。它所规范的是保护管理文物的行为，所调整的是文物保护管理工作的各种社会关系，符合文物的特点和文物保护管理工作的规律，并规范化和程序化。文物法律体系中法律、行政法规、地方性法规和规章，对文物保护管理的各个主要方面从不同层次作出了明确规定。依法保护管理文物，就是根据法律法规的规范，从各个方面管理文物和文物事业。以法律法规为准绳，调整文物保护管理工作中的各种关系。这是保护管理文物的基本手段。

法律规定了国家机关、社会团体、公民个人等保护文物的权利和义务，是衡量其行为合法或者非法的准绳。违反文物法律法规的行为，都是违法行为，严重的则构成犯罪，违法或者犯罪都要承担法律责任。国家行政机关根据法律法规的规定，对违法的给予行政处罚，如警告、罚款、没收非法收入等。司法机关对构成犯罪的追究刑事责任，即给予刑事处罚。有关国际保护文物公约，为打击盗掘或走私文物犯罪活动提供了重要法律依据。

行政手段。它是通过行政干预保护管理文物，在文物保护管理工作中经常的、大量的使用。依法行政就是运用法律赋予的职权进行管理，运用法律法规的规定进行管理。从这一点出发，行政手段就是通过行政力量贯彻执行法律法规的规定，对文物实施有效保护，加强管理。如运用行政管理权，依法把具有历史、艺术、科学价值的不可移动文物古文化遗址、古墓葬、古建筑、纪念建筑、石窟寺、石刻、近代现代代表性建筑等公布为文物保护单位，审批其保护范围或建设控制地带以及规定保护措施；公布历史文化名城，审批保护规划；采取行政制约手段，审批考古发掘单位和考古发掘项目领队人员的资格；指定考古发掘的出土文物的保管或收藏单位；审批古建筑、石窟寺等维修工程保护方案和计划、经费预算等；认定承担文物保护工程的勘察、设计、施工、监理单位的资质；审批设立文物商店，向依法设立的拍卖企业颁发文物拍卖许可证；审批文物拍摄、珍贵文物复制项目，等等。

行政手段的另一个重要组成部分，是国家行政机关根据法律赋予的职权，制定文物保护管理的方针、政策、计划、措施，组织贯彻执行，进行检查、监督等。

经济手段。它是文物保护管理的重要手段之一。文物保护事业是公益性事业，不但需要国家大量投入，而且也需要社会参与。所谓社会参与，主要是指社会团体、企业单位、公民个人等对文物保护事业的关心、支持和赞助。根据有关法律法规规定，首先，文物事业单位的收入专门用于文物保护；同时，国家鼓励企业、个人对文化事业其中包括文物事业进行捐赠。

设立文物保护专项补助经费，是运用经济手段保护管理文物的重要内容。国家设立的文物保护专项补助经费，主要用于全国重点文物保护单位保护维修、重要考古发掘项目、重点博物馆维修、重要出土文物科技保护、珍贵文物征集、一级风险单位技防设施建设等。

对保护文物作出成绩和贡献的单位和个人给予奖励，其中包括物质奖励，也是运用经济手段管理文物的重要内容之一。通过奖励，以激励单位和个人对文物保护的参与，进一步增强全民的文物保护意识。

违反文物保护法律法规行动的单位和个人给予经济制裁，如罚款、没收非法所得等，是国家行政机关在管理文物工作中采取的又一重要经济手段。

技术手段。利用科技手段做好文物保护是文物部门的重要任务。科技手段的任务是防止自然力对文物的破坏，同时对损坏的文物进行科技保护维修。在采用技术手段时，既要重视采用传统技术，又要大力研究现代科技并推广应用其成果。在文物保护管理工作中，国家愈益重视科技工作，文化（文物）行政管理部门每年都要对文物保护科技成果进行鉴定、评奖。对价值大的科研成果，做好推广应用工作。

在文物保护中运用科技手段时，应注意在采用现代技术保护文物时，严格控制使用违背保护文物原状的新工艺、新材料。比如在维修古建筑时随意使用水泥、钢筋，就是绝不可取的。换句话说，水泥是维修古建筑的大敌。同时，还应注意把保护文物的现代技术与传统技术相结合，探索具有中国特色的文物保护新技术，以丰富保护文物的技术手段。

交流借鉴文物保护技术，是一项十分重要的工作。应通过各种渠道和方式交流国内外文物保护技术资料与信息，组织推广科技管理经验和科技成果，开展国际文物保护技术应用的交流与合作等。在采用现代科技保护文物，或吸取外国文物保护技术时，应当特别注意中国文物的实际情况和特点。

教育手段。它是文物管理不可缺少的手段，主要包括人才培养、在职干部教育和对公众宣传教育等方面。

文物保护管理是一项专业性很强的工作，需要文物、考古、建筑、科技、美术史、法律、财会、管理等多方面的专业人才。这些专业人才，都由有关高等院校输送，从而基本保证了文物专业工作和文物保护管理工作对多方面人才的需要，保证了文物事业的持续发展。

举办干部培训班是对在职文物干部职工进行教育，提高专业水平和保护管理水平的重要途径。随着事业的发展，科学技术的进步，具体工作岗位的变动，需要对干部职工进行再教育，不断更新知识，提高技术，提高综合素质，以适应工作的需要。实践证明，它是提高在职干部职工素质的有效制度。

向公众进行宣传教育是文物管理工作的重要内容和手段。运用各种传媒向公众宣传文物知识、文物保护知识、文物法律法规；宣传中国优秀文化遗产和传统文化，宣传中华民族伟大的创造力，从而增强公民的文物保护意识和加强公民的法律观念，形成"保护文物，人人有责"的良好社会风尚，使文物保护管理有一个良好的社会环境，真正保护好祖国文物，充分发挥文物的作用。

第二节 文物法律法规

文物保护管理工作政策性、专业性和社会性都很强，有它自己的规律。文物法律法规反映了文物保护管理工作的客观规律，是文物法制建设和文物法学研究的重要成果。做好和加强文物保护管理工作，应依法行政，依法管理，既要依据文物法律、法规和规章，又要依据有关法律法规，特别要实施宪法和基本法律的规定。它们都是文物法律体系的重要组成部分。反映客观规律的法律是多层次的。文物法律体系，从法律渊源的体系来讲，分为法律、行政法规、地方性法规、规章等。它们是文物法学的基本内容。中国的文物法律法规正在不断完善,初步形成了具有中国特色的文物法律体系。

一、法律

法律部分包括宪法、基本法律、专门法律和国际公约。宪法是国家的根本大法。行政法、民法、刑法、诉讼法是国家的基本法律。宪法和基本法律的规定,是全体公民和任何机关、团体、企业事业单位一切行为的最基本的法律准则,文物保护管理行为也不例外。只有从总体上认识和在文物保护管理工作中实施宪法和基本法律,才能从根本上把文物保护管理工作纳入法制的轨道。

《中华人民共和国宪法》中关于我国的性质、法制的统一和尊严、国家和公民的权利义务、所有制、公共财产神圣不可侵犯、保护文物古迹等原则规定,需要在文物法制建设中认真加以贯彻。宪法第五条规定:"国家维护社会主义法制的统一和尊严。""一切法律、行政法规和地方性法规都不得同宪法相抵触。"在文物法制建设中,这是首先需要遵守的基本原则。宪法第十二条规定:"社会主义的公共财产神圣不可侵犯。""国家保护社会主义的公共财产。禁止任何组织或者个人用任何手段侵占或者破坏国家的和集体的财产。"文物是国家的重要文化财产,受到国家法律的特殊保护,任何侵占或者破坏行为都应受到惩处。宪法第二十二条规定:"国家保护名胜古迹、珍贵文物和其他重要的历史文化遗产。"这是制定保护文物法律法规的重要依据,也是保护文物的重要法律规定。

《中华人民共和国刑法》的任务,是保卫国家、保护公共财产、保护人民,用刑罚同一切犯罪行为作斗争,是惩治犯罪活动的重要法律依据。应对1997年修订后的《刑法》的指导思想、任务、基本原则以及有关罪的规定有比较完整的认识。在分则第六章"妨害文物管理罪"一节所规定的盗掘古遗址古墓葬罪和其他罪,在其他章节规定的盗窃罪、贪污罪、走私罪、渎职罪等,都是打击文物犯罪活动,惩治犯罪分子,保障文物安全的重要法律武器。如第三百二十八条规定:

盗掘具有历史、艺术、科学价值的古文化遗址、古墓葬的,处3年以上10年以下有期徒刑,并处罚金;情节较轻的,处3年以下有期徒刑、拘役或者管制,并处罚金;有下列情形之一的,处10年以上有期徒刑、无期徒刑或者死刑,并处罚金或者没收财产:

(一)盗掘确定为全国重点文物保护单位和省级文物保护单位的古文化遗址、古墓葬的;

(二)盗掘古文化遗址、古墓葬集团的首要分子;

第十三章　文物保护管理

（三）多次盗掘古文化遗址、古墓葬的；

（四）盗掘古文化遗址、古墓葬，并盗窃珍贵文物或者造成珍贵文物严重破坏的。

盗掘国家保护的具有科学价值的古人类化石和古脊椎动物化石的，依照前款的规定处罚。

《中华人民共和国民法通则》是保障公民、法人的合法的民事权益，正确调整民事关系的法典。应全面了解它的基本原则，了解和掌握其中关于所有权、侵权行为、合同制度、知识产权、继承权等规定。如第七十九条规定："所有人不明的埋藏物、隐藏物，归国家所有。接收单位应当对上缴的单位或者个人，给予表扬或者物质奖励。"文物是文化财产，这一条规定对文物同样适用。

刑事诉讼制度、民事诉讼制度和行政诉讼制度构成诉讼制度较为完整的体系。有关文物保护管理的司法纠纷，只有通过诉讼法所规定的程序，才能得到正确的解决。

全国人民代表大会常委会或国务院批准参加的保护文物国际公约，与其批准单位颁布实施的法律法规具有同等的效力，是我国文物法律体系的重要组成部分。如1985年11月，六届全国人大常委会第13次会议决定，批准联合国教科文组织《保护世界文化和自然遗产公约》；1989年9月25日，国务院批复接受联合国教科文组织《关于禁止和防止非法进出口文化财产和非转让其所有权的方法的公约》；1996年5月，国务院批复加入国际统一私法协会《关于被盗或者非法出口文物的公约》。在文物保护管理工作中，应遵守这些公约，贯彻执行这些公约，切实保护文化遗产。按照公约规定的原则保护文物，是按国际惯例开展文物保护工作的基本内容。

《中华人民共和国文物保护法》是我国保护文物的专门法律，也是我国文化方面的第一部法律，于1982年11月19日由五届全国人大常委会通过并公布实施。它共有八章三十三条。它对文物保护的原则、体系和方法作出了规定，是保护管理文物的法律依据，也是在文物保护管理工作中与各方面进行统一、公正协调的法律准绳。实践证明，正是有了《文物保护法》，才使我国的文物保护管理工作有法可依，纳入法制轨道，才保障了我国文物事业不断健康发展。

同时，在文物保护实践中，也在不断完善文物法律规范。为了给打击文物违法犯罪活动提供更加有力的法律依据，1991年6月29日，七届全国人大常委会通过了《关于修改〈中华人民共和国文物保护法〉第三十条第三十一条的决定》，使《文物保护法》进一步完善。

随着改革开放的不断深入，社会经济的迅速发展，特别是社会主义市场经济体制的逐步建立，出现了一些新的情况和问题，在文物保护管理中，有些问题的解决和处理缺乏明确的法律依据，有些文物保护的管理制度和措施，也需要随着形势的发展变化作出新的调整，需要进一步发展、完善文物保护法律制度。

2002年10月28日，第九届全国人民代表大会常务委员会第30次会议审议通过了《中华人民共和国文物保护法》修订草案，新的《中华人民共和国文物保护法》（以下简称2002年《文物保护法》）诞生了！江泽民主席于2002年10月28日签署中华人民共和国主席令第76号公布实施。它是贯彻以法治国方略，全面加强文物法律建设和完善文物保护法律制度的重大举措，为在社会主义市场经济体制下进一步加强文物保护管理工作提供了重要法律保障；标志着我国文物法律建设、文物保护与管理工作和文物事业进入了一个新的发展阶段。

2002年《文物保护法》八章八十条，内容十分丰富。

第一章总则，12条，包括立法宗旨、受法律保护的文物的范围，文物区分等级，文物所有权，文物工作方针，文物是不可再生的文化资源，各级政府及其行政主管部门和有关部门保护文物的职责，文物保护事业纳入国民经济和社会发展规划、纳入财政预算，文物单位收入的性质及用途，奖励等。

第二章不可移动文物，14条，主要包括各级政府公布文物保护单位，文物保护单位基础工作，文物保护单位保护制度，文物保护单位的文化用途，国有文物保护单位不得作为企业资产经营，古建筑修缮及其原则，非国有文物保护单位的维修与保护，公布历史文化名城和历史文化街区、村镇等。

第三章考古发掘，9条，主要包括几种不同的考古发掘，一切考古发掘须经批准，任何单位和个人不得私自发掘，因基本建设工程进行勘探、发掘，经费由建设单位列入工程预算，发现文物须立即报告，文物归国家所有，任何单位或个人不得哄抢、私分、藏匿出土文物，中外合作考古，发掘文物的保管、移交等。

第四章馆藏文物，14条，主要包括馆藏文物来源，设置藏品档案，藏品保管制度，馆藏文物调拨、交换、借用，馆藏文物安全等。

第五章民间收藏文物，10条，主要包括民间收藏文物的方式，禁止买卖的文物，设立文物商店的审批与购销经营文物的审核、拍卖企业拍卖文物的许可与委托拍卖文物审核，文物行政部门工作人员不得参与举办文物商店或文物拍卖企业，竞业禁止等。

第六章文物进境出境，4条，主要包括珍贵文物及国家规定的其他文物禁止出境，文物出境展览，个人携带文物出境实行许可证制度，文物进境复出境审核等。

第七章法律责任，16条，主要包括行政法律责任，刑事法律责任、民事法律责任等。

第八章附则，1条。

其他专门法律在涉及文物保护问题时，在有关条款中都有相应规定，确定了文物保护在这些法律中的地位。它反映了国家和社会对文物保护的重视，有利于保护国家文化遗产。

二、行政法规

行政法规是中央国家行政机关制定和颁发的规范性文件，以宪法和法律为依据，不能与之相抵触。文物行政法规是文物法律体系的重要组成部分。它由国务院通过并颁布实施，或由国务院批准，由有关国家机关颁发。

文物行政法规是根据宪法、法律规定和文物保护管理工作的需要，同时根据文物保护管理工作的基本经验和规律，按照法定程序制定的规范性文件。例如，根据《文物保护法》制定了《文物保护法实施条例》；根据1982年《文物保护法》第二十一条规定制定了《考古涉外工作管理办法》等。

现行的文物行政法规主要有：《中华人民共和国水下文物保护管理条例》(1989)、《中华人民共和国考古涉外工作管理办法》(1991)、《中华人民共和国文物保护法实施条例》(2003)。

中央国家机关制定、颁布的行政法规，其中涉及文物保护时，也作出了相应规定。这些规定，为处理涉及文物保护问题提供了法规依据。文物行政管理部门和有关行政管理部门应从这一点出发，把保护文物作为共同的责任，协调处理好文物保护问题。

三、地方性法规

地方性法规，是省、自治区、直辖市人民代表大会常务委员会根据国家法律，结合当地实际情况制定、颁布实施的规范性文件。它不能与国家法律和行政法规相抵触。根据国家规定，有些地方大城市的人大常委会也可以制定地方性法规，但须按法定程序报上一级人大常委会批准后才可颁布实施。至今，已有近30个省、自治区、直辖市人大常委会制定、颁布了综合的地方性文物法规，有一些省还制定了专项文物法规，如《甘肃省敦煌莫高窟保护条例》(2002)、《河北承德避暑山庄及周围寺庙保护管理条例》(2003)。

地方性文物法规，须与《文物保护法》等法律和行政法规如《文物保护法实施条例》规定原则相一致，以维护社会主义法制的统一和尊严。这些地方性文物法规，一般都应坚持从本地实际情况出发，实事求是，作出有针对性的规定。也就是说，都应贯彻原则性与灵活性相结合的原则。

地方性文物法规的原则性，基本上体现在一些基本规定与《文物保护法》及其实施条例保持一致，而灵活性则体现在对具体问题，对实际矛盾的解决等作出明确规定。如何处理好原则性与灵活性相结合的关系，是一个至关重要的问题，一定要注意把握好"度"，如在灵活性方面超过了"度"，就会偏离法律和行政法规的原则；如果只注意法律原则而忽视了灵活性，则不利于操作和执行。因此，要处理好原则性与灵活性相结合的关系，应深入进行调查研究，或进行必要的法律咨询，做好论证等工作。

四、规章

规章从整个法律体系来说，是位于法律、行政法规、地方性法规之下，具有一定法律效力的规范性文件。文物规章，是文物法律体系的重要组成部分。文物规章中，有中央国家行政机关（部、委）根据法律、行政法规制定颁发的，也有地方国家行政机关根据法律、行政法规和地方性法规制定颁发的。前者不能与法律、行政法规相抵触；后者不能与法律、行政法规和地方性法规相抵触。这是维护国家法制统一和尊严所必须遵循的原则。

文物规章，是根据法律、法规的规定和文物工作的需要，就文物保护管理工作的某些方面，分别制定的专门（或专项）规定，较之法律、法规要详细，便于操作和执行。文化部和国家文物局在《文物保护法》公布实施以后制定、颁发的文物规章比较多，如：《田野考古工作规程（试行）》（1984）、《关于拍摄电影、电视有关文物的暂行规定》（1985）、《博物馆藏品管理办法》（1986）、《纪念建筑、古建筑、石窟寺等修缮工程管理办法》（1986）、《文物藏品定级标准》（1987）、《文物出境鉴定管理办法》（1989）、《全国重点文物保护单位保护范围、标志说明、记录档案和保管机构工作规范（试行）》（1991）、《文物复制管理办法》（1998）、《考古发掘管理办法》（1998）、《文物保护工程管理办法》（2003）、《文物行政处罚程序暂行规定》（2005）等。同时，还有与有关部委联合颁发的文物规章，如《古建筑消防管理规则》（1984）、《博物馆安全保卫工作规定》（1985）、《考古调查、勘探、发掘经费预算定额管理办法》（1990）等。

第三节　文物调查与普查

文物调查是文化（文物）行政管理部门和文物机构经常性工作之一，是对

第十三章 文物保护管理

历代文物的调查了解和分析研究。它是文物保护管理、研究、发挥文物作用的基础工作。在调查工作中，宣传文物法律法规和文物知识，实地调查、采集文物、标本，做好各种科学资料，为科学研究、宣传教育和保护管理提供科学资料。

一、文物调查对象

调查对象，包括2002年《文物保护法》规定的受国家保护的各类文物，即：

1. 具有历史、艺术、科学价值的古文化遗址、古墓葬、古建筑、石窟寺和石刻、壁画；

2. 与重大历史事件、革命运动或者著名人物有关的以及具有重要纪念意义、教育意义或者史料价值的近代现代重要史迹、实物、代表性建筑；

3. 历史上各时代珍贵的艺术品、工艺美术品；

4. 历史上各时代重要的文献资料以及具有历史、艺术、科学价值的手稿和图书资料等；

5. 反映历史上各时代、各民族社会制度、社会生产、社会生活的代表性实物；还有具有科学价值的古脊椎动物化石和古人类化石。

我们把调查对象归纳为古代文物和近代现代文物，主要是调查不可移动文物，采集可移动文物及标本。

古代文物。它是古代社会活动的遗存，包括的范围极广。中国是世界文明古国之一，中华民族的祖先为我们留下了极其丰富的文化遗产。对具有历史、艺术、科学价值的遗迹和遗物，如旧石器时代遗址、新石器时代遗址、夏商周遗址、秦汉遗址、魏晋南北朝遗址、隋唐五代遗址、宋至清遗址，夏商周墓葬、秦汉墓葬、魏晋南北朝墓葬、隋唐五代墓葬、宋至清墓葬，古代城址、聚落址、关堡、窑址、作坊址，古建筑、古代纪念建筑、石窟寺、古石刻等史迹，都应调查、登记、保护。这里需要指出的是，古遗址和无封土的古墓葬，它们的分布情况和文化内涵，只有经常调查了解，才能不断发现，不断认识。对古代建筑的调查，应防止只注意寺庙建筑的倾向，要拓宽范围，调查各种形式、用途的古建筑。例如：对古代城市和村镇的调查，应包括城郭、城池、街衢、市、钟鼓楼、里坊、庄园、坞壁等；对建筑组群的调查，应包括宫殿、坛庙、寺院、衙署、学宫、藏书楼、库藏、店肆、酒楼、戏楼、作坊、会馆、旅邸、第宅、陵墓等；对单体建筑的调查，应包括殿、堂、楼阁、郭、亭、阙、坊表、台榭、塔、幢等。在调查中，应进行广泛、深入、细致的工作。

近代现代文物。它的种类繁多，文化史迹有遗址或旧址、故居或旧居、墓葬、纪念性建筑、中国各民族的民族风格建筑、外国风格建筑或中外结合风格建筑，以及其他重要史迹（详见第十二章）。

民族文物是近代现代文物的重要组成部分。它是反映某一民族物质文明和精神文明，具有历史、艺术、科学价值的史迹和遗物，从不同侧面反映了该民族政治、经济、文化状况。特别是有的少数民族由于历史的原因，没有关于本民族历史的文字记载。在这种情况下，该民族的文物就成了研究该民族历史的重要材料，有的甚至是唯一的材料，因此，具有特别重要的价值。应根据各少数民族的发展历史，系统地调查有关史迹，征集有关遗物，建立起少数民族文物的系列，以反映我国各少数民族的历史文化面貌，及其在中华民族文化中的地位和贡献。

民俗文物也是近代现代文物的组成部分。它作为不同风俗的代表性史迹和遗物，对于了解不同民族或不同地区人们生产、生活的发展、变化，对于了解社会生活和文化及风俗等，都是十分重要的实物资料（民族文物和民俗文物，详见第十二章第四节）。

二、文物调查形式

文物调查的目的和要求不同，需采取不同的形式进行。大体可分为日常性调查、区域性调查、专题调查、重点勘察、配合工程调查、文物复查、文物普查等。

日常调查。它是对本行政区域内文物的经常性调查，其目的是不断了断、认识本区域内文物状况及其分布，逐步积累系统的资料。文化（文物）行政管理部门和文物机构安排的经常性的文物调查计划，应包括调查项目、时间、人员和经费，每一阶段（或某一项文物）调查工作结束后，要认真总结，建立、完善文物档案资料。

区域调查。它是对某个区域的文物有计划的调查、了解和研究。根据不同的调查目的和要求，分为按行政区域和自然区域的文物考古调查。以自然区域开展的文物调查，如某某河流域文物考古调查，往往涉及不同的行政区划，应与涉及的地区的文化（文物）行政管理部门共同研究，有计划有步骤地进行。

专题调查。它是围绕学术研究课题或某一类文物进行的文物考古调查，一般不受行政区域的限制。专题调查要有明确的目的、要求，以及详细的调查计划和实施措施。

重点勘察。它是对文物调查中新发现的或已知的古遗址、古城址进行重点勘察，进一步了解其文化面貌和保存情况；对古城址进一步了解其范围、各种遗存分布和保存状况，以便为科学研究和保护管理提供更详细的科学资料。重点勘察专业要求高，应由业务骨干领队，配备铲探、测绘、修复等文物专业技术人员，以及相应设备，做出周密计划，逐步实施。

配合工程调查。它是文化（文物）行政管理部门和文物机构会同建设部门，在建设工程范围内对文物进行的调查了解。调查后，要对发现的文物商定具体的保护或处理办法。

文物复查。它是对已经调查登记的现存的不可移动文物的进一步调查了解和研究，分定期复查和不定期复查。复查的内容是对已登记的文物，根据科学研究和保护管理的需要，作进一步调查，获取新的材料。通过前后两次调查材料的比较，了解该处文物有无变化和破坏，研究和采取保护措施，保证文物安全。

试掘。它是在调查中进一步了解古遗址文化内涵的一种方法。其目的是初步确定该遗址的重要程度，为科学发掘和制订保护措施提供科学依据。它有助于进一步了解古遗址的文化内涵，也有可能产生损坏古遗址的副作用。因此，试掘应在遗址断崖处或边缘地带进行，以免损坏古遗址。试掘面积不得超过国家规定。对古墓葬不得试掘。

文物普查。它是文物调查的一种形式，规模大，涉及内容多。其目的是发现以前未知的文物，复查已调查登记的文物，为科学保护、科学研究与发挥文物的作用提供全面、系统的科学资料。普查队伍由文物考古专业工作者、技术人员等组成。普查前，要举办培训班，讲授文物法规、文物知识、文物鉴别和保护知识、文物普查方法和要求，提高普查人员素质，保证文物普查质量。对新发现的每处不可移动文物，要做好文字记录、登记、拍照、测绘等资料工作。对复查的不可移动文物，要了解自上次调查以来，有无变化，有无新的发现，逐项记录、拍照，掌握现存情况，积累新的资料。还要采集文物、标本，征集流散文物。在做好各项科学资料的基础上，编辑文物普查资料汇编、文物分布一览表、文物分布图、文物志等。

三、文物调查的准备工作

文物调查之前，要做好各项准备工作，主要是组织队伍、做好计划、准备资料和用具等。

不同的调查，对调查人员有不同的要求。根据调查对象、任务大小和时间长短，确定调查人员，组成队、组，做出调查计划。调查队在工作时可分成小组，并交代具体调查任务和要求，规定各小组集中时间、地点，汇报、总结工作，布置新的任务。

调查之前，应充分做好资料准备工作。主要有：查阅文献资料，把与调查文物有关的记载摘录、分类，整理成参考资料；了解与熟悉档案资料，把已发表和尚未发表的资料等分类摘录；查阅地图，把已知的文物标在图上，把文献上提供的线索，在图上作出标记，以供进一步调查落实。

与此同时，还应作好文物调查用具和用品的准备。调查不同种类的不可移动文物，需要的用具和用品不尽相同。总的说应备有：背包、望远镜、照相机、皮尺和钢卷尺、小铲、棕刷、标本袋（盒）、铅笔、半圆仪、三角板、绘图板、调查表格本（古遗址和古建筑等调查表）、日记本等。

四、文物调查的基本要求

文物调查的对象、目的不同，对调查工作的要求也有区别。调查的基本要求，是要进行实地调查，实地了解文物的状况；要征集文物和采集文物、标本；要做好调查各项资料及对资料及时进行整理。

实地调查是文物调查的基本要求之一。通过宣传文物知识、文物政策法规，调查访问当地群众，征集散存在群众手里的文物，并据此进一步了解文物线索，去发现新的文物。调查不可移动文物，必须要到文物现场，实地调查了解，这样才能真实、具体了解文物的形式与内涵，做好调查记录、文物登记表、调查日记，做好拍照，测绘图纸，捶拓拓片，等等。那种对文物不进行实地调查，仅以文献记载而填表的做法，对文物现状了解、研究和保护管理，不仅无益，而且十分有害。文物（不可移动文物）已不复存在，而又填表登记以致造成混乱，在个别地方曾经发生过，应引以为戒。

征集文物和采集文物、标本，是文物调查的又一基本要求。在调查中，应通过宣传，征集散存在人们手中的文物（可移动文物）。在考古调查中，则应认真采集文物、标本，小件的石器、玉器、陶器、骨器、钱币等，应全部采集。大件器物或沉重的文物，如石刻，运输条件允许的应运回，条件一时不具备要做好记录、拍照或拓片，交其附近单位或村委会暂时保管。采集陶片标本时，应选择具有代表性、典型性的陶片，但不能乱挖文化层中的遗物，未暴露的不在采集之列。对采集的标本，应及时编号、登记、填写标签，分别包装、存放。

调查资料是调查文物的重要成果。及时做好资料整理，是文物调查的基本要求。调查资料一般包括：调查记录、文物登记表、调查日记、照片、摄像、图纸、拓片等。要随时做好各种资料，边做边整理，防止积压和搞错搞乱。调查资料应由单位负责保管，任何人不得占为己有。在调查成果未公布之前，任何人不得向外提供资料。

五、文物调查的管理

管理好文物调查工作,是文化(文物)行政管理部门的任务之一。主要内容是研究制定文物调查计划与措施,检查开展文物调查的情况和质量,以及文物保护和宣传工作的情况。高等学校和科学研究机构开展文物调查,应事先征求文物所在地的省级文化(文物)行政管理部门的意见,商定具体计划和实施步骤;重大课题或重要文物项目的调查计划,应经国家文化(文物)行政管理部门同意。

文物普查规模大,涉及方面广,时间长,应在各级人民政府领导下进行,日常组织工作由文化(文物)行政管理部门负责,或组成文物普查领导小组及其办事机构。其主要工作为制定文物普查计划,组织文物普查队伍,举办文物普查队员培训班,搞好文物普查试点,积累、总结文物普查经验,由点到面逐步展开,检查文物普查开展情况和质量,做好总结、验收、表彰等工作。

在文物普查的过程中,应采取各种形式宣传文物方针政策和法律法规,进行热爱文物、热爱家乡和爱国主义教育。同时,建立群众性文物保护组织,聘请文物保护员,形成群众性文物保护网。文物普查结束后,推荐文物保护单位,编辑各种文物资料汇编、文物志,可以举办文物普查汇报展览。

第四节 文物保护单位管理

文物保护单位管理是文物保护管理的重要组成部分,是对文物保护单位本身及其环境的管理,是保护文物安全和环境不被破坏,充分发挥文物的作用。2002年《文物保护法》第二章不可移动文物中对文物保护单位管理作出一系列明确规定,主要内容包括:文物保护单位的公布;划定保护范围、树立标志说明、建立记录档案、设立保管机构;划出建设控制地带;把文物保护单位纳入城乡建设规划;在进行工程选址和设计时,应与文化行政管理部门确定保护措施;因建设工程特别需要,必须对文物保护单位进行迁移或者拆除时,须按法定程序报经批准;对文物保护单位进行修缮、保养、迁移时,必须遵守保护原状的原则,等等。

文物保护单位管理从20世纪50年代即已开始。1956年,各省、自治区、直辖市人民政府根据国务院通知要求,先后公布了一批文物保护单位,对文物保护单位的管理工作也随即开始。1961年3月4日,国务院颁布了《文物保护管理暂行条例》，规定各级文化行政管理部门，必须进行经常性的文物调查工作，并选择重要文物，根据其价值大小，报人民政府核定公布为文物保护单位。同时，国务院公布了第一批全国重点文物保护单位180处。此后，国务院又公布四批全国重点文物保护单位，使全国重点文物保护单位已达1271处。各省、自治区、直辖市人民政府也多次公布省级文物保护单位，市县级人民政府公布的文物保护单位已达七万处。

为了进一步做好文物保护单位保护管理工作，1963年4月17日，文化部颁发了《文物保护单位保护管理暂行办法》，1964年初，文化部文物局在河北省易县燕下都，召开了全国重点文物保护单位中大型古遗址保护工作座谈会，交流了大型古遗址勘察、划定保护范围、树立标志说明、建立记录档案等经验，进一步推动了全国重点文物保护单位的保护管理工作。《文物保护法》的公布实施，为文物保护单位的保护管理提供了重要的法律依据。1991年3月25日，国家文物局颁发了《全国重点文物保护单位保护范围、标志说明、记录档案和保管机构工作规范（试行）》，为加强文物保护单位的基础工作提供了重要规范标准。

一、公布文物保护单位

文物保护单位是由人民政府按照法律程序核定公布的。分级核定文物保护单位，主要是根据它本身历史、艺术、科学价值的大小和作用（影响）的范围来确定。因此，在公布文物保护单位之前，应对本行政区域内的不可移动文物的存在和分布情况进行调查，或进行文物普查，研究它们历史、艺术、科学价值，既要了解当地的历史和文物情况，又要了解中国历史和全国文物的概况，以及当地文物在全省（自治区、直辖市）、全国所占的位置，这样，才能比较文物的价值和重要性，提出它相应的文物保护单位级别的建议。

文物保护单位分为六大类，即：革命遗址及革命纪念建筑、石窟寺、古建筑及历史纪念建筑、石刻及其他、古遗址、古墓葬；或者分为：古遗址、古墓葬、古建筑、石窟寺及石刻、近现代重要史迹及代表性建筑、其他。现在公布文物保护单位多采用后者分类办法。

文物保护单位分为县市级、省级文物保护单位和全国重点文物保护单位，实行分级管理。县市级文物保护单位是省级文物保护单位和全国重点文物保护单位的基础。省级文物保护单位和全国重点文物保护单位，分别从县市级和省级文物保护单位中选择价值重大者。因此，凡是全国重点文物保护单位，同时也是省级和县市级文物保护单位，在保护管理的要求上，应按照该项文物最高的保护单位级别进行管理。

第十三章 文物保护管理

县市级文物保护单位由县市级文化（文物）行政管理部门和文物机构选择具有一定历史、艺术、科学价值的不可移动文物，提出建议名单，报县市级人民政府核定公布，报省级人民政府备案。

省级文物保护单位由省级文化（文物）行政管理部门和文物机构，从县市级文物保护单位中选择具有较高价值和具有全省、自治区、直辖市意义的不可移动文物，以及文物普查中新发现的重要文物，一并进行研究、比较、平衡，提出省级文物保护单位初步建议名单，征求有关方面和专家的意见，进行调整，最后形成正式名单，报省级人民政府核定公布，并报国务院备案。

全国重点文物保护单位由国家文化（文物）行政管理部门在省级文物保护单位中选择具有重大历史、艺术、科学价值的不可移动文物，或直接指定具有重大价值的不可移动文物，拟出名单，报国务院核定公布。

二、划定保护范围

保护范围是在文物保护单位之外划出的一定区域，以保护文物单位的安全和它周围的环境风貌（人文和自然环境风貌）不受破坏。文物保护范围的大小，根据文物保护单位形成的历史以及类别、规模（或体量）、地理位置、周围环境等情况，从实际出发，因地制宜而划定。一般分为重点保护区和一般保护区。

重点保护区也称安全保护区，是为保护一处不可移动文物本体安全而划定的。一般保护区，也可称影响范围，大于重点保护区。划定一般保护区的目的是为了保护古遗址和古墓葬的一般遗存；保护古建筑、石窟寺、纪念建筑、民族风格建筑等环境风貌，以及重点保护区之外的文化史迹，以利于保护、研究、游览或观赏。

单体文物的保护范围，如独立存在的石碑、经幢等，也可只划一个，应注意保护环境风貌。

划定保护范围的原则，是保证不可移动文物的完整性，并在保护单位之外留出一定的安全距离。所谓保证不可移动文物的完整性，是指古建筑、石窟寺、纪念建筑、民族风格建筑等不可移动文物的单体、群体及其附属建筑；是指古遗址的文化堆积和相关的遗迹现象，古墓葬封土或者已经探明的古墓葬、古墓群及陵园、其他地面建筑等；是指石刻、碑碣、经幢及其他文物的单体、群体和相关的遗迹等的完整性。

各级文物保护单位的保护范围，应当自公布文物保护单位之日起一年内划定，并予以公布。保护范围长期不划定，使文物保护单位的保护管理缺少最基本的依据，对文物保护单位的保护管理极为不利。

文物保护单位保护范围划定的具体工作，由文化（文物）行政管理部门和文物机构负责，进行调查研究，征求有关部门意见，待划定保护范围方案成熟后，报人民政府审批并公布。全国重点文物保护单位和省级文物保护单位的保护范围，由省、自治区、直辖市人民政府批准并公布。上报保护范围方案时，要写出说明材料，说明文物保护单位的历史、现状、价值、环境及保护范围"四至"，并附平面图、照片等。经批准、公布的保护范围，具有法律效力，任何单位和个人都应执行，遵守保护要求，违反者要负法律责任。

保护要求。文物保护单位的类别不同，保护范围内的保护要求也有区别。如在古建筑重点保护范围内，严禁存放易燃品、爆炸品、放射性物质及有毒和腐蚀性物品；一般保护范围内禁止开山采石、毁林开荒、砍伐古树名木及一切危及文物和周围环境风貌的活动。又如在古遗址重点保护范围内，严禁乱挖、乱掘等扰乱文化层堆积的活动。2002年《文物保护法》第十七条对文物保护单位保护范围的保护要求，作出了明确规定。

三、树立保护标志和说明牌

文物保护单位应树立保护标志和说明牌，使人们从标志内容中了解该处文物保护单位的级别、名称、公布机关和日期、树标机关，从而明了该处文物受国家保护；从说明牌内容了解该处文物建造形成的时代和年代，以及它的历史、艺术、科学等方面的价值。

保护标志内容为：文物保护单位级别、名称、公布机关、公布日期、树标单位。其中全国重点文物保护单位的标志应由省、自治区、直辖市人民政府树立。

保护标志形式为长方形，横匾式，横竖（长宽）比例一般为3∶2，最大者为1.5∶1米，最小者0.6∶0.4米。标志牌尺寸的大小，可根据文物保护单位具体情况确定。

保护标志书写字体，文物保护单位名称一般用仿宋字体，或用楷书、隶书，其他内容一律用仿宋字体。不要用行书、草书和篆书，以便人们识读。所有文字均用规范简化汉字，自左至右横排。

保护标志的质地，应采用石质材料等坚固的材料。大型标志置于野外，容易损坏，不应用木制。标志一般应树立在人们易见处，范围较大的文物保护单位，或一处文物保护单位文物点多、线长，可树立若干分标志；也可根据实际需要，树立若干坚固耐久的保护范围界桩。树立标志的形式可因地制宜，有立柱式、坐式、镶嵌式等，以坚固为原则，高度以适合一般人的视线为宜。

第十三章 文物保护管理

文物保护单位的说明,可以书写在保护标志的背面,也可以另立说明牌。说明文字,主要介绍文物保护单位的名称、时代、性质、内容、价值、保护范围等。全国重点文物保护单位的说明内容,应经省级文化(文物)行政管理部门审定。

四、建立记录档案

建立记录档案,是对文物保护单位所做的重要基础工作之一。记录档案是用各种方法或手段记载文物保护单位的科学资料,主要包括对文物保护单位本身的记录和有关文献史料。记录档案从性质和内容上,可分为科学技术资料和行政管理文件;从时间上,可分为当代和历史两部分;从形式上有文字、绘图、拓片、摹本、摄影(照片、幻灯片、影视胶片等)、计算机磁盘以及其他信息载体。

文物保护单位的记录档案,必须科学、准确、翔实。它包括主卷、副卷和参考卷。

记录档案主卷,以记录保护管理工作和科学资料为主。国家文物局颁发的全国重点文物保护单位基础工作规范中,规定了主卷第一部分是文字记录,内容有:全国重点文物保护单位登记表、地理位置和自然环境、历史沿革、保存现状、三个价值(历史、艺术、科学价值)、历次维修或发掘情况、保护范围及建设控制地带、保护标志和说明牌及界桩、重要文物登记表或目录索引、文物考古调查记录、保管机构或群众性保护组织、使用单位及保护机构等。第二部分是图纸、照片、拓片和摹本等,其中图纸包括:地理位置图、总平面图,建筑群体和主要单体的平、立、断面图,历次重要维修实测设计、竣工图;遗址发掘区遗迹平面图,典型地层剖面图,重要遗迹的平、剖面图;重要文物藏品的平、剖面图,等等。第三部分为电影片、录像、磁盘及其他信息载体。

记录档案副卷,以记录、收载该文物保护单位的有关行政管理文件,以及日常工作情况为主,如人民政府或文化(文物)行政管理部门有关保护该文物保护单位的文件、布告、通知、奖励、保护合同等。

记录档案的备考卷,主要记录、收载与该文物保护单位有关的资料,如有关该文物保护单位的出版物,与主副卷有关的详细资料等。

文物保护单位记录档案的建立,一般应由县级以上文化(文物)行政管理部门和文物事业机构负责。全国重点文物保护单位的记录档案,由省、自治区、直辖市文化(文物)行政管理部门指定的机构负责,并按规定向国家文物局报送。记录档案的保存,必须有安全的场地和必要的设施,并有专人负责管理。同时，应制定收集、整理、借阅、利用档案的管理制度，认真贯彻执行。不断补充的后续材料，要及时向保存档案的单位寄送，以保持各保管单位的记录档案资料的一致性和完整性。

五、设立保管机构

为了做好文物保护单位的保护管理，需要有组织保证，根据2002年《文物保护法》的规定，应"区别情况分别设立专门机构或者专人负责管理"。目前，一批文物保护单位已设立专门保管机构，负责文物保护单位的保护管理工作。也有的设专人负责管理。

专门保管机构的主要任务，是负责对该处文物保护单位进行调查、保护、管理、维修、藏品保管、宣传陈列、科学研究等。认真做好这些工作，对保护管理好文物保护单位有重要意义。比如，开展文物调查，是专门保管机构经常性的一项工作，只有经常进行深入的调查，才能不断了解和掌握所管理的文物的历史与现状，并预测它以后的变化以及保护管理工作可能出现的问题。同时，只有经常开展有计划的、科学的调查，以及对调查资料进行整理研究工作，才能建立和不断补充、完善文物保护单位的记录档案。对于古建筑等保管机构来说，做好古建筑、纪念建筑、民族风格建筑等的保养、维修、修缮工作，则是一项经常性的重要工作。对这些建筑物应经常进行扫垄、勾抹等保养工作，不可忽视。保管机构收藏的文物藏品，一定要及时登账、编目、入库，每件文物的名称、质地、时代、完残情况及编号，都要与文物账相符。文物藏品总账管理人员不能兼管文物。应制定严格的文物库房管理制度，确保文物安全。文物宣传工作是保管机构经常性工作之一，应采取举办文物陈列展览、编印文物宣传材料等多种形式，或通过新闻媒体，经常向广大群众宣传文物知识、保护文物的意义、文物法律法规知识，对群众进行热爱文物、爱家乡和爱国主义教育。

尚未设立专门保管机构的文物保护单位，特别是全国重点文物保护单位，应设专人负责保管。县级以上政府也可责成使用单位或有关部门负责保护管理，但保护管理工作要接受文化（文物）行政管理部门检查、指导和监督。

六、划出建设控制地带

在文物保护单位中，有些需要保护其周围人文环境和自然环境；保护环境风貌不受破坏，需要控制新的建设项目，控制新建筑的高度和体量等。因此，建设控制地带，"是指在文物保护单位的保护范围外，为保护文物保护单位的安全、环境、历史风貌对建设项目加以限制的区域"。

文物保护单位的环境风貌和文物保护单位相协调,具有时代特点和风格,应加以保护。古代建筑物与风景连在一起的,建筑控制地带应包括风景部分,使文物风景不受破坏。如一些古建筑、石窟寺与名山大川联系在一起,有不少景点是借景,要考虑在它们之间形成建设控制地带,以保护景观。建设控制地带的大小,应根据文物保护单位的实际,如群体与个体,集中与分散,它们周围的地理环境差别,经济发展规划等,因地制宜划定。

2002年《文物保护法》第十八条和第十九条规定,为保护文物保护单位的历史风貌和环境提供了法律依据。

建设控制地带的划定,首先是根据保护文物的需要,并不是所有的文物保护单位都要划定建设控制地带。它是在文物保护单位保护范围之外划出的一定区域,既保护文物保护单位本身,又保护它周围一定范围内的历史风貌和环境。因此,应根据文物保护单位的实际情况和保护其历史风貌和环境的实际需要,即根据保护对象的格局、安全、环境和景观的需要,以及周围的地形、地貌、历史环境等情况,科学划定建设控制地带。具体划定工作由文化(文物)行政管理部门与城乡规划部门负责,全国重点文物保护单位和省级文物保护单位的建设控制地带划定后,须报省、自治区、直辖市人民政府批准。

在建设控制地带内控制建设的总的要求是,不修建直接或间接从空中或地下对文物构成危害和破坏文物保护单位的历史风貌和环境的新建筑物和构筑物。根据这一总的要求,在建设控制地带,不能建设污染物超过规定排放标准的工业设施和其他危及文物安全的设施,不能修建其形式、高度、体量、色调等与文物保护单位历史风貌不相协调的建筑物与构筑物等。如必须修建新建筑物和构筑物时,应按法定程序报批设计方案,经批准后方可建设。

七、文物保护单位的保护

在文物保护单位的保护中,把它纳入城乡建设规划、在保护范围内不得进行其他建设工程,建设单位在选址和设计时应采取保护措施,因建设工程必须迁移或拆除时应妥善处理等,是对文物保护单位进行保护管理的重要原则和措施。

在进行城乡建设规划时,把文物保护单位纳入城乡建设规划,是对文物保护单位实施有计划保护和科学管理的重要措施。它可以使文物保护单位在城乡建设中免遭破坏,同时可以增加城镇的历史文化色彩,对建设有中国特色的城镇有重要意义。2002年《文物保护法》第十六条规定:"各级人民政府制定城乡建设规划,应当根据文物保护的需要,事先由城乡建设规划部门会同文物行政部门商定对本行政区域内各级文物保护单位的保护措施,并纳入规划。"为把文物保护单位纳入城乡建设规划加以保护提供了法律依据。

实践证明，凡是在规划建设城镇时，把文物保护单位纳入规划，并认真加以保护的，不仅保护好了文物，而且把它周围的建筑与之协调，形成了很好的景点或景区，使城镇既保留传统文化，又有现代气息，证明了文物保护和城乡建设是紧密关联、相辅相成的。相反，有些地方，在规划城乡建设时，没有注意把文物保护单位纳入规划给予保护，使文物保护单位及其历史风貌在建设中受到损坏，既损坏了文物及其景观，又没有搞好有中国特色的城镇建设。

为了做好把文物保护单位纳入城乡建设规划工作，城乡建设规划部门与文化（文物）行政管理部门应统一认识，加强联系，密切合作。具体而言，应共同掌握文物保护单位数量、分布、规模、时代、价值等资料，共同研究，提出保护规划意见，并进行论证，将其纳入城乡建设规划。

在文物保护单位的保护范围内不得进行其他建设工程或者爆破、钻探、挖掘等作业，是保护文物保护单位的又一重要措施。2002年《文物保护法》第十七条对此作出了明确规定：因特殊需要，"在全国重点文物保护单位的保护范围内进行其他建设工程或者爆破、钻探、挖掘等作业的，必须经省、自治区、直辖市人民政府批准，在批准前应征得国务院文物行政部门同意。"所谓"特殊需要"，应该是关系到国计民生全局的和国家长远利益的建设项目，不能把一般建设项目或某个局部的建设项目的需要称之为特殊需要。因"特殊需要"的建设项目等，必须按《文物保护法》规定的程序报经批准。这是保护文物保护单位安全和周围环境不遭破坏的法律保障。

还应指出的是，因"特殊需要"的建设项目，《文物保护法》规定了严格的批准程序。之所以如此，表明在这一关系到保护祖国文化遗产的重大问题上，必须十分慎重地处理，严格把关，以免造成不可弥补的损失。因此，在执行这一规定时，上述批准、同意机关缺一不可，否则不具备法律效力。在批准时，要对文物保护单位采取保护措施，既要有利于文物保护，又要有利于基本建设。

建设单位选址涉及文物保护单位时，应采取避开、原址保护、迁移等保护措施，并列入设计任务书。2002年《文物保护法》第二十条对此作出明确规定，确定了制定保护措施的共同责任和原则。

根据法律规定，建设单位选址时，"应当尽可能避开不可移动文物"，要注意在选址范围内是否有文物保护单位，该建设工程对文物保护单位会带来什么影响，并由此考虑该工程能否在此选址。这在建设工程选址和论证阶段就应加以解决。如选址可以确定，在工程设计阶段，应把保护文物保护单位措施纳入设计任务书，"实施原址保护"。如须另行选址，也不会给建设单位带来损失。那种不考虑文物保护单位的保护，匆忙选址、设计以至进行工程前期工作，结果因保护文物保护单位的需要，必须另行选址，必然会带来一定损失。

在建设单位选址中，文化（文物）行政管理部门一要向有关主管部门提供文物保护单位和不可移动文物资料，二要对选址提出建议或参与论证，三要共同研究有关保护措施；特别是如必须另行选址，应提出明确意见。

迁移文物保护单位是一种保护措施，但不是什么工程都可以迁移。为了保障文物保护单位不被任意迁移，2002年《文物保护法》第二十条同时规定："无法实施原址保护，必须迁移异地保护或者拆除的，应当报省、自治区、直辖市人民政府批准；迁移或者拆除省级文物保护单位的，批准前须征得国务院文物行政部门同意。全国重点文物保护单位不得拆除；需要拆除的，须由省、自治区、直辖市人民政府报国务院批准。"规定明确指出，迁移或者拆除文物保护单位，必须是无法实施原址保护，不迁移或拆除就会使文物保护单位毁掉，否则不得迁移或拆除，这是原则。如因修建三门峡水库，把水库淹没区的元代建筑永乐宫迁至芮城县城以北。在一般情况下，或者在一般建设工程中，对涉及文物保护单位的古建筑、纪念建筑等，不能采取迁移或拆除的办法，应采取措施，原址保护。如因建设工程特别需要，必须对文物保护单位迁移或拆除的，应根据法律规定程序报经批准。

按法定程序报经批准的文物保护单位的迁移或拆除，文化（文物）行政管理部门应组织专业技术人员，对迁移或拆除的古建筑、纪念建筑物等，认真做好详细的文字记录，实测平面图、立面图、剖面图、结构图、大样图，拍摄各种资料，临摹壁画等。在拆除过程中，要认真做好各种构件的编号、登记、拍照与拆除记录等工作，分类码放构件。迁移的古建筑、纪念建筑等，要选好新址，按原来的布局、建筑结构和形式，并尽可能利用原来的主要构件，重新复原修建。拆除后不再异地复原修建的，其建筑构件、艺术品、附属文物如碑碣、匾额、楹联等，应由文物事业单位或博物馆收藏。

八、文物保护单位分级管理

分级管理是中国文物管理工作中一项重要原则。对文物保护单位分级管理只是文物分级管理中的一部分。我国历史悠久，保存在地上地下的各类文物异常丰富。根据它们历史、艺术、科学价值的高低，分别公布为不同级别的文物保护单位，实行分级管理。全国重点文物保护单位的管理权归国家，地方各级人民政府，对本行政区域内的各级文物保护单位负有保护的责任。

在2002年《文物保护法》"不可移动文物"一章中，对文物保护单位的分级管理作出了明确规定。对不同级别的文物保护单位,提出了不同的要求。如在文物保护单位的保护范围内,不得进行其他建设工程,如有特殊需要,必须经原公布的人民政府批准和征得上一级文化行政管理部门同意,这是指县市级和省级文物保护单位而言;在全国重点文物保护单位范围内进行建设工程,必须经省级人民政府批准,并在批准前须征得国务院文化(文物)行政部门同意。

在对文物保护单位实行分级管理中,要特别指出,全国重点文物保护单位同时又是县市级和省级文物保护单位,这是由《文物保护法》规定的公布文物保护单位的程序等决定的。虽然如此,在文物保护单位进行管理时,都要以一处文物保护单位的最高级别为准,严格执行《文物保护法》和有关法规的规定。

第五节 古建筑和纪念建筑物保护管理

古建筑和纪念建筑物保护管理,特别是文物保护单位中古建筑和纪念建筑物等的保护管理,是文物保护管理的重要组成部分。它涉及的内容较多,在本节主要叙述修缮、利用、保护等方面的基本内容。

2002年《文物保护法》第二十一条规定:"对不可移动文物进行修缮、保养、迁移,必须遵守不改变文物原状的原则。""不改变文物原状"是文物保护的一项重要原则。在古建筑和纪念建筑物等修缮工程中,要始终贯彻这一原则。在革命遗址和纪念建筑物保养、维修中,遵守"不改变文物原状"的原则,在一定意义上说更为重要。因为它们是在特定的历史条件下和环境中的产物,保持它们本身和周围环境的原状,可以如实地表现当时革命斗争的艰苦环境,体现艰苦朴素的作风和顽强斗争的精神,再现当年革命斗争的情景。如果把革命遗址和纪念建筑物本身和周围环境大加改变,就难以收到上述效果。"不改变文物原状",就是要保护它的历史、艺术、科学价值。

一、修缮工程审批

古建筑和纪念建筑物等修缮工程,以及较大的维修工程,涉及技术力量、施工力量、材料、经费等,任何一项不落实,工程都难以如期进行,并取得预期效果。在审批修缮工程时,应坚持国家规定的原则,并按照文物法规规定的程序进行。

2002年《文物保护法》第二十一条规定:"对文物保护单位进行修缮,应当根据文物保护单位的级别报相应的文物行政部门批准","文物保护单位的修缮、迁移、重建,由取得文物保护工程资质证书的单位承担"。第二十二条规定:

第十三章 文物保护管理

"不可移动文物已经全部毁坏的,应当实施遗址保护,不得在原址重建。"有些古建筑早年毁坏,没有留下其结构、形式等科学资料,重建已无科学依据;即使毁坏时间较晚,如无特殊需要也不应重建。在今后很长时期内,要贯彻执行"保护为主,抢救第一,合理利用,加强管理"的文物工作方针,认真做好抢救文物的工作,把有限资金用到抢救急需保护的文物上。

在审批修缮工程设计时,坚持和遵循的原则是不改变古建筑、石窟寺、纪念建筑物等文物原状。应注意设计的各个环节是否贯彻和体现了这一原则。这是把住修缮工程质量,保持建筑物历史、艺术、科学价值的第一关。

审批文物保护单位古建筑、石窟寺、纪念建筑物等修缮工程方案、设计的权限,《文物保护工程管理办法》作出了明确规定,其中"全国重点文物保护单位保护工程,以省、自治区、直辖市为申报机关,国家文物局为审批机关"。"办法"规定贯彻了我国文物分级管理的原则。

二、施工和竣工要求

古建筑和纪念建筑物等修缮工程质量高低,与施工单位的技术力量、工人素质以及设备和管理等情况有着极为密切的关系。为了保证施工质量,承担工程的单位应是经国家有关主管部门发给与文物保护单位相应等级的文物保护工程资质证书的单位。2003年《中华人民共和国文物保护法实施条例》(以下简称《文物保护法实施条例》)第十五条规定:"承担文物保护单位的修缮、迁移、重建工程的单位,应当同时取得文物行政主管部门发给的相应等级的文物保护工程资质证书和建设行政主管部门发给的相应等级的资质证书。其中,不涉及建筑活动的文物保护单位的修缮、迁移、重建,应当由取得文物行政主管部门发给的相应等级的文物保护工程资质证书的单位承担。"

在施工中,最重要的是保证工程质量和安全。修缮古建筑、石窟寺、纪念建筑物等文物,关系到祖国文化遗产保护和传留给子孙后代的百年大计。质量问题至关重要,质量不高,不仅会造成人力、物力、财力的浪费,而且也会在一定程度上损坏文物。

施工单位保证修缮工程质量重要的一条,就是严格按照设计图纸和做法说明施工,只有如此,才能保证修缮工程不改变文物原状。换言之,要把"不改变文物原状"的原则贯穿在施工的全过程中。

为了保证修缮工程质量和安全施工,应加强领导和管理,认真做好以下几点:

1. 要严格按照设计图纸、施工说明书(或做法说明)的规定和要求进行施工。如在施工中发现确有需要变更设计、或需补充设计，或改变某些做法等，都应按照原来审批程序报经批准。未经批准，施工单位或技术人员不能自行改变。

2. 在施工中，如发现该文物的新的资料或实物，文物事业机构应及时做好记录、拍摄、实测等工作，并加以妥善保护；对于重要发现，应及时上报文化（文物）行政管理部门。

3. 垛放木材或木活加工场地，不能设在木构建筑比较集中的地方。要制定严格的消防规定，采取消防措施，严禁烟火。

4. 修缮工程应按工程进度，在每一个阶段施工任务完成后，及时检查工程质量，小结工作，以利于下一阶段工程的进行。

5. 加强工程监理工作。

修缮工程竣工后，要认真做好资料整理、归档工作，形成一套比较系统、完整的修缮工程科学资料档案。它也是文物保护单位记录档案的重要组成部分，对保护、研究、宣传修缮的古建筑、石窟寺、纪念建筑物有重要价值。

工程竣工后，主持修缮工程的单位要写出竣工报告；审批修缮工程的文化（文物）行政管理部门，要组织有关部门和专家，对竣工的工程质量和决算等进行检查验收。

三、古建筑和纪念建筑物利用的原则

古建筑和纪念建筑物利用的前提，是这些建筑物属于国家所有。对它们的利用，根据2002年《文物保护法》第二十三条规定的精神，可概括为合理利用。所谓合理利用，必须是科学的，符合古建筑和纪念建筑物的文化属性与特点。

首先是"可以建立博物馆、保管所"。利用古建筑和纪念建筑物建立博物馆包括纪念馆、保管所等文物事业机构，实践证明是正确的，是符合我国这样一个发展中国家的国情的。这些文物事业机构是公益事业单位，在长期的文物保护、维修、研究、宣传等工作中做了大量工作，为保护、宣传这些不可移动文物作出了贡献，也积累了合理利用的丰富经验。

博物馆、保管所是文物事业单位，在古建筑、纪念建筑物内建立这些事业机构，符合古建筑、纪念建筑物的文化属性与特点。从机构的性质和任务来讲，与建筑物的保护并不矛盾：既是对古建筑、纪念建筑物的合理利用，它们又是保护管理这些建筑物的专门机构。

其次，对古建筑、纪念建筑物的合理利用，是"辟为参观游览场所"。这是由于它们的文化属性所决定的。各级文物保护单位，是我国几十万不可移动文物中各类文物的代表，大都具有典型性，是中国重要的文化遗产。古建筑中许

多与名山大川、优美风景联系在一起，它们不仅具有历史、艺术、科学价值，而且也具有观赏价值，把它们辟为游览场所，既可以使人们学习、了解中国的悠久历史和传统文化，对中国观众进行爱国主义教育，又可使人们在参观游览中得到休息、娱乐，陶冶情操，寓教于参观游览之中。

古建筑、纪念建筑物辟为参观游览场所，其性质为文化遗产参观游览地，不同于其他娱乐场所。因此，要特别注意保护这些文物的原状和周围的环境风貌。只有这样，才能使观众了解它的特色和价值，对参观游览者才具有吸引力。那种把文物原状加以改变，破坏其周围环境风貌的做法，既违反了《文物保护法》的规定，又使该不可移动文物在一定程度上失去了原有的特色和价值。没有特点的文化遗产参观游览场所，是没有优势的，对参观游览者是缺乏真正吸引力的。

古建筑、纪念建筑物可以辟为参观游览场所，并不等于不根据它们的具体情况和历史、艺术、科学价值的高低，都可以辟为参观游览场所。没有区别，就没有政策。在研究古建筑、纪念建筑物等是否可以辟为参观游览场所时，首先应根据它本身特点和具体情况，应把文物安全放在首位，然后是开放条件。可以开放并具备参观条件的，应当根据其级别，经同级文化（文物）行政管理部门同意。

再次，其他用途。所谓其他用途，即把古建筑、纪念建筑物等作为上述两种性质利用以外的利用。按照《文物保护法》的规定，这种用途如确属必须，要报经批准。

什么是必须的其他用途？它是牵涉到整体利益、全局利益的利用，不能把某单位或部门的利益需要也叫做必须的利用。同时，还应研究，这种必须的利用是否符合文物的文化属性和特点，是否合理利用，如果不符合，不合理，那也是违反《文物保护法》和有关法规规定的。因此，从保护我国文化遗产的长远利益出发，是不能同意的。

2002年《文物保护法》第二十四条明确规定："国有不可移动文物不得转让、抵押。建立博物馆、保管所或者辟为参观游览场所的国有文物保护单位，不得作为企业资产经营。"但有些地方，违法把国有不可移动文物转让，把国有文物保护单位转让给企业或个人作为企业资产经营，严重损害了文物的不可再生性和文物事业的公益性，有些文物已遭到损坏。

四、必须作其他用途的批准

古建筑、纪念建筑物等，如果必须作其他用途，必须按法定程序报经批准。

2002年《文物保护法》第二十三条规定:"应当经核定公布该文物保护单位的人民政府文物行政部门征得上一级文物行政部门同意后,报核定公布该文物保护单位的人民政府批准。"全国重点文物保护单位的古建筑和纪念建筑物"应当经省、自治区、直辖市人民政府报国务院批准"。这些规定,是为了保证文物保护单位不被一些单位或部门任意占用,是为了保障文物保护单位的安全和国家文化财产不受侵害。

文化(文物)行政管理部门对上述规定的执行负有重要责任。首先要对"其他用途"进行严格审查,调查了解作其他用途的性质和具体情况,以确定该种利用是否合理,是否符合文物的文化属性和特点。第二,对作其他用途(即该种利用)的必要性与可行性进行认真研究,作出科学判断。在进行这两方面工作时,应邀请有关专家研究、论证。经专家考察论证,确属"必须"与合理的利用,文物安全又有保证,在这种情况下,应将考察、论证情况和结论,以及如何利用的具体要求等,向人民政府写出报告,正式批准后,由文化(文物)行政管理部门与利用单位或其上级主管部门签订有关合同,并经公证部门公证后,方可利用。

在文物保护单位古建筑、纪念建筑物等必须作其他用途的审批上,文化(文物)行政管理部门和人民政府,都应当认真执行《文物保护法》的规定。使审批程序合法化,使决策科学化。文化(文物)行政管理部门在处理这一问题时,应坚持原则,实事求是,不同意作其他用途的,应旗帜鲜明地提出意见;同时,坚决抵制把国有文物保护单位作为企业资产经营的违法做法,从保护祖国文化遗产的长远利益出发,坚决按《文物保护法》规定办事,维护国家法律的尊严。

五、保护的责任和原则

凡经批准利用文物保护单位古建筑、纪念建筑物的单位,或专设的博物馆、保管所等机构,"必须遵守不改变文物原状的原则,负责保护建筑物及其附属文物的安全,不得损毁、改建、添建或者拆除不可移动文物"(2002年《文物保护法》第二十三条)。这一规定从三个方面对保护古建筑和纪念建筑物提出了明确要求。这三个方面不是孤立的,而是有着密不可分的联系。

专设的博物馆、保管所与经批准利用文物保护单位古建筑、纪念建筑物的单位,应根据《文物保护法》和有关法规规定,认真做好以下各项工作:

1. 对建筑物经常进行维护、保养,整理环境,采取必要措施防止人为和自然破坏。

2. 对建筑物进行维修，坚持保持文物原状的原则，不得拆改、增建建筑物。

3. 做好防火工作。宗教活动场所对灯火和香火要严加管理。非宗教活动场所不得进行宗教活动，不得设香火和功德箱。

4. 做好建筑物现状记录、登记，调查、搜集、整理有关资料，建立记录档案。

5. 做好文物藏品登记、建账、编目等工作，妥善保管。

6. 向游人宣传文物和文物法律法规，对损坏文物者作出处理。

7. 定期检查文物保护等工作，向文化（文物）行政管理部门或主管部门汇报工作。

文化（文物）行政管理部门，应对利用文物保护单位古建筑、纪念建筑物的单位的保护工作，进行检查、监督，并给予必要的协助。

第六节　历史文化名城管理

世界上许多国家都十分重视保护历史文化名城，并制定了相应的保护历史文化名城的法律法规。如意大利历史文化名城威尼斯和佛罗伦萨，完全保存了原来的风貌；法国巴黎旧城基本保持了原来布局；美国恢复和保存了威廉斯堡18世纪风光的古镇。日本在1971年专门公布了《关于古都历史风土保存的特别措施法》等法规，很好地保护了京都和奈良历史文化名城。

联合国教科文组织和有关国际组织，积极从事保护历史文化名城工作，制定、公布了保护历史文化名城的宪章。如国际古迹遗址理事会于1982年和1987年，相继制定了《佛罗伦萨宪章》和《保护历史城镇与城区宪章》（《华盛顿宪章》）等。

中国保护历史文化名城工作起步较晚。国家历史文化名城1982年开始由国务院公布，根据《文物保护法》现已公布102座。此外，还有省级人民政府公布的省级历史文化名城。对历史文化名城的管理，主要是通过制定和执行保护规划，进行控制。2002年《文物保护法》第十四条规定："历史文化名城和历史文化街区、村镇所在地的县级以上地方人民政府应当组织编制专门的历史文化名城和历史文化街区、村镇保护规划，并纳入城市总体规划。"

一、突出名城特点

历史文化名城是保存文物特别丰富，具有重大历史价值和纪念意义的城市。历史文化名城都有其特点和传统。在制定保护规划之前，应深入进行调查研究，从横的方面，摸清各类不可移动文物及风景名胜在地域和空间的分布，传统街区的保存与分布，城市布局等；在纵的方面，掌握城市不同发展阶段的文物的完整体系与历史街区的连续性，从而深入研究名城的特色。

中国国家历史文化名城，有的是历代帝王都城，如西安、洛阳、开封、杭州、南京、北京等，有着极其丰富多彩的历史文化遗产；有的是商埠都会，如上海、泉州、天津等，中外文化遗存甚多；有的是文化古城，如曲阜、敦煌、绍兴等，有丰富的传统文化遗存；有的是革命圣地，如南昌、遵义、延安等，有光荣的革命传统，等等。这些各具特色的名城，是从其主要的历史传统及其特点区分的，就其全部历史来说，绝不是单一的，内容要丰富得多。

只有在深入调查、进一步研究历史文化名城布局、传统街区分布，逐步摸清名城不可移动文物数量、分布、价值等基础上，才能比较准确地评价历史文化名城的传统和特点，研究制定好历史文化名城保护规划。

二、规划的基本内容

历史文化名城保护规划应体现它的性质和特点，这是制定历史文化名城保护规划的原则。首先应注意继承和发扬历史文化名城的历史优秀传统，并在城市形态、布局、土地利用、环境保护等规划方面得到反映，其目的是使历史文化名城的发展和建设，既符合现代生产、生活的要求，又能保持历史文化名城的传统风貌。如中国国家历史文化名城承德，又是风景游览城市，这是它的性质和特点，其规划应以此为据进行，老市区不宜扩大，严格控制人口；不宜建工厂，可发展电子工业、工艺品生产等；尤其要保护好避暑山庄、外八庙及其他胜景风光；炼钢、煤炭等工业项目应建设在新市区和矿区。

历史文化名城保护规划是专项规划，是以保护历史文化名城布局、传统街区、文物古迹、风景名胜及其环境为重点的。它是城市总体规划的重要组成部分。编制保护规划时，以保护上述各项为重点，各项建设要与它们科学的结合，或相协调，注重保护和发扬民族风格和地方特色，保持历史文化名城传统风貌。

具体而言，应根据不可移动文物的历史、艺术、科学价值，确定其级别和重点，对单体的古建筑、纪念建筑或建筑群连片地段、典型街区（传统街区）、古城遗址、古墓葬区等，要按其重要程度，以点、线、面的形式划定重点保护区和建设控制地带。通过规划，把它们有机地组织到城市的整体环境中去。要特别注意保留名城固有的合理的总体布局，特别注意保持整个城市空间环境的协调，从而达到保护历史文化名城的传统风貌。同时，要制定保护和控制的措施，以显示历史文化名城的历史连续性。

第十三章　文物保护管理

三、做好规划，加强管理

历史文化名城保护涉及生产建设、人民生活等各个方面，在制定历史文化名城保护规划时，要处理好各方面的关系。在管理方面，既要执行保护规划及保护、控制措施，又要做好宣传教育，协调处理好各方面关系。只有做好后者，才能实现前者的要求，达到保护历史文化名城的目的。

如何规划、保护历史文化名城？主要有以下几点：

第一，处理好发展生产和保护历史文化名城的关系。生产的发展，必将促进整个城市的发展，而城市的合理规划，则又为城市的发展提供了必要的规范，二者是协调一致的。但由于过去长期没有城市规划，或者有规划而未严格执行，在历史文化名城内建了许多不该建的工厂。这些工厂的建设破坏了文物古迹，污染了环境，外观也很不协调。这些矛盾如不通过城市全面规划加以引导和控制，将会进一步加剧。因此，在历史文化名城规划中，对新建工业项目要严格选择，对有严重污染或有害于环境风貌的工业项目必须严加禁止，对现已混杂在市区的工厂，应调查研究，区别不同情况，作出妥善处理。其中，污染严重，至今仍对重要文物古迹、风景名胜造成严重破坏的，应限期转产或搬迁；有一定污染，并影响环境协调的，近期无条件搬迁，应严格控制其发展，并通过改革工艺、治理污染、逐步改善其环境质量，可考虑缓搬；没有污染危害，又不影响文物保护和环境协调的，可予以保留。

第二，处理好城市现代化建设和保护历史文化名城风貌的关系。历史文化名城大都是一个区域或全国的政治、经济、文化中心，随着经济和社会的发展，城市设施和社会生活要逐步现代化，这就不可避免地对旧城进行改造。问题的关键是如何改造。有的地方改变了历史文化名城的基本格局，有的地方把历史文化名城传统街区拆得所剩无几，以至有的历史文化名城已徒有虚名了！如何处理好现代化建设与历史文化名城保护的关系十分重要。要解决这一问题，应特别注意保持历史文化名城的总体布局，整个城市空间关系的协调。国际组织制定的《佛罗伦萨宪章》和《华盛顿宪章》等，对有关问题已作出了明确规定。中国《文物保护法》明确规定了文物保护单位保护要求，其中关于在建设控制地带修建新建筑和构筑物，不得破坏文物保护单位的历史风貌和环境等，同样适用于历史文化名城内的文物保护单位，在城市建设中应遵守这一法律规定。

第三，处理好发展旅游事业与保护历史文化名城的关系。中国历史文化名城有丰富多彩的文物，展现了中华民族悠久的历史、博大精深的文化，同时有些历史文化名城又与锦绣的山川连在一起，因此，历史文化名城必然吸引着众多的国外旅游者。这对我国经济建设、文化建设，以及扩大我国的国际影响都是十分重要的。但是，一些地方在风景名胜区或文物保护区或传统街区及其周围，大兴土木，建设现代化的高层宾馆、饭店等，破坏了历史名城的风貌；有的地方建了不少仿古建筑，以至有的破坏了历史文化遗存，等等。因此，在做历史文化名城规划时，应把旅游设施的建设，纳入城市的统一规划，为旅游业的发展创造条件。

第四，密切配合，加强保护管理。历史文化名城的保护、规划、建设，涉及计划、规划、设计、文物、园林、旅游等许多部门，各部门应在人民政府领导下，密切合作，做好历史文化名城保护工作。保护历史文化名城，也是全体市民的共同责任。应做好广泛的宣传教育工作，动员各方面力量和人民群众，共同努力，保护好历史文化名城。

第五，制定保护历史文化名城专项法规。历史文化名城保护涉及面广，难度大，应制定保护历史文化名城的专项法规，对重要问题作出明确规定，依法进行保护管理，把历史文化名城管理纳入法制轨道。

保护好历史文化名城布局、传统街区、文物古迹等风貌，国际上重要的成功经验，是把旧城和新城分开，如意大利罗马。这是一个重要模式。我国历史文化名城丽江，基本属于这一类型，因此，被联合国教科文组织世界遗产委员会列入《世界遗产名录》。

第七节 考古发掘管理

考古发掘是保护地下文物（古遗址、古墓葬）、水下文物，并对其进行科学研究的重要手段之一。因此，对考古发掘的管理，是加强地下和水下文物保护管理的重要方面。联合国教科文组织大会第九届会议于1956年12月5日，在印度新德里通过《关于适用于考古发掘的国际原则的建议》，国际古迹遗址理事会全体大会第九届会议于1990年10月，在洛桑通过《考古遗产保护与管理宪章》；还有地区保护考古遗产公约，如1969年制订的《保护考古遗产的欧洲公约》、1976年制订的《美洲国家保护考古、历史及艺术遗产公约》（《圣萨尔瓦多公约》）；中国《文物保护法》及其实施条例等法律法规，对考古遗产保护和考古发掘管理作出了明确规定。它们的许多原则基本上是一致的。

国家对田野考古发掘的管理，最根本的任务是保证田野考古发掘的科学性和文化遗存免遭破坏。管理的依据是国家的法律、法规与科学规程。这种科学管理，贯穿于田野考古发掘的全过程。对田野考古发掘的管理，在许多国家有

第十三章 文物保护管理

一条共同规定，即考古发掘项目必须经中央政府的主管部门同意或批准，并接受其监督。在中国也是如此。

中国的田野考古发掘工作始于20世纪20年代，管理工作也随之开始。1950年，中央人民政府政务院颁发了《古文化遗址及古墓葬之调查发掘暂行办法》，其中规定任何团体或个人"在未得中央人民政府文化部批准前，不得擅自进行发掘"。1961年国务院颁布《文物保护管理暂行条例》，其中对考古发掘配合基本建设工程等作出规定。文化部据此制定、经国务院批准的《古遗址、古墓葬调查、发掘暂行管理办法》（1964），对考古发掘任务、要求、审批、出土文物处理等作出了明确规定。《文物保护法》公布实施，为古遗址、古墓葬保护和考古发掘管理提供了法律依据。此后，根据《文物保护法》，文化部和国家文物局相继制定、颁发了《中华人民共和国考古发掘申请书》和《中华人民共和国考古发掘证照》（1983）、《田野考古工作规程（试行）》（1984）、《考古发掘管理办法》（1998）等。从1989年以来，国家文物局分期分批审核、批准发给考古发掘团体单位资质证书和考古发掘项目领队人员资格证书。现在，中国的田野发掘管理工作，已建立在法律、法规和科学的基础之上，形成了具有中国特色的管理体系。

一、考古发掘资格认定

田野考古工作是考古学研究的基础，确保考古发掘工作符合科学要求，对科学研究和保护古代文化遗存极为重要。实行考古发掘资格认定制度，是加强考古发掘的业务、技术管理，提高发掘水平，保证发掘质量的重要一环。中国的考古发掘资格认定制度已经确立。对考古发掘资格的认定，分为考古发掘团体单位资质和考古发掘项目领队人员资格。作为专门从事文物考古工作的单位，是否具备考古发掘团体单位资质，专业人员构成是一个重要条件。在专业人员中，考古发掘项目领队人员所占的比例又十分重要。

考古发掘项目领队人员对田野考古发掘工作负完全责任。在田野考古工作规程中，明确规定了其主要负责的各项工作。从规定中可以清楚地看出，考古发掘项目领队人员在田野考古发掘中的重要地位。发掘质量的高低，发掘工地全面工作的好坏，与领队人员的素质和水平的高低、工作经验的积累等都有着密切的关系。作为申请考古发掘项目领队资格者，必须能胜任规程中规定的各项职责，具备《考古发掘管理办法》规定的条件，即："大学考古专业（含本科、硕士、博士研究生）毕业，取得中级专业技术职务后，从事考古发掘工作2年以上"；"具有独立组织考古调查、勘探、发掘的能力，……并能组织编写考古发掘报告";"作为组织者之一或主要参加者,完成过一项以上较重要的考古发掘工作,并执笔完成年度考古发掘简报或作为主要成员参与完成中型考古发掘报告";"在组织和实施考古发掘过程中,熟悉考古学某一领域的前沿问题,能根据学科发展趋势选定并研究有一定学术价值的课题,撰写有一定学术水平的论文"。

考古发掘团体单位资质,《考古发掘管理办法》规定:"具备一定数量受过高等学校考古专业训练,能从事考古发掘的专业人员,其中具有考古发掘个人领队资格的专业人员不得少于4人";"具有受过专业训练、能从事文物保护工作的科技人员";"具备必需的考古发掘和文物保护设备";"具备从事一般性文物保护处理的实验室";"具有保证文物安全的文物库房和整理场地"。

符合国家规定条件的文物考古机构和文物考古专业人员,可填写资格认定申请报告和申请书,按规定程序和要求,报国家文物局。经国家文物局考古发掘资格评议委员会评议,对评议通过的团体单位和个人,由国家文物局审查批准,并颁发证书。具有考古发掘团体单位资质的,方可申请考古发掘项目。具有考古发掘项目领队资格的,才能担任考古发掘项目领队,主持发掘工作。

二、考古发掘项目申请与审批

田野考古发掘是一项科学研究工作,又是文物保护的一种手段。根据田野考古发掘的不同情况,考古发掘分为为科学研究进行的发掘、配合建设工程进行的发掘、抢救性发掘、特许发掘。

为科学研究进行的考古发掘,也可称为主动发掘,其目的是为了解决某项学术问题或为了教学实习,要有利于学科的发展与提高。经过发掘,获得供研究用的文物、标本和遗迹,使学生在田野考古发掘中掌握田野考古知识、发掘方法和技能,得到基本训练。

配合建设工程进行的考古发掘,其目的是为了避免古遗址和古墓葬在工程进行中遭到破坏,是一种保护措施。经过发掘,可了解清楚古遗址文化内涵,保护古遗址和古墓葬中出土的文物。

抢救性发掘,是在自然或人为的原因可能使古遗址或古墓葬遭到严重破坏的情况下,为了抢救埋藏在地下的文物免遭破坏而采取的应急措施。

特许发掘,是根据中国法律、法规的规定,经国务院特别许可的外国人或者外国团体在中国境内进行的考古发掘。

任何考古发掘都必须按照法定程序报经批准。申请考古发掘项目,必须填报《中华人民共和国考古发掘申请书》。它是对考古发掘计划、专业人员组成、

第十三章 文物保护管理

经费来源、技术保护措施等进行审查,对考古发掘实行统一管理的重要措施。申请书包括下列内容:

1. 申请单位的名称及负责人姓名;
2. 发掘对象的名称、时代、级别、具体地点、面积和范围;
3. 前期准备(包括调查、勘探)情况;
4. 年度发掘点的具体位置和面积(附图);
5. 年度发掘的时间或期限;
6. 年度发掘的学术目的、计划;
7. 发掘经费的来源和数额;
8. 领队人员的姓名、专业职务、主持完成的发掘项目和代表性学术成果;
9. 主要业务人员的姓名、专业职务、在该项目中承担的任务;
10. 对可能出现的遗迹现象的保护措施和出土文物保护的技术准备情况;
11. 连续性项目的年度报告完成情况;
12. 其他需要说明的问题。

填写上述内容是为了对发掘必要性、可行性和该项发掘能否保证质量等进行审查。也就是审查该项发掘,特别是为科学研究的发掘的学术价值、学术目的以及通过发掘能否达到预期目的;同时审查发掘单位所采取的组织措施、技术保护措施等,是否能保证田野发掘质量和出土文物保护。例如,第8项和第9项,就是要了解发掘项目领队人员和主要业务人员的组织能力、业务水平能否保证发掘质量,并达到预期目的;第10项,就是要审查对可能发现的重要遗迹和珍贵文物准备采取的技术保护措施,如发现壁画、出土漆器或丝织品后的处理方法等等。申请发掘的单位,即具有考古发掘团体资格的单位在填写申请书时,应实事求是,认真填写,力求详细。

考古发掘项目申请书上报时间,《文物保护法》实施条例及有关办法均作出明确规定。

考古发掘项目申请,经国家文物局按法定程序批准后,考古发掘单位才可进行发掘工作。

三、田野考古发掘工作

文物机构、研究单位或高等学校,为了解决学术问题和教学实习,拟对某古遗址或古墓葬发掘时,在申请之前,应征求发掘项目(古遗址、古墓葬)所在地的省级文化(文物)行政管理部门的意见,并与土地使用单位或个人进行协商,这有利于申请的发掘项目获得批准后,田野发掘工作顺利进行。在发掘项目中，对帝王陵墓的发掘应持十分慎重的态度。目前，文物保护技术水平还不高，还有不少保护技术尚未过关，实践证明，勉强进行发掘只会对文物造成破坏。因此，在相当长时期内，对帝王陵墓不宜进行发掘。

配合建设工程进行考古发掘，并加强对该工作的管理，是文化（文物）行政管理部门和文物机构、考古研究机构以至高等学校的一项重要任务。以配合建设工程发掘为重点，是我国关于考古发掘工作的长期的方针。

2002年《文物保护法》第二十九条规定："进行大型基本建设工程，建设单位应当事先报请省、自治区、直辖市人民政府文物行政部门组织从事考古发掘的单位在工程范围内有可能埋藏文物的地方进行考古调查、勘探。""考古调查、勘探中发现文物的，由省、自治区、直辖市人民政府文物行政部门根据文物保护的要求会同建设单位共同商定保护措施；遇有重要发现的，由省、自治区、直辖市人民政府文物行政部门及时报国务院文物行政部门处理。"要求在建设工程范围内，即使原先并未发现有埋藏的文物，也要对有可能埋藏文物的地方进行文物调查或勘探工作。未经调查、勘探，绝不能因原来未发现文物，就主观确定工程范围内没有文物，这方面的教训是很多的，应当记取。经调查、勘探，一经发现了重要文物，建设单位应与文化（文物）行政管理部门商定具体的保护措施，其中之一就是进行发掘，并应将保护措施列入设计任务书。

在工程范围内，如早已发现有埋藏在地下的文物，或已公布为文物保护单位，在其保护范围内不得进行其他建设工程。如因特殊需要，而必须对古遗址或古墓葬进行发掘时，应根据它们的保护级别，报经原公布的人民政府和上一级文化（文物）行政管理部门同意，同时按考古发掘报批程序申请，经批准后方可发掘。全国重点文物保护单位中古遗址和古墓葬的发掘，须报国务院批准。

在商定建设工程范围内埋藏的文物的处理措施和办法时，要全面权衡，应对古遗址或古墓葬作研究分析。对学术价值很高，而建设工程施工又必然对其造成重大损失的古遗址、古墓葬，一定要慎重对待。在这种情况下，建设项目可以另行选址的，则另行选址，以保护古遗址、古墓葬。

有些古遗址、古墓葬虽然很重要，但因建设工程特殊需要，也应配合建设工程进行发掘。所谓建设工程特殊需要，应是牵涉国家长远利益和全局利益的建设工程。如铁路建设，有的路段线路改动困难很大，在工程范围内比较重要的古遗址或古墓葬应予发掘，以利于工程进行。

特别重要的建设工程，或者跨省、自治区、直辖市的建设工程，牵涉面多，工作量大，难度也大，在工程范围内的考古发掘工作，应由国家文物局组织实施。《文物保护法实施条例》对此作出了明确规定，以保证此项工作的顺利进行。

第十三章 文物保护管理

配合建设工程的考古发掘，在发掘工作结束之前，建设单位不能进行施工。"建设单位对配合建设工程进行的考古调查、勘探、发掘，应当予以协助，不得妨碍考古调查、勘探、发掘。"(《文物保护法实施条例》第二十三条)

古遗址或古墓葬因自然或人为的原因，面临毁坏危险时，应及时进行抢救性发掘，以免埋藏的文物遭到毁坏。2002年《文物保护法》第三十条规定："确因建设工期紧迫或有自然破坏危险，对古文化遗址、古墓葬急需进行抢救发掘的，由省、自治区、直辖市人民政府文物行政部门组织发掘，并同时补办审批手续。"据此，抢救性发掘有两类，一类是因建设工程紧迫的抢救性发掘，另一类是因自然破坏的抢救性发掘。

抢救性发掘的范围，古遗址以塌陷、暴露或短期内有破坏危险的部分为限；古墓葬以塌陷并已暴露的单室墓为限。对全国重点文物保护单位和省级文物保护单位中的古遗址、古墓葬的抢救发掘，或采取的紧急保护措施，应执行有关规定，以免造成不可弥补的损失。

田野考古发掘工作，是完成考古发掘项目计划和保证发掘质量的中心环节。考古发掘单位、考古发掘项目领队和专业人员以及有关单位，应严格执行国家文物局批准的考古发掘项目计划，严格执行田野考古工作规程，保证发掘质量和出土文物安全。考古发掘项目领队人员对执行发掘计划和田野考古工作规程负有完全责任。每个考古工作者要遵守纪律，坚守岗位，以良好的职业道德和尊重客观实际的工作作风去完成田野考古工作任务，同时积极宣传文物知识、文物保护知识和文物法规。

在发掘工作中要严格执行田野考古工作规程。它是考古工作的科学规范，是保证考古发掘质量的行政规章。在该规程中，对古遗址和古墓葬等发掘工作分别作出了明确规定。对古文化遗址发掘的基本原则和要求，是必须用科学的方法揭示与记录遗存的本来面貌，特别是未曾扰乱的地层关系。墓葬的发掘，则要特别注意墓地的平面布局、墓葬与相关遗迹的联系等，并要特别注意采取切实有效的安全措施，以保证发掘工作安全顺利地进行。对规程中规定的在遗址发掘中关于出土文物处理、测定标本采集、遗址资料记录等，在古墓葬发掘中关于墓葬封土发掘、土圹竖穴墓发掘、砖室（石室、洞室）墓发掘、墓葬资料记录等，都应认真去做，才能保证发掘工作的科学性和发掘质量。

在田野考古发掘中，如发现重要文物，考古发掘单位应及时上报。国家文物局根据实际情况，认为必要时，可派经验丰富的专业人员和专家赴现场指导发掘工作。一般来说，有些重大发现的处理，需要相应的技术力量和技术设备，往往考古发掘单位不易解决，由上级领导部门及时与有关部门联系，共同采取措施，以保证发现的重要文物不受损坏。长沙马王堆、广州南越王墓的发掘，国家文物局都派专家指导发掘；马王堆女尸的解剖、保护等，就是同医学专家合作取得的成果。一些重要出土文物的保护，有关单位的专家也给予了大力支持。类似的情况很多，目的只有一个，保护历史文化遗产不受损坏。因此，任何发掘单位和个人不论出于何种动机，对重大发现隐匿不报都是错误的，对由此造成的损失负有不可推卸的责任。

文化（文物）行政管理部门应认真做好考古发掘工作的检查与监督，督促考古发掘单位和考古发掘项目领队人员及有关人员，认真执行田野考古工作规程，提高发掘水平和保证发掘质量。与此同时，还应组织专家对考古发掘工地进行检查指导，帮助解决一些技术上或学术上，以及工地管理上的问题。

考古发掘单位和有关单位要认真做好发掘工地出土文物的安全工作。由于发掘的科学要求，发掘中出土的文物不可能都立即起出，有些文物一时也起不出来，这就决定了出土文物安全工作的重要性。保证出土文物安全，是考古发掘单位和考古发掘项目领队人员、当地有关部门、建设单位等共同的责任。一些重要考古发掘工地，为确保出土文物安全，可以设立临时保卫组织，专人负责；也可以请公安部门负责保卫工作。

考古发掘单位和考古发掘项目领队人员以及有关人员，应认真做好考古发掘结束和资料整理工作。田野发掘工作结束后，应对发掘现场及时作出妥善处理，对拟保留的遗址、墓室等，及时提出保护意见。考古发掘所获得的出土文物和各种资料，归国家所有，应设专人保管，任何人不得侵占；最后交考古发掘单位资料室妥善保管。要认真做好出土文物、采集标本、各种资料（包括文字记录、各种登记表、照片、录像、图纸等）的整理工作，在此基础上，按照规定时间编写出考古发掘学术报告。

四、出土文物的保管与调用

考古发掘所获得的出土文物，属于国家所有，是国家文化财产的重要组成部分。发掘中出土的文物，应全部采集，标明单位，以便于进一步整理；还要绘制器物图，编制器物卡片和填好各种登记表，并要编制出土文物清单。出土文物登记表，是检查出土文物实物的原始依据，是研究出土文物的科学资料的一部分，是出土文物留用或移交的重要依据。它是考古发掘中最重要的文化财产账，应永久保存。考古发掘单位编制的出土文物清单，应报上级文化（文物）行政管理部门备案。

考古发掘单位在编写完考古发掘学术报告后，应做好出土文物留用和移交

第十三章　文物保护管理

保管等工作。《文物保护法》及其实施条例对此作出了明确规定。如2002年《文物保护法》第三十四条规定："考古发掘的文物，任何单位或者个人不得侵占。"这一规定的根本出发点是出土文物属于国家所有，应由国家控制和管理，任何单位或者个人侵占它，就是对出土文物所有权的侵害，也是对国家利益的侵害。这是我国法律所不允许的。

文物机构、考古研究机构、高等学校等在考古发掘中，都会获得科学研究资料。出土文物、标本，是其中的重要部分。考古发掘单位作为文物考古研究机构，在编写完考古发掘学术报告后，由于科学研究和教学的需要，留一部分出土文物、标本，是符合科学研究的要求和法律规定的。需要留用的出土文物、标本，应提出清单，报省级文化（文物）行政管理部门或者国家文物局批准。

文物考古发掘单位应该移交的出土文物，根据2002年《文物保护法》的规定，由国家文物局或者省、自治区、直辖市文化（文物）行政管理部门根据保管条件和实际需要，指定具备保管条件的全民所有的文物收藏单位保管或者收藏。这是我国文物考古单位资质认定、考古发掘项目申报、田野考古等管理规定所决定的。在指定出土文物保管或者收藏单位时，应特别注意，保管单位应有符合安全要求的文物库房，有专人保管，有严格的保管制度，能保证文物安全，能充分发挥文物的作用。

调用出土文物的原则和批准程序，在2002年《文物保护法》第三十五条作了明确规定："根据保证文物安全、进行科学研究和充分发挥文物作用的需要，省、自治区、直辖市人民政府文物行政部门经本级人民政府批准，可以调用本行政区域内的出土文物；国务院文物行政部门经国务院批准，可以调用全国的重要出土文物。"国家调用出土文物，是出土文物属于国家所有的重要特征之一。调用出土文物的原则是：保证文物安全，进行科学研究和充分发挥文物的作用。

保证文物安全，是人民政府和文化（文物）行政管理部门的责任。文物考古机构、博物馆等都保管或收藏有出土文物，其中有些单位没有专门的文物库房，或者文物库房安全设施较差，有的单位保管的出土文物已经受到自然力的严重侵害，有的单位保管的出土文物失窃，都使我国文化遗产遭到不可弥补的损失。从维护国家利益，保护国家重要文化遗产出发，将出土文物特别是其中的珍贵文物调到具备安全设施的单位保管是完全必要的。原保管单位应按照法律的规定，服从对出土文物的调用。

对出土文物进行研究，或利用文物进行其他科学研究，有时也需要调用出土文物。比如有的出土文物的研究，需要由国家或者省级文化（文物）行政管理部门组织有关方面的专家进行。为了便于研究，有时需要把出土文物调到某地或者有关单位。我国一些地区出土的简牍、帛书，就曾调到北京进行整理、研究、编辑出版。

调用出土文物举办陈列展览，是发挥文物作用的一个重要方面。通过陈列，宣传出土文物的历史、艺术、科学价值，说明中国的悠久历史和灿烂文化，对观众进行历史唯物主义和爱国主义教育。调用出土文物到国外或境外举办展览，进行广泛的文化交流，可以使国外观众通过形象、生动的文物，了解中国的历史和文化。

五、中外合作考古

在19世纪末和20世纪初，一些帝国主义国家派遣考察队进入中国边疆地区，以非科学的方法进行考古挖掘，致使许多古遗址和古墓葬遭到破坏，许多珍贵文物被掠夺，使我国历史文化遗产遭受到巨大损失（详见第二章第二节）。

中国聘请外国学者或者与外国学术单位合作进行考古工作，约始于1920年前后。中华人民共和国成立后，考古事业有了很大发展，但与国外学术团体合作进行考古调查、勘探、发掘工作，直至20世纪80年代，除个别项目的调查发掘外，几乎未曾开展。这种状况，不利于我国与国外考古专业单位的交流，不利于我国考古学术水平的提高。2002年《文物保护法》第三十三条规定："非经国务院文物行政部门报国务院特别许可，任何外国人或者外国团体不得在中华人民共和国境内进行考古调查、勘探、发掘。"它为我国与外国专业团体合作进行考古调查和发掘提供了法律依据。1991年《中华人民共和国考古涉外工作管理办法》（以下简称《考古涉外工作管理办法》）颁布实施。它对合作进行考古的原则、条件和审批程序等作出了明确规定。至此，合作进行考古工作的法律法规已基本具备。我们应认真贯彻执行这些法律法规，加快步伐，与外国专业团体进行考古合作与交流，借鉴外国考古发掘和文物保护技术，进一步提高中国考古学研究和文物保护技术水平。

（一）合作考古的原则

文物机构、考古研究机构等与外国组织和国际组织在中国境内进行考古调查、勘探和发掘工作，进行与之有关的科学研究、对文物的科技保护活动，都要采取由中方和外方合作的形式进行。之所以如此，根本上是为了维护中国的合法权益，保证中方和外方进行的考古工作在平等、正确的轨道上稳步发展。《考古涉外工作管理办法》规定："任何外国组织、国际组织在中国境内进行考古调查、勘探、发掘，都应当采取合作的形式。"合作的形式，是一种平等的合作，既考虑中方的利益，又考虑外方的利益。经过几十年的发展，我国建立了

第十三章 文物保护管理

一批文物研究机构和考古研究机构，成长起一批有较高水平的专业干部和课题带头人，具备必要的设备，积累了丰富经验。总之，具备了在平等原则下合作进行考古工作的条件。

中外合作进行考古工作，必须遵守《考古涉外工作管理办法》规定的合作原则，即：

1. 合作双方共同实施考古调查、勘探、发掘项目，并组成联合考古队，由中方专家主持全面工作；

2. 合作双方应当在中国境内共同整理考古调查、勘探、发掘所获取的资料并编写报告。报告由合作双方共同署名，中方有权优先发表；

3. 合作考古调查、勘探、发掘活动所获得的文物、自然标本以及考古记录的原始资料，均为中国所有，并确保其安全；

4. 合作双方都应当遵守中国的法律、法规和规章。

这些原则，也是合作进行考古工作的基本条件。它同时考虑双方利益，又维护中国权益。在联合考古队中，由中方专家主持全面工作。从客观条件来说，我国已培养和成长了一批考古专家和课题研究带头人，完全有能力胜任主持考古调查、勘探、发掘的全面工作。合作中获得的文物等属于中国所有，是中国法律规定的地下、水下文物概归国家所有所决定的。这些文物的安全，要有保证，这既是保护中国文化遗产的需要，也符合保护人类文化遗产的要求。对合作考古中所获得的出土文物等，共同整理、研究和编写考古学术报告，共同署名，保证了双方的研究权利和著作署名权，完全符合中国关于知识产权方面的法律规定。在整理、研究和编写考古学术报告过程中，如必须把文物、自然标本送往中国境外，进行必要的分析、化验，或者技术鉴定，应写出详细报告，附上有关照片，上报国家文物局批准。在分析、鉴定和化验后，文物和自然标本除正常耗损外，应按期运回中国境内。

（二）合作考古项目的申请与审批

合作考古的申请与国内考古发掘申请不同，它应由外国专业团体提出。外国组织和国际组织的考古研究机构即外国专业团体，如计划与中国的文物考古研究机构合作进行考古调查、勘探、发掘工作，需向中国国家文物局提出书面申请。书面申请的内容，根据《考古涉外工作管理办法》的规定，包括以下六个方面，即：

1. 合作意向；
2. 对象、范围和目的；
3. 组队方案；

4. 工作步骤和文物的安全、技术保护措施等；

5. 经费、设备的来源及管理方式；

6. 意外事故的处理及风险承担。

合作进行考古调查、勘探、发掘工作，双方应具备《考古涉外工作管理办法》规定的条件。它们是：

1. 有利于促进中国文物保护和考古学研究，有利于促进国际文化学术交流；

2. 中方已有一定的工作基础和研究成果，有从事该课题方向研究的专家；

3. 外方应当是专业考古研究机构，有从事该课题方向或者相近方向研究的专家，并具有一定的实际考古工作经历；

4. 有可靠的措施使发掘后的文物得到保护。

对外方专业考古研究机构合作考古申请和合作考古项目所应具备条件的审查，由国家文物局等单位进行。在初步审查时，应注意外方考古方面所应具备的文物保护新技术、发掘新方法和新技术及其应用，以利于在合作考古工作中交流，以提高发掘水平，保护好出土文物和重要遗迹；注意双方参加考古调查、勘探和发掘工作的专业情况，以保证工作质量和科学研究水准，以利于对所获文物、资料的整理、研究；注意经费来源和设备状况，这是合作考古得以顺利进行的重要保证之一。

经过国家文物局等单位初审，凡符合上述规定和条件的合作考古申请，由国家文物局按照国家有关规定，送请国防、外交、公安、国家安全等部门审查，经审查符合规定的，由国家文物局报请国务院特别许可。获得国务院特别许可的合作考古项目，中外合作双方应就具体事宜签订协议书。

合作双方在考古工作中，应当遵守中国的法律、法规和规章；在考古发掘中，应执行中国田野考古工作规程，保证发掘的质量。

第八节　馆藏文物管理

博物馆、纪念馆、图书馆、文物机构等单位，都收藏有不同数量的文物藏品。它们是国家极为重要的财富，对博物馆、纪念馆而言，文物藏品则是其业务活动的基础。因此，文物藏品收藏单位，在鉴别文物藏品历史、艺术和科学价值的基础上，对藏品进行分级，加强对藏品的保护管理，确保文物藏品的安全，以充分发挥文物藏品的作用。

2002年《文物保护法》及其实施条例和有关法规，对文物藏品的保护管理作出了明确规定，是对文物藏品进行科学管理的法律依据。

第十三章 文物保护管理

一、文物藏品分级与保管

区分文物藏品等级，是做好文物藏品保管的重要一环。好坏不分，优劣杂处，就无法进行科学保管。2002年《文物保护法》第三十六条规定："博物馆、图书馆和其他单位对收藏的文物，必须区分文物等级，设置藏品档案，建立严格的管理制度，并向主管的文物行政部门备案。"这一规定，既适用于国有博物馆，也适用于非国有博物馆。按照法律规定，文物藏品（可移动文物）分为珍贵文物和一般文物，珍贵文物分为一、二、三级，即一级文物、二级文物、三级文物，或称一级藏品、二级藏品、三级藏品。在三级文物之外，还有大量的文物藏品，即一般文物藏品，也应认真登记，保护管理好。区分文物等级的目的之一，就是要按级分别保管，对一级文物藏品要重点保管。

文物收藏单位对所收藏的文物藏品，负有科学保护管理、整理研究、公开展出和提供利用的责任。保管工作应做到：制度健全、账目清楚、鉴定确切、编目详明、保管妥善、查用方便。

文物藏品来源不同，但均须对文物藏品登记、注册，这是国际通行的藏品保管的基本制度。文物收藏单位应认真做好文物入库收藏的各项手续。对文物藏品要进行登记，要登记文物藏品总账和分类账。文物藏品总账是国家科学、文化财产账，文物收藏单位要按照文物账项目和要求，认真填写，并设专人保管，永久保存。与此同时，还应对文物藏品编目建档。文物收藏单位应认真建立文物藏品编目卡片。它是反映文物藏品情况的基本资料，是文物藏品档案的重要内容之一，是藏品保管、陈列和研究的基础工作。文物收藏单位均应编制文物藏品分类目录和一级文物藏品目录，这是文物藏品档案的重要内容。其中《一级藏品目录》和《一级藏品档案》的格式，由国家文物局制定，以实现统一内容、统一要求，利于统一管理。一级文物藏品目录和档案，须报国家文物局备案。这样做的目的是为了掌握国家一级文物藏品收藏情况，对其保管状况加强检查和监督。在意外情况发生时，如文物及本单位的文物藏品档案均遭损坏，则上级文化（文物）行政管理部门的文物藏品档案还可供研究、宣传和复制之用；如文物藏品被盗窃，亦便于及时进行善后处理。

二、文物藏品库房管理

文物收藏单位的文物藏品，应有固定、专用的库房，并设专人保管。文物藏品，特别是珍贵文物藏品是无价之宝，具有很高的历史、艺术、科学价值，损坏、被盗都会给国家文化财产造成无可挽回的损失和不良影响。因此，各级人民政府应负责国有文物收藏单位文物库房的建设，设置安全保护设施。文物库房建筑物和保护设施以及保管设备，要求安全、坚固、适用。应有防火、防盗、防潮、防虫、防尘、防光（紫外线）、防震、防空气污染等设备和设施。文物藏品风险单位，应按照风险等级对技术防范设施的要求，进行建设。同时，在文物库房内及其附近，禁止存放易燃、易爆等危及文物安全的物品，并严禁烟火；还应留出消防通道。

文物收藏单位应建立严格的文物藏品保管制度，建立和健全各项规章制度。要按照科学方法进行对文物藏品的保管。一级文物藏品，保密性的和经济价值贵重的文物藏品，要建立专库或专柜，有些文物藏品还要在装囊匣后再入专柜，真正做到重点保管，确保安全。不具备收藏一级文物藏品的单位，其收藏的一级文物可以由省级文化（文物）行政管理部门指定具备收藏条件的单位代为保管或收藏。

文物藏品库房保管应建立和实行岗位责任制，严守文物库房机密，未经批准，非文物库房保管人员不得进入文物库房；文物库房不接待参观；文物库房和文物藏品总账不得由一人兼管。文物藏品提用和出、入库手续一定要健全，必须有记载，有经办人签字。

制度必须有，但有了制度，关键在于严格执行。现在有的文物收藏单位保管制度比较健全，就是没有严格执行，因而造成文物藏品损坏、丢失、被盗等，这种教训应认真吸取，引以为戒。

三、文物藏品的调拨与交换

国有博物馆等文物收藏单位的文物藏品，均为国家所有，可以调拨、交换，任何单位和个人无权出售和馈赠。2002年《文物保护法》第三十九条、第四十条和第四十一条，对文物藏品的调拨、借用、交换作出了明确规定。

在文物藏品保管中，为了保证文物藏品安全和国有文化财产不致流失，为了进行科学研究，充分发挥文物作用，国有文物收藏单位之间，相互支援、调剂余缺、互通有无，均可调拨、交换和借用文物藏品。调拨、交换、借用文物藏品，均须开列清单，写出报告，经文化（文物）行政管理部门根据文物藏品级别，批准或备案后始得进行。

国家文物局可以调拨、借用文物收藏单位的文物藏品。省级文化（文物）行政管理部门可调拨、借用本行政区域内文物收藏单位的文物藏品，并可批准国有文物收藏单位之间的藏品交换，其中一级文物藏品调拨、交换、借用须经国家文物局批准或备案。调拨、交换出馆和进馆的文物藏品，应及时办理注销手续或入藏手续，严防文物藏品在调拨、交换过程中出现损坏、丢失等问题。

四、文物藏品禁止出售和私自馈赠

国有博物馆、图书馆等单位收藏的文物藏品是国家重要的文化财产。属于国家所有的文物，在其所有权上有自己的明显的特点。文物藏品是国家所有的文物的重要组成部分，在所有权上的特征主要有：所有权主体的唯一性，所有权主体的统一性，受国家法律特殊保护等。

国有博物馆、纪念馆、图书馆和文物机构对自己保管的文物藏品，有保管、利用和因利用获得收益的权利。但文物藏品不是属本单位所有，本单位没有处分权，没有出售和私自馈赠文物藏品的权利，这是由文物藏品属于国家所有及其所有权的特点所决定的。因此，2002年《文物保护法》第四十四条规定："禁止国有文物收藏单位将馆藏文物赠与、出租或者出售给其他单位、个人。"

2002年《文物保护法》第六十四条规定，擅自将国有馆藏文物出售或者私自赠送给非国有制单位或者个人的，应追究刑事责任。修订后的《刑法》第三百二十七条规定："违反文物保护法规，国有博物馆、图书馆等单位将国家保护的文物藏品出售或者私自送给非国有单位或者个人的，对单位判处罚金，并对其直接负责的主管人员和其他直接责任人员，处3年以下有期徒刑或者拘役。"这些法律规定，是保障国家所有的文物藏品所有权不受侵犯的有力武器。如上所述，国有博物馆、图书馆等单位的文物藏品，是国家重要的文化财产，或者说，是国有文化财产，出售或者私自赠送给非国有单位或者个人，使文物藏品所有权转移，改变了文物藏品所有权，使国家所有的文化财产，变为集体的或者个人的财产，使国家的文化财产遭受到损失，使国家、人民的利益受到损失，追究主管人员和直接责任人员的刑事责任是完全必要的。

国有博物馆、图书馆等单位是否可以将文物藏品出售或者赠送给其他博物馆、图书馆等单位？也不允许。2002年《文物保护法》第七十条规定："将国有馆藏文物赠与、出租或者出售给其他单位、个人的"，尚不构成犯罪，"由县级以上人民政府文物主管部门责令改正，可以并处二万元以下的罚款，有违法所得的，没收违法所得"。之所以作出这样规定，就是为了保障国有馆藏文物安全，避免流失。

第九节 民间收藏文物管理

民间收藏文物，在中国有着悠久的历史。自古以来，私人收藏、著录不绝于世,许多珍贵文物由于私人收藏得以辗转流传至今。

民间收藏文物,有其明显的特点。收藏者分散于城乡各地,有各个阶层的人,被收藏的文物自然散存于各地,这是特点之一。特点之二是民间收藏文物的不稳定性。每个收藏者收藏的文物,在品种、数量、价值(历史、艺术、科学价值)等方面各不相同,而且随着收藏者经济条件、收藏目的、文化素养、生活方式等的变化,原收藏的文物也可能随时易主或者易地。由于民间收藏文物的分散性和不稳定性,决定了对民间收藏文物管理的复杂性和艰巨性。

一、民间收藏文物的来源

当代,我国文物收藏者的文物,其来源情况不尽相同,从法律规定而言,基本有五个来源。

2002年《文物保护法》第五十条规定:

文物收藏单位以外的公民、法人和其他组织可以收藏通过下列方式取得的文物:

(一)依法继承或者接受赠与;

(二)从文物商店购买;

(三)从经营文物拍卖的拍卖企业购买;

(四)公民个人合法所有的文物相互交换或者依法转让;

(五)国家规定的其他方式。

合法继承的。中国法律规定,公民个人的财产受国家法律保护。公民个人收藏的文物,是其财产的一部分。《文物保护法》规定私人所有的祖传文物的所有权受国家法律保护。我国私人收藏者中,有相当一部分人的先辈就是文物收藏家,他们收藏的文物世代相传。属于这一类文物收藏者的文物,其来源是通过合法继承所获得的。

从合法经营文物单位购买的。2002年《文物保护法》第五十三条和第五十四条规定了文物商店和经营文物拍卖企业设立的批准与许可。第五十六条规定了文物商店经营的文物与文物拍卖企业拍卖的文物须经审核等。依法从这些经营单位购买或竞买的文物都是合法的,属于合法来源。

亲友馈赠的。首先亲友收藏的文物,其来源应是合法的。其次,这种私人所有的文物,可以馈赠亲友,受法律保护。

公民个人收藏的文物,其来源如不合法,则不会受到法律的保护,还会根据不同情况给予处理。比如,有些人违反国家法律的规定,任意挖掘古文化遗址和古墓葬,盗取古代文物,或者打捞我国领海或内水沉没的文物,将其走私出卖，有的作为自己的收藏品；有的人通过分解、割裂的方法，把属于国家所有的古建筑、石窟寺中的壁画、造像、艺术构件等盗取下来，出卖或作为自己的收藏品；有些人在生产建设中发现出土文物，不上交国家，出卖或作为自己收藏品；公民个人收买违法犯罪分子出卖的文物，等等。

二、民间收藏文物的保管与利用

公民个人收藏的文物，其所有权归个人。但文物是民族文化遗产，是国家文化财富的组成部分，收藏者有责任和义务保护好收藏的文物，以保存和延续文物的利用价值。国家鼓励私人收藏者在自愿的基础上，向文化（文物）行政管理部门登记自己的收藏品，以利于文物部门在保护方面提供文物鉴定、保管、修复等方面的咨询、指导和帮助。文化（文物）行政管理部门和工作人员对私人收藏者登记的文物，要严格保密。

公民个人等民间收藏的文物，收藏者有权合理利用。对文物的利用，不能改变文物的原状，不能损坏文物的外形和实质，不改变文物的性能。这是对文物利用的原则和限度。这样的利用是合理的和科学的利用。非文物所有人对公民个人收藏文物的利用，同样不能超过上述限度，必须遵守上述原则。超限度的利用会对文化遗产造成不可弥补的损失。

公民个人等民间收藏的文物，收藏者在利用方面，有权将其作为研究资料或对象，对其进行研究，撰写文章，编写专著，公开发表或出版。收藏者可以向其他公民或单位提供收藏文物的资料，可以出借收藏的文物供临时陈列展览，也可以向文化（文物）行政管理部门申请举办个人收藏文物展览等。文物所有者利用文物所获取的合法收益，应受到法律保护。

公民个人等民间文物收藏者，如需以自己的收藏品建立博物馆，应符合国家有关建立私立博物馆的规定，并经批准。博物馆应通过陈列开放，接待观众，扩大影响，更好地发挥文物的作用。

三、公民个人收藏文物所有权的转移

公民个人等民间收藏文物的所有权，在转移时受到国家法律的限制。私人收藏的文物馈赠亲友，或者捐献给国家，都是所有权的改变，即所有权的转移。这种转移是允许的、合法的。2002年《文物保护法》第五十二条规定："国家鼓励文物收藏单位以外的公民、法人和其他组织将其收藏的文物捐赠给国有文物收藏单位。"几十年来，我国许多文物收藏家将世代收藏的文物捐献给国家，其中有许多珍贵文物甚至是国之瑰宝。如中国现代书画鉴藏家张伯驹，曾将举债购入的古代书画名迹西晋陆机《平复帖》卷、隋展子虔《游春图》卷、唐李白《上阳台帖》、唐杜牧《张好好诗》卷、宋范仲淹《道服赞》卷、宋蔡襄《自书诗》册、宋黄庭坚《诸上座帖》、元赵孟頫章草《千字文》等22件，于1956年捐献给国家，为保存中华民族文化遗产精粹作出了突出贡献。国家对捐献文物者，都给予了表彰。

公民个人等民间文物收藏者有权出售自己收藏的文物，出售是所有权的转移，在出售的渠道上受到国家法律的限制，其目的是保护国家文化财产，避免流失和私自买卖。根据2002年《文物保护法》规定，公民个人等民间收藏的文物可以由上述合法的文物商店收购，也可以委托具有拍卖文物资质的拍卖企业拍卖，可以由国有文物收藏单位如博物馆、图书馆等收购。公民个人等民间收藏的文物不能私自买卖，这就是公民个人等民间收藏者出售自己收藏的文物，在改变所有权时受到的法律限制。公民个人等民间文物收藏者应遵守国家法律规定，做到合法出售。

2002年《文物保护法》第五十二条规定："国家禁止出境的文物，不得转让、出租、质押给外国人。"有关法规还规定，禁止私自买卖文物。文物收藏者的藏品是文化财产，那种把文物作为商品倒卖是违法的，也不是文物收藏者应有的观念和行为。为了确保国家文化遗产的安全和不致流失，每个真正的文物收藏者，应当模范遵守国家法律规定，切实保管好自己收藏的文物。

第十节 文物出境进境管理

国家对历史文化财产出境实行许可证制度，是国际公认和通行的原则。许多国家通过立法和行政手段，对文化财产出境加以严格限制。联合国教科文组织针对国际文物非法进出口的严重情况，制定、通过了《关于禁止和防止非法进出口文化财产和非法转让其所有权的方法的公约》，中国政府于1989年接受该公约。公约规定："本公约缔约国违反本公约所列的规定而造成的文化财产之进出口或所有权转让均属非法。""本公约缔约国承担：1.发放适当证件，出口国将在该证件中说明有关文化财产的出口已经过批准。根据规定出口的各种文化财产，均须附有此种证件；2.除非附有上述出口证件，禁止文化财产从本国领土出口。"在2002年《文物保护法》第六章中，对文物出境进境的性质、原则、渠道与方法等作出了规定，为文物出境管理提供了法律依据。

第十三章 文物保护管理

一、文物出境审核机构与鉴定标准

文物出境必须经过国家专门设立的文物审核机构依据国家制定的文物出境界限和鉴定标准进行鉴定审核，以决定其能否出境。文物出境审核机构，由国家文物局指定的省、自治区、直辖市文化（文物）行政管理部门组建，报国家文物局核准。它受省、自治区、直辖市文化（文物）行政管理部门领导，同时接受国家文物局的指导和监督。

文物出境审核机构对防止文物外流负有重要责任。它的性质与任务，决定其成员应主要是专职的业务人员。临时机构和非专职的专业人员不符合它的要求，难以胜任它的工作任务。省、自治区、直辖市文物出境审核机构的建立，责任鉴定员的业务考核，均需经国家文物局核准，才可以履行职责，开展文物出境鉴定工作。文物出境鉴定审核人员，必须遵纪守法，模范执行国家文物法律法规，不断提高业务素质和鉴定水平，恪守职责，做好文物出境鉴定审核工作。

文物出境鉴定审核是对申报出境的文物，依据《文物保护法》等法律、法规的规定和文物出口界限与鉴定标准，进行鉴定、查验，以决定其能否出境。我国从保护文物的需要出发，根据传世文物的不同情况，从文物的时代、品种、价值（历史、艺术、科学价值）和数量等方面作出了必要的限制，体现了国家对文物出境管理的基本原则。

中国文物出境鉴定的标准与出口界限，以1949年为主要标准线，适用于禁止出境和限制出境的法规及政策。禁止出境的文物包括：

1. 1949年以前制作、生产或出版的具有一定历史、艺术和科学价值的文物图书，原则上一律禁止出口；

2. 革命文物不论年限，原则上一律禁止出口；

3. 凡是有泄露国家机密，或者歪曲、丑化中国人民形象或者在政治上有不良影响的文物图书一律禁止出口；

4. 少数民族的文物，1949年以前制作、生产的暂时一律不出口；

5. 1949年以后，具有高度的政治意义和艺术水平的艺术创作、原手稿等，原则上禁止出口。

限制出境的文物，包括历史、科学和艺术价值一般，国内重复相同、存量较多，不完全符合博物馆文物藏品要求的文物。对于限制出境的文物，应根据文物的类别和每一类中不同品种的情况，分别划定三个界限，它们是：

1. 一部分以1795年（清乾隆六十年）为限，凡1795年以前的一律不准出口；

2. 一部分以 1911 年（清宣统三年辛亥以前）为限，凡 1911 年以前的一律不许出口；

3. 1949 年以前的一部分不许出口。

凡符合标准，经文物鉴定审核机构确认，方可出境。限制出境的文物，应根据国家保护、收藏文物的需要，和文物国内存量变化等情况，由国家文物局进行必要的调查，作出规定，决定禁止某些品种的文物出境，或限制某些品种的出境文物的数量。

中国境内的外国文物、图书，经文物出境鉴定审核机构鉴定，其中历史、艺术、科学价值较高或者比较稀有的，可以不准许出口，对价值一般的可以允许出境。

2002 年《文物保护法》第六十条规定："国有文物、非国有文物中的珍贵文物和国家规定禁止出境的其他文物，不得出境；但是依照本法规定出境展览或者因特殊需要经国务院批准出境的除外。"珍贵文物是指依定级标准确定的一级文物、二级文物、三级文物。国家禁止出口的其他文物是有重要意义或其他价值的文物。它也是文物出境鉴定的重要标准。文物出境鉴定审核机构应当将上述文物出口界限和文物出境鉴定标准，与该条所规定的标准统一起来，全面理解和掌握，认真做好文物出境鉴定工作，把好文物出境鉴定这一关。

运往国外展览的文物是暂时出境，文物的所有权仍属于中国，因此展出的文物中可以有珍贵文物。在选择文物展品时，应严格按照有关规定，一级文物不得超过规定的限额，特别重要的文物、易损文物、文物孤品，不应出国展出。在国外举办文物展览，由国家文物行政管理部门归口管理，未经批准，任何单位和个人不得事先作出承诺。

二、文物出境鉴定审核

文物出境鉴定审核包括对文物商店申报出境的文物的鉴定审核、公民个人所有并申报携运出境的文物的鉴定审核与暂时进出境的文物的鉴定审核，并办理有关手续。

文物出境的性质和方式不同，鉴定审核工作的程序和要求也有所不同。文物出境的性质，分为永久性出境或者转让性出境，暂时性或短期性出境和过往性出境。

文物永久性出境或转让性出境，主要包括从国家批准设立的文物商店购买，或从具有拍卖文物资质的拍卖企业竞买的文物；通过合法途径获得的属于私人所有并经许可携运出境的文物；经国家批准的向国外赠送或交换并携运出境的

第十三章 文物保护管理

文物。

文物暂时性或短期性出境，是指根据国家规定，经批准在一定时期内暂时把文物运往境外，期限届满后再运进境内。这种出境并未改变文物的所有权。主要包括：根据国家对外签订的文化协定，运往境外举办陈列展览的文物；经国家批准，教学和科研单位等开展国际学术交流，携运境外的文物、标本等实物资料，以及合作进行考古发掘需要外方携运出境鉴定、化验的文物、标本；其他由我国驻外机构人员、出访人员携带、托运或邮寄暂时出境的文物。这些单位和主管人员及责任人员，必须承担有关法律责任，保证文物、标本安全，按时将文物运回中国境内。

文物过往性出境，系指境外文物是被合法的携运到中国境内，经过一定时期再携运出境外。主要包括：根据文化协定经国家批准携运来华展览的境外文物，参加学术活动或共同研究项目携运入境的文物、标本，外国驻华机构人员和境外的团体及个人经同意携运入境鉴定、修复、装裱的文物等。这些文物携运入境后，经过一定时期再携运出境外，文物的所有权不属于中国。但文物在中国期间，我国负有保护文物安全的责任。但由于种种原因，可能使文物原状、数量等发生变化，在文物出境时，必须进行严格核查。

文物出境由文物出境审核机构根据申报进行鉴定审核。对公民个人所有并申报携运、邮寄出境的文物，首先应对其合法性进行审核，其次在确认所有权合法的前提下，根据国家出口文物界限和鉴定标准进行鉴定。准许出境的文物，按照国家放行标准和合理自用的原则决定其携运出境的文物质量和数量，并由文物出境审核机构钤盖火漆标识，发给文物所有者《文物出境许可证》。文物出境审核机构在鉴定过程中，对涉嫌以盗掘、盗窃、掠夺等非法手段获得的文物应予以扣留，并及时通报有关机关依法查处。

暂时性或者短期性出境的文物，在文物出境前一定时间内，由当地文物出境审核机构根据批准文件和文物清单、照片，经查验无误后出具出境证明。未设立文物出境审核机构的省、自治区、直辖市，由国家文物局指定的文物出境审核机构会同当地文化（文物）行政管理部门协同海关办理出境事宜。当携运暂时出境文物进境时，必须根据原清单、照片进行复验。

暂时进境并复运出境的过往性出境文物，文物出境审核机构可根据海关的要求，配合海关进行审核或复验。经复验无误，允许出境。

文物出境鉴定工作，必须在两名以上文物出境审核机构成员（责任鉴定员）参加的情况下进行。遇有不同意见或者难于定论的文物，应暂时留存，不要急于作出定论，避免国家禁止出口的文物外流。经鉴定允许出境的文物，应按规定位置钤盖火漆标识。火漆标识是文物出境的主要凭证之一。火漆印章由国家文物局统一制作、颁发。该印章除文物出境审核机构外，其他单位和个人一律不得使用。它的适用范围，仅限于销售单位（即合法文物商店）申报、并经鉴定允许出境的文物和公民个人所有并申报携运出境经鉴定允许出境的文物。文物钤盖火漆标识后，任何单位和个人不得擅自剥除、更换、挪用。

三、出境文物核查与监管

出境文物的核查与监管，是防止国家禁止出境的文物外流的最后的把关工作。这项工作责任重大，意义重大。核查和监管工作由海关实施，文物部门可根据需要，积极予以配合。

出境文物核查，主要是对暂时性出境和过往性出境的文物的检查。暂时性出境文物，海关根据文物出境审核机构出具的出境证明，经查验无误后放行；携运入境时，根据原文物清单、照片进行复验，如发现文物数量不符或者调换，以及损坏等情况，应立即报告当地省级文化（文物）行政管理部门或国家文物局。过往性文物出境，由海关负责登记和核查，如发现与进境时文物的种类、数量、质量等有出入，应及时报告，待进一步核查无误后方可允许出境。

经过鉴定和核查，准许出境的文物，在出境时由海关实行统一监管。携运出境文物者，应遵守海关法律法规，主动按规定向海关申报自己携运出境的文物，出示文物出境审核机构发给的准许该文物出境的凭证，接受海关的查验。经查验无误，海关凭文物出境许可证予以放行。对逃避海关检查，或者伪造、更换、涂改文物出境凭证的，应依法进行处理；对进行文物走私的，要依法追究刑事责任。

第十四章

文物保护技术

第一节 文物保护技术门类和保护原则

在文物保护工作中,充分运用科学技术手段使文物免遭破坏,特别是免遭自然力的破坏,有着特殊的意义。研究运用不同的科学技术手段,对不同种类、不同质地的文物进行科技保护,延缓文物"衰老"的速度,或者防范文物被盗掘盗窃,从而尽可能长久地保存和充分发挥文物的作用,是文物保护科学技术研究的任务,是文物学研究的重要分支学科。

文物保护技术在中国有着悠久的历史。在唐代就有了用木楔拨正歪闪古建筑梁架的记录,保护书画的揭裱技术也相当成熟。"漆粘石头,鳔粘木"是修复石质和木质文物的有效的传统技艺。宋代颁行的《营造法式》和清代颁行的《工部工程做法则例》等,虽是当时对新建筑的技术规范要求,也是后代人们维修古建筑的技术依据。近代以来,随着科学技术的发展,又逐渐把现代科学技术引入文物保护领域,并取得了重大成果。因此,从时代来区分,我们把古代流传下来的技术称之为"传统技术",把现代科学技术在文物保护领域里的应用,称之为"现代技术"。从保护某一类文物,或某一质地文物所采用的技术来分,又可分为若干专门技术。从目的区分,又可分为防护技术(保护技术)、维修技术和检测技术,以及防范技术。

无论是以传统技术,还是以现代科技保护、维修文物,都必须坚持保护文物原状的原则。1964年5月,在意大利威尼斯举行的第二届历史古迹建筑师及技师国际会议通过的《国际古迹保护与修复宪章》(《威尼斯宪章》),对保护、修复古迹的原则和要求等均作出了明确规定。2000年10月,国际古迹遗址理事会中国国家委员会制定,后经国家文物局推荐的《中国文物古迹保护准则》,"是在中国文物保护法规体系的框架下,对文物古迹保护工作进行指导的行业规则和评价工作成果的主要标准"。

一、传统技术

古代各类文物制作、建造,都有其技术工艺,并体现了不同地区、不同时

第十四章 文物保护技术

代的特点和风格。这方面的例子不胜枚举，如木雕是一种很专门的工艺，制作木雕像，要具备肖像学、宗教装饰艺术及雕刻技艺等方面广博的知识和技能；在维修方面，也是如此。在中国明清皇宫或陵寝建筑修建中，有一些世代相传的木工匠师，技艺精湛，承担了设计与修建的重任。近代为数不多的修复铜器等古器物的技术工人，其技术师徒相承，技艺甚高。这些祖辈相传，或师徒相承的技术，又往往保密，但还是有许多技术得以流传至今，成为我们今天保护文物的宝贵的技术财富。

在现代科学技术迅速发展的今天，继续挖掘整理、研究我国古代保护文物技术遗产，仍具有重要意义。首先，为了保护文物的原状，运用传统技术保护许多种类（或质地）的文物，会收到比用现代科学技术手段保护更好的效果；其次，在我国经济尚不发达的条件下，采取传统技术保护文物会更经济、实用，即使在将来经济发达的情况下，有些文物还要采用传统技术保护，否则就会改变文物原状，违背保护文物的原则。也可以说，对某些文物的保护，传统技术更适用，如对书画揭裱保护就是如此。

在其他国家，也特别重视采用传统技术工艺保护文物，一些专家把它称之为"适用技术"或"中间技术"。他们认为："引进资本密集的尖端技术，对于发展中国家来说，不仅是一项极为沉重的财政负担，而且会引起各种矛盾和不平衡。""从工业发达的国家照搬先进的保护技术，对于发展中的国家往往并无必要，或不甚理想。""但并不是说，现代化的技术一概不能采用，这是违反保护工作常识的。但是一味指望最新式的设备和物料，往往降低了人们创造性地使用传统技术的自觉性。"[①] 他们正在寻求一种理想的"混合技术"，从而使新旧技术之间达到合理的平衡。因此，联合国教科文组织提出，在文物保护工作中"使用传统技术和物料，以及当地的人力物力资源，来适应社会经济现实和现代化要求"[②]。

我们认为，上述引文中关于重视传统技术的观点是可取的。同时，我们也要根据中国文物的特点，积极开展运用现代科学技术保护文物的研究，在财力、物力允许并对文物保护有利（即保护原状）的原则下，把现代科学技术引入文物保护领域，进而使传统技术与现代科学技术协调统一起来。这一点在有些种类的文物保护项目上已经实现。

---

① 中国对外翻译出版公司、联合国教科文组织出版办公室：《文物保护工作中的适用技术》，第1版，中国对外翻译出版公司、联合国教科文组织联合出版，1985年。

② 同上。

二、现代科学技术

现代科学技术手段运用于文物研究和文物保护的一些领域,约始于20世纪50年代,之后迅速发展,现已逐渐运用到文物保护的各个方面,文物保护科学技术研究与应用均取得了显著成绩(详见第二章第三节)。古器物及近现代文物藏品的保护与修复,古代遗址特别是城址的勘察、文化史迹的保护与维修等等,都已程度不同地应用了物理学和化学等学科的各种专门技术。特别需要指出的是,古代遗迹和遗物,都储存了许多当时社会的某些信息,单凭直观是无法了解的,运用传统技术也很难充分了解。现代科学技术在文物保护与研究中的应用,可以对古器物的成分、原料及其来源、制造工艺、年代等,进行深入地考察、测定和分析,既为研究工作提供详细的科学数据,又为保护措施的采取提供科学依据。同时,还可以运用物理学和化学等专门技术保护古器物等。不仅如此,在文化史迹的保护和防范中,现代科学技术也有它特殊的功用。

在文物研究和保护上,应用现代科学技术种类繁多,牵涉到数学、物理学、化学、生物学、地质学等许多自然科学学科,内容极为广泛,技术又很专门。它们在文物保护中,占有十分重要的地位,所发挥的作用越来越大,取得的成果也愈加突出。

现代科学技术应用于文物研究与保护方面,大体可分为:勘测技术,分为空中勘测、地面勘测和水中勘测;保护与维修技术;分析鉴定技术等。遥感技术应用于古遗址等调查所取得的成果,令人吃惊,让人耳目一新。

三、专门技术

古器物及近现代文物藏品和文化史迹的制作(建造)材料、工艺、特点不同,时代不同,保存情况的差别,决定了对它们进行保护时,必须具体对象(不同文物)、不同质地,区别对待,也就是根据不同的文物及现状,采取不同的、相应的技术措施(技术手段)进行保护。技术手段既包括传统技术,又包括现代科学技术。具体到某类文物甚或某件文物需应用什么样的技术手段,也要根据文物对象确定。比如对古代建筑的维修,不能使用现代材料水泥,使用水泥是一大禁忌。这在国际上是普遍认同的原则。又如,保护古器物铜器的技术,不适用于保护漆器;保护纸质文物的技术,不适用于保护硅酸盐质地的文物;保护纺织品文物的技术,不适用于保护金属质地的文物,等等。

由此,以保护某类文物而形成的技术,即采用某些技术手段保护某类文物的技术,便成为一门(一项)专门技术。这种专门技术,往往把传统技术与现代科学技术协调起来,具有中国文物保护技术的特色。这些专门技术有:古建筑保护与维修技术、金属质地文物保护与维修技术、硅酸盐质地文物保护与维修技术、漆器保护与维修技术,等等。在专门技术中,还有文物防范技术。

此外,为了保护文物及其资料,使之传流了孙后代,发挥其"永宝用"的作用,对有些文物如古书画、善本书等,需进行装裱或修补,从而形成了专门的装裱技术;又如对碑刻、铭文等,需要传拓,从而形成了专门的传拓技术。这些都是中国保护文物传统技术的重要组成部分。

四、保护与维修的原则

在文物保护与维修中,遵循什么原则是一个重大问题。不同类别的文物在保护与维修时,应用的技术手段不尽相同,而遵循的原则和达到的目的却是完全相同的。遵循的原则是保持文物原状,达到的目的是使文物保固延年;使它的历史、艺术和科学价值不受损害,不断发挥它的作用。

2002年《文物保护法》第二十一条规定:"对不可移动文物进行修缮、保养、迁移,必须遵守不改变文物原状的原则。"这一规定,明确了文化史迹在保护与维修中必须遵守的原则。实际上如上所述,保护与维修任何文物,不论是文化史迹,还是文化遗物,或者说,不论是不可移动文物,还是可移动文物,都必须保持文物原状,对于任何有损于文物原状的做法都必须避免。也就是说,它是保护与维修一切文物都必须遵守的原则。之所以如此,是因为文物包含了产生它的那个时代的各种信息,保存它的历史状态越好,它向我们提供的信息也就越多,它的历史、艺术和科学价值就越大。

什么是文物的原状呢?我们认为,文物的原状是制作(或建造)时、或历史形成的原状。各类文物原状的内容,既有相同之处,又有不同之处及各自的特点。总的来说,"原状"应包括:

1. 文物构成的材料与文物形式、内容和工艺;
2. 文物规模(或范围)和布局(或分布)及其相互关系;
3. 建筑形式、结构和手法;
4. 文物周围的地形、地貌及自然环境和历史环境等。

保持文物原状是相对的。把一切文物的"原状"都理解为最早的状况,从而加以绝对化是不科学的。因为每一处(或每一件)文物在历史的长河中都历经沧桑,有自己的一部变迁史。在保护、维修技术方案确定之前,应深入研究,确定一处文化史迹"原状"的具体内容与范围,尽最大可能多保持其原来的状态。否则,很有可能造成错误,造成不可弥补的损失。

第二节 古器物保护与维修技术

在中国文物藏品中,古器物的种类和数量最多,是我国重要的文化财富。由于古器物年代久远,或早年发现流传至今,或经发掘出土,其中部分器物不可避免地会有损坏。采用什么样的技术手段对其进行保护,是需要认真研究和审慎对待的。

古器物保护技术的研究,必须根据不同的质地进行。质地不同,其物理、化学成分均有区别,无论采取传统技术或现代科学技术,都要根据古器物的质地确定,这是必须遵循的原则。不考虑古器物质地的不同,盲目地采用某种技术手段,不但达不到保护文物的目的,而且会损坏文物。把不同质地文物保存于同一库房,无法控制不同质地文物对温湿度的要求,也无法创造不同质地文物所需要的微气候,其后果也是严重的。

根据古器物的质地可分为:石器、玉器、陶器、瓷器、玻璃器、铜器、金器、银器、铅锡器、铁器、漆器、骨角牙器、竹木器、纺织品及纸质文物等。古器物的种类和质地不同,其保护和维修技术也有不同。

一、保护古器物传统技术举要

中国保护古器物的传统技术有着悠久的历史。其中如青铜器保护与维修技术,是随着金石学的发展而兴起的。后来,青铜器成为买卖的古董,古董商为了能卖高价,对其进行必要的保护与维修,促进了青铜器维修技术进一步发展。经过长期摸索、改进和总结提高,从而奠定了青铜器保护与维修技术的基础。

青铜器保护技术。传统技术中,青铜器保护与维修技术占有重要地位。从维修技术讲,主要是焊接法、打制法和补配法。运用这些技术方法,将残破的青铜器复原,然后用胶水调颜料涂抹,再涂黄蜡一层,即成为一件"完整"的青铜器。

锡焊法,是焊接青铜器的主要方法。主要是利用青铜器断口的金属性,将烙铁加热,衔挂焊锡进行焊接。此项工作技术性很强,同时又要求有青铜器知识及对青铜器保护状况的深入了解,同时要求具有良好的职业道德。应了解它的腐蚀程度如何,锈层下面的花纹和铭文在何处,从而选定焊口的最佳位置,使青铜器花纹和铭文不致受到损坏。焊口的位置和焊口的形状有密切关系,焊口形状关系到焊接强度;焊口如选在腐蚀程度大的地方,其形状与选在腐蚀程度小的地方明显不同。因此,焊口形状应依据青铜器大小、器形特点和腐蚀程度

第十四章 文物保护技术

来选定。大型器物用连续性焊口，以及间接焊口、菱形焊口等，有时为了增大焊接强度，可在口沿等适当部门另加销钉。

打制法，是整修变形铜器的方法。铜器受外力作用而变形，既影响形体完整、美观，又不利于保护。只有通过矫正形制的方法，才能恢复原状。打制法是对韧性强的铜器进行矫正形体的良好方法。它是用锤打的方法，使铜器变形部位慢慢收缩至正常部位。对韧性好、胎薄及腐蚀轻的铜器，也可用模压法矫形。运用此法需预制锡质内、外模具，缓慢加压，并随时检查恢复变形是否正确，以便及时调整。对于模压后仍存在的微小变形，可用锤打法轻轻锤打，继续完成。此外，对弹性差、胎壁厚的铜器，可采用锯解变形部分、矫正变形后，再焊接成形的方法。

补配法，是对残破不全的青铜器，根据其保护、陈列等需要，进行补配，使其恢复完整的方法。其具体方法有锡补、铸形补配及紫铜片锤补等。

铁器保护技术。其中最主要的是去锈方法，传统的方法是机械去锈法。

机械去锈法，是根据铁器的锈蚀程度，所采用的一种方法。一般应带锈保护。对强度较好的铁器，用机械方法除锈。至于去除的程度和范围，可根据保护需要进行控制和掌握。对铁器锈层的去除，还可以采用加热剥离法，即把铁器适当加热，使其锈蚀部分受热膨胀，至冷却时又收缩，从而与器体脱离，达到去锈的目的。此法简单易行，可反复进行，直到把锈去除。但需注意不可加温过高，导致进一步氧化。铁器去锈，一般是除去外层疏松锈，仍保留其内层锈，以稳定和强化它对铁基体的保护作用。

铁器黏合、补配、着色，也是传统的方法。黏合之前，要找对好茬口，对变形者先行矫形，然后将接茬处清理干净，滴入502胶。补配主要是用铁片补全所缺部分。对粘接补配部位可着色修饰，所用色料以铁锈粉末用胶粘附上去，外观效果比用赭石等原料更好。

竹、木、漆器保护技术。饱水漆器脱水方法中，传统的方法主要是缓慢干燥法，适用范围为漆器含水率在60%以下、腐朽情况不严重及杉木胎、续纻胎漆器。其具体方法较多，如把湿漆器放在较阴暗潮湿处，轮番铺撒干纸屑吸水，直至干燥为止；用宣纸包裹湿漆器十数层至百层，放陶瓷器内加盖，使其逐渐阴干；把湿漆器埋放在绿豆、麦草、湿木屑及湿砂内，使其缓慢干燥，等等。

新出土的，长期受地下水浸的竹、木器或大型漆器，临时处置措施，应仍浸泡在水中，但为了防止器物继续腐朽，以缓慢的流动水或蒸馏水浸泡效果最佳。

竹、木器杀虫灭菌，是保护中一项重要工作，其方法有蒸气消毒法和真空处理法等。

木胎漆器如残破严重，且漆皮尚存者，可采用更换木胎的办法修复。即从腐烂的旧胎上剥离卷曲残破的漆皮用蜂蜡粘贴在新制作的木胎上（与原物形状、大小相同的木胎）。

纺织品保护技术。纺织品属有机质地文物，包括古代丝、毛、棉、麻等纺织品。其强度降低及褪色原因，除本身的原材料、染料结构和性质不稳定等因素外，还受到外界光、温湿度、微生物等自然因素的影响。对其保护措施，主要有控制温湿度、避光、防虫菌以及清洗与加固等。在保护、陈列中，要特别注意防止机械损伤。

纺织品保存以低温与干燥环境为最好，文物库房温度，以控制在 14～18℃之间为宜，夏季不高于 25℃，日温度变化控制在 2～5℃。相对湿度应控制在 50％～65％之间，变化不应超过 3％～5％，过于干燥会引起干裂、脆化。

纺织品文物无论存放库房，或陈列于展室，都要防止采光中光线直射，尽可能减少曝光时间和降低光照度。珍贵的纺织品文物不应用强光灯照射、拍照，必须拍照时，要严格控制拍摄用的照明度或用冷光灯。

防止虫菌对纺织品，特别对毛纺织文物的侵害，一般用樟脑块，也可用气体熏蒸消毒。

加固纺织品的方法主要有：丝网托衬和裱托。丝网膜托衬是将脆弱的织物残片，按纺织品纹理或密度拼接，粘贴在单根蚕丝制作的各种规格的格网上，它细而稀疏，使纺织品有一个新的柔软的骨架，下面再垫棉花或丝绵，放入有机玻璃盒内保存，或衬托丝网，夹入有机玻璃片中封存。裱托是采用装裱书画的方法加固纺织品，用大直径卷轴卷藏，其缺点是无法观察了解纺织品的另一面。

二、现代科学技术应用于古器物保护

现代科学技术已引入古器物保护，并取得了较好的效果。举例如下：

青铜器保护。主要是防治青铜病。它是一种氯化物粉状锈，防治时将氯化物转化为不含氯离子的稳定物质，或将氯化物用化学和物理的方法封闭起来。主要方法有：碱液浸泡法、氧化银法和苯骈三氮唑法。

铁器保护。铁器的锈蚀物较多，主要有铁的氧化物、氯化物、硫化物、碳酸盐等。其中氯化物是铁器锈蚀的活跃因素，经检查，如存在氯离子，应即去除。其方法有：用蒸馏水多次浸泡，用倍半碳酸钠溶液浸泡，用电解法消除等。预防铁器腐蚀和阻滞腐蚀，可用碳酸环己胺和亚硝酸二环己胺缓蚀剂。对脆弱铁器可用环氧树脂等高分子材料进行黏合、修理、补配。

竹、木、漆器保护。保护这些器物，脱水至关重要。竹、木、漆器脱水方法主要有：聚乙二醇渗透加固法、氨醛树脂渗透加固法、冰冻真空干燥法、醇—醚连浸法等。竹、木器杀虫灭菌常用的熏蒸药剂有甲醛、二硫二碳和环氧乙烷等，或用药剂浸透，常用的药剂有氟化钠、五氯苯酚等溶液，可喷涂、注射、浸渍或减压渗透。

纺织品类文物保护。此类文物杀虫灭菌药物常用的有环氧乙烷、溴甲烷，用其熏蒸。还可以使用防霉剂，进行防霉处理。

纸质文物保护。此类文物纸张如需脱酸的，用氢氧化钙溶液或碳酸氢镁溶液浸渍，约20分钟纸的酸性即被中和。对纸张的虫菌，可用甲醛蒸气和环氧乙烷气体等熏蒸，亦可用四氧化三铅（红丹）制成的防蠹纸防虫菌对纸张的侵害。

应用现代科学技术保护古器物，须注意根据不同器物的质地、工艺、保护或损坏状况，经过认真试验，由有关技术人员和专家评议鉴定后才可以应用。以最适当的配方，最精细的工艺，审慎处理，切忌用某一配方去处理质地、损坏程度不同的器物。在保护或研究中，如因特殊需要，必须从古器物上取下样品分析化验时，应制订具体方案，报省级以上文化（文物）行政管理部门批准。其中一级文物，一般不予取样，尽可能使用时代、类型、质地相同的其他古器物替代，必须取样品分析化验时，其方案应报国家文物局批准。对古器物的修复，应做好拍照、测绘、记录等工作。修复前应制订方案，修复中应根据古器物质地、残损情况，做好配方、用料、工艺流程等记录。

第三节　文物分析鉴定技术与年代测定技术

文物保护科学技术研究的任务，就是要针对不同种类、不同保存状况的文物，把现代科学技术应用于文物保护与研究领域。20世纪40年代后期，自然科学和技术科学迅速发展，在文物研究领域逐渐应用，日渐广泛，愈益重要。如用X射线荧光分析法、电子探针法、中子活化法等分析古代遗物成分，用放射性碳素测定法、钾氩法、热释光测定法等，测定古代遗迹和遗物的年代，使文物保护、研究取得了很大的进展，获得了重大成果。

一、分析鉴定技术

用现代科学技术手段分析鉴定古代遗物，为保护古器物提供了科学依据，同时，又为研究古器物提供了科学数据、科学资料，使科学研究深入下去，更有利于恢复古代人类社会生产和社会生活面貌。

利用分析鉴定技术分析鉴定古器物，可以究明它们的质地、工艺、材料来源、真伪等。

确切地区分古器物的质地。古代器物质地的成分复杂，以往是以直观观察作为依据进行区分，如铜器、铁器、……不可能深入了解其构成成分。如古代的铜器，有纯铜，有铜锡、铜铅或铜锡铅等合金，用分析鉴定技术，则可以进行确切地区分。再如古代的铁器，有的为陨铁制造，有的为人工锻制，以后者为最多，但用直观的方法，则不可能区分出来。陨铁含镍量高，用分析鉴定技术则很容易鉴别。河北藁城台西商代遗址出土的铁刃铜钺之铁刃，就是经过分析鉴定技术的分析鉴定而确定为陨铁的。

探明古器物质地材料来源。出土古器物是本地制造，还是贸易往来输入的，仅凭对古器物的直观观察很难得出科学的结论。金属材料制品如铜器，硅酸盐材料制品如瓷器、玻璃，等等，地区不同，所用材料或物质成分也有区别。如中国古代玻璃以铅玻璃为主，而西方则一直以钠钙玻璃为主。通过对古器物质地成分分析，尤其是对照特征元素谱，可以为确定物质的材料来源提供重要线索。这对说明古代交通运输、贸易往来、生产水平、文化交流等，无疑都是十分重要的科学资料。

究明古器物的制造工艺。古代器物的制造工艺，储存了大量的科技信息，但用直观的方法是无法获得的。用分析鉴定技术，则可获得最佳效果。如中国古代铁器制造工艺，经过金相考察分析，确知在春秋晚期和战国早期已制造白口铁，并经过长时间柔化处理得到展性铸铁；战国后期燕国不仅掌握了将块炼铁增碳制造高碳钢工艺，而且掌握了淬火技术。在汉代以前，就已经掌握了炒钢、百炼钢和铸铁脱碳钢等制钢工艺。

鉴别古器物的真伪。古代器物，特别是传世文物中存在一定的赝品，有些作假技术很高，造成真伪难辨。以往鉴别真伪都是凭鉴定者的经验，对古器物造型、质地、花纹、风格等进行观察，并结合文献记载加以判断。在这方面积累的经验已很丰富，不少方面已加以系统整理，并已出版。但不可否认，单凭这一点是不够的，借助分析鉴定技术，使鉴别古器物真伪有了可靠的科学依据。如使用热释光方法鉴别古陶瓷，真品会有明显的热释光现象，而近现代陶瓷则极少。

检验古器物损坏的自然因素。不同质地的古器物，在不同的环境和条件下，会由于自然因素造成损坏，但靠直观是无法究明损坏的自然因素与损害物质的。如青铜器的腐蚀物有10多种，其中氯化亚铜为"粉状锈"，呈绿色粉面状，不结体；由于氯离子的作用，会使铜器全部毁坏，因此，检验确定腐蚀物的成分，对采取相应措施,进行保护,至关重要。

分析鉴定技术应用范围极为广泛,几乎每一种新型的分析鉴定技术都能在文物保护研究中发挥作用。主要方法有:发射光谱分析、原子吸收光谱分析、X射线荧光分析、中子活化分析、电子探针显微分析、β射线反向散射分析、X射线衍射分析、红外吸收谱分析、穆斯堡尔谱分析、热分析、同位素质谱分析等。

二、文物年代测定技术

自然科学方法在文物年代学上的应用及不断发展,使我们越出以往对文物多以相对年代断代的局限,而能确知其绝对年代,从而可以确定它们年代之间的先后序列。放射性碳素断代等方法应用于史前文物考古,出现了重大突破,使年代上限大大提前了。如云南元谋发现的元谋人牙齿化石,经古地磁法测定,其年代为距今170万年左右;陕西蓝田发现的蓝田人头盖骨化石和石器,经古地磁法测定,陈家窝的年代距今60或65万年,公王岭的年代距今85至75万年,比周口店北京人要早。放射性碳素断代等方法,对新石器时代文物、标本的年代测定,为新石器时代文物考古研究提供了大量的、科学的年代数据。

现代科学技术测定文物年代的方法有:古地磁断代、放射性碳素断代、热释光断代、骨化石含氟量断代、钾—氩法断代、裂变径迹法断代、树木年轮断代、氨基酸外消旋法断代、黑曜岩水合法断代、铀系法断代,等等。

上述断代方法各有优长,其中广泛应用的是放射性碳素断代法,其次是热释光断代法、古地磁断代法和钾—氩法断代等。运用某种方法断代,亦可用另一种方法校正,如碳十四测定后,还可用"树轮"法校正,这样便增加了它的准确程度。

同时,应该指出,上述断代方法,对年代距今较近的文物,适用性较差。如用热释光法测定明清瓷器等,数据误差比测定明清以前陶瓷器要大。

第四节 古建筑保护与维修技术

古建筑保护应以预防为主,维修为辅。这是文物保护的一个重要原则。古建筑的防潮、防漏、防火、防雷、防震等,主要是依靠工程技术来解决。而防虫害、鸟害等,则主要是采用工程技术与化学处理相结合的办法。大气污染,对古建筑亦有危害,应严格控制文物保护范围内新增污染源,对已有的应依法治理或搬迁。

一、保护、维修工程分类

古建筑保护与维修工程，根据建筑残坏程度和利用要求，进行不同程度的修理，一般可分为五种类型，即：经常性的保养工程（简称保养工程）、抢救性的加固工程（简称抢救工程）、修理工程（或称修缮工程）、复原工程（又称修复工程）、迁建工程。[①] 此外，还有保护性建筑和构筑物工程。

保养工程。它是指不改变建筑物原来结构而进行的小型维护工程。所谓不改变建筑物原结构，是指不改变原结构（如梁架大木）、外貌（如建筑形式）、装修（如门窗）、色彩（如彩画）等。在这一前提下，对古建筑进行保养维护，如对屋顶除草、勾抹，局部揭瓦补漏；对梁柱和墙壁等简易支顶加固；对排水设施进行疏导；对庭院及环境进行清理等。这些均应由保护管理单位或经批准使用古建筑的单位作为经常性工作进行。

抢救工程。该工程系指建筑物的梁架、墙壁、岩壁、壁画、造像等发生严重危险而危及建筑物安全时，所采取的抢救性措施。如支顶、牵拉、堵挡、捆绑等。此类工程应在认真进行技术检查的基础上，拟定加固施工方案，经批准后进行。采取抢救性措施，其目的在于保固延年，以便在技术、材料、经费、施工力量等条件具备时，再进行修缮。因此，要特别注意不要妨碍以后修缮工程的进行，不应采取浇灌式的固结措施，或者说，采取的措施应具有可逆性。

修缮工程。它是对古建筑、石窟寺等进行较大的修缮，一般来说，是对一座建筑物全面的修理，或落架重修，或局部恢复。工程范围包括揭宽瓦顶，局部或全部拆卸木构架，更换或拨正歪闪梁架等等。进行此类工程，必须事先做好勘测，在充分研究的基础上制定方案，征求有关专家意见，进行充分论证，最后提出修缮工程方案，经批准后设计。方案、设计批准后方可施工。

修复工程。它是对地面建筑残缺不全，或仅存基础、地面建筑物不复存在的古建筑、纪念建筑物的复原工程。此外，对有的建筑物经历代增添、歪曲的部分予以复原。此类工程要求很高，要有充分的科学根据，如查阅原来资料，包括文献、图纸、绘画、照片等，或勘察、清理原来基址，弄清其平面布局及尺度等，在此基础上制定方案，进行设计。经过充分论证，反复修改，经批准后方可进行施工。一座建筑物已不复存在，或仅存基址，原则上不再在原址重建，应当实施遗址保护。

迁建工程。由于基本建设工程特殊需要，古建筑、纪念建筑物等无法实施

---

① 祁英涛：《中国古代建筑的保护与维修》，第1版，文物出版社，1986年。

原址保护，需迁往他处异地保护，进行重建的工程。在拆迁之前，应对建筑物做好详细的勘察、测绘、记录、拍摄等工作；选好新址，精心设计；按原布局、结构、形式等，运用原来主要材料，进行复原修建。

保护性建筑与构筑物工程。为保护碑碣、雕刻、金属铸造物等文物安全所增建的设施，如保护亭、防水坝等，属于附加的保护性建筑物、构筑物。因此，它应与被保护的文物的时代风格及环境风貌相协调。

二、修缮工程设计

古建筑、石窟寺等修缮工程（包括一部分较大的维修工程），规模大，难度大，技术要求高。修复工程亦如此。因此，必须首先做好方案。它主要是解决修缮工程的总的原则和指导思想。如：一座建筑物是部分落架，还是全部落架；对后代增加的构件是去掉，还是保留；对改换的构件是保留，还是恢复原来式样；对壁画是揭取，还是加固，等等。对这些重大问题，都应在详细勘察的基础上，经过充分研究，写出文字方案。同一修缮工程项目，方案可能有几个，需广泛听取专家意见，选择最科学、最合理的方案，报经批准后，再进行具体设计。

工程设计内容很多，主要应包括：

1. 方案设计：现状实测图和修缮设计方案图，现状勘察报告（包括历史沿革、法式特征、残破现状，并附必要的照片），修缮概要说明书，工料估算及概算总表。

2. 技术设计：技术设计图和施工详图，技术设计与施工说明书，工程预算书（包括设计预算总表、工程量计算表、材料总表），现状照片（包括残破状况及法式特点），材料试验报告书（必要时提出）。

3. 重点修缮工程属于现状维修的，可以一次性设计。其内容包括：现状实测图、技术设计图和施工图，勘察研究报告，必要时提出材料试验报告、技术设计说明书、施工做法说明、工程预算书、建筑残破现状及建筑特点照片。

三、木构古建筑维修技术

木构古建筑在中国古建筑中所占比例最大，并充分体现了中国建筑的历史传统和风格特点。在维修木构古建筑方面，也积累和形成了自己的技术系列。

（一）瓦顶保养与维修技术

瓦顶对木结构梁架的保护至关重要。这一防护结构维护得好，不漏雨，木结构建筑物就会长久保存下去。瓦顶保护根据其损坏情况，分为拔草、勾抹和揭宽维修。

拔草、构抹的方法，一为人工拔除，时间宜在春天或初秋，务求拔草除根；二为化学药剂除草，使用的药剂以对人畜无害，不损伤建筑物质地等为宜。杂草杂树拔除后，会使瓦缝松动，勾灰脱落，一定要及时清理、扫垄，用灰勾抹严实。

揭宽维修只有在以下情况下进行，即：瓦顶漏雨严重，或维修梁架需要，或其他特殊原因。揭宽前，要做好文字、图和照片资料，记录现状；对瓦件，对艺术构件雕花脊筒、大吻、小兽等进行编号，绘制编号位置图并注明名称与编号，以便宽瓦时不致装错位置；统计数量。拆除瓦件一般先从檐头开始，逐垄进行；坡面瓦拆除后，依次拆卸翼角小兽、戗脊、垂兽、垂脊、正脊，最后拆卸大吻。重新安装前，对各种瓦、兽件进行清理或挑选，可加固使用的均应粘补，继续使用。必须重新烧制的瓦、兽件，应尽早提出计划，选出样品，由窑场烧制（复制）。

古建筑屋顶的苫背，在保温和防水方面起着重要作用。北方苫背层自下而上为护板灰、灰泥背、青灰背三层；南方一般只有灰泥背，而且普通房子很少用苫背层，把瓦直接摆放在椽子上。

护板灰。一般厚度1—2厘米，是屋顶防水的最后一道防线。材料重量配比为白灰：青灰：麻刀＝100：8：3。由于它处于隐蔽处，可用新的防水材料代替，即在望板上先刷冷底子油一道，然后铺二毡三油防水层。或在望板上刷沥青膏一道，再抹护板灰。

灰泥背。北方常用掺灰泥，体积比为1：3或1：4。泥内另掺麦草或麦壳，每100公斤掺5～10公斤。明清宫殿建筑不用麦草，而用麻刀替代，重量比为白灰：麻刀＝100：5。南方建筑物多用砂灰背，还有砺灰苫背。此外，有焦渣背，同样厚度，它比灰泥背轻，对防止屋顶生草，延长木构建筑物寿命有很大好处。

青灰背。在灰泥背七八成干后，上抹厚约1～2厘米青灰背。用料比例与护板灰相同。

在苫背层做完之后，依据设计进行宽瓦。瓦件底部需用灰泥垫牢，底瓦下垫4～5厘米，筒瓦下需用灰泥装满。灰泥重量比为白灰：黄土＝1：2～3，有时亦可在灰泥内加麦草或麻刀。焦渣苫背宽瓦，可用细焦渣：白灰＝2：1（体积比）。屋顶全部或每面坡宽好瓦后，进行捉节夹垄。

调脊是屋面维修的重要工序。先按图纸位置拉线找好弧度，垂兽和大型脊筒内预制铁或木质脊桩，用灰泥或细焦渣填实。如不用脊桩，则在中间拉铁丝或铁条,将脊筒串连起来,以防其年久滑脱。

(二)梁架维修技术

木结构建筑梁架中梁、柱、檩、枋、斗拱等,是其主要构件,如受到损坏,会影响到建筑物的安全。对梁架的维修是修缮工程的主要项目。根据建筑物梁架损坏的程度,可分别采用偷梁换柱、打牮拨正和落架重修等不同方法进行。

偷梁换柱。在建筑物构架基本完整,只有个别梁、柱损坏,或糟朽,失去承载能力时,采用此种方法更换新的构件,即可达到维修的目的。如更换檐柱,第一步用千斤顶或牮杆支牢柱头的梁、枋、斗拱,卸去残坏柱的荷载。第二步将残坏柱撤出,换上预先制作的新柱。第三步归安,将梁、枋、斗拱归回原位,安插好柱头与额枋、大斗等相交构件的榫卯。

打牮拨正。梁架主要承重构件基本完整,只是梁架歪闪,采取"打牮"即抬平下沉构件和"拨正"即归正左右倾斜构件的方法,对歪闪梁架进行归整。在实际施工中,两者密不可分,相辅相成。首先要支顶好倾斜构件,再行拆除瓦件、望板和飞檐椽,以及有碍归安的门、窗、墙身等,清理榫卯缝内杂物。打牮拨正时支顶牮杆、卧杆、垫木等,在卧杆另一端加压,将梁顶起,拨正柱子。梁架歪闪,建筑物倾斜严重者,须反复进行多次,才能完全归正。

落架重修。建筑物残破严重,主体构架中的大梁和柱子需要更换时,应局部或全部拆卸,修整构件,重新归安。这在古建筑维修中属于大的工程。在落架前,需做好清理现场、搭临时工棚、备好拆除器材和钉编号木牌等工作。同时绘制拆除记录草图与编号。拆除之后,对损坏的构件进行维修,原构件非换不可的则更换,更换下的旧构件可改做其他构件。

1. 梁枋维修

古代建筑中大梁弯垂一般限止在1/250～1/300之间,超过1/100的即为危险构件。而且弯垂尺寸大时,往往伴随着出现劈裂以至垂直断裂现象。处理时应区别情况,采取不同的方法。如劈裂大梁侧面裂纹长度小于梁长1/2,深度小于梁宽1/4时,一般加2～3道铁箍予以加固,超过此限度的,应予加铁箍之前在裂缝内灌注环氧树脂,以收到更好的效果。又如大梁在允许范围内弯垂,可反转放置,加以重压,使其恢复原状。

梁、枋糟朽、断裂面积大于原有断面1/5时,应更换新的构件,如小于1/5,则可以加固。构件严重糟朽的应更换构件,严格按照原来式样尺寸制作。

角梁包括老角梁和子角梁。老角梁头糟朽长度小于挑出长度1/5时,垂直锯掉糟朽部分,按原式样制作后与原有构件刻榫粘接,搭接面可用螺栓或铁箍加固。后尾劈裂部分先灌浆粘牢,在安装时需在梁的外皮加铁箍一道,从而加强老角梁与子角梁的连接。

承椽枋构件严重糟朽,失去承重作用时,应更换新构件。一般应修补加固,继续使用,处理方法与大梁相同。歪闪的处理,需根据结构确定方法。如椽尾搭交在承椽枋上,一般在椽后尾承椽枋上加一根枋木,压住椽尾,并用螺栓固接。

2. 柱子维修

柱子裂缝超过 0.5 厘米宽度,用旧木条粘牢补严。缝宽达 3～5 厘米以上、深达柱心的,先用长木条粘补,然后加铁箍。箍应嵌入柱内,其外皮与柱面平齐。

柱子表皮部分糟朽,可以剔除糟朽部分,用新料修补。柱子表面沿柱身周围糟朽,且面积较大时,把糟朽部分挖成规整的形状,然后用木板包镶,用胶粘牢,并加铁箍数道。

柱根糟朽,采用墩接的方法。露明柱应用木料墩接,具体式样有:巴掌榫、抄手榫、螳螂头榫等,墩接榫头应对缝严实,用胶粘牢,再加铁活。墙内不露明柱(暗柱),有时可采用混凝土柱墩接。柱根糟朽高度不超过 20 厘米时,宜用矮柱墩接法。常用石料墩接,若用木料墩接易劈裂。

3. 大木更换

梁、柱、枋、檩等因糟朽、残坏严重,而无法维修时,则应予以更换。制作新构件时,必须严格依据原构件的形制、尺寸、榫卯式样,不能任意改动。特别是早期木构件,如柱头卷杀、梭柱造、月梁等,要详细测量,进行复制。新构件的材种,应与旧料相同。木料含水率不超过 15％。尺寸较小的构件,可用更换下的旧料制作。

(三) 梁架抢救加固技术

古建筑年代久远,由于失修或地震等原因,常常发生梁架歪闪、构件损坏现象,必须立即采取抢救措施。一般都采取简易可行的临时支撑,在不得已的情况下,才局部拆除,保存构件。

临时支撑需根据梁架各构件损坏部位与程度来确定。如梁架局部或整体歪闪,即在面对歪闪方向进行支撑,可用杉杆、圆木或方木作撑杆。撑杆斜度为 45°～60°,上端顶在柱头,并垫厚 5～10 厘米的木块,称为戗柱。较大建筑物角柱歪闪,应增加撑杆。大梁歪闪,应在歪闪尺度最大处顶撑杆。

大梁折断弯垂,在折断处底皮或弯垂最大部位,支顶木柱。柱头垫宽度同梁底皮,用厚 5～10 厘米的木板。柱根垫厚板,左右用木楔固牢,以免破坏屋内地面。

梁、枋拔榫，是整体梁架歪闪时常出现的现象。轻微拔榫，只用铁锔子加固。拔榫严重者，须在梁头拔榫处的底皮加顶柱。

此外，翼角下沉支撑方法与大梁弯垂相同；檐头下垂、斗拱外闪用撑杆支顶，方法同于梁柱歪闪加固；檩条折断或拔榫，在拔榫处加铁锔，在折断处檩的上下附加圆木；椽子朽断的，在其两侧附加新椽，等等。

（四）斗拱维修技术

斗拱是木构建筑中数量最多的构件，其特点为体积小，结构复杂，富于变化；构件相互搭交，刻凿榫卯，有效断面为本身的 1/2～1/3，或者更小，这就是它极易扭曲变形的原因，以至容易发生榫头折断、劈裂，斗耳断落，小斗滑脱及糟朽等。维修斗拱应从单构件开始，然后归整整朵斗拱。

斗拱维修。斗劈裂成两半的，断纹能对接齐的，粘接牢固后继续使用；不能对齐或严重糟朽的，应进行更换。斗耳脱落的，须按原式样补配，粘牢钉固。斗平被压扁超过 0.3 厘米的，可在斗口内用硬木薄板补齐。

拱劈裂未断的，可灌缝粘牢。左右扭曲轻微的继续使用，严重的则更换。榫头断裂但未糟朽的粘实，严重糟朽的割掉，用干燥硬杂木按照原料榫头式样、尺寸制作，其长度须超过旧有长度 2～4 倍，两端与拱头粘接牢固，再加螺栓。昂嘴粘接加固方法与拱相同。

枋子斜劈裂纹可在枋内用螺栓加固，或者灌缝粘牢。局部糟朽的可将其剔除，再用木料钉补齐整。当糟朽超过断面面积 2/5 以上或折断时，则予以更换。

斗拱更换，所用木料需相同树种，且已干燥，按照定出更换构件的标准式样、尺寸复制后进行更换。对拱的各个细部的形制、纹样，应严格按标准式样、尺寸制作，以保证不改变其时代手法与风格。

（五）油饰彩画维修技术

油饰彩画在木构建筑中，首要的功能是保护木材，其次是美观。但在实际工作中，后者目的的达到，需要花费相当大的功料。在维修时，应首先考虑前者，即保护木质构件。

地仗维修。年久地仗表层碎裂的，可以用细腻子或细灰通抹，将缝内挤严、填平后磨平擦净。灰麻地仗空臌处，按原做法挖补，或者钻孔灌注环氧树脂粘固；开裂处，用小钉钉牢；局部残缺，按原法补平；大部残坏时，可全部铲除，按照原来做法重新制作。

油饰维修。一般需先刮去残毁油皮，重新做地仗。待地仗干后，用桐油与颜料按原色调配，重新油饰。

彩画维修。原彩画残破严重，确需重新绘画时，必须把旧有彩画的式样、色彩等，详细描绘，记录、拍摄整幅画面及各个细部，在地仗做好后，严格按原来位置与式样进行复制（重新彩画）。古建筑物原有彩画已无存，重新绘制已无科学根据，不应再彩绘，一般采用"断白作旧"的方法。

彩画封护。为防止彩画褪色或变色，可进行表面封护。常用的方法有胶矾水封护、桐油封护和高分子材料封护。

四、古建筑维修中新技术的应用

现代新技术在我国古建筑维修中应用，始于20世纪70年代初。主要是应用高分子材料加固残坏构件，使许多旧构件得以保留，既保持了古建筑的历史、艺术和科学价值，又节省了新木料。但它只能用于加固材料，不能作为替代材料，以保持古建筑原状。

粘接木构件。环氧树脂是一种高分子材料，品种多达数十种，最适用的一种是E44环氧树脂。在上述梁架、斗拱等维修中，所用灌注材料即为环氧树脂。古建筑的柱、梁、斗拱等构件残缺、糟朽，或梁、枋大木构件榫头朽坏，都可以用环氧树脂粘接牢固，继续使用。

浇注中空木柱。北方木构建筑柱子中间糟朽，南方木构建筑中柱子被白蚁蚀空，严重时失去承重能力，导致木构建筑物歪闪、下沉。对此情况的治理，可采用不饱和聚酯树脂并加入适当填料，进行浇注加固，使中空柱子大部保留下来，继续承受原来荷载，其强度不亚于新替换的木料。

加固劈裂构件。对劈裂的大构件，除粘接外，应在其关键部位做环氧或聚酯玻璃钢箍加固。它操作简便，工艺做得精细则不露痕迹，优于铁箍，而且强度不弱于低碳钢，增加了构件的完整性和牢固性。

五、古建筑的防护技术

古建筑防护范围很广，采用的设施与技术因具体对象不同而有区别，主要是防火设施和防雷、防虫害技术。

防火设施。古建筑中的木构建筑或者砖木结构建筑，极易发生火灾，对古建筑危害极大。防止火灾，关键是预防，消除各种火灾隐患。在防护设施方面，应开辟消防通道，设置沙袋、水桶、泡沫灭火机和干粉灭火机等。还需修建消防水道，安装消火栓，或凿机井，或引河水，修建储水池等，以解决灭火水源。重要的木构古建筑，如内部无壁画、塑像，亦可安装自动喷淋式消防设施。

防雷设施。古建筑往往遭雷击引起火灾，对古建筑破坏性很大。安装防雷设施，是保证古建筑物安全的重要措施。在安装古建筑防雷设施时，首先应着眼于整组建筑物的安全,只考虑主体建筑,则易起相反作用。古建筑常采用避雷针和避雷网相结合的方法安装避雷设施。

监控设施。建设监控设施,可及时发现古建筑出现的险情及其他危害古建筑安全的情况,以便及时采取措施加以解决,确保古建筑安全。

防虫技术。古建筑木构件在温湿度适宜的条件下,容易滋生菌类与蛀虫,致使木构件糟朽、霉烂、中空等,危及古建筑物安全。因此,在维修时,北方地区可在墙壁内有木柱的部位,于墙外皮柱根处砌留通风口,在木柱上涂刷防腐剂。

南方潮湿多雨,古建筑木构件易被白蚁、木蜂蛀蚀。防治白蚁方法,有化学药剂毒杀法,此法应用最广,效果最佳。常用亚砒酸,配方各地区不完全相同,使用的药物还有水杨酸、升汞等配剂。灭白蚁的药物还有"六六六"粉,只是未撒到处白蚁仍可逃走。此外,还有土坑诱杀法、灯光诱杀法和挖巢法等。防治木蜂采用氯丹油剂效果最好。可用油剂浸蘸的棉球堵塞木蜂洞口,或向洞内喷注,或喷涂木构件。在晴天傍晚实施,效果最佳。

第五节 不可移动文物防范技术

不可移动文物古遗址、古墓葬、古建筑、石窟寺及石刻等的安全防范工作,是保障其安全的重要工作。2002年3月25日公安部发布、2002年6月1日实施的《文物系统博物馆风险等级和安全防护级别的规定》,第一次明确规定本标准也适用于"各级文物保护单位"。它把全国重点文物保护单位、省级文物保护单位和市县级文物保护单位分别确定为一、二、三级风险单位,要求按规定建设技术防范设施。

一、文物保护单位防范原则

从文物保护单位特点和保护需要出发,我们认为,文物保护单位防范的原则,应当是:预防为主,人防、物防、技防并举,防打结合,综合治理,保障安全。这是基于如下理由:

首先,预防为主。它是文物安全工作的出发点,防患于未然。文物安全应放在各项文物工作的首位,文物安全是永续发挥文物作用的前提。这是应当确立的指导思想。

第二,人防、物防、技防并举。一是文物保护单位安全形势严峻的需要。对全国重点文物保护单位和省级文物保护单位而言尤应如此。在这种形势下,需要采取多方面、多层次的防范手段和措施,建立起有效的防范机制。二是随着科学技术的不断发展进步,用于文物防范的技术手段日益增多,可资采用。三是随着经济的不断发展,加大对文物保护单位保护经费投入,为技防设施建设提供了经费支持。

第三,防打结合。防范和打击盗掘、盗窃文物犯罪活动相结合,两种措施的实施,成为文物安全工作的两翼,缺一不可,从而形成文物安全防范工作有机整体,有效发挥保障作用。

第四,综合治理。文物安全形势严峻是多方面原因造成的,解决它也需要从多方面努力,单打一的办法治标不治本。把文物保护单位安全问题纳入当地综合治理范围,通过有关部门和社会各界的努力,社会安全形势好了,该地区的文物保护单位安全也有了保障。

第五,保障安全。以上防范指导思想和原则的确立,各种防范措施的实施和各种保护制度的建立,必将有效地保障文物保护单位的安全。

二、文物保护单位防范技术系统

文物保护单位防范技术,已采用的主要有入侵报警技术系统、电视监控技术系统、振动监控报警技术系统。

(一)入侵报警技术系统

入侵报警技术比较先进,至今已发展为成熟的技术系统。在文物、博物馆系统安全防范设施建设中,已采用多项入侵报警技术,在文物安全保卫工作中发挥了重要作用。

根据《安全防范工程实用手册》,入侵报警技术系统,主要由入侵探测器、传输系统和控制设备三部分组成。同时,为了保证技术系统安全、有效,充分发挥防范能力,还应采取防误报、漏报,防干扰技术措施,采用规范的安装技术;还应具有与警方、主管机关通讯的有效手段。[①]

入侵探测器,现已有多种,并形成系列。根据其各自技术特点,主要有:开关式入侵探测器,其中包括磁控开关、微动开关等;被动红外入侵探测器;微波—被动红外双技术入侵探测器;声控—振动双技术玻璃破碎入侵探测器;主动红外入侵探测器;电动式振动探测器;电动式振动电缆入侵探测器;泄漏电缆入侵探测器;电场线感应式入侵探测器,以及紧急报警设备等。

---

① 公安部安全防范工程可靠性研究项目组:《安全防范工程实用手册》,第1版,中国人民公安大学出版社,1999年。

传输系统技术，包括专用线系统和无线传输系统。

控制设备，一般分小型系统和中型、大型系统。

（二）电视监控技术系统

电视监控技术已很成熟，是一种有效的防范技术系统。根据《安全防范工程实用手册》，该系统由摄像、传输、显示、控制四个主要部分组成。其基本功能有对图像信号采集、显示、分配、切换控制、记录和重放等。

在采用电视监控系统监视目标的同时，需要监听现场音响的应配置伴音系统。

（三）振动监控报警技术系统

自 20 世纪 80 年代以来，盗掘古墓葬犯罪活动时隐时现，有时在有的地方还十分猖獗，国家曾开展专项斗争打击盗掘古墓葬犯罪活动。

为了加强对古墓葬、古遗址等田野不可移动文物安全防范，近几年，国家文物局批准的《文物保护单位防范体系研究》课题组与中国地震局地壳应力研究所合作，经过模拟实验和试验工程，研究成功一种实用新型防范技术系统，即防范盗掘古墓"振动监控报警技术系统"。

振动监控报警技术系统，主要包括：系统软件、硬件，系统工程流程，系统各主要硬件指标，系统自检功能，振动信号的识别等部分。

三、防范技术应用

文物保护单位古建筑、石窟寺及石刻、古遗址、古墓葬等，类别不同，内容不同，情况不同，须采用相应的防范技术，以保障其安全。第一，应做好设计。在设计前，应到不同类别不可移动文物现场考察、勘测，选择适用的防范技术，进行设计，经依法批准后施工。第二，按设计施工，保证质量。第三，做好保密工作。

第十五章
21 世纪的文物学

第一节 文物的系统研究

21世纪文物研究与保护事业将进一步繁荣发展。其主要特征,一是规划各类文物的研究课题,进行系统、深入地研究;二是文物保护技术,特别是现代文物保护科技的系统研究,传统技术与现代技术进一步结合,广泛应用于文物保护实践;三是文物研究运用多种理论、方法和手段,呈现出多学科交叉与互补,更深刻地揭示文物价值与内涵,充分发挥文物作用。

一、各类文物的系统研究

不可移动文物和可移动文物中各个类别的文物研究,从个体到组群,以至分期断代等都取得了显著成绩。21世纪各类文物的研究,将在已取得研究成果的基础上,进一步从课题方面作出规划,既从其纵向,又从其横向进行系统研究,特别重视多学科联合攻关。对不同类别文物的系统研究,要与制作或建造该类文物的时代的政治、经济、军事、科学技术、文化艺术、宗教信仰、民族习俗等结合起来,简言之,与产生该文物的社会经济环境与自然环境结合起来,究明其内涵,探索其规律,以求在更高层面上取得系列研究成果。

二、文物保护技术的系统研究

文物保护技术的系统研究,是文物保护研究的重要组成部分。防止文物的自然损坏,文物保护技术有着特别重要的作用,而现代科学技术引入文物保护领域,也有着非常广阔的前景。

文物的质地不同,所处环境不同,保护条件各异,受到自然力损害,如微生物侵害、空气污染等程度也不尽相同,需要采取不同技术手段加以治理。这不仅需要有相应的文物保护科技研究成果,而且需要根据不同情况,因地制宜的对其成果进行应用,方能取得最佳效果。

21世纪的文物保护科技研究成果,将覆盖文物保护的各个主要方面,基本解决某些质地文物如丝织品、土质文物等的科技保护问题,并将与传统技术有机结合，为保护不同质地文物提供更加有效的科技保护手段，使更多的文物免遭自然力的破坏。

三、对文物进行多学科系统研究

文物是历史文化遗产，是在不同历史时期产生的遗迹与遗物，涉及社会生产和社会生活，涉及政治、经济、军事、科学技术、文化艺术、宗教、民俗等各个领域，内涵极其丰富，博大精深。获取不同历史时期的各种信息，必须对其进行多学科综合研究，即运用自然科学、工程技术科学和人文社会科学的有关学科的理论、方法和手段，对不同类别的文物进行综合的系统研究。这是文物学研究最重要的特点。

目前，对有些文物及重大课题，已组织多学科专家学者协作，进行综合研究，已取得可喜成果。21世纪，多学科和多种手段对不同类别文物及重大课题的研究，将进一步发展，其研究方法和模式将成为主要形式。人类将从多学科对文物系统研究中，获取更多的信息。

第二节 文物学科体系的发展与完善

目前，文物学各分支学科及其子学科（或专门学科）的研究很不平衡，有的分支学科已取得重大成果，有的分支学科虽有一定成果，但还不够系统，尚未形成一门学科；至于专门学科，有的已初步建立，有的正在探索、建立之中，有的则尚未启动。从文物学整体而言，其体系框架、理论与方法等，仍有待不断发展与完善。因此，21世纪文物学科建设的任务将十分艰巨。

一、文物学科体系的完善

文物学科体系进一步发展与完善，主要有五个方面。

第一，文物学学科体系框架进一步发展与完善，使其内容、结构、层次等更加科学与合理。

第二，文物学学科理论形成体系，既有文物学基本理论，又有不同分支学科及专门学科的理论。

第三，文物学学科研究具有一套科学方法，既有文物学基本的方法和手段，又有不同分支学科及专门学科的方法和手段。

第四，文物学各分支学科及主要的专门学科普遍建立起来。

第五，建立起文物资料与文物学科研究信息库。

二、文物学发展为边缘学科

由于文物的特点和属性,决定了对文物研究必须是多学科的。从总体来说,对文物研究需要自然科学、技术科学和人文社会科学共同进行。对有些文物质地的研究,运用现代科学技术会取得更理想的成果。

文物重大课题或重点课题的研究,一般都涉及自然科学和人文社会科学,有的还涉及工程技术科学等不同的学科。由不同科学部门的专家学者组成课题组,分工合作,联合攻关,充分发挥各有关学科的优势,包括人才、学术水平和技术设备等优势,完成文物学研究中的重大课题,有力地促进文物学学科的发展,更好地发挥文物的作用。

多学科综合研究文物,促进了不同学科,特别是文物学科和有关学科交叉与渗透。文物学科的发展前景广阔,并将发展成为一门边缘学科。

参考文献

[1] 中国大百科全书总编辑委员会文物、博物馆编辑委员会：《中国大百科全书·文物博物馆》，中国大百科全书出版社，1993年。
[2] 文物编辑委员会编：《文物考古工作三十年（1949～1979）》，文物出版社，1979年。
[3] 文物编辑委员会编：《文物考古工作十年（1979～1989）》，文物出版社，1991年。

附录

文物藏品定级标准

(《文物藏品定级标准》已经2001年4月5日文化部部务会议通过,2001年4月9日部长孙家正签字发布施行。中华人民共和国文化部令第19号)

根据《中华人民共和国文物保护法》和《中华人民共和国文物保护法实施细则》的有关规定,特制定本标准。

文物藏品分为珍贵文物和一般文物。珍贵文物分为一、二、三级。具有特别重要历史、艺术、科学价值的代表性文物为一级文物;具有重要历史、艺术、科学价值的为二级文物;具有比较重要历史、艺术、科学价值的为三级文物。具有一定历史、艺术、科学价值的为一般文物。

一、一级文物定级标准

(一)反映中国各个历史时期的生产关系及其经济制度、政治制度,以及有关社会历史发展的特别重要的代表性文物;

(二)反映历代生产力的发展、生产技术的进步和科学发明创造的特别重要的代表性文物;

(三)反映各民族社会历史发展和促进民族团结、维护祖国统一的特别重要的代表性文物;

(四)反映历代劳动人民反抗剥削、压迫和著名起义领袖的特别重要的代表性文物;

(五)反映历代中外关系和在政治、经济、军事、科技、教育、文化、艺术、宗教、卫生、体育等方面相互交流的特别重要的代表性文物;

(六)反映中华民族抗御外侮,反抗侵略的历史事件和重要历史人物的特别重要的代表性文物;

(七)反映历代著名的思想家、政治家、军事家、科学家、发明家、教育家、文学家、艺术家等特别重要的代表性文物,著名工匠的特别重要的代表性作品;

(八)反映各民族生活习俗、文化艺术、工艺美术、宗教信仰的具有特别重

要价值的代表性文物;

（九）中国古旧图书中具有特别重要价值的代表性的善本;

（十）反映有关国际共产主义运动中的重大事件和杰出领袖人物的革命实践活动,以及为中国革命做出重大贡献的国际主义战士的特别重要的代表性文物;

（十一）与中国近代（1840—1949）历史上的重大事件、重要人物、著名烈士、著名英雄模范有关的特别重要的代表性文物;

（十二）与中华人民共和国成立以来的重大历史事件、重大建设成就、重要领袖人物、著名烈士、著名英雄模范有关的特别重要的代表性文物;

（十三）与中国共产党和近代其他各党派、团体的重大事件,重要人物、爱国侨胞及其他社会知名人士有关的特别重要的代表性文物;

（十四）其他具有特别重要历史、艺术、科学价值的代表性文物。

二、二级文物定级标准

（一）反映中国各个历史时期的生产力和生产关系及其经济制度、政治制度,以及有关社会历史发展的具有重要价值的文物;

（二）反映一个地区、一个民族或某一个时代的具有重要价值的文物;

（三）反映某一历史人物、历史事件或对研究某一历史问题有重要价值的文物;

（四）反映某种考古学文化类型和文化特征,能说明某一历史问题的成组文物;

（五）历史、艺术、科学价值一般,但材质贵重的文物;

（六）反映各地区、各民族的重要民俗文物;

（七）历代著名艺术家或著名工匠的重要作品;

（八）古旧图书中具有重要价值的善本;

（九）反映中国近代（1840—1949）历史上的重大事件、重要人物、著名烈士、著名英雄模范的具有重要价值的文物;

（十）反映中华人民共和国成立以来的重大历史事件、重大建设成就、重要领袖人物、著名烈士、著名英雄模范的具有重要价值的文物;

（十一）反映中国共产党和近代其他各党派、团体的重大事件,重要人物、爱国侨胞及其他社会知名人士的具有重要价值的文物;

（十二）其他具有重要历史、艺术、科学价值的文物。

三、三级文物定级标准

（一）反映中国各个历史时期的生产力和生产关系及其经济制度、政治制度，以及有关社会历史发展的比较重要的文物；

（二）反映一个地区、一个民族或某一时代的具有比较重要价值的文物；

（三）反映某一历史事件或人物，对研究某一历史问题有比较重要价值的文物；

（四）反映某种考古学文化类型和文化特征的具有比较重要价值的文物；

（五）具有比较重要价值的民族、民俗文物；

（六）某一历史时期艺术水平和工艺水平较高，但有损伤的作品；

（七）古旧图书中具有比较重要价值的善本；

（八）反映中国近代（1840—1949）历史上的重大事件、重要人物、著名烈士、著名英雄模范的具有比较重要价值的文物；

（九）反映中华人民共和国成立以来的重大历史事件、重大建设成就、重要领袖人物、著名烈士、著名英雄模范的具有比较重要价值的文物；

（十）反映中国共产党和近代其他各党派、团体的重大事件，重要人物、爱国侨胞及其他社会知名人士的具有比较重要价值的文物；

（十一）其他具有比较重要的历史、艺术、科学价值的文物。

四、一般文物定级标准

（一）反映中国各个历史时期的生产力和生产关系及其经济制度、政治制度，以及有关社会历史发展的具有一定价值的文物；

（二）具有一定价值的民族、民俗文物；

（三）反映某一历史事件、历史人物，具有一定价值的文物；

（四）具有一定价值的古旧图书、资料等；

（五）具有一定价值的历代生产、生活用具等；

（六）具有一定价值的历代艺术品、工艺品等；

（七）其他具有一定历史、艺术、科学价值的文物。

五、博物馆、文物单位等有关文物收藏机构，均可用本标准对其文物藏品鉴选和定级。社会上其他散存的文物，需要定级时，可照此执行。

六、本标准由国家文物局负责解释。

附：一级文物定级标准举例

附　录

一级文物定级标准举例

一、玉、石器　时代确切，质地优良，在艺术上和工艺上有特色和有特别重要价值的；有确切出土地点，有刻文、铭记、款识或其他重要特征，可作为断代标准的；有明显地方特点，能代表考古学一种文化类型、一个地区或作坊杰出成就的；能反映某一时代风格和艺术水平的有关民族关系和中外关系的代表作。

二、陶器　代表考古学某一文化类型，其造型和纹饰具有特别重要价值的；有确切出土地点可作为断代标准的；三彩作品中造型优美、色彩艳丽、具有特别重要价值的；紫砂器中，器形完美，出于古代与近代名家之手的代表性作品。

三、瓷器　时代确切，在艺术上或工艺上有特别重要价值的；在纪年或确切出土地点可作为断代标准的；造型、纹饰、釉色等能反映时代风格和浓郁民族色彩的；有文献记载的名瓷、历代官窑及民窑的代表作。

四、铜器　造型、纹饰精美，能代表某个时期工艺铸造技术水平的；有确切出土地点可作为断代标准的；铭文反映重大历史事件、重要历史人物的或书法艺术水平高的；在工艺发展史上具有特别重要价值的。

五、铁器　在中国冶铸、锻造史上，占有特别重要地位的钢铁制品；有明确出土地点和特别重要价值的铁质文物；有铭文或错金银、镶嵌等精湛工艺的古代器具；历代名人所用，或与重大历史事件有直接联系的铁制历史遗物。

六、金银器　工艺水平高超，造型或纹饰十分精美，具有特别重要价值的；年代、地点确切或有名款，可作断代标准的金银制品。

七、漆器　代表某一历史时期典型工艺品种和特点的；造型、纹饰、雕工工艺水平高超的；著名工匠的代表作。

八、雕塑　造型优美、时代确切，或有题记款识，具有鲜明时代特点和艺术风格的金属、玉、石、木、泥和陶瓷、髹漆、牙骨等各种质地的、具有特别重要价值的雕塑作品。

九、石刻砖瓦　时代较早，有代表性的石刻；刻有年款或物主铭记可作为断代标准的造像碑；能直接反映社会生产、生活，神态生动、造型优美的石雕；技法精巧、内容丰富的画像石；有重大史料价值或艺术价值的碑碣墓志；文字或纹饰精美，历史、艺术价值特别重要的砖瓦。

十、书法绘画　元代以前比较完整的书画；唐以前首尾齐全有年款的写本；

宋以前经卷中有作者或纪年且书法水平较高的；宋、元时代有名款或虽无名款而艺术水平较高的；具有特别重要价值的历代名人手迹；明清以来特别重要艺术流派或著名书画家的精品。

十一、古砚　时代确切，质地良好，遗存稀少的；造型与纹饰具有鲜明时代特征，工艺水平很高的端、歙等四大名砚；有确切出土地点，或流传有绪，制作精美，保存完好，可作断代标准的；历代重要历史人物使用过的或题铭价值很高的；历代著名工匠的代表作。

十二、甲骨　所记内容具有特别重要的史料价值，龟甲、兽骨比较完整的；所刻文字精美或具有特点，能起断代作用的。

十三、玺印符牌　具有特别重要价值的官私玺、印、封泥和符牌；明、清篆刻中主要流派或主要代表人物的代表作。

十四、钱币　在中国钱币发展史上占有特别重要地位、具有特别重要价值的历代钱币、钱范和钞版。

十五、牙骨角器　时代确切，在雕刻艺术史上具有特别重要价值的；反映民族工艺特点和工艺发展史的；各个时期著名工匠或艺术家代表作，以及历史久远的象牙制品。

十六、竹木雕　时代确切，具有特别重要价值，在竹木雕工艺史上有独特风格，可作为断代标准的；制作精巧、工艺水平极高的；著名工匠或艺术家的代表作。

十七、家具　元代以前（含元代）的木质家具及精巧冥器；明清家具中以黄花梨、紫檀、鸡翅木、铁梨、乌木等珍贵木材制作、造型优美、保存完好、工艺精良的；明清时期制作精良的髹饰家具；明清及近现代名人使用的或具有重大历史价值的家具。

十八、珐琅　时代确切，具有鲜明特点，造型、纹饰、釉色、工艺水平很高的珐琅制品。

十九、织绣　时代、产地准确的；能代表一个历史时期工艺水平的具有特别重要价值的不同织绣品种的典型实物；色彩艳丽，纹饰精美，具有典型时代特征的；著名织绣工艺家的代表作。

二十、古籍善本　元以前的碑帖、写本、印本；明清两代著名学者、藏书家撰写或整理校订的、在某一学科领域有重要价值的稿本、抄本；在图书内容、版刻水平、纸张、印刷、装帧等方面有特色的明清印本（包括刻本、活字本、有精美版画的印本、彩色套印本）、抄本；有明清时期著名学者、藏书家批校题跋、且批校题跋内容具有重要学术资料价值的印本、抄本。

附 录

二十一、碑帖拓本　元代以前的碑帖拓本；明代整张拓片和罕见的拓本；初拓精本；原物重要且已佚失，拓本流传极少的清代或近代拓本；明清时期精拓套帖；清代及清代以前有历代名家重要题跋的拓本。

二十二、武器　在武器发展史上，能代表一个历史阶段军械水平的；在重要战役或重要事件中使用的；历代著名人物使用的、具有特别重要价值的武器。

二十三、邮品　反映清代、民国、解放区邮政历史的、存量稀少的；中华人民共和国建国以来具有特别重要价值的邮票和邮品。

二十四、文件、宣传品　反映重大历史事件，内容重要，具有特别重要意义的正式文件或文件原稿；传单、标语、宣传画、号外、捷报；证章、奖章、纪念章等。

二十五、档案文书　从某一侧面反映社会生产关系、经济制度、政治制度和土地、人口、疆域变迁以及重大历史事件、重要历史人物事迹的历代诏谕、文告、题本、奏折、诰命、舆图、人丁黄册、田亩钱粮簿册、红白契约、文据、书札等官方档案和民间文书中，具有特别重要价值的。

二十六、名人遗物　已故中国共产党著名领袖人物、各民主党派著名领导人、著名爱国侨领、著名社会活动家的具有特别重要价值的手稿、信札、题词、题字等以及具有特别重要意义的用品。

注：二、三级文物定级标准举例可依据一级文物定级标准举例类推。